메타버스 쉽게 정복하기

공 저 한국메타버스연구원 곽보람 김미아
김선숙 김인희 이미숙 이민호
이윤진 이효경 전은혜 조소라
감 수 김진선

미디어북

메타버스 쉽게 정복하기

초 판 인 쇄 2022년 6월 08일
초 판 발 행 2022년 6월 17일

공 저 자 한국메타버스연구원 곽보람 김미아
김선숙 김인희 이미숙 이민호
이윤진 이효경 전은혜 조소라

발 행 인 정상훈
디 자 인 신아름
펴 낸 곳 미디어북
서울특별시 관악구 봉천로 472
코업레지던스 B1층 102호 고시계사

대 표 02-817-2400 팩 스 02-817-8998
考試界 · 고시계사 · 미디어북 02-817-0418~9
www.gosi-law.com
E-mail : goshigye@chollian.net

판 매 처 미디어북·고시계사
주 문 전 화 817-2400
주 문 팩 스 817-8998

정가 20,000원 ISBN 979-11-89888-29-9 03320

미디어북은 고시계사 자매회사입니다

메타버스 완전 정복!

메타버스 쉽게 정복하기!

Preface

2022년도 과학기술정보통신부 예산안이 18조 5737억 원이 편성되어 5대 주력사업을 추진하고 있다. 5대 주력사업이란 디지털 뉴딜 2.0 첨단 전략 기술 연구개발, 3대 신사업 육성 등을 말하며, 디지털 뉴딜의 의미는 비대면 산업 육성과 디지털 국가로의 전환을 의미한다. 예를 들면 모든 초중고에 디지털 기반 교육 인프라를 조성해 디지털로 전환하고 ClassVR을 제공하여 학습의 흥미를 끌어올려 효율적인 학습을 하도록 도움을 주는 것이다. 특히 디지털 뉴딜의 예산안은 2021년 대비 33.3% 증가했다. 메타버스는 바로 디지털 뉴딜 2.0에 포함되어 있다. 정부에서 주도적으로 4차 산업혁명의 중심인 디지털 뉴딜 2.0 등에 수십조를 투자하는 이유는 무엇일까? 바로 우리의 미래가 있기 때문이다.

디지털 경제 발전은 미래의 부의 상징을 말하며 국가 간의 격차를 결정짓게 하는 중요한 핵심 요소가 될 것이다. 대한민국이 지금까지는 IT 강국이었다면 디지털 전환에서는 아직도 속도를 못 내고 있다. 그 증거로는 전 세계 플랫폼의 90% 이상이 미국과 중국에 속해있고, 그 예로 블록체인, 사물인터넷(IoT), 3D 등 대부분의 기술 영역의 70% 이상이 중국과 미국이 차지하고 있다.

메타버스 산업생태계에 가장 중심이 되는 것은 인프라 기술이다. 바로 4차 산업기술 영역을 말하며, NFT, 블록체인, 암호화폐가 중요한 핵심이 될 것이다. 또한 머지않은 미래에 현실과 가상 세계를 이어주는 디바이스 플랫폼 산업이 빠르게 성장할 것이고 그것을 준비하는 기업들뿐만 아니라 우리도 새로운 세상을 맞이할 준비를 해야 할 것이다.

세상에는 두 부류의 사람들이 있다. 새로운 것을 유연하게 바라보며 부드럽게 흡수하는 사람, 그리고 못마땅한 시선으로 새로운 것을 바라보며 무시하는 사람. 당신은 어느 쪽에 더 가까운 사람인가? 피터드러커는 “미래를 예지하는 가장 확실한 방법은 미래를 만들어내는 일이다.”라고 하였다. 지금 우리가 해야 할 일은 미래를 만드는 일에 뛰어들어 배우고 누리며 함께 가는 것이다.

「메타버스 쉽게 정복하기」는 크게 두 가지 Part로 구성되어 있다. Part 1 이론에서는 이윤진의 '생활 속 함께하는 메타버스', 이효경의 '오픈씨에서 내 NFT 민팅하기와 더샌드박스의 랜드 구매해 보기', 전은혜의 '메타버스 가상공간 속 건축'에 대한 내용을 흥미롭게 잘 전달하고 있다.

Part 2 실전에서는 곽보람의 '메타버스 맵을 더 잘 만들기 위해 필요한 플랫폼', 이민호의 '게더타운 누구를 위한 선택인가?', 이미숙의 'Icograms Designer를 활용한 게더타운 맵 만들기', 김인희의 '네이버 젭(ZEP) 완전정복', 김선숙의 '제페토 크리에이터', 조소라의 '제페토 빌드잇', 김미아의 '문화생활 공간 이프랜드(ifland)를 누리다!'를 통해 누구든 쉽게 활용할 수 있도록 안내하고 있다.

메타버스의 중심인 NFT, 맵 만들기, 맵 만들기를 위한 다양한 플랫폼과 툴, 가상공간 속 건축 등 이론과 실전이 쉽고 흥미롭게 이 한 권에 모두 담겨 메타버스 속으로 더욱 친근하게 다가갈 수 있다.

시간 관리의 핵심은 지금 내가 하는 일의 중요도와 긴급성을 구분하면서 살고 있는가와 중요하지만 긴급하지 않은 일에 시간을 투자하고 있는가이다. 여러분에게 메타버스는 중요도와 긴급성을 적용했을 때, 어느 위치에 있는가? 혹여 중요하지도 긴급하지도 않은 위치에 있다면 머지않은 미래에 디지털 문맹으로 어려움을 겪을지도 모른다. 더는 뒷짐 지고 메타버스 문 앞에서 바라보지 말고「메타버스 쉽게 정복하기」를 통해 쉽게 한 걸음 다가서길 기대한다.

끝으로 이 책의 감수를 맡아 수고하신 파이낸스투데이 전문위원, 이사이며 현재 한국메타버스연구원 부원장이신 김진선 교수님께 감사를 드리며 미디어북 임직원 여러분께도 감사의 말씀을 전한다.

2022년 6월

한국메타버스연구원 최 재 용 원장

공저자 소개

곽 보 람

건축공학과를 졸업하고, 현재 한국메타버스연구원 소속 지도교수로 활동 중에 있으며 메타버스 관련 플랫폼 실전교육을 지자체 및 학교에서 강의하고 있다. 또한 가상공간 플랫폼을 기존 오프라인 행사들과 결합해 메타버스 적용 범위 확대에 힘쓰고 있다.

(2bborami@gmail.com)

김 미 아

한국메타버스연구원의 책임연구원, 메타버스강사, 디지털 배움터 역량강화교육 강사이며 현재 시에서 운영하는 노인복지관, 도서관에서 미술·미술심리강사 활동을 하고 있다. 또한 경일대 사회복지학박사과정 중에 있으며 배내골걸리버펜션 대표이기도하다.

(art3470@hanmail.net)

김 선 숙

한국메타버스연구원 소속으로 책임연구원 지도교수로 활동 중이고 경기지회장이다. 아주대학교 정보통신대학원 공학석사 졸업. 장안대 외래 교수로 역임했고 현재는 공공기관에서 정보화 교육(메타버스, 디지털) 강사와 유튜브 김선숙 TV를 운영하고 있다.

(mint2753@naver.com)

한국메타버스연구원 책임연구원이며 좋은 세상 한 울림 교수, Alice9 교육 실장을 맡고 있다. 현재 메타버스 활용법(제페토, 이프랜드, 게더타운 실습) 강의와 중앙대학교 글로벌 인적자원개발대학원에서 석사과정 중에 있다.

(ingka7200@gmail.com)

김 인 희

이 미 숙

한국메타버스 연구원으로 제주 지회장으로 활동 중에 있다. 또한 현재 제주미디어랩 대표로 AI와 메타버스 산업 전반에 대한 교육을 준비 중에 있으며 씽크와이즈 강사 및 독서지도 활동도 하고 있다. (happymisik@naver.com)

한국메타버스연구원 책임연구원이며 게더타운 팀별 경진대회에서 대상을 수상했다. 다수의 기관에서 ICT 전문강사로 활동하고 있고, 메타버스 활용법 강의와 ITQ, DIAT공인강사 및 시험 감독관으로 활동하고 있다. 스마트폰활용지도사로서 스마트폰 교재와 유튜브 교재를 공저 출판했다. (ibstar99@daum.net)

이 민 호

공저자 소개

이 윤 진

한국메타버스연구원 강사양성과정을 수료하고 메타버스 관련 제페토, 이프랜드, 게더타운 등의 플랫폼 이용 및 컨설팅이 가능하다. 또한 현재 우리나라 최대 규모의 의료관광 플랫폼 이노파이안의 공동대표로서 글로벌 비즈니스를 전담하고 있다.

(bella94may28@innopaean.com)

이 효 경

한국메타버스연구원의 수석연구원으로 활동 중이다. 한국기독교 심리상담학회의 심리상담사 1급 자격증 소유자로 경기도의 가정법원에서 심리상담사로 활동 중이며 개인적으로는 심리상담센터에서 상담사로도 근무 중이다.

(hyoklee4839@gmail.com)

전 은 혜

한국메타버스연구원 지도교수와 책임연구원으로 활동하고 있으며, 서울지회장으로 활동하고 있다. 건축 설계를 전공하여 건축사사무소에서 경력을 쌓았으며, 현재 부동산 개발 관련 회사에 재직 중이다. 게더타운 맵 공간 제작 및 기초 교육이 주 강의 영역이며, 메타버스 공간 맵 기획 디자이너로 활동 및 강의를 준비 중이다.

(loveeh9144@gmail.com)

한국메타버스연구원 책임연구원으로 메타버스 관련 강의와 이프랜드, 제페토, 빌드잇, 게더타운, 젭 등 플랫폼 이용 교육 및 컨설팅을 진행하고 있다. 해봄 대표로 법정 의무 교육인 개인정보보호, 양성평등, 장애인인식개선 강의를 하고 있다. 서울디지털배움터 강사로 활동하고 있다. (meccanoid@naver.com)

조 소 라

감수자 **김 진 선**

'i-MBC 하나더 TV 매거진' 발행인, 세종대학교 세종 CEO 문학포럼 지도교수를 거쳐 현재 한국메타버스연구원 부원장, 파이낸스투데이 전문위원/이사, 불교공뉴스 메타버스 자문위원으로 활동 중이다. 또한 30여 년간 기자로서의 활동을 바탕으로 출판 및 뉴스크리에이터 과정을 진행하고 있다.

Contents

PART 1
이 론

CHAPTER 1

생활 속 함께하는 메타버스 (사회, 경제, 그리고 문화생활)

Prologue 23

1. 사회공헌을 이루는 메타버스 플랫폼의 활용
    1) 메타버스로 구현하는 사회공헌 25
    2) 다양한 교육 분야도 메타버스로 참여율 UP 27

2. 경제활동이 가능해진 가상현실세계
    1) 메타버스 플랫폼의 경제성/경제 가치 대중화(플랫폼 활용) 30
    2) 메타버스 플랫폼의 경제성/경제 가치 대중화(가상자산 NFT) 33

3. 모두 같이 즐기는 메타버스 문화생활
    1) 비대면 엔터테인먼트 34
    2) 문화예술계의 메타버스 붐 35

4. 메타버스가 야기하는 문제점 및 개선점 37

Epilogue 41

CHAPTER 2

오픈씨에서 내 NFT 민팅하기와 더샌드박스의 랜드 구매해 보기

Prologue 45

1. 오픈씨에서 내 NFT 업로드하기
    1) 메타마스크 설치하기 47
    2) 내 NFT를 오픈씨에 업로드 하기 52

2. 오픈씨에서 내 NFT 민팅(리스팅)하기
1) 민팅(리스팅) 하기 57
2) 가격설정 58
3) 서 명 58
4) '민팅(리스팅)'이 완료됐다! 59

3. 오픈씨에서 폴리곤 기반의 NFT 구매하기
1) 케이뱅크 계좌 만들기 59
2) 업비트 거래소 가입하기 60
3) MEXC 거래소에서 코인 전환하기 62
4) 오픈씨 메타마스크 지갑에서 폴리곤 MATIC을 폴리곤 ETH으로 스왑하기 72
5) 폴리곤 ETH으로 NFT 작품 구매하기 74

4. 오픈씨에서 더샌드박스의 랜드 구매하기
1) 더샌드박스 검색하기 76
2) 원하는 랜드 선택하기 76
3) 랜드 결제하기 77
4) 결제 확인하기 78
5) 랜드가격과 가스피 확인하기 78
6) 더샌드박스 랜드 구매 완료 79

Epilogue 79

CHAPTER 3
메타버스 가상공간 속 건축

Prologue 83

1. 메타버스와 건축의 관계성
1) 메타버스란? 84
2) 메타버스에서 건축을 한다는 것 86

Contents

3) 가상공간에서의 공간 경험 88

2. 메타버스도 하나의 도시이다!

1) 메타버스와 도시계획 90

2) 우리가 살고 있는, 살아갈 메타시티(Meta City) 91

3. 메타버스 속 건축 활용 사례

1) 리버랜드 메타버스 92

2) 바이스벌스 94

3) BIM을 통한 디지털 트윈 95

4) 코비(KOVI) 메타버스 96

4. 메타버스 속 새로운 건축분야 직업

1) 메타버스 건축가(맵 공간 디자이너) 98

2) 메타버스 부동산 99

3) 메타버스 공간 임대업 102

Epilogue 104

PART 2 실 전

CHAPTER 1

메타버스 맵을 더 잘 만들기 위해 필요한 플랫폼

Prologue 111

1. 미리캔버스 111

1) 오브젝트 만들기 112

2) 링크 우회하는 방법 117

2. 아트스텝스(ARTSTEPS) 120

3. 패들릿(Padlet)

1) 패들릿 가입하기 129

2) 7가지 템플릿 131
3) 템플릿 활용하기 135

Epilogue 139

CHAPTER 2

게더타운 누구를 위한 선택인가?

Prologue 143

1. 게더타운(Gather town)이란? 144
2. 게더타운(Gather town) 특징 145
3. 게더타운 이용방법 146
4. 게더타운 시작
 1) 게더타운(Gather town) 로그인 147
 2) 캐릭터 설정하는 방법 150
 3) 게더타운 맵 공간(Space) 만드는 방법 152
 4) 초대하는 방법 157

5. 맵 제작하기
 1) 오브젝트 이용하기 159
 2) 이미지 업로드 160
 3) 'Edit in Mapmaker'로 공간 [Map] 만들기 161
 4) 추가 방 만들기 172
 5) 삭제하기(Delete) 175
 6) 추가 구성 비밀의 문 만들기 179

Epilogue 184

Contents

| CHAPTER 3 |

Icograms Designer을 활용한 게더타운 맵 만들기

Prologue 187

1. Icograms Designer(아이코그램 디자이너) 프로그램 이해하기 187
2. Icograms Designer(아이코그램 디자이너) 프로그램 살펴보기
   1) HOME(홈) 188
   2) DESIGNER(디자이너) 189
   3) TEMPLATES(템플릿) 192
   4) PRICING(가격) 195
   5) RESISTER(등록 : 회원가입) 196
   6) SING IN(로그인) 198
3. Icograms Designer(아이코그램 디자이너)에서 디자인하기
   1) 'Designer(디자이너)'의 도구 202
   2) 게더타운 226

Epilogue 227

| CHAPTER 4 |

네이버 젭(ZEP) 완전정복

Prologue 231

1. 젭(ZEP)이란? 232
2. 젭 앱 설치 및 회원가입 233
3. 젭 메인 화면 둘러보기 234
4. 맵 만들기
   1) 스페이스 만들기 237

2) 오디오/비디오 설정 238
3) 아바타 움직이기 239
4) 주요 기능 알아보기 239
5) 빈 공간 꾸미기 246

Epilogue 266

CHAPTER 5

제페토 크리에이터

Prologue 269

1. 제페토란? 269
2. 제페토 시작하기
   1) 제페토 앱 설치 및 회원가입 270
   2) 제페토 홈 화면 익히기 272
   3) 내 아바타(캐릭터) 꾸미기(기본 체형 및 얼굴 꾸미기) 272

3. 제페토 크리에이터
   1) 제페토 크리에이터 회원가입 하기 279
   2) 스마트폰 앱 활용해 아이템 만들기 281

4. 제페토 스튜디오 시작하기 288

5. PC에서 제페토 아이템 만들기(포토스케이프X 활용) 293
   1) 제페토 스튜디오(PC)에서 아이템 업로드 하기 296
   2) 아이템 관리 299

6. 프리미엄 서비스 가입 및 혜택 300
   1) 프리미엄 서비스 가입 방법 301
   2) 프리미엄 회원가입 해지 방법 303

Contents

7. 제페토 피드에 게시물 올리기 306
1) 제페토 카메라 기능 게시물 올리기 307
2) 포토 부스(템플릿 및 포즈) 309
3) 업로드(이미지, 동영상) 311
4) 게시물 수정/삭제 312
5) 내 프로필 QR코드 313

8. 월드 체험하기 314

Epilogue 315

CHAPTER 6
제페토 빌드잇

Prologue 319

1. 빌드잇 설치하기 319
2. 기본 툴
1) 화면 확대와 축소 323
2) 화면 이동 324
3) 여러 각도로 보는 방법 324

3. 오브젝트 325
4. 익스플로러
1) 익스플로러의 월드 326
2) 익스플로러의 오브젝트 327
3) 월 드 327

5. 메 뉴
1) 메 뉴 332
2) 상위 메뉴 336

6. 속 성

1) 이 름 339

2) 변 환 340

3) 물 리 340

4) 색 상 342

7. 오브젝트 활용

1) 순간이동장치 343

2) 타이머 346

3) 이미지 넣기 348

8. 맵 공개하기 351

Epilogue 354

CHAPTER 7

문화생활 공간 이프랜드(ifland)를 누리다!

Prologue 357

1. 이프랜드(ifland)란?

1) 이프랜드 특징 358

2) 이프랜드 장단점 358

2. 이프랜드 사용하기

1) 이프랜드 앱 설치 및 회원가입 359

2) 이프랜드 시작하기 362

3. 이프랜드 land의 공간기능 및 활용

1) 랜드 입장 전 기능 알기 367

2) 랜드 만들기 368

3) 랜드로 초대 및 입장하기 369

Contents

4) 랜드 기능 알아보기 371

5) 호스트 기능 익히기 374

6) 설정 기능 알아보기 378

4. 이프랜드 활용사례 382

Epilogue 384

PART

01

이 론

| CHAPTER 1 | 생활 속 함께하는 메타버스 (사회, 경제, 그리고 문화생활)

| CHAPTER 2 | 오픈씨에서 내 NFT 민팅하기와 더샌드박스의 랜드 구매해 보기

| CHAPTER 3 | 메타버스 가상공간 속 건축

PART 01
이 론

Chapter

1

생활 속 함께하는 메타버스 (사회, 경제, 그리고 문화생활)

이 윤 진

Chapter 01

생활 속 함께하는 메타버스 (사회, 경제, 그리고 문화생활)

Prologue

온라인 세상 속 가상 세계를 지금은 현실과 구분 없이 구현할 수 있다고 한다. 이것을 사람들이 위화감 없이 받아들이는 것은 그만큼 인터넷에 익숙해지고 숙달된 환경 속에서 우리가 살아가고 있기 때문일 것이다. 이런 배경을 두고 우리는 현실 세계의 가능성을 온라인상으로 끌고 왔다.

메타버스(Metaverse). 무한한 가능성을 지닌 가상 현실세계가 현재 뜨거운 감자로 급부상하며 다시 현실세계에 새로운 가능성을 염두에 두고 자리매김하고 있다. 코로나19와 함께 두각을 드러낸 가상현실 분야는 다양한 매체에서도 쉽게 볼 수 있을 정도로 대단한 성장을 보여주고 있다. 단순히 게임 속에서만 이뤄지던 유사 현실세계 아이템 구매와 사용 중인 사람들과의 교류, 행사 이벤트 등은 메타버스를 인지하고 있는 수많은 사람들과 기업 및 전문가들에게 매력적으로 다가왔다. 그리고 현시점으로 일상에서 엿볼 수 있던 경험의 폭을 메타버스 서비스로 구현하기 시작했다.

게임업계가 발 빠르게 선두주자로 나서면서(예시: 2000년도 초기 발매한 2D와 3D 중간의 '심즈'를 통한 아바타 커스터마이징, '모여봐요 동물의 숲'을 통한 동물친구들 이야기 등) 플랫폼의 다양화가 이뤄지고 다채로운 활용방안을 통한 메타버스의 발전이 현재 우리나라에서도 이뤄지고 있다. 그렇기에 현재 우리가 흔히 신문기사를 접하거나 인터넷 뉴스, 유튜브 등의 모든 매체에서 쉽게 찾아볼 수 있으며 사람들 간의 뜨거운 감자로 등장하고 있다.

그리고 지금 메타버스 열풍의 흐름은 사람들의 익숙한 행동반경 서비스에 있어 정부가 얼마나 지원을 할 수 있으며 해당 서비스를 지지하느냐에 따라 대한민국의 '메타버스 시대'가 그저 지나가는 트렌드가 아닌 새로운 주력으로써 주요 산업의 일선을 차지할 수 있을지 없을지 결정될 것이다.

이에 있어 우리나라 정부는 작년 한국판 뉴딜 2.0로 예산을 크게 늘려 '국민 체감형 성과'를 만들어 내겠다는 포부를 내보였다.[1] 그리고 올해, 메타버스는 추진력을 얻는 반열에 올라 있다. 메타버스 자체 플랫폼 제작 및 VR · AR 등의 관련 콘텐츠 산업은 모두 같은 맥락으로, 디지털 비대면 환경조성에 필수불가결한 요소이다.

디지털 뉴딜의 4차 산업혁명 기반의 정책방향은 그 중에서도 유망 산업이 크게 부각되면서 코로나19 이후의 국민 생활 모습에 얼마나 변화를 줄 수 있느냐에 따른 성장에 기대할 수 있다. 가상증강현실(VR/AR) 산업은 코로나19 이전 년도 대비 6.8% 증가한 2020년 매출액이 8,032억 원이다. 그리고 참여 종사자 또한 같은 해에 10.6% 증가로 지속적인 성장세를 보였다.[2] 코로나 위기 중에도 새로운 성장 모델, 디지털 기반 메타버스의 성장정책은 중요하게 여겨질 수 있는 소지가 다분하다.

그렇다면 본격적으로 진화할 '디지털 뉴딜 2.0'의 배경과 실질적인 「메타버스(metaverse)의 현황과 향후 과제」[3]에 따른 확대 활용 정책은 일반 사람들의 거부감 없는 참여를 위해서는 다양한 분야의 활용사례를 분석하고 앞으로의 활용방안에 있어 새로운 아이디어의 등장이 중요하다. 그 중에서도 메타버스의 활용의 분야[4] 중 본격적으로 진화한 '초월적 세상'을 이용하는 새로운 방식에 일반 사람들도 거부감을 느끼지 않고 즐길 수 있도록 진화된 서비스 예시를 소개하고자 한다.

---

1) 인사혁신. 「디지털·그린·휴먼 … 한국판뉴딜 2.0 주요예산 살펴보니」, 인사혁신처 블로그, 2021.10.05

2) 과학기술정보통신부. 「지난해 데이터산업 시장규모 19조 2736억 … 전년비 14.3% 성장」, 대한민국 정책브리핑, 2021.10.05

3) 정준화. 「메타버스(metaverse)의 현황과 향후 과제」, 국회입법조사처, 2021.07.28

4) 김지혜 객원기사. 「메타버스 시대, 꼭 알아야 할 AI 활용법|새로운 미래 속 AI의 역할 논하는 '2021 AI 페스티벌 개최'」, The Science Times, 2021.09.06

국회입법조사처에서는 7개의 항목(정치, 기업, 공연, 행사, 홍보, 건설)을 제시하고 있으나 필자는 임의로 사회·경제·문화생활로 나눠 복합적으로 활용한 사례들에 대해서 소개해보려고 한다. 더 간편한 서비스, 더 재미있는 유흥성을 포함해 사람들의 인식 속에서 세 가지로 분류한 필자의 메타버스를 활용을 중심으로 살펴보고자 한다. 또한 메타버스의 급성장으로 인한 비대면 생활의 확대가 언택트 트렌드와의 시너지로 시장의 발전을 이루고 있는 우리나라의 메타버스 영향력의 확장을 보고 책을 읽을 독자가 즐기고 활용할 수 있는데 도움이 될 수 있길 바란다.

구 분	메타버스 활용
사 회	사회공헌과 교육적 목표를 겨냥한 메타버스 활용
경 제	소비자와 판매자 간의 소통 망 구축 및 자산화
문화생활	비대면 문화생활권의 확대 - 엔터테인먼트 & 전시문화예술

[표1] 메타버스로 즐길 수 있는 분야 정리

1. 사회공헌을 이루는 메타버스 플랫폼의 활용

메타버스의 열풍을 정부가 적극적으로 옹호함과 동시에 능동적으로 개발 정책을 내놓는 지금, 다양한 활용이 이뤄지기 위해 도입되는 방안은 모두에게 있어 좋은 시발점이다. 소개하고자 하는 사례들을 통해 사회적으로 메타버스를 활용하는 방안에는 시민들의 적극적인 동참을 유도하는 것 그리고 서비스 개발 등이 상호보완적으로 개발이 될 수 있도록 메타버스 서비스와 기업 활용 목적을 연계하는 방안에 중심을 놓고 사회적 접점의 방안을 모색함에 있다.

1) 메타버스로 구현하는 사회공헌

비대면 생활권의 확산이 사회가 메타버스를 받아들이는데 발화점이 된 것은 모두가 아는 사실이다. 그렇다면 메타버스를 어떻게 활용해야 사회적으로 이득이라고 볼 수 있을까? 그건 시민이 참여할 수 있는 공공기관과 취미활동에 스며드는 것이다. 인천시는 메타버스 기반의 게임 플랫폼인 ‘마인크래프트(Minecraft)’에서 시민이 직접 참여해 메타버스를 체험해볼 수 있는 계기를 만들었다. 가상공간 속 인천시를 온라인상으로 체험 가능하도록 누구나 제한 없이 접속해

둘러보고 인천시를 웹상으로 소개하는 시간을 가졌다.[5] 실제로 '인천시 랜드마크 건축 콘테스트'가 열릴 당시 59팀이나 작품과 참가하거나 '인천 감리서 탈출 맵' 영상 콘텐츠를 제작해 1만여 명의 라이브 방송에 참가하는 등의 성과를 보였다.

[그림1] 인천광역시 '마인크래프트'을 이용한 랜선 인천여행 소개 영상
(출처: 인천광역시 유튜브)

인천뿐만이 아니라 전주, 부산, 음성군 등과 같은 지역 활성화를 위해 메타버스를 적극적으로 도입하고 있다. 여행이 제한돼 답답했던 사람들에게도 특별한 이벤트와 같은 시간이었으며 무엇보다 직접 방문을 하지 못하더라도 아이들에게 주어져야 할 가상경험을 통한 교육적 기회를 재구성해 다시 제공할 수 있다는 점에서 사회적으로도 긍정적인 평가를 받고 있다.

공공기관이나 지방자치기구 등에서만 이렇게 적극적으로 홍보매체로 이용하는 것뿐만이 아닌 코로나19로 침체돼 있던 여행 산업에 있어서도 가상체험 기회는 또 다른 기회라고 볼 수 있다. 사회적 분위기로도 우리나라에서 메타버스에 두는 의미는 기업들에게 있어서 이득일 뿐만 아니라 사회공헌을 위한 토대가 될 수 있다는 가능성이 열렸다는 것이다.

---

5) 인천광역시. 「인천시, 마이크로소프트와 손잡고 마인크래프트에 인천을 담는다.」, 인천광역시 블로그, 2020.09.24

메타버스 기술을 도입한다는 것은 한 가지 기능만을 구현한다고 보기보다는 기업 이미지 메이킹, 서비스의 확대, 고객층 유입 등의 여러 가지 기능의 복합체로써 이윤을 추구하면서도 사람들에게 받아들여지는 것이기 때문에 기업과 이용자 간의 윈-윈이 가능하다. 위와 같이 사회적 공헌이 가능한 매체로써의 역할이 가능해진다면 무엇보다 기업 이미지 메이킹에도 긍정적일 것이다.

2) 다양한 교육 분야도 메타버스로 참여율 UP

앞서 언급했던 것과 같이 교육적 방면에서도 메타버스의 활용이 두드러지고 있다. 학교를 나가지 못하고 비대면 수업을 진행하는 학생들은 오래 집중하지 못하고 쉽게 수업을 포기하는 경우가 생긴다. 실제로 비대면 생활이 늘어나면서 아이들이 스마트기기, 게임에 훨씬 많이 노출되면서 통제가 되지 않고, 앉아서 시청만 하는 수업을 견디지 못하고 있다.

그래서 학교에서는 그저 화면만 보고 수업을 들어야하는 아이들을 위해 게임과 같은 화면상에서 실제로 체험해볼 수 있는 작은 이벤트 등을 포함하는 커리큘럼을 고안해냈다. 학생들이 수업에 참여하는 것을 확인하면서도 집중도를 올릴 수 있는 계기 또한 메타버스로 실현했다.

'게더타운(Gather town)'이라는 플랫폼을 이용해 룸을 만들면 학생들이 접속해 화면을 통해 수업에 참여할 수 있다. 게더타운에서는 화상 화면공유가 가능하며 모두에게 말을 할 수 있는 기능, 채팅창을 이용한 대화 나누기 등과 같은 친구들 간의 상호작용이 가능해지면서 어린 친구들의 집중력도 높이고 흥미를 유발할 수 있는 계기가 되고 있다.

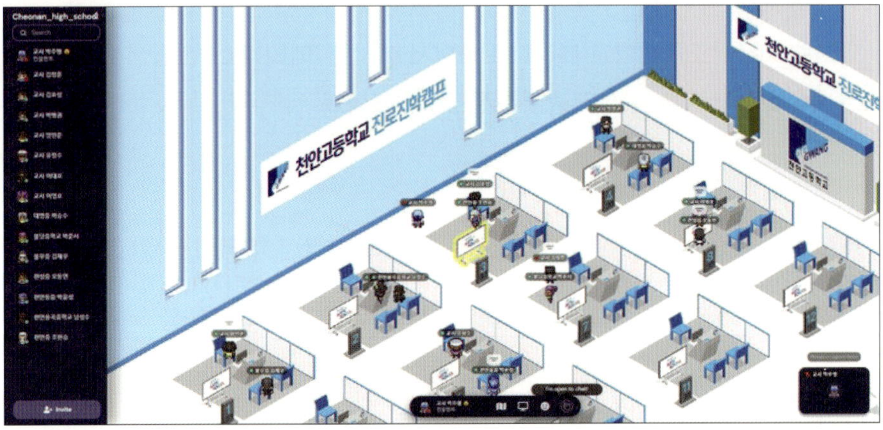

[그림2] 충남 천안고등학교 진로진학캠프 게더타운 맵 (출처: 충남신문)

2등신의 단신 아바타로 조금은 투박해 보일 수 있지만 그 나름의 아바타를 꾸밀 수 있는 디자인이 여러 종류 나와 있다. 선생님과 학생들이 모여 수업을 들을 수 있는 교실, 친구들하고 게임하고 즐길 수 있는 운동장 등의 학교 그대로의 즐거움을 맵으로 제작이 가능해지다면 충분히 교육적 용도로써의 메타버스는 앞으로 격변하는 사회에 맞춤형으로 발전할 것이다.

마찬가지로 대학교에서는 너도나도 'MZ 세대'를 겨냥한 메타버스 신입생 환영회로 학생들에게 대체로 좋은 호응을 얻고 있다. 학생들의 실질적인 후기로,[6] "새롭고 재미있는 경험이었어요", "오늘 행사를 통해 더 다양한 행사를 하면 흥미 있을 것 같아요.", "강의 장에서 가상교재는 실재감을 주어서 깜짝 놀랐어요.", "메타버스 공간에서 향후 수업이 기대된다." 등을 볼 수 있다. 이와 같은 평가는 앞으로 제작할 메타버스의 가능성에 대한 참고가 될 뿐만 아니라 학생들의 선호도 반영을 통해 학생들과의 상호작용을 활발히 할 수 있다. 플랫폼의 기능을 적극적으로 활용할수록 다양한 소통이 가능해진다.

[그림3] 전남도립대학교 뷰티아트과에서 실시한 '메타버스' 신입생 환영회
(출처 : 전남도립대학교)

신입생 환영회와 같은 공식행사나 공교육, 사교육, 더 나아가서는 기업에서 실제로 사원들 교육을 위한 목적으로도 메타버스를 이용하고 있다. 현대모비스에서 진행한[7] 입문 교육 일정에

6) 전남도립대, 「'메타버스' 열풍에 가세(MZ세대와 코드 맞춘 뷰티아트과 신입생 환영회)」, 전남도립대학교, 2022.01.21

7) 현대모비스, 「현대모비스, MZ 신입사원 교육에 '메타버스' 활용」, 서울경제, 2021.07.12

'메타버스 체험'과 '비대면 랜선 여행 프로그램'은 포스트 코로나를 대비함과 함께 더 발전할 AI 기술을 대비한 시발점이라고 볼 수도 있겠다.

[그림4] 현대모비스 메타버스를 이용한 신입사원 교육 현장 (출처 : 현대모비스)

코로나19 장기화로 대면이 힘들어진 취업 준비생들과 기업 면접관 사이에서도 현재는 화상 면접이 더 익숙해진 상황이다. AI 기술의 박차를 가하게 된 배경 속에서 메타버스의 도입은 사람들에게 무한한 가능성을 제공하는 동시에 즐거움도 줄 수 있기에 일석이조의 효과를 기대하면서 점진적 도입의 흐름을 나타내고 있다.

결과적으로 사회적 측면에서 메타버스의 유입이 불러일으킬 수 있는 장점에는 시공간을 초월한 인재양성이 가능해지며 고정 지출을 줄이면서도 생산성을 그대로 유지하거나 향상시킬 수 있다는 점이다. 무엇보다 이렇게 단일적으로 확정 지어 사용하는 것이 아닌 복합적인 목적을 갖고 활용한다면 더욱 큰 긍정적인 효과를 불러일으킬 수 있다.

비대면 서비스만으로 부족한 사회성 활용 측면에서의 소통을 위한 매개체가 될 수 있다는 점, 그리고 대중화가 가능해진다면 해결할 수 있는 시간과 거리의 상의 문제점 등의 측면에 있어 중요한 기로에 있다고 볼 수 있다.

2. 경제활동이 가능해진 가상현실세계

경제적 측면의 메타버스는 사실 새롭게 느껴지진 않을 것이다. 이미 게임 상에서는 아이템을 사고파는 등의 시장이 대규모로 형성돼있기 때문이다. 온라인 게임 형태로만 존재할 거라 믿던 믿음을 거쳐 현실세계와의 구별 없는 몰입형 경험을 토대로 메타버스의 다음 세대가 도래한 것이다.

그래서 가상공간에서 이뤄지는 상호작용은 현실세계에서 사람들이 실제로 돈을 주고 물건을 사고파는 것과 같은 활동이 주류를 이루고 있다. 더 나아가서는 앞서 설명했던 기업들이 메타버스 플랫폼을 통한 경제활동에 참여하면서 본격적으로 포스트 코로나시대에 대비해 다방면으로 활용이 가능하도록 가능성을 재고하고 있다.

경제 분야에서의 메타버스는 단순히 NPC(Non Player Character)로 참관하는 것이 아니고 주체적으로 실질적 상호작용을 하고 경제적 이득을 얻을 수 있는 방향으로 진화하고 있다. 다음은 '메타버스' 플랫폼에서 이뤄지는 실제 재화 가치에 대해서 알아보고자 한다.

1) 메타버스 플랫폼의 경제성/경제 가치 대중화(플랫폼 활용)

메타버스의 입지가 견고해지면서 경제적으로도 다양하게 활용할 수 있는 유통경로가 생겨나고 있다. 즉 '메타버스 시장'이 성장하고 있다는 뜻이다. 몰입이 가능한 경험을 토대로 다음 세대가 활동할 수 있는 플랫폼 개발에 박차를 가하는 것 또한 메타버스 시장의 성장관계이다. 시장조사업체 스트래티지 애널리틱스에 따르면 메타버스 시장은 2025년 관련 매출이 무려 2,800억 달러에 이를 것으로 전망된다고 했다.

경제적 관념으로 본다면 현실공간에서만 이뤄지던 경제적 상호작용을 가상현실이라는 메타버스 속으로 갖고 나와 실제로 사람들이 돈을 주고 물건을 사고파는 것과 같은 물물교환을 활성화했다는 것이다. 메타버스 플랫폼 그 자체 내에서 유저들이 자유롭게 스스로 상호작용이 가능한 즉 '크리에이티브 이코노미'를 실현시켰다.

크리에이티브 이코노미란 소비자들의 주체적이고 창의적인 작업을 통한 실제 지적재산권의 가치창출이 일반적인 기업의 행보와는 다른 '창의적 경제 산업'의 일부로, 경제개발에 많은 관심이 쏟아지는 지금 크리에이티브 이코노미가 가능한 메타버스에 세간의 이목이 집중되는 것은 이상한 일도 아니다. 이렇듯 크리에이티브 이코노미를 지원하는 메타버스 플랫폼 속 경제활동은 일반 사람들뿐만이 아닌 기업들도 개발에 뛰어드는 계기를 마련하고 우리나라도 전문 플랫폼 등이 존재한다. 예시로 소개하는 플랫폼은 네이버에서 파생한 '제페토(Zepeto)'이다.

제페토는 네이버제트에서 개발한 메타버스 플랫폼으로 2018년도 8월 처음 서비스를 출시해 현재는 전 세계 200여 국가에서 3억 만 명 이상의 유저들을 보유하고 있는 국내 최대 규모의 메타버스 서비스 플랫폼이다. 3D 아바타를 기반으로 모바일 앱과 크리에이터·제작자들을 위한 플랫폼이다. 이미 구찌, 나이키, 아디다스 랄프로렌, 나스 등의 유명 패션 브랜드의 아이템들이 입점 돼있는 시장이다.

2021년 소프트뱅크 등에서 약 2220억 원의 투자 유치를 성공했다. 투자금이 콘텐츠 다변화 및 확장에 쓰인다고 생각하면 전년대비의 제페토 가치는 앞으로도 더욱 상승할 것이다. 플랫폼 자체적으로 사람들의 경제활동을 옹호하고 격려하고 있는 크리에이티브 이코노미를 활성화한 제페토의 순기능은 이용자들의 SNS 동향을 살펴보면 더욱 자세히 알 수 있다.

구분	내 용
플랫폼	제페토 (Zepeto)
프로그램	제페토 빌드잇 & 제페토 스튜디오
특장점	1. 아바타 커스터마이징 방식이 다양 (의상, 페이스, 메이크업, 배경 등) 2. 캐시 및 플랫폼 재화로 아이템 판매·구매 가능 3. 소비자가 직접 컨텐츠 생산 가능 (크리에이티브 이코노미 중심) 4. 개인이 직접 플랫폼 안에서 맵을 제작하고 공유할 수 있음
활용 방안	• 행사, 공연, 홍보 이벤트 등의 개인 맵 제작을 통한 마케팅 활용 • 아이템 제작을 통한 수익 활동

[표2] 제페토로 가능한 기능 및 경제적 활용 방안

앞서 소개했던 패션 브랜드 외에도 다양한 산업종이 메타버스 플랫폼에 참여하고 있는 가운데 편의점 CU가 제페토에 입점했다. 유저들을 위한 공간인 맵을 제작하고, 아바타 아이템 등이

상점에서 판매되고, 아르바이트생을 뽑는 등의 유사현실을 반영했다. 그 결과 실제로 유튜브에는 제페토 크리에이터들이 편의점에서 '아르바이트'를 하면서 일어나는 일들을 콘텐츠로 제작해 업로드 한 영상들을 쉽게 찾을 수 있다. CU 자체적으로도 유튜브 채널을 통한 제페토를 이용한 홍보 콘텐츠를 올리면서 2차 홍보의 행보가 지속되고 있다.

[그림5] 제페토에서 CU로 아르바이트를 가는 아바타 브이로그(출처 : CU 유튜브)

유저들이 참여해 실제로 상호작용이 가능하며 '언택트 문화'의 형성이 박차를 가하는 중이다. 이는 온라인이라도 유사경험이 사람들에게 미치는 영향력에 대해서 관찰한 결과로 어느 정도의 영향력을 행사할 수 있음이 입증됐다. 경제적으로 접근하는 메타버스는 타 소셜 네트워크 채널도 접목해 다목적 유입을 주도하고 브랜드 이미징을 친근하게 만들면서 새로운 고객층 또한 같이 유입할 수 있도록 만든다.

하지만 무엇보다 이용자가 즐길 수 있어야 진정한 메타버스에 참여한다고 볼 수 있다. 그렇기에 게임과 같은 요소에 기반을 두고 사람들의 소통을 중심으로 여러 가지 행동반경을 넓혀가듯 방향을 잡는 것이다. 캐릭터를 디자인해 나의 니즈를 충족시킬 수 있다는 점 또한 이용자들에게는 매력적으로 다가올 수 있다.

2) 메타버스 플랫폼의 경제성/경제 가치 대중화(가상자산 NFT)

그리고 블록체인을 이용한 NFT 발행이 그 두 번째 메타버스 속 경제활동이다. NFT는 특정 자산에 대해 고유한 소유권을 부여하게 되면서 소유물, 재산 및 신원인증을 가능하게 한 메타버스 경제의 핵심이라고 볼 수 있다.

여기서 NFT란 '대체 불가능한 토큰(Non-Fungible Token)'이며, 블록체인이란 온라인 속 네트워크에 의한 데이터가 저장 및 관리되는 시스템을 말한다. 블록체인을 기반으로 발행되는 NFT는 특히나 가상자산에 희소성과 같은 유일한 가치를 자산화 할 수 있다는 점에서 디지털 예술분야를 중심으로 영향력이 커지고 있다. 하지만 일반사람들에게는 발행방법과 이용법이 쉽지 않아 유입까지는 다소 까다롭다고 보인다.

하지만 NFT 기반으로 개발한 '크립토키티(Cryptokitties)'라는 게임의 고양이들의 탄생 가격은 천차만별로 대략 1억 2,000만 원에 거래되는 등의 큰 화제를 모으면서, 비록 발행해서 유통되기까지는 타 플랫폼보다 사용법이 까다롭지만 시초의 크립토키티 거래액을 보고 많은 사람들의 이목이 집중되기도 했다.

[그림6] 고양이 모습의 게임 캐릭터 일러스트 이미지(출처 : 크립토키티 홈페이지)

그 이외에 브랜드들의 NFT를 이용한 메타버스 경제적 분야 활동도 눈 여겨 볼 수 있다. 버버리(Burberry)는 'Blankos Block Party' 메타버스 비디오 게임을 위한 NFT 액세서리를 제작 및 출시다. 루이비통(Louis Vuitton)은 NFT가 박힌 비디오 게임인 'LOUIS THE GAME'을 출시했다.

수백만 달러의 디지털 아트 판매라는 과장된 광고를 넘어, NFT의 중요성은(상품, 서비스 및 아이디어에 대한) 자유시장, 독립적인 소유권 및 사회적 계약을 기반으로 하는 진정한 인간 사회와 유사한 무언가의 시작이 번성할 수 있도록 하는 데 있다. 차세대 메타버스 플랫폼에서는 이미 유저들의 경제적 상호작용이 활발하게 이뤄지고 있으니 이는 메타버스를 이용한 경제적 활용은 사람들이 생각하는 것보다 가까이에 있다는 것을 의미한다.

3. 모두 같이 즐기는 메타버스 문화생활

디지털 환경에 익숙하고, 최신 트렌드와 재미를 추구하는 MZ 세대는 현재 30% 정도의 비율을 차지하고 있다. 일반적으로 게임이라는 가상세계 경험이 익숙한 디지털 친화적인 MZ 세대를 살고 있는 우리들은 온라인 속 세상을 현실과 분리함과 동시에 함께 즐길 수 있는 취미생활을 추구해 왔다.

그리고 메타버스가 그 간극을 메우기 위해 등장했다. 특히나 정부의 문화정책에 있어서 메타버스가 큰 역할을 하고 있다. 이는 디지털 데이터로만 보존되던 문화 콘텐츠가 메타버스 기술과 함께 시민의 문화권 확대에 이바지하고 있다. 즉, 디지털 전시, 혹은 가상전시(Virtual Exhibition)와 같이 가상현실(VR) 및 증강현실(AR) 기반의 기존 방식에서 메타버스 플랫폼의 발전이 시민에게 어떻게 즐거움을 줄 수 있을지 시민들과의 네트워킹에 중책을 두고 있다.

1) 비대면 엔터테인먼트

이제 메타버스 플랫폼이 엔터테인먼트 분야에서 활약하는 것은 뉴스보도나 타 SNS 플랫폼을 통해서도 쉽게 확인할 수 있다. 눈여겨 볼 수 있는 활용사례를 들자면 연예계에서 보이는 IT 기술력이다. 아이돌에게 있어 팬들과의 직접적인 만남은 필수불가결이다. 하지만 코로나 팬데믹으로 인해 공간대관은 물론이고 콘서트, 팬 미팅 등 모든 직접적인 소통이 불가능해지면서 엔터테인먼트 산업에 있어 큰 타격을 입었다.

여기에 위기를 기회로 극복한 회사가 있다. SM엔터테인먼트의 신예 아이돌은 메타버스를 팀 콘셉트로 지금 분위기에 위화감 없이 녹아들었으며, JYP엔터테인먼트에 이어 하이브가 엔터테인먼트 계에 블록체인 기술 업체와의 제휴로 신사업에 대한 궁금증을 불러일으키고 있다. 특히나 엔터테인먼트 사업의 IT 기술, 메타버스의 도입은 팬들에게 있어 더욱 환영을 받고 있다.

예시로 23개 기획사와 299명의 아티스트들의 온라인 소통이 가능한 '버블' 어플리케이션은 이미 매출액 184억 원, 순이익 66억 원을 기록하며 앞으로 아티스트가 지속적으로 영입돼 구독자가 늘어날 경우는 최소 200억 원 초중반대의 이익이 달성 가능하다고 증권사는 판단했다.[8] 이에 최근에는 해외 유명 아티스트들도 메타버스 플랫폼에서 가상 콘서트를 여는 등의 '메타버스 행보'를 이어나가고 있다.

우리가 흔히 사용하는 페이스북(Facebook)은 21년 '메타(Meta)'로 사명을 변경하며 메타버스를 이용한 소셜네트워킹 서비스의 확대에 큰 포부를 보였다. SM엔터테인먼트에서 메타버스 개념의 팀 걸 그룹 '에스파(aespa; 아바타를 통한 새로운 경험을 하다라는 뜻을 내포)'를 데뷔시키는 등의 사람들에게 더 많은 즐거움을 줄 수 있도록 발전하고 있다.

[그림7] 메타로 사명을 바꾼 페이스북 페이지(출처 : 메타)

소비자 그리고 유저들의 호응도가 높을수록 메타버스가 더 생활에 깊숙이 자리할 수 있다는 점은 무시할 수 없다. 두터운 팬 층을 가진 엔터테인먼트 사업과 소셜 네트워킹은 이미 자사의 이익 동향에 지대한 영향을 끼친다는 사실을 알고 있다. 트렌드와 팬들의 소비동향을 따르는 엔터테인먼트 사업은 앞으로도 이쪽 분야의 개발 전망이 밝다고 생각한다.

2) 문화예술계의 메타버스 붐

메타버스라고 해서 꼭 전용 플랫폼을 이용해야만 즐길 수 있는 것도 아니다. 또한 메타버스가

8) 한경생활문화, 「"이게 엔터야, IT야"…BTS의 플랫폼·에스파의 메타버스 [연예 마켓+]」, 한경닷컴, 2021.10.30

반드시 캐릭터를 앞세워 즐겨야만 하는 것도 아니다. 문화예술계의 메타버스가 그 예시이다. 기술을 도입하고 사람들이 실제로 즐길 수 있다는 것 또한 메타버스 속 문화생활이라고 할 수 있다.

성수동에서 진행되는 'Under Stand Avenue(언더 스탠드 에비뉴)' 전시는 실제로 52개국 100여 팀의 아티스트가 참여한 미디어 작품전이다. 미디어아트, 디지털아트 모두 꾸준히 입지를 다져온 아트 시장의 새로운 콘텐츠로써 성장해온 아티스트들의 새로운 시도는 메타버스를 만나고 더욱 큰 무대를 얻었다.

눈으로 보고 사진을 찍기만 하던 예술 시장은 직접 참여할 수 있는 도구나 장치를 통해 현실감각을 연결시켰다. 예시로 성수동의 언더스탠드 에비뉴에서 진행하는 '아트 인 메타버스'는 [그림8]과 같이 관람자가 직접 보조 장치를 사용해 화면을 보며 체험을 하거나, 마우스와 키보드를 이용한 체험 전시, 미디어아트라는 이름 그대로 화려한 영상을 이용한 시각적 재미를 선사하는 등의 오감을 이용한 전시가 가능해진 것이다.

어플로 다운받아 즐길 수도 있고, 실제로 경험하는 전시 공간이나 디바이스, 서포터 등의 일상생활 및 엔터테인먼트 요소로써 사람들이 새로운 문화에 창의적으로 와 닿을 수 있는 계기가 형성되는 과정인 것이다.

[그림8] 홈페이지에 소개돼 있는 뉴미디어 아티스트 작품들 중 메타버스 요소를 확인할 수 있다.
(출처 : 언더 스탠드 에비뉴 홈페이지)

문화예술·전통문화계도 적극적으로 동참하고 있다. 전주문화재단에서는 사회적 연대형성을 위한 문화정책 네트워킹의 확장 중 영상예술놀이터 운영 활성화와 팔복예술공장 메타버스 구축을 추진한다고 한다.[9] 문화재청에서는 '디지털문화유산 콘텐츠 경진대회'를 개최한다고 발표하며 문화재청은 디지털의 일상화로 국민의 문화유산 향유 수요가 급변하는 만큼 이에 부응하기 위한 디지털 콘텐츠 개발 보급 정책과 사업을 확대해 나갈 계획이란 포부를 밝혔다.[10]

이외에도 축제들이 가상공간인 메타버스에서 개최되는 등 문화 축제부터 영화제, 예술 행사 등의 장르 불문이 실현되고 있다. 코로나19로 인해 지키기 힘들었던 생활문화를 공유하는 자리를 가상공간이 해소할 수 있도록 지원하고 있다.

출처 : 문화재청

출처 : 한국공예문화진흥원

[그림9] 문화재청에서 제시하는 메타버스 경진대회 예시 작(출처 : 문화재청 홈페이지)

4. 메타버스가 야기하는 문제점 및 개선점

메타버스는 디지털 지식을 기반으로 한 프로그래밍 서비스이다. 앞서 설명했던 메타버스 활용 범위는 아마 더 무궁무진할 것이다. 더욱이 일생생활에 활기를 불어넣어준 디지털 공간의 중요성이 현실세계와 비슷하니 그 가치는 앞서 더 커질 거라고 판단한다. 소통, 모임, 게임 등의 플랫폼 소셜의 확장은 몰입감 있는 경험이 가능하기 때문이다. 특히나 아바타를 통한 새로운 아이덴티티의 발현은 유저들에게 있어서도 흥미롭고 재미있는 활동이다. 하지만 대중화에 앞서 방지해야 할 중요한 문제점 몇 가지가 있다.

9) 전주문화재단, 「선제적 문화정책으로 연대-협치 확대」, 전북중앙, 2022.02.09

10) 문화재청, 「문화재청, 제1회 디지털문화유산 콘텐츠 경진대회 개최」, 중부매일, 2022.03.08

첫 번째로 온라인상의 상호관계가 기반이 되기 때문에 개인신상정보 및 프라이버시에 대한 보호가 미약하다. 특히나 주 이용자 중 대부분의 나이가 어린 10대 학생들인데 적절한 교육과 대응방안 없이 무분별한 문제에 노출되는 데에 아직 적절한 대안이 존재하지 않는다. 또한 가상 공간에서 아바타를 통한 만남은 윤리적으로 침해되는 문제들(개인정보침해 및 폭력적 행동 등)에 대해 제지하기 힘들기 때문에 이용자에 대한 이용방안이 필수이다.

실제로 메타버스 관련 크게 대두되는 '저작권 침해'와 '미성년자 대상 범죄'이다.[11] 작년 우리나라 인디 개발자의 유니티 어셋 스토어 〈스펌〉(SPUM) 속 도트 캐릭터가 타국에서 'NFT 게임'으로 도용돼 론칭 됐다는 소식이다. 물론 〈스펌〉에서 구매해서 재 제작하는 데는 문제가 없다. 하지만 도용한 측에서 자신들이 제작한 것과 같이 홍보를 하면서 창작자의 권리 침해 사건이 일어난 것이다.

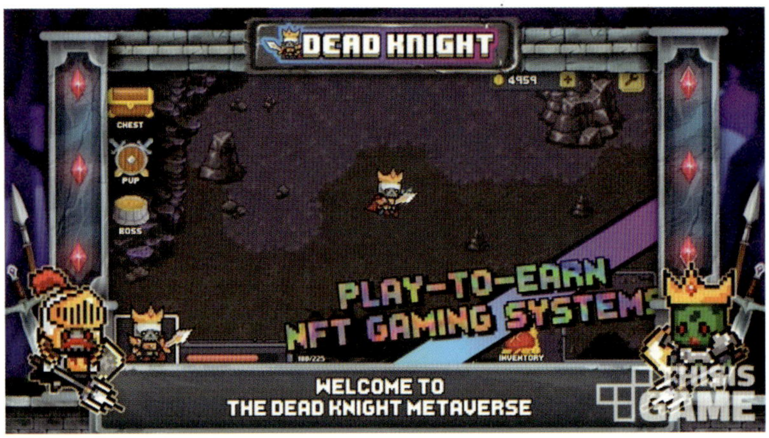

[그림10] 게임 '데드 나이츠'가 도용한 스펌 캐릭터(출처 : 디스이즈게임 블로그)

메타버스 내 창작의 자유가 새롭게 도래했다지만 저작권 및 라이선스 관련 권한에 따른 남용의 책임을 묻기에 아직 우리는 적절한 조치를 취할 만큼 준비가 되지 않았다. 예술업계에서의 많은 활약을 보여주고 앞으로 더 발전할 메타버스 내 예술계통 창작자들이 앞으로 마주할 문제는 분명 혼자서는 해결 할 수 없는 문제도 발생할 것이다. 이를 방지하기 위해서도 철저한 제도

11) 송용선, 「"내 작품이 도용됐다" 유니티 어셋 훔쳐간 사연... NFT는 무법지대인가?」, 디스이즈게임, 2022.01.04

적 준비와 개인적으로 문제가 발생했을 당시 조치를 취할 수 있도록 도움을 줄 수 있을 방안을 모색해둬야 할 것이다.

이런 어른들의 사정 속에서도 문제가 발생하는데 어린 학생들 사이에서 문제가 발발하지 않기는 힘들다. 최근 메타버스 플랫폼 속 사이버 불링이나 성희롱, 스토킹 등의 문제가 활개치고 있는 상황이다. 특히나 아바타를 기반으로 활동하는 '제페토'에서 발생하는 문제들은 주 이용자가 10대라는 점에서 더 크게 부각되고 있다.

아바타 몰카, 성희롱, 스토킹 등 이외에도 사이버 범죄로 청소년 피해자가 속출하고 있다는 점이다. 한국지능정보사회진흥원(NIA)[12]에 따르면 2020년 기준 초·중·고교생 4,958명을 대상으로 실시된 조사에 따르면 19.7%가 사이버 폭력을 경험한 적이 있다. 또한 '온라인 게임(50.5%)' 안에서 '누군지 모르는 사람(45.8%)'에게 가해졌다고 조사에 참여한 수가 가장 많았다.

아무리 메타버스 속 아바타를 대상으로 일어나는 범죄라 할지라도 피해자가 수치심을 느끼거나 정신적 고통을 호소한다면 엄연한 문제로써 처벌이 필요할 것이다. 부모가 일일이 확인할 수 없는 상황에서 무분별하게 범죄에 노출되는 아이들을 지키기 위해서는 보다 철저한 제도적 안전띠가 필요하다는 것을 확인할 수 있다.

그 다음으로 무엇보다 중요한 문제는 '모든 사용자'가 쉽게 사용할 수 있다는 것은 아니다. MZ 세대 그리고 10대가 주류를 이루는 메타버스 시장의 향후 더욱 큰 대중성과 시장 주도성을 생각하면 이용 전문 교육 양성이 가능해져야 함을 의미한다. 하지만 여전히 IT로부터 소외받는 계층은 존재하며 노령화와 퇴직이 빨라지는 현 시대에 시니어들을 위한 기술적 지원이 미미한 것이 현실이다.

서비스를 '제공받는' 입장에서는 분명 희소식이다. 특히나 시간적·경제적 여유가 있는 시니어들에게 있어 헬스 케어 시장의 메타버스 도입으로 인한 확대나 새로운 취미를 찾는 '그레이 게이머'들에게 있어서 분명 중요한 삶의 기반의 이정표가 될 수 있다.

12) 한국지능정보사회진흥원, 「2020 사이버 폭력 실태조사」, 한국지능정보사회진흥원, 2020

"실수하면 자존심이 상하기도 하고 내가 시대에 뒤처진다는 생각이 들고 소외감을 느낀다. 매표소가 없는 곳에서 표를 구매하려면 아르바이트생이 매점에서 일을 하다가 나를 도우러 오는데 괜히 미안하고 눈치가 보인다"[13)]라고 60대 한 소비자가 극장에서 영화표를 구매하기 위해 키오스크 사용에 있어 어려움 토로한 내용이다. 이는 극장에서 뿐만이 아니라 현재 우리가 마주하고 있는 현실이다.

전 연령이 오고가는 거의 모든 공공기관에 설치되고 있는 키오스크조차 이러한 사용의 어려움 뿐만 아니라 알파벳조차 인지하기 힘든 다수의 노년층들에게 있어 과연 현실적으로 '편리한' 서비스인지는 아직 불분명하다. 이러한 '디지털 격차' 더 나아가서는 미래기술 격차 해소를 위한 사회적·정책적 지원이 자리 잡지 못한다면 미래세대에 부담이 될 뿐만 아니라 향후 성장 가능성은 지체될 것으로 보인다.

기회와 성장의 상징 메타버스. 2022년 산업부 R&D 지원종목 중 과반수가 미래 산업기술이다. 디지털 기술의 도입이 '팬데믹 대비 비대면 디지털 경제로의 급속한 전환에 적극 대응'에 걸맞는 디지털 뉴딜 신사업 육성에 메타버스가 적극적인 지원을 보장받았다. 하지만 메타버스의 전문적인 직업 및 전문가 양성에 따른 위와 같은 피해자가 발생하는 것에 따른 지원과 대책은 아직 미비하다.

법제 정비 및 규제 개선에는 정부 주도의 신유형 기술의 등장과 함께하는 문제점들을 해결하기에는 안정과 발전 사이에서 서로 상충하는바 아직 성장 중인 메타버스 관련업이 안전하게 자리 잡기에는 시간이 필요할 것으로 보인다.

---

13) 허일권기자, 「'키오스크·영어·카드결제' 영화관 노년 관람객 막는 장벽」, 비즈한국, 2019.12.04

Epilogue

메타버스가 우리 사회에 전하는 메시지는 분명하다. 앞으로의 세상이 더 이상 직접 눈으로 보고 대면하면서 소통하는 서비스의 한계를 직면한 지금, 오프라인의 간편함과 가능성을 엿본 지금으로써는 전문가들조차 '이전'의 생활로 돌아갈 수 없다는 것. 앞서 언급된 정부 정책적 메타버스 활용 분야 외에도 이미 다양한 업종에서는 자립적으로 IT·메타버스 플랫폼 기술도입 등의 새로운 시도는 이미 시작됐다.

앞서 언급했던 사회공헌을 위한 메타버스의 도입은 이의 대중화를 마주하는 것과 같다. 최근 기업 지도자들 또한 메타버스 기술의 가상세계 실현이 현실을 바꿀 수 있을 것이라 믿는다. 사회변화 핵심에 지속가능성과 교육적·경제적 기회가 주어질 수 있다며 추진 목표로 대외적으로도 홍보하고 움직이고 있다.

MZ 세대는 물론 미래의 아이들은 이미 메타버스라는 플랫폼과 서비스에 익숙하다. 교육에 줌이나 게더타운을 통한 수업자료가 원활히 사용되고, 방과 후 친구들과 제페토나 이프랜드를 통해 친목을 다지고 스스로 아이템을 만들어 개인 SNS에 업로드하기도 한다. 그러나 메타버스는 지금 겨우 우리 생활의 도입부에 지나지 않는다. 상상만 하던 생각을 기술로 구현할 수 있다면 분명 필요로 하는 분야에서는 전반의 트렌드로 자리 잡을 수 있다. 비대면 생활권의 확대는 우리가 격변하는 시대에 적응하기 위한 새로운 전략으로써 피할 수 없다면 모두가 즐길 필요가 있다고 보지 않는가?

사람들이 즐겁게 참여할 수 있는 메타버스 분야에 대해 알아보고 같이 즐길 수 있다면 그게 바로 정부에서도 지향하는 가상현실세계 정책일 것이다. 뉴스보도나 개인 블로그 등 다양한 매체를 통해 충분히 메타버스에 대해 검색할 수 있는 지금. 새로운 문화를 체험하고 즐거움과 함께 가상현실세계가 보여주는 상상이 진실이 되는 경험을 같이 해보는 것 또한 지금 누릴 수 있는 최고의 기회이자 권리이다.

이 책을 읽는 독자들이 메타버스에 흥미를 두고 같이 나아간다면 메타버스 붐에 힘들이지 않고 함께할 수 있다고 생각된다.

[참고문헌]

• 김상균, 신병호 공저. 「메타버스 새로운 기회」. 플랜비디자인. 2021.06.08

• 김상균, 박기현 공저. 「스쿨 메타버스」. 테크빌교육. 2022.03.24

• 변문경, 기병석, 이정훈, 박찬 공저. 「메타버스 FOR 에듀테크」. 다빈치books. 2021.09.09

• 장하민, "메타버스에 뛰어든 국내 산업계, 성범죄·데이터 유출등 부작용 주의", 뉴스워커, 2021.12.06, http://www.newsworker.co.kr/news/articleView.html?idxno=139027

Chapter

2

오픈씨에서 내 NFT 민팅하기와 더샌드박스의 랜드 구매해 보기

이효경

Chapter

02

오픈씨에서 내 NFT 민팅하기와 더샌드박스의 랜드 구매해 보기

Prologue

지난 2년여 동안 코로나19는 전 세계인들의 삶에 변화를 가져왔다. 우리나라에서는 대면접촉을 방지하기 위해 사회적 거리두기가 시작됐고 기업이나 기관, 학교 등에서도 원격근무가 시행되었다. 대다수의 모임도 비대면 형태로 바뀌면서 원격으로 모임이 진행되는 등 디지털 가상시대가 앞당겨지게 됐다. 이러한 때 현실적인 기술 대안으로 메타버스와 가상화폐 그리고 NFT가 이슈로 떠오르고 있다.

이러한 이슈들은 탈중앙화로부터 시작되는 웹3.0을 빼놓고선 설명하기 어렵다. 웹3.0의 근간을 이루는 기술인 블록체인이 발전하면서 기존 중앙집중형 플랫폼 구조가 갖는 문제를 해결하고, 참여자가 기여한 만큼 정당한 보상을 받는 새로운 경제모델이 구축되고 있기 때문이다. 아직은 낯선 개념들인 만큼 차근차근 이해해 보는 것이 중요할 것 같다.

메타버스는 인터넷 웹상에서 아바타를 통해 정치, 사회, 문화적 활동을 하거나 경제적 가치를 창출할 수 있는 3차원의 가상세계이다. 'NFT(Non-Fungible-Token)'는 '대체 불가능한 토큰'의 약자로, 블록체인에 소유권과 거래정보, 고유 값이 기록된 디지털 소유권 인증서이다. 지금까지 인터넷 파일에 가치를 매길 수 없었지만 NFT 작품에 가치를 부여하게 되면서 가격을 매겨 팔 수 있고 수익을 창출할 수 있기 때문에 메타버스에서 경제활동의 근간이 된다는 것이다.

웹3.0은 탈중앙화 기반의 상호연결 된 가상세계에서 경제활동이 가능하며 유저들에게 소유권이 주어진다는 점이 핵심이고, 블록체인과 가상화폐, NFT 기술과 함께 완성된다. 지금까지는 거대 인터넷 플랫폼들이 수익을 가져갔지만 P2E(Play-to-earn) 게임의 경우, 게임을 하면서 수익을 얻고, 게임 아이템들을 NFT로 거래하거나 소유권을 가질 수도 있게 된다. 여기서 얻은 수익은 가상화폐로 받게 되는 것이다.

블록체인에 소유권 인증이 기록된 NFT를 탈중앙화 방식으로 자유롭게 사고팔 수 있고, 이 수익을 가상화폐 거래소에서 환전해 현실 세계의 돈으로 바꿀 수 있다. 이러한 수익을 얻기 위해 많은 사람들이 메타버스에서 시간을 보내게 될 것이고, 이는 곧 메타버스의 경제 활성화로 이어지게 된다는 것이다. 이러한 개념을 염두에 두고 오픈씨 거래소에서 NFT 민팅과 구매, 더샌드박스의 랜드를 구매하는 과정을 살펴보도록 하겠다.

'오픈씨'는 전 세계에서 거래량이 가장 많은 'NFT 마켓플레이스'이고 '이더리움(ETH)' 기반이다. 하지만 ETH 기반은 가스비(수수료)가 비싸고 느린 트랜젝션(거래시간) 등의 단점 때문에 최근 수수료가 저렴하고 속도가 빠른 '폴리곤' 기반의 NFT 거래가 늘어나는 추세이다.

필자는 오픈씨의 폴리곤 네트워크에서 NFT 아트를 민팅하고 구매를 진행했다. 먼저 메타마스크 지갑을 만들었고, 국내외 거래소를 거쳐 결제 시 필요한 폴리곤 ETH을 구입해 지갑으로 전송했다. 그리고는 오픈씨와 연결해 NFT 아트를 구매했다. 수수료는 몇백 원 정도였으니 거의 무료다. 더샌드박스의 랜드는 일반 ETH으로만 결제가 가능하기 때문에 해당 ETH을 지갑으로 송금한 다음 랜드를 구매했다.

더샌드박스의 랜드는 1x1(현실 96m*96m) 크기가 최소 단위이다. 랜드는 웹3.0 P2E 게임으로 누구나 게임을 만들고 수익을 창출할 수 있는 메타버스 게임 플랫폼이다. 랜드를 구매하면 소유권이 구매자에게 주어지고, 임대료나 광고료를 샌드코인으로 받게 되는데, 이를 현금으로 환전할 수 있다. 또한 스테이킹(staking)으로 이자수익을 얻거나 거버넌스(governance) 운영권에 참여할 수도 있다.

유저들도 게임이나 아이템을 만들어 마켓플레이스에 올려 샌드를 받아 랜드를 구매할 수 있다. 이러한 조건은 사람들이 메타버스에 모여들고 메타버스 발전의 원동력이 되게 하는 것이다.

이제 NFT 아트를 업로드하고 민팅, 구매 그리고 더샌드박스의 랜드 구매를 시작해 보자.

1. 오픈씨에서 내 NFT 업로드하기

'오픈씨(https://opensea.io)'에서 NFT를 업로드하려면 먼저 '메타마스크 지갑'부터 만들어야 한다. 그리고 메타마스크 지갑에 폴리곤 네트워크를 추가하고 오픈씨를 연결해 준다. 이 지갑에 가상화폐를 넣어 둘 수도 있고 로그인이나 다른 거래 시 사용된다.

1) 메타마스크 설치하기

(1) 크롬 웹 사이트 검색

구글에서 '크롬 웹 스토어' 사이트를 검색하고 들어간다.

[그림1] 크롬 웹 스토어 검색하기

(2) 메타마스크 검색

크롬 웹 스토어 창에 영문으로 'metamask'를 검색하고 확장 프로그램을 열어준다.

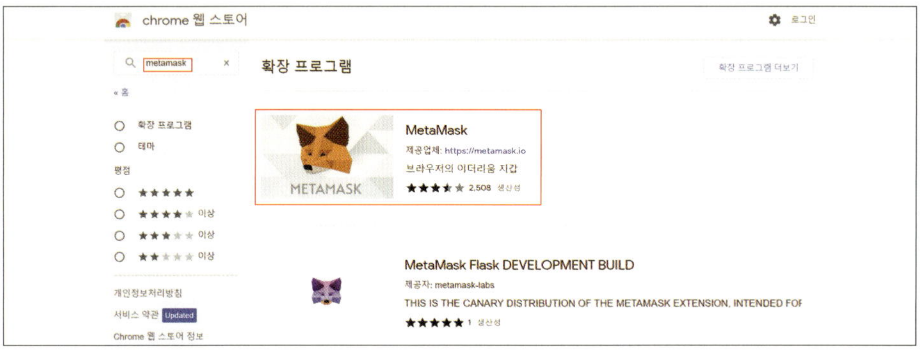

[그림2] metamask 확장 프로그램 열기

(3) 메타마스크 설치 및 추가하기

크롬 브라우저에 설치한다. 웹 스토어 화면 우측의 '크롬에 추가' 하기 버튼을 선택한다.

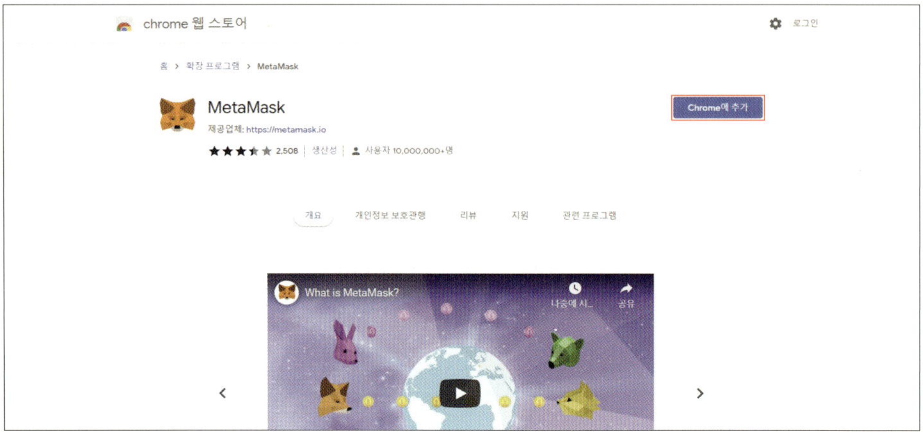

[그림3] 크롬에 추가하기

(4) 메타마스크 열기

확장프로그램을 클릭하면 ① '메타마스크'가 보인다. ② '압정'을 눌러 고정하면 브라우저에 메타마스크가 항시 보이게 된다. ③ '여우모양'을 누르면 메타마스크 화면으로 넘어간다.

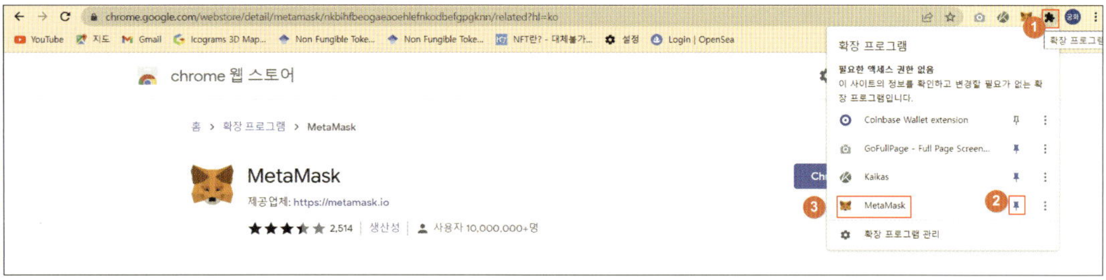

[그림4] 크롬 창에 메타마스크 고정

(5) 메타마스크 시작하기

메타마스크 '시작하기' 버튼을 클릭한다.

[그림5] 메타마스크 시작하기 클릭하기

(6) 메타마스크 지갑생성하기

오른쪽 맨 아래에 있는 메타마스크 '지갑생성'을 클릭한다.

[그림6] 지갑 생성하기

(7) 지갑 암호 생성하기

① 사용하려는 '암호'를 입력하고 ② '재확인' 한다. 그리고 ③ '이용약관'에 동의한 다음 ④ '생성' 버튼을 클릭한다. 이후 12단어로 된 비밀백업 '시드구문'을 종이에 적어 따로 잘 보관해 두고 다른 데로 유출하지 않도록 한다.

[그림7] 메타마스크 지갑 암호생성 하기

'메타마스크 지갑'이 만들어졌다. 아래 붉은 박스 안에 알파벳과 숫자조합은 본인의 '지갑 주소'이다.

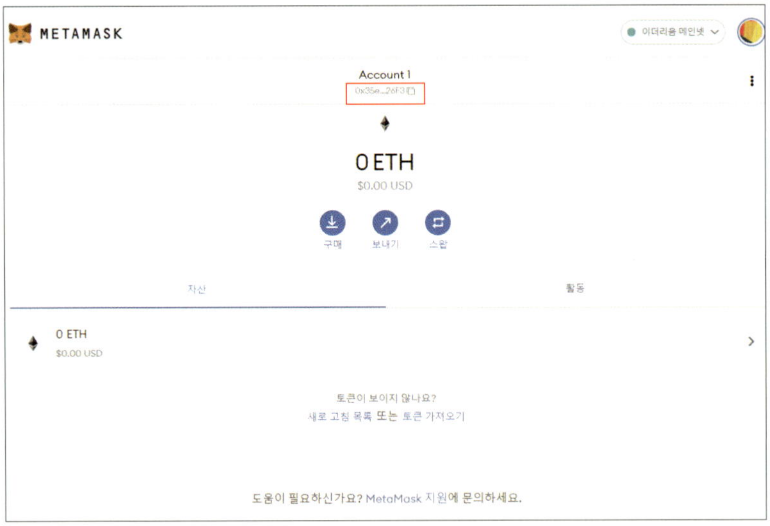

[그림8] 메타마스크 지갑 생성 완료

(8) 폴리곤 네트워크 추가하기

메타마스크 지갑에 '폴리곤 네트워크'를 추가한다. 먼저 '이더리움 메인넷'을 누르고 네트워크 추가를 선택한 다음 [표1]의 내용을 순서대로 기입하고 저장한다.

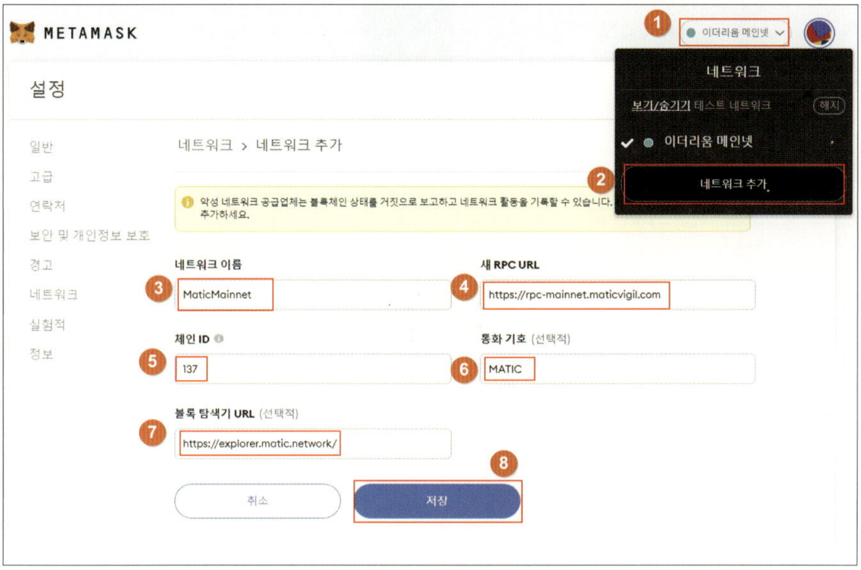

[그림9] 메타마스크에 폴리곤 네트워크 추가하기

① 이더리움 메인넷
② 폴리곤 네트워크 추가
③ 네트워크 이름 : MaticMainnet
④ 새 RPC URL : https://rpc-mainnet.maticvigil.com
⑤ 체인 ID : 137
⑥ 통화기호 : MATIC
⑦ 블록탐색기 URL : https://explorer.matic.network
⑧ 저장하기

[표1] 폴리곤 네트워크에 추가할 요소들

(10) 메타마스크 연결하기

오픈씨를 메타마스크에 연결한다. 오픈씨 우측 상단의 ① '지갑모양'을 클릭하고 ② '메타마스크' 그리고 ③ '메타마스크 연결'에 체크한다. 그리고 맨 아래 '다음'을 클릭해 로그인한다.

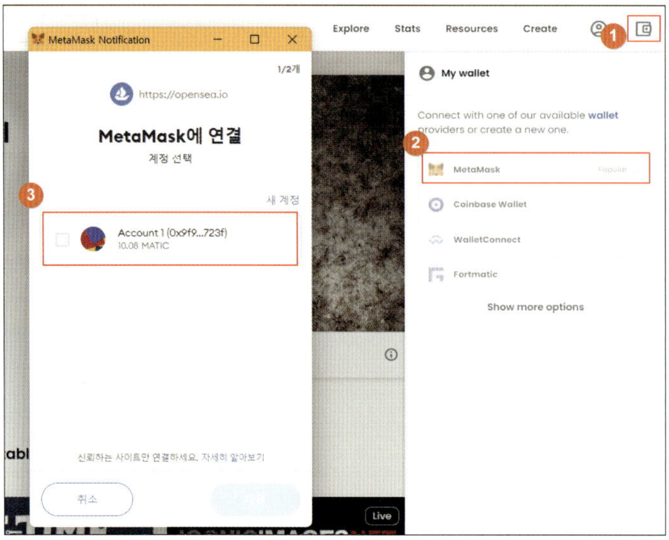

[그림10] 오픈씨를 메타마스크 지갑에 연결하기

2) 내 NFT를 오픈씨에 업로드 하기

먼저 '내 프로필'을 만든다. 그리고 'My Collections'를 만든 다음 '업로드' 한다.

(1) 내 프로필 만들기

우측 상단의 ① 둥근 '얼굴 모양'과 ② 'profile'을 클릭한다.

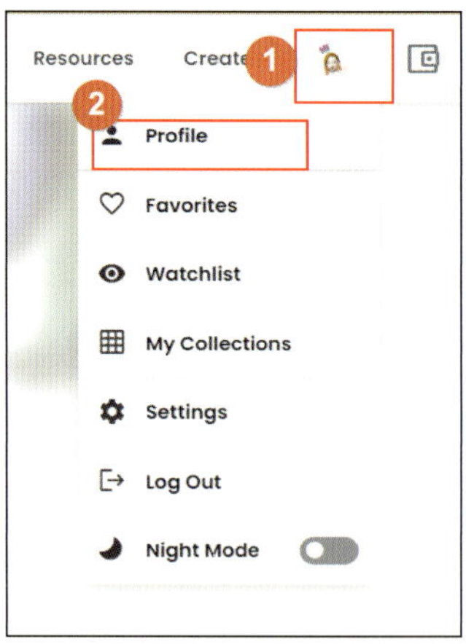

[그림11] 프로필 만들기

① '유저네임'에 자신의 닉네임을 입력한다. 그리고 ② '소개 글'을 넣고 ③ '이메일, SNS 링크 주소'를 입력한 다음 ④ '지갑 주소'를 복사해 넣고 ⑤ 'Save'를 클릭한다.

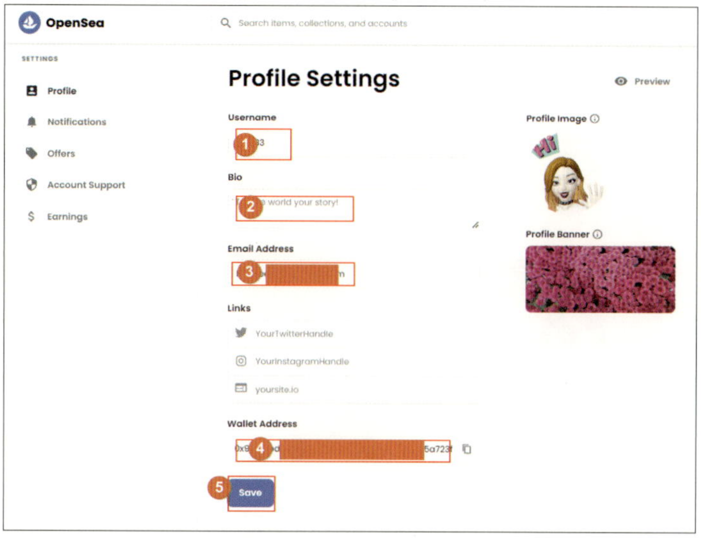

[그림12] 프로필 만들기

(2) My Collections 만들기

'My Collections'는 내 작품을 보관하고, 판매하고, 올려놓는 나만의 갤러리이다. 작품의 주제와 종류, 단위를 분류해 둘 수 있다. 우측 상단의 '둥근 얼굴 모양'과 'My Collections'를 선택하고 'Create a collection' 버튼을 누르면 생성화면이 나온다.

[그림13] My Collections 만들기

① 'Logo image'는 콜렉션의 대표 이미지이고 크기는 350*350이다. 'Featured image'는 홈페이지나 카테고리 페이지에서 보여주는 배경 이미지이며 크기는 600*400이다. '배너 이미지'는 상세화면으로 배경사진이고 크기는 1400*400이다. 그리고 작품의 제목을 적는다.

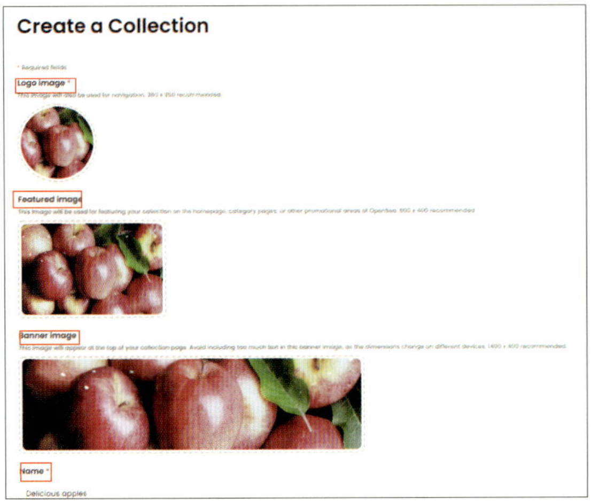

[그림14] My Collections 만들기

② 자신의 인스타나 블로그의 'URL'과 콜렉션에 대한 '설명'을 적어 넣는다. 그리고 '홈페이지 주소'와 NFT가 거래될 때마다 받는 '로열티 수수료'를 지정한 다음, '지갑 주소'를 붙여 넣는다.

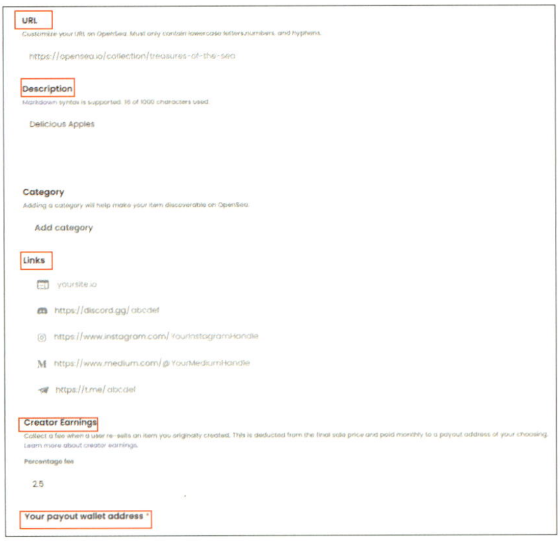

[그림15] My Collections 만들기

③ 'Blockchain'은 폴리곤 체인을 선택하면 등록 수수료가 무료다. 'Payment tokens'는 폴리곤 ETH으로 설정된 것을 확인한다. 'Create'를 클릭해 내 컬렉션을 완성한다.

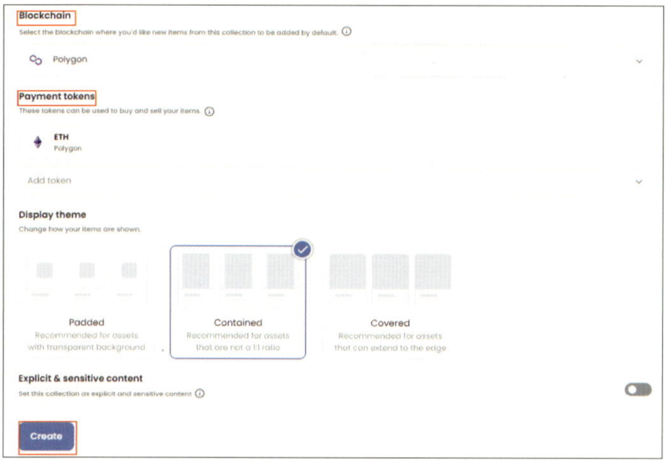

[그림16] My Collections 만들기

(3) 업로드 하기

내 작품을 업로드 하기 위해 My Collections 상단의 'Add Item'을 클릭한다.

[그림17] 새 작품 만들기

① 업로드 할 '이미지나 비디오, 오디오, 3D 작품'을 불러온다. 그리고 '작품명'을 적고, '외부링크'를 걸어준 다음 작품에 대한 '설명'을 한다. 'collection'을 선택한다.

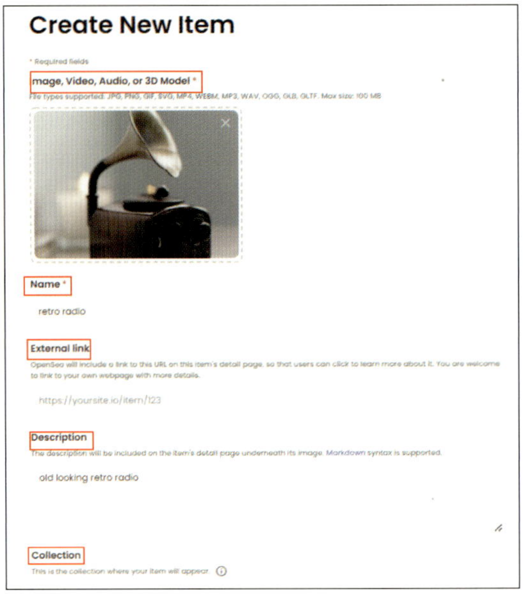

[그림18] 새 작품 만들기

② 'Properties'는 작품의 희소성을 보여주는 부분이고, 자유롭게 설정한다. 'Supply'에는 발행할 개수를 적어주고, 'Blockchain'에서는 폴리곤을 확인한다. 그리고 'Create'를 클릭한다.

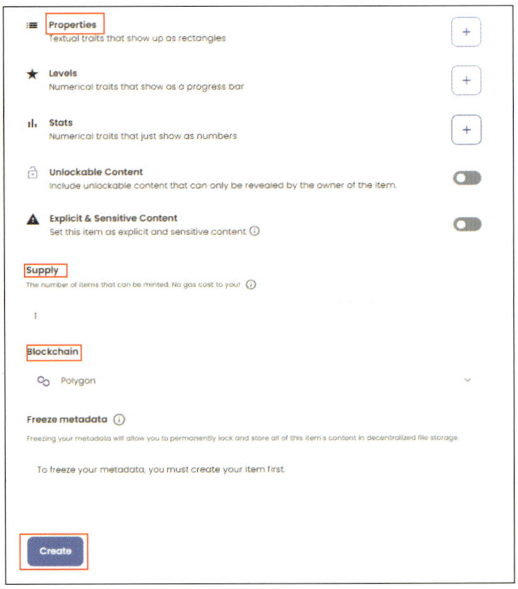

[그림19] 새 작품 만들기

③ You created retro radio! 이제 내 작품이 업로드 됐다. NFT 되었다!

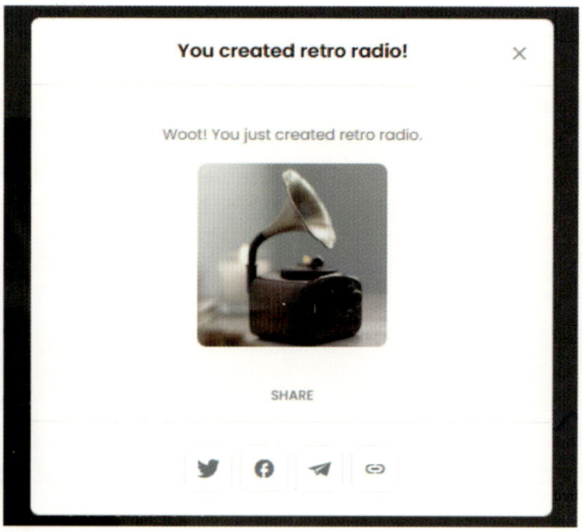

[그림20] 새 작품으로 업로드 완료!

2. 오픈씨에서 내 NFT 민팅(리스팅)하기

1) 민팅(리스팅) 하기

이제 내 NFT를 '민팅(리스팅)' 한다. 민팅은 내 NFT에 가격이나 판매 기간을 설정해서 판매대에 올려놓는 것을 말한다. 우측 상단의 'sell'을 클릭한다.

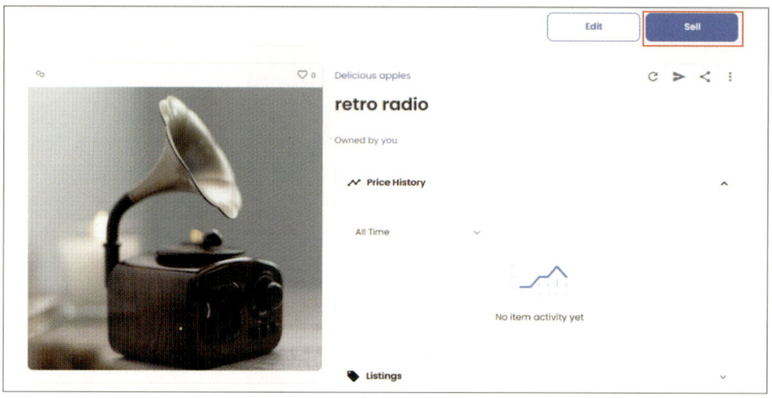

[그림21] 민팅(리스팅)하는 과정

2) 가격설정

받고 싶은 '가격을 입력'하고 기간은 '최대 6개월'까지 설정할 수 있다. '수수료'는 2.5%이고 판매될 때 차감된다. 'Complete listing'을 클릭한다.

[그림22] 민팅(리스팅)하는 과정

3) 서 명

'sign'을 클릭하고 '서명요청'의 서명을 클릭한다.

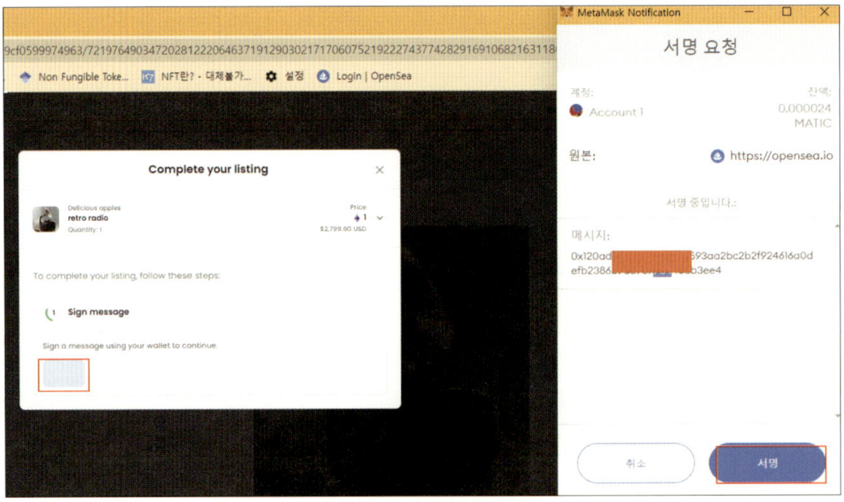

[그림23] 서명하기

4) '민팅(리스팅)'이 완료됐다!

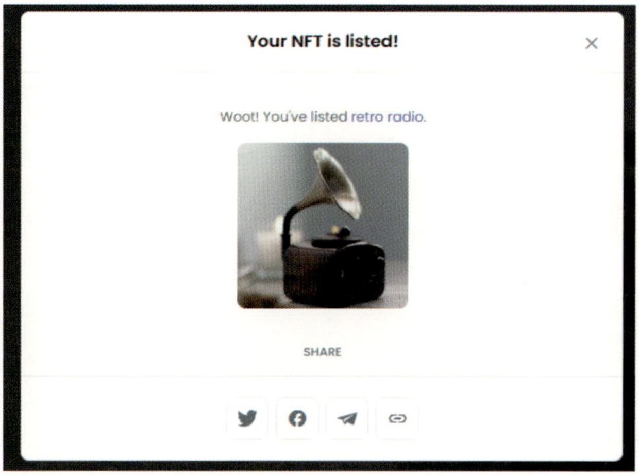

[그림24] 민팅(리스팅) 완료

3. 오픈씨에서 폴리곤 기반의 NFT 구매하기

오픈씨의 폴리곤 기반은 거래 수수료가 무료이다. 하지만 NFT를 대금은 폴리곤 ETH으로 지불해야 한다. 이를 위해 여러 단계를 거쳤지만 NFT를 이해하는데 많은 도움이 됐다.

먼저 '케이뱅크'와 '업비트'에 가입한다. 그리고 거래대금을 '케이뱅크'에 입금한 다음 '업비트'로 송금해 'XRP(리플)코인'을 구입한다. 이들을 MEXC 거래소로 전송해 '리플을 매도'한 다음 '폴리곤 MATIC을 구매'하고 '메타마스크 지갑으로 이체'한다. 여기서 폴리곤 'ETH으로 스왑'한 다음 'NFT를 구매'한다.

1) 케이뱅크 계좌 만들기

구글에서 '케이뱅크'를 검색하고 케이뱅크 계좌를 만들어 로그인 한다.

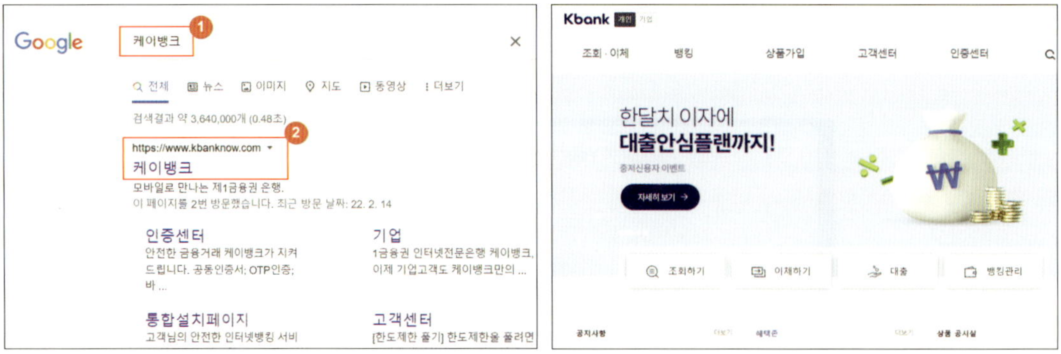

[그림25] 케이뱅크 계좌 로그인하기

2) 업비트 거래소 가입하기

구글에서 '업비트 거래소'를 검색해 가입하고 로그인 한다.

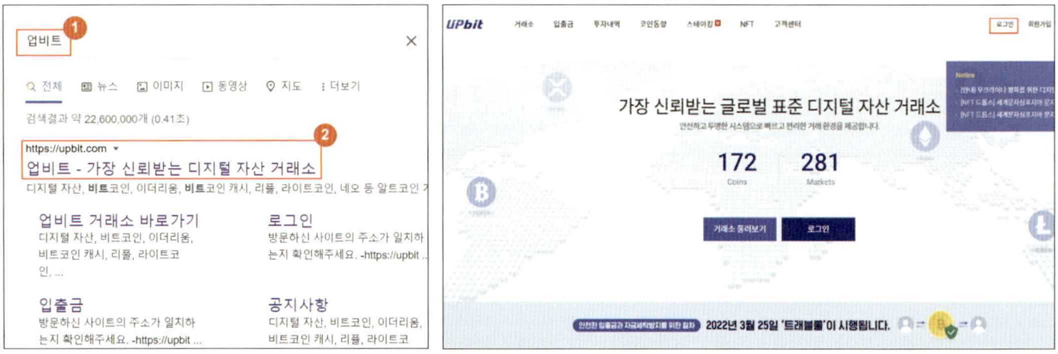

[그림26] 업비트에 로그인하기

(1) 카카오 계정으로 로그인하기

'카카오' 계정으로 로그인 한다.

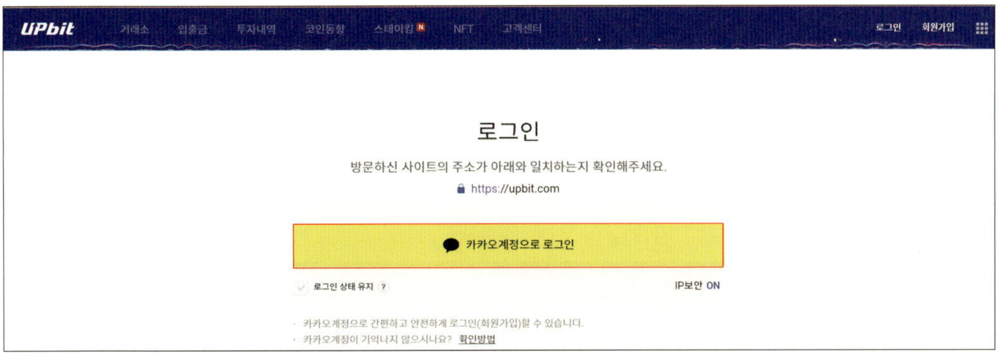

[그림27] 카카오계정으로 로그인하기

(2) 리플 입금신청하기

아래 순서대로 '리플 입금신청'을 한다. ① '입출금'과 ② 'xrp'를 검색한 다음 ③ 리플의 현시세를 확인한다. ④ '원화 입출금' ⑤ '원화 충전' ⑥ 케이뱅크 '연계 계좌'를 확인한 다음 ⑦ '입금 금액'을 기입하고 ⑧ '입금신청'을 클릭한다.

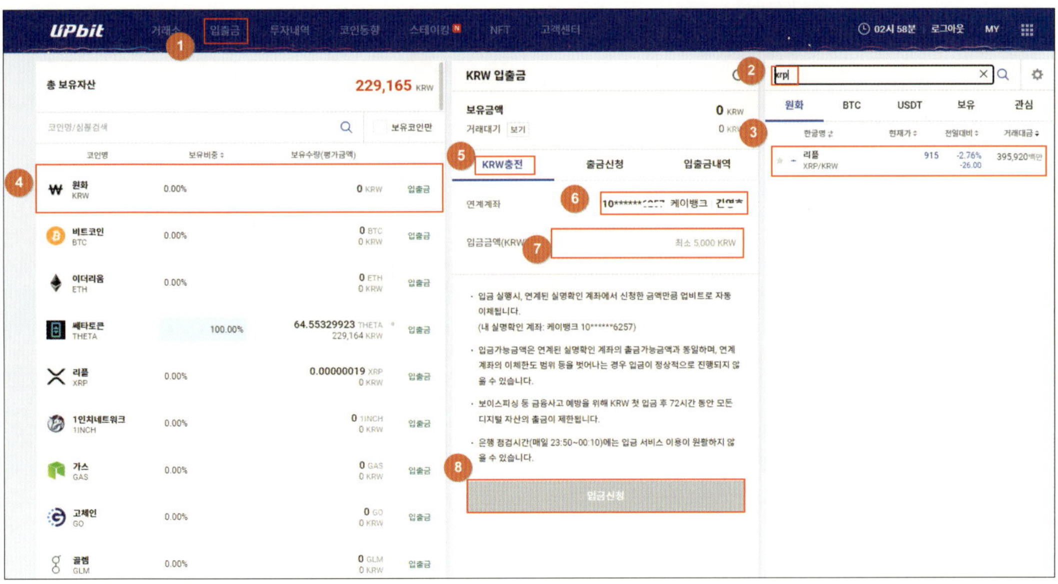

[그림28] 업비트에 리플 입금신청

(3) 리플 매수하기

'리플을 매수'한다. 업비트 ① '거래소'에서 ② '매수'와 ③ '지정가'로 주문한다. ④ '매수 가격'과 ⑤ '주문수량'을 기입하면 ⑥ '매수총액'이 자동으로 정해진다. ⑦ '매수' 버튼을 누르면 리플이 구매된다.

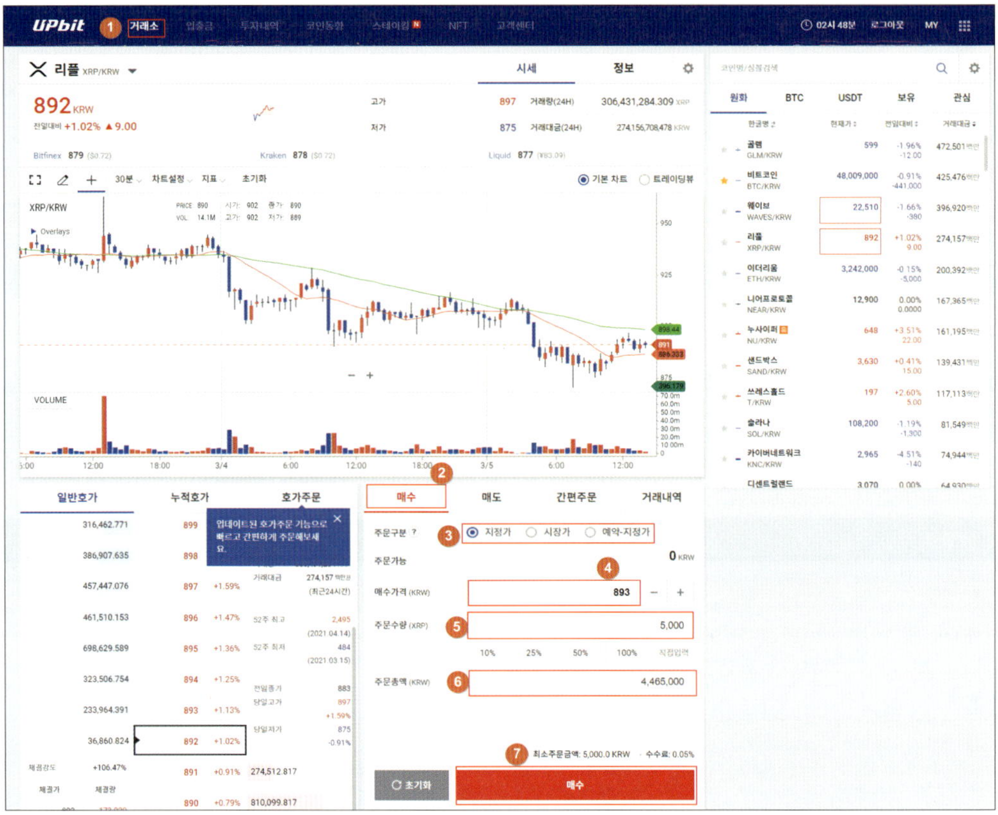

[그림29] 리플 매수하기

3) MEXC 거래소에서 코인 전환하기

(1) MEXC 거래소 찾기

구글에서 'MEXC 거래소'를 검색한다.

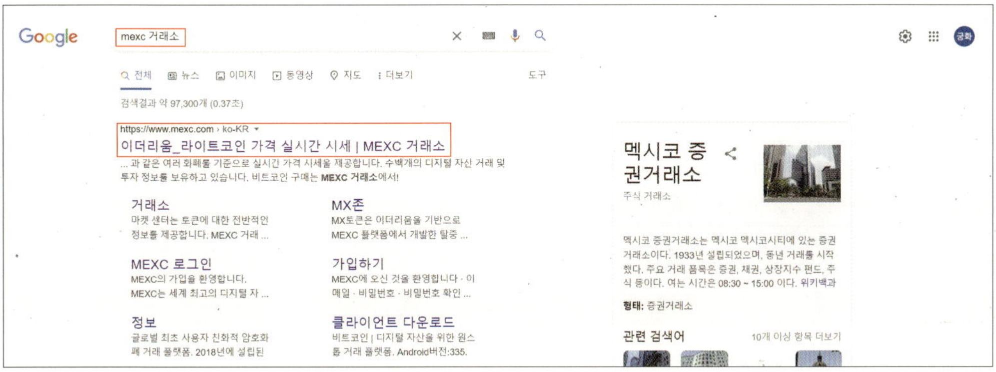

[그림30] MEXC 거래소 검색하기

(2) MEXC 거래소 회원가입하기

MEXC 거래소에서 '회원가입'을 한다.

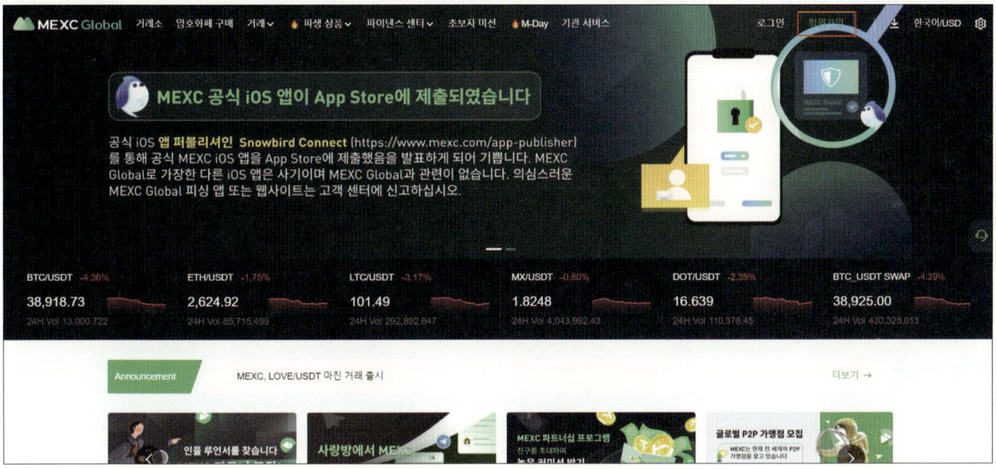

[그림31] MEXC 회원 가입하기

(3) 자산과 자산계정 선택하기

MEXC 거래소에서 '자산'과 '자산계정'을 차례대로 선택한다.

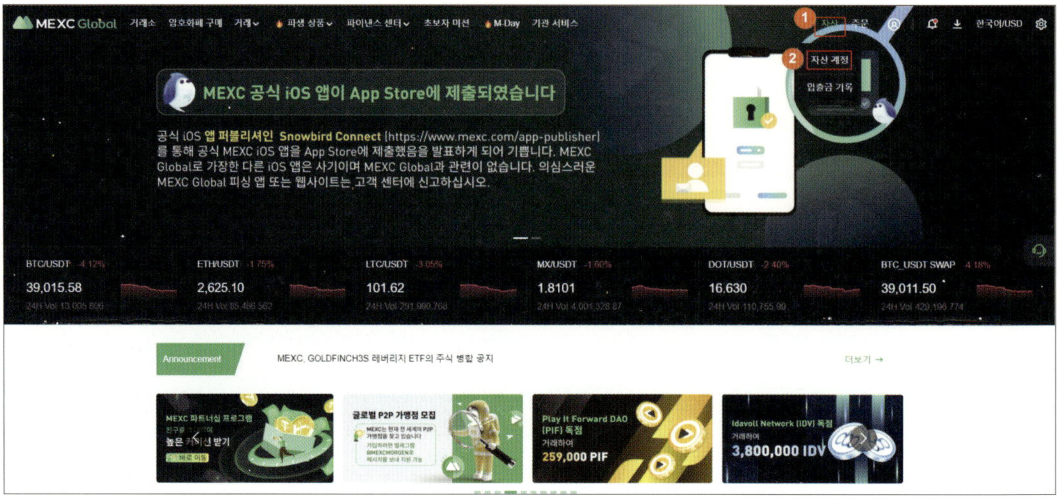

[그림32] 자산과 자산계정 누르기

(4) 리플 입금하기

'리플을 입금'한다. ① '입금버튼'을 누르고 ② 'XRP'를 검색하여 ③ 'XRP'를 확인한다. ④ '입금버튼'을 클릭한다.

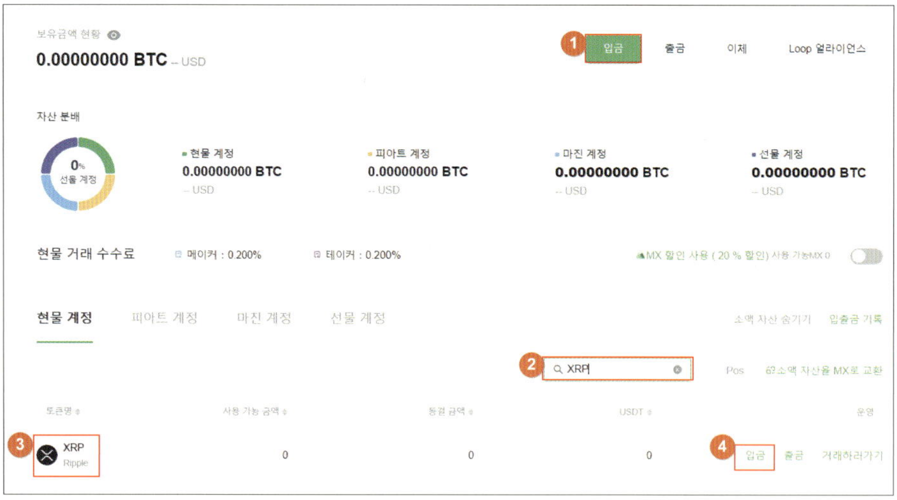

[그림33] 리플 입금하기

(5) 리플 입금 확인

토큰정보에서 ① '리플 입금을 확인'하고 ② '알림 박스'를 체크한 다음 ③ '확인'을 클릭한다.

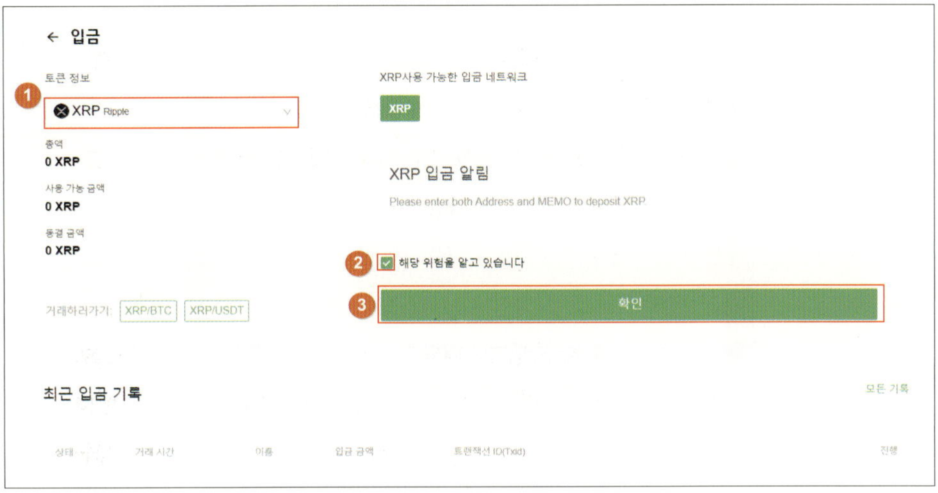

[그림34] 리플 입금 확인

(6) 리플 입금주소 생성하기

중앙의 붉은 박스를 클릭해 '리플 입금주소를 생성'한다.

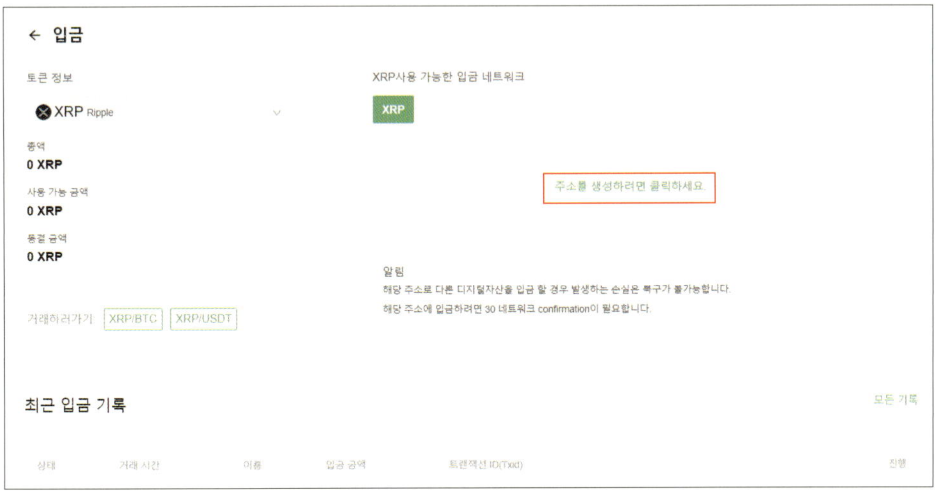

[그림35] 리플 입금주소 생성

(7) 이메일 입금 알림 확인

가입한 이메일에서 ① '입금 알림을 확인'한다. ② '알림 박스'에 체크하고 ③ '확인'을 클릭한다.

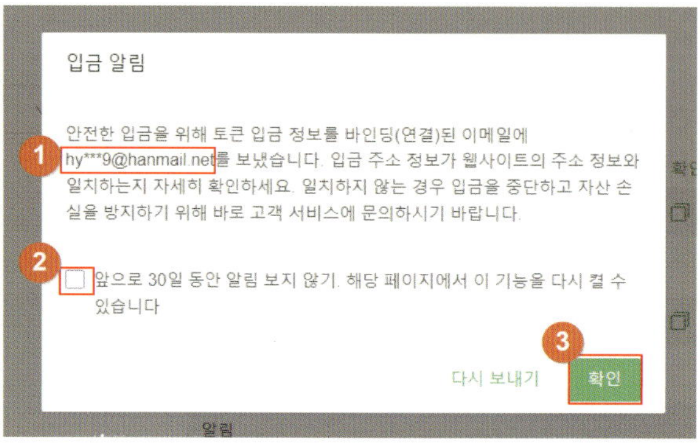

[그림36] 이메일에서 리플 입금 확인

(8) 리플 입금주소와 Memo 복사하기

'리플 입금주소'와 'Memo'를 복사한다. Memo는 리플을 송금할 때 사용하는 '데스티네이션 태그'이다. QR 코드는 휴대폰으로 로그인할 때 사용한다.

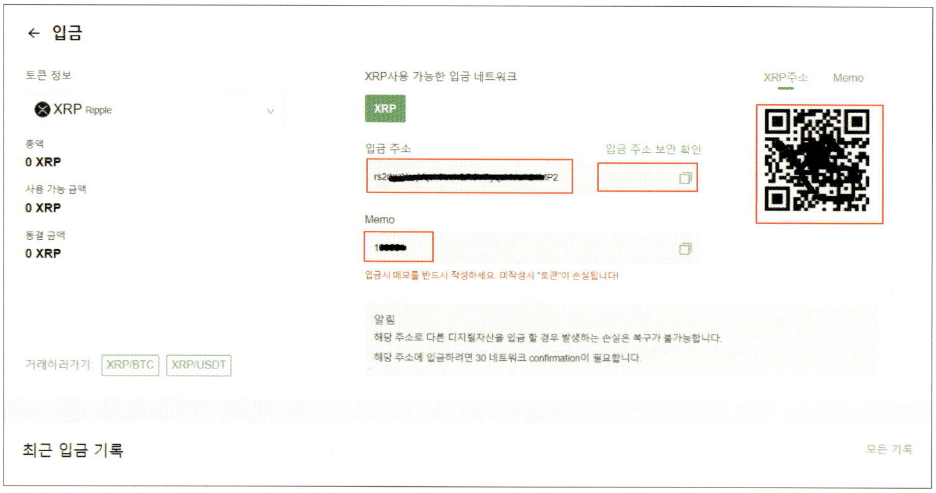

[그림37] 리플 주소와 Memo 복사

(9) 리플 출금 신청하기

'리플을 출금 신청'한다. ① '입출금'과 ② '보유자산'과 입출금이 ③ '리플'인지 확인한 다음 ④ '출금 신청'과 ⑤ '일반 출금'을 선택한다. ⑥ '출금 주소'에는 리플 주소 그리고 ⑦ '데스티네이션 태그'에는 'Memo'를 복사해 넣는다. ⑧ '출금수량'은 최대로 맞추고 ⑨ '출금 안내 동의'에 체크한 다음 ⑩ '출금신청'을 한다.

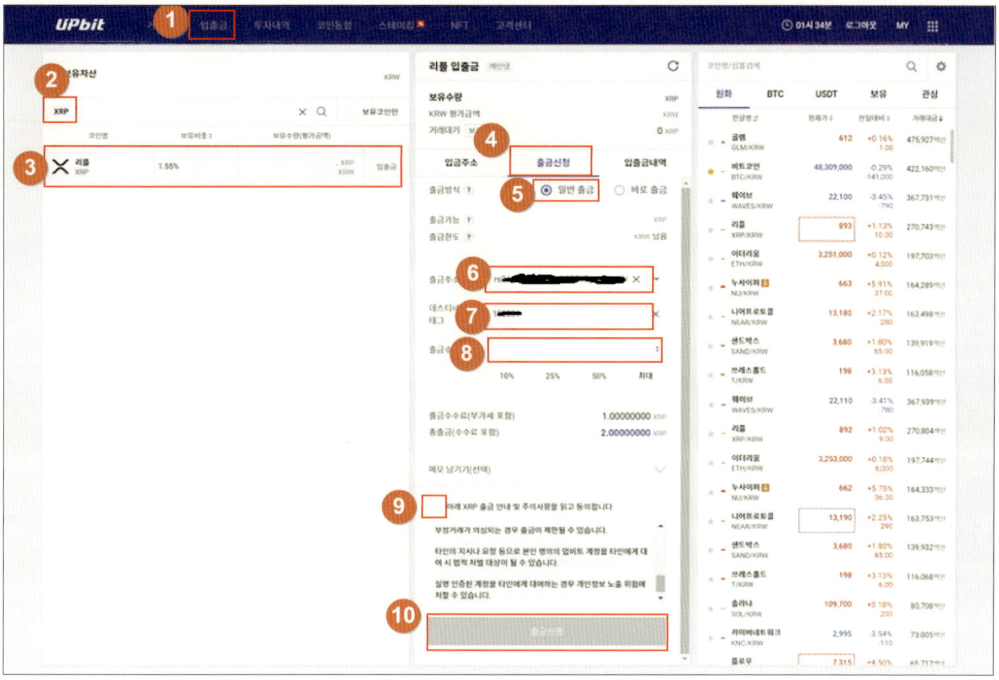

[그림38] 리플 출금신청

(10) 인증하기

'카카오페이'에서 '인증하기'를 한다.

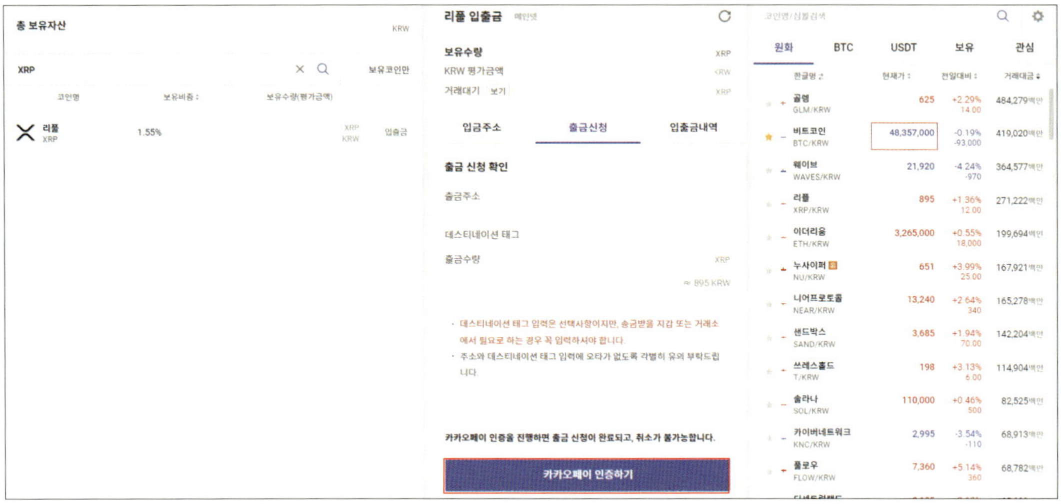

[그림39] 카카오페이 인증하기

(11) 내역보기

리플 출금 신청이 완료됐고, '내역보기'를 클릭한다.

[그림40] 리플 출금신청 완료

(12) 리플 입금 성공

① 입출금 기록에 리플 1개가 ② 입금성공 됐다. 실험하기 위해 ③ 리플 1개를 입금한 결과이다. 이후 리플 10개를 입금한 것으로 진행하였다.

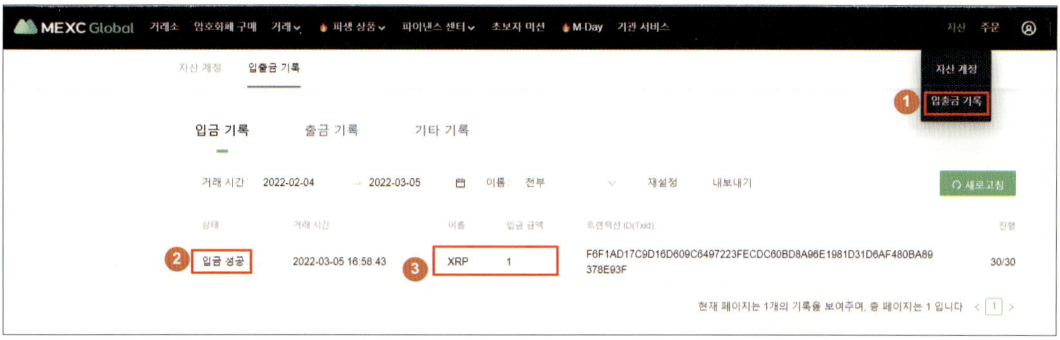

[그림41] 리플 입금성공

(13) 리플 매도하기

'리플을 매도'한다. ① '거래'와 ② '현물' ③ 'XRP' ④ 'XRP/USDT' ⑤ '지정가 주문' 그리고 ⑥ '매도가격' ⑦ '매도량'을 확인한 다음 ⑧ 'XRP 판매'를 클릭한다.

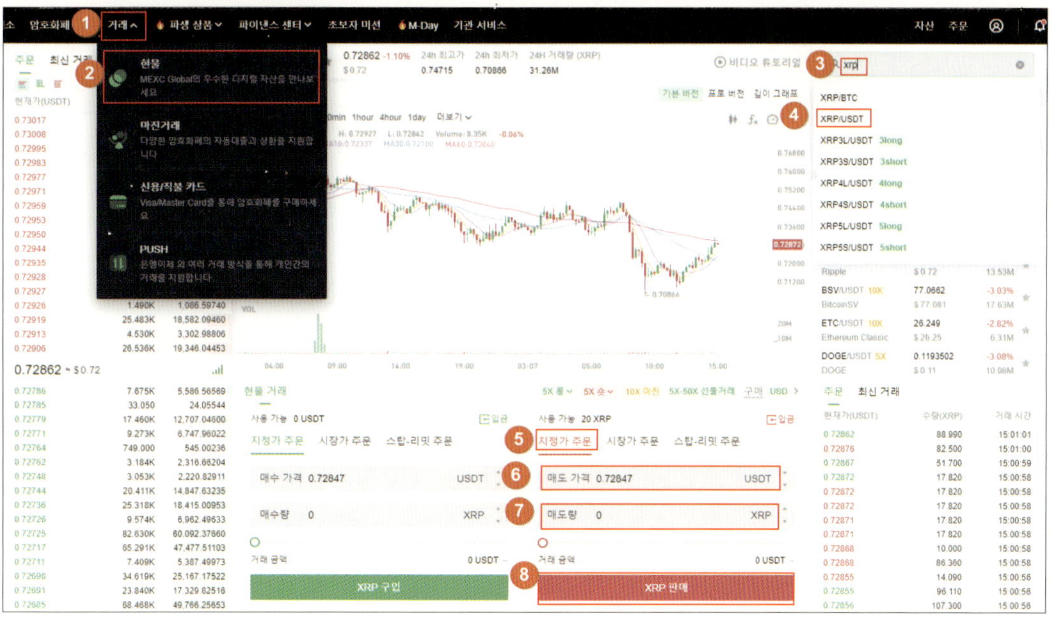

[그림42] 리플 매도

(14) 폴리곤 MATIC 구입하기

'폴리곤 MATIC'을 구입한다. ① '거래'와 ② '현물' ③ 'MATI'과 ④ 'MATIC/USDT'를 검색하고 ⑤ '지정가 주문' ⑥ 'USDT 매수가격' ⑦ 'MATIC 매수량'을 확인한 다음 ⑧ 'MATIC 구입'을 클릭한다.

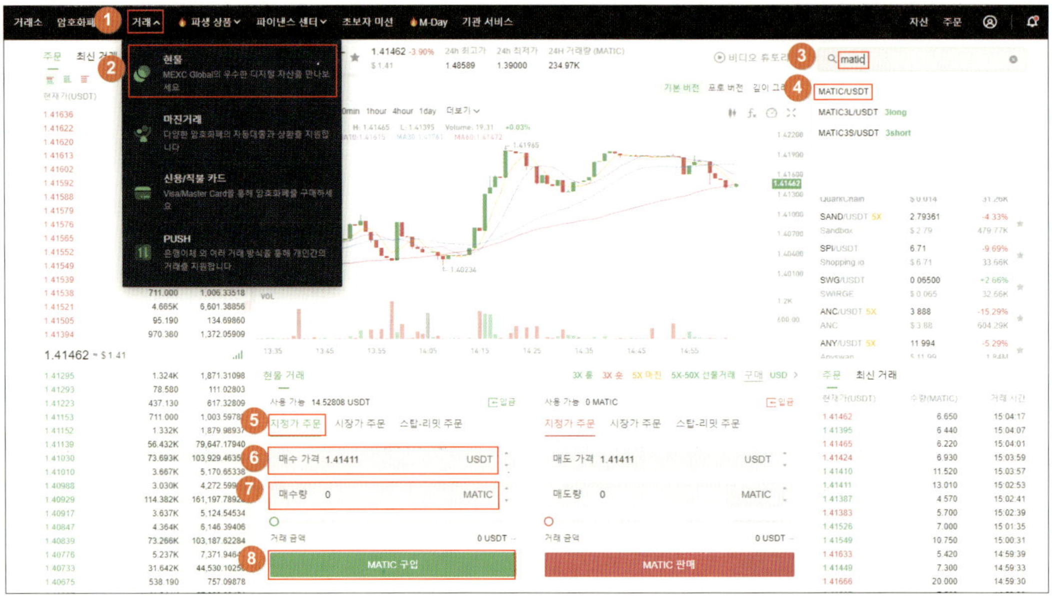

[그림43] 폴리곤 MATIC 구입

(15) MATIC 메타마스크 지갑으로 송금하기

MATIC을 메타마스크 지갑으로 송금한다. ① '자산'과 ② '자산계정' 그리고 ③ '출금'을 선택한다.

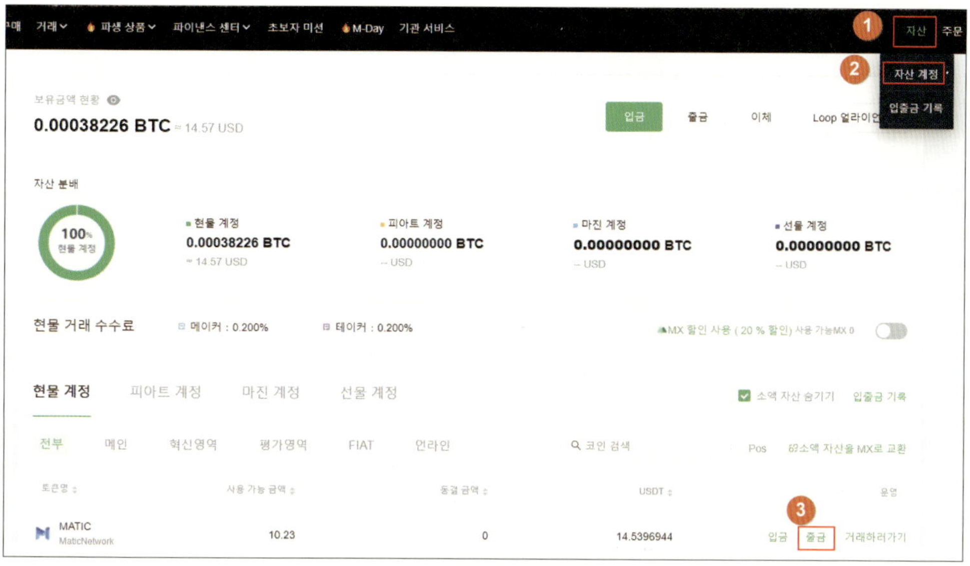

[그림44] MATIC 출금하기

① MATIC을 '출금 신청'한다. 반드시 'MATIC 네트워크'를 선택한다. ② '출금 주소'에는 메타마스크 지갑주소를 카피해 넣고, ③ '총액'에는 출금할 매틱 수를 기입 한 다음 ④ '제출'을 클릭한다. 몇 분 기다리면 메타마스크 지갑으로 MATIC이 이체된다.

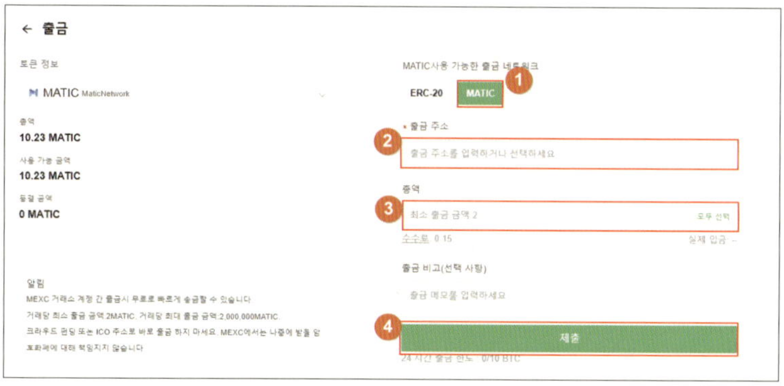

[그림45] MATIC 출금신청

4) 오픈씨 메타마스크 지갑에서 폴리곤 MATIC을 폴리곤 ETH으로 스왑하기

(1) 폴리곤 MATIC을 폴리곤 ETH으로 스왑하기

① '메타마스크 지갑'에서 ② 'MaticMainnet'을 선택하고 ③ 다음 '10.05 폴리곤 MATIC'을 ④ '폴리곤 ETH'으로 스왑한다. ⑤ '슬리패지는 3%'로 맞추고 ⑥ '스왑 검토'를 클릭한다.

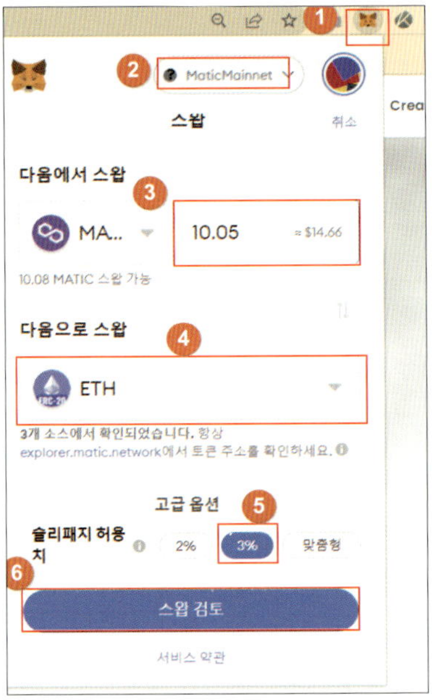

[그림46] 폴리곤 Matic을 폴리곤 ETH으로 스왑 검토

(2) 스왑 확인하기

10.05 폴리곤 MATIC이 0.00568159 폴리곤 ETH으로 스왑 된 것을 확인하고 스왑을 클릭한다. 가스피는 $0.02이고 약 24원 정도, 거의 무료다.

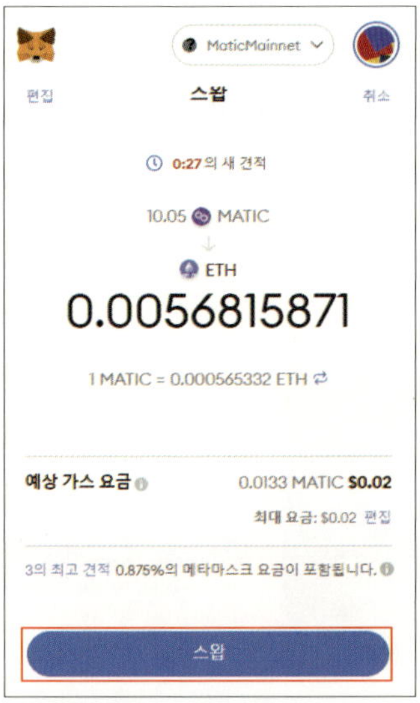

[그림47] 폴리곤 ETH으로 스왑신청

(3) 거래 완료

거래가 완료되어 0.00568159 폴리곤 ETH이 지갑에 추가됐다. 닫기를 해 준다.

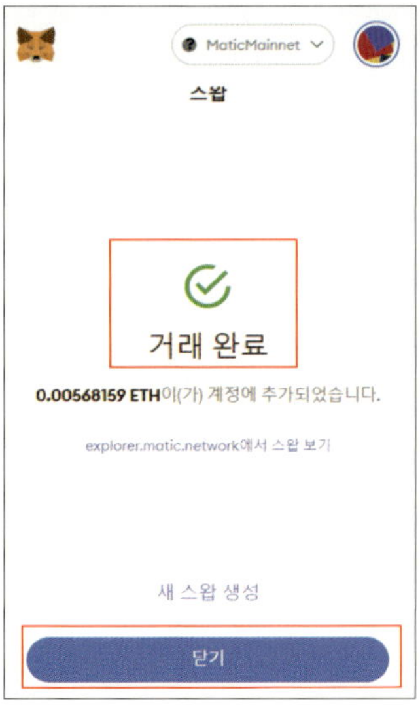

[그림48] 폴리곤 ETH이 지갑에 추가됨

5) 폴리곤 ETH으로 NFT 작품 구매하기

'폴리곤 ETH'으로 'NFT 작품을 구매'한다. 먼저 오픈씨의 첫 화면에서 'Explore, All NFTs'를 선택하고 좌측 하단의 'Chains'에서 ① 'polygon'을 선택한다. 그리고 원하는 'NFT 작품'을 고르고 ② '가격을 확인'한 다음 ③ 'Buy Now'를 클릭한다.

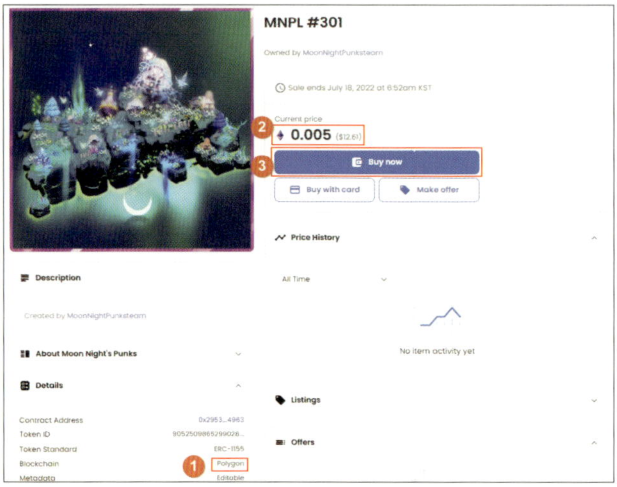

[그림49] 폴리곤 ETH으로 NFT 구매하기

(1) 결제 확인하기

① 'Complete checkout'에 체크 표시하고, ② 'Confirm checkout'을 클릭해 '결제확인'한다.

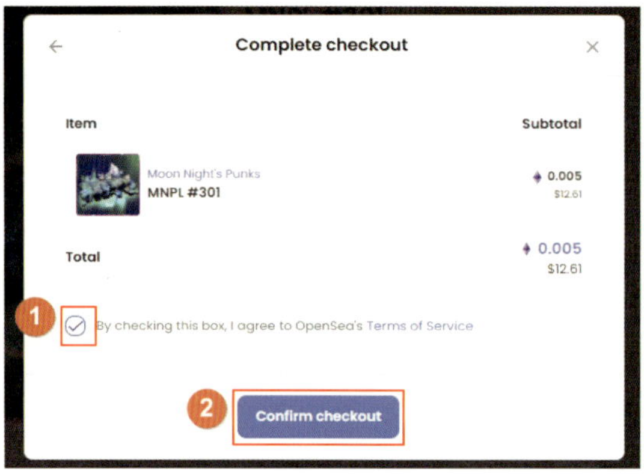

[그림50] 결제 확인

(2) 서명하기

Complete checkout 결제에서 ① 'sign'을 선택하고 서명요청의 ② '서명'을 클릭한다.

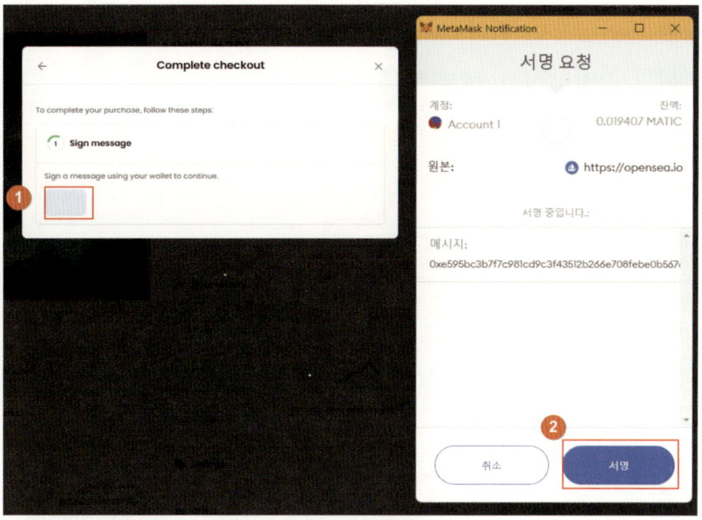

[그림51] 서명하기

(3) 구매한 NFT 확인하기

우측 상단 ① '둥근 노란색'을 선택해 ② 'Collected'에 구매 된 ③ 'NFT'를 확인한다.

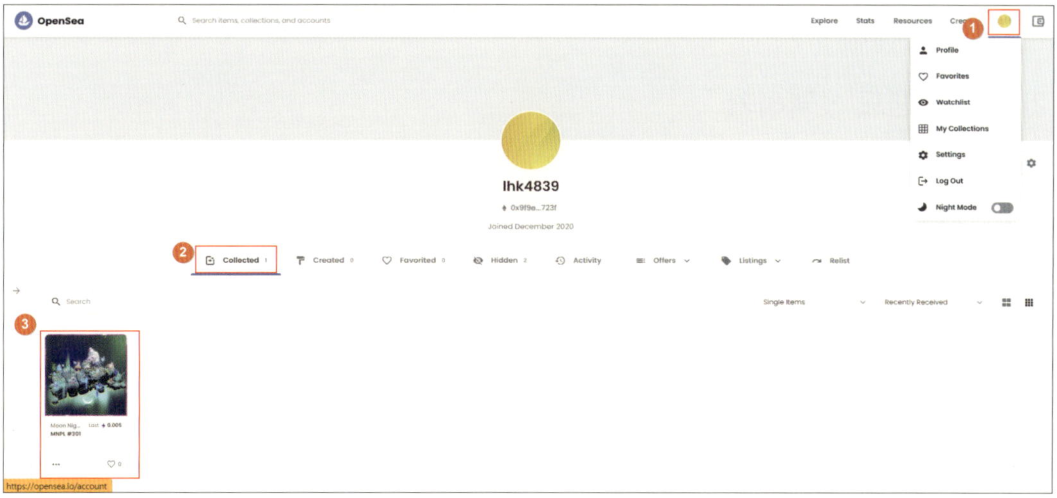

[그림52] NFT 구매확인

4. 오픈씨에서 더샌드박스의 랜드 구매하기

'더샌드박스(https://sandbox.game)'에서 랜드를 구매하는 절차는 간편하다. 구매하려는 랜드는 지갑에 ETH이 들어있으면 된다. 더샌드박스 홈페이지에서 원하는 랜드를 선택하면 오픈씨로 연결되는데, 여기서 Buy Now를 클릭해 구매한다.

1) 더샌드박스 검색하기

더샌드박스 홈페이지를 검색해 들어간다.

[그림53] 더샌드박스 홈페이지 검색

2) 원하는 랜드 선택하기

홈페이지 좌측 ① '마켓'과 ② 'LAND'를 선택하고, ③ 설정기준을 'Lowest price'로 맞춘다. 그러면 낮은 가격부터 나타난다. 사고자 하는 랜드의 ④ '구매 버튼'을 누르면 '오픈씨'로 연결된다.

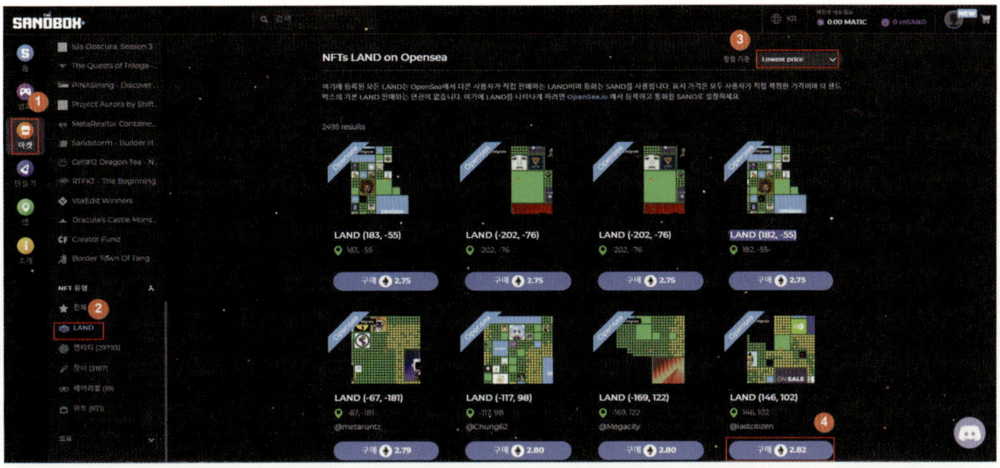

[그림54] 원하는 랜드 선택하기

3) 랜드 결제하기

랜드가격을 확인한 다음 'Buy Now'를 클릭한다.

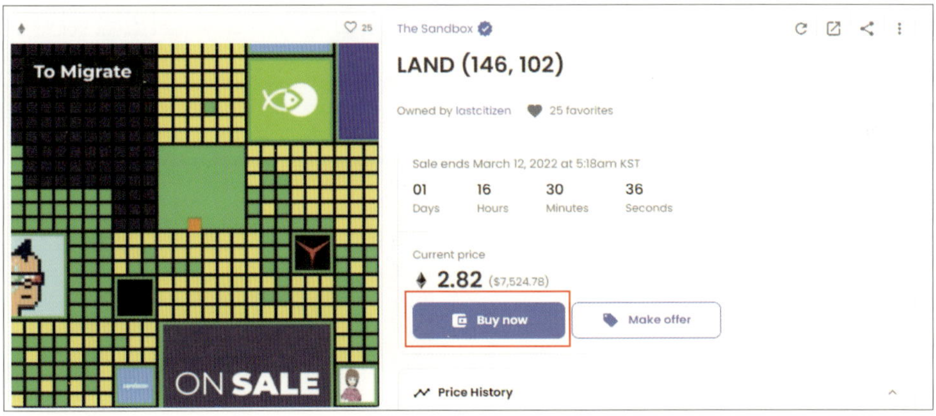

[그림55] 랜드 결제하기

4) 결제 확인하기

'Confirm checkout'을 클릭해 '결제확인'을 한다.

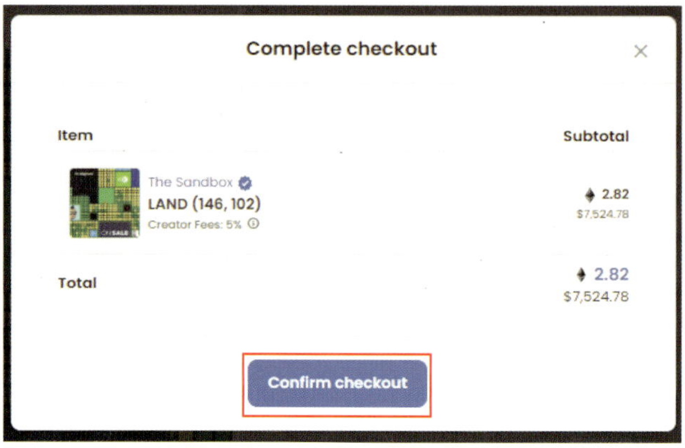

[그림56] 결제 확인

5) 랜드가격과 가스피 확인하기

메타마스크 지갑에서 보낸 ① '랜드 가격'과 '가스피'를 검토한 다음 ② '확인'을 클릭한다. 가스피는 0.009267ETH(약 3만 원 정도)이다.

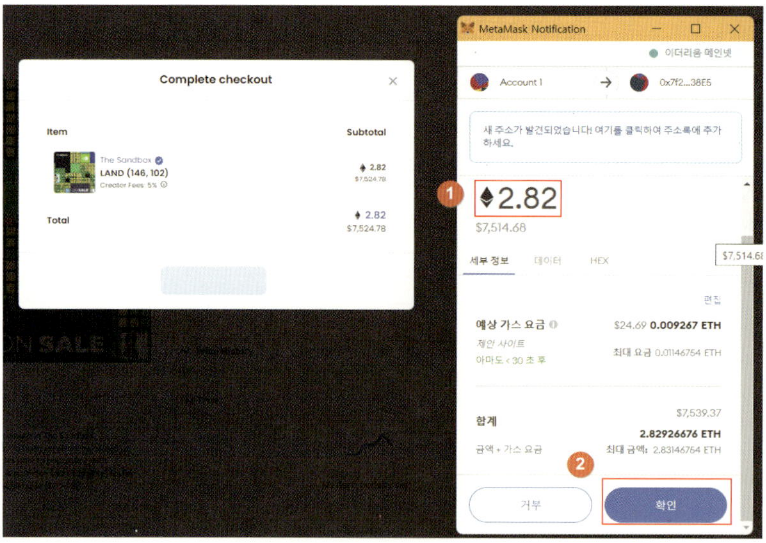

[그림57] 랜드가격과 가스피 확인

6) 더샌드박스 랜드 구매 완료

더샌드박스의 랜드를 구매 완료 했다! 블록체인에서 확인할 수 있다.

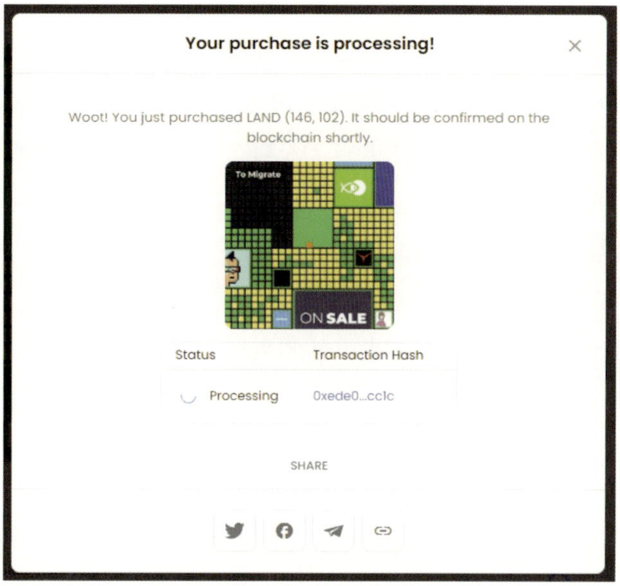

[그림58] 랜드 구매 완료!

Epilogue

NFT 아트와 더샌드박스의 랜드를 구매하는 과정을 통해 웹3.0 시대는 블록체인 기반의 탈중앙화와 메타버스, 암호화폐 그리고 NFT가 키워드임을 실감했다. 인터넷 웹1.0 때는 읽기만 가능했고, 웹2.0은 읽고, 쓰고, 소통이 가능했지만, 웹3.0 시대는 읽고 쓰는 것과 소유도 할 수 있게 된다. 지금까지 거대 메타버스 플랫폼들이 수익을 가져갔지만 웹3.0 시대에는 NFT 소유자는 물론 유저들도 수익을 가질 수 있게 되는 시대가 된다는 것이다.

더샌드박스의 랜드는 웹3.0 P2E 게임이다. 랜드를 소유하면 랜드를 개발해 임대를 주거나 광고물을 게시해 샌드(sand)코인을 사용료로 받게 되거나 이자 수익도 얻을 수 있다. NFT 디지털 자산과 가상세계의 수익이 현실로 연결되고 많은 유저들이 모여들게 되고 메타버스의 경제는 더 활성화 될 것이다. 이미 아타리나 아디다스, 제페토, 뽀로로와 같은 세계적인 기업들이 더샌드박스의 랜드를 보유하고 있다. 더샌드박스는 공연장이나 경마, 쇼핑몰 등 가치를 창출하는 사업을 만들 수 있는 메타버스 플랫폼인 것이다. 따라서 웹3.0의 탈중앙화 시스템에서 NFT는 경제활동의 핵심연결고리 역할을 하면서 새로운 경제모델이 구축되는 것이다.

웹3.0 시대는 아직 본격적으로 시작되지 않았기 때문에 극복해야 할 과제들이 있다. 첫째, 지갑을 미리 만들어 둬야 하고 둘째, 가상화폐를 미리 사 둬야 한다. 셋째, 구매 수수료가 비싸다. 오픈씨의 경우 첫 구매 수수료가 20~30만 원 정도다. 넷째, P2E 게임 플랫폼마다 다른 코인들을 사용하기 때문에 매번 환전해야 하는 번거로움이 있다. 앞으로 웹3.0이 활성화 되면서 대책도 나올 수 있기를 기대한다.

웹3.0은 NFT와 메타버스 내 경제발전의 핵심 키워드로 암호화폐와 함께 살아가야 할 미래이다. 탈중앙화로 소유권과 경제적 수익을 얻을 수 있는 메타버스에서 우리는 또 다른 현실세계를 준비해야 할 것이다. 여기서 고정적인 수익과 경제적인 자유를 얻을 수 있기 때문이다.

웹3.0과 메타버스, 블록체인, 가상화폐, NFT는 아직 초기시장이다. 지금은 답을 찾아가는 과정이고 미래가 불투명하지만 그렇다고 무시할 수도 없다. 그러므로 각자 관심을 갖고 나만의 방식으로 참여하면서 차근차근 도전해 보기를 바란다.

[참고문헌]

- 메타버스의 시대 : 이시한
- 메타버스 3.0 : 황성용
- NFT 사용설명서 : 멧포트나우, 큐해리슨테리
- 슬기로운 메타버스 라이프 : 김영호 외 공저
- 네이버 지식백과 : 가상화폐, 금융시스템의 혁명
- 블로그: 윤커뮤니케이션즈 블로그, 웹3.0의 시대가 다가오고 있다

Chapter

3

메타버스 가상공간 속 건축

전은혜

Chapter

03

메타버스 가상공간 속 건축

Prologue

코로나19가 가져온 경제변화인 브이노믹스(V-nomics)는 바이러스(Virus)와 경제(Economics)의 합성어로 '바이러스가 바꿔놓은 그리고 바꾸게 될 경제'라는 뜻을 담고 있으며 코로나19가 던진 질문에 대한 해답을 찾기 위해 만들어진 키워드이다. 이 과정에서 우리의 생활방식과 소비패턴 또한 오프라인에서 온라인으로 더 급격하게 변화해 왔고, 모든 것이 디지털 화되고 대면 활동들이 자연스레 감소했기에 메타버스 속 가상공간의 중요도는 앞으로 더 높아질 것으로 예상된다.

메타버스 속 가상의 공간(온라인 공간)은 우리가 영위하고 있는 물리적인 공간(오프라인 공간)의 반대 개념으로 비대면 서비스에 대한 수요를 해결하기 위해 현실의 오프라인 세계와 같은 사회적·경제적 활동이 통용되는 3차원 가상공간을 말한다. 현실의 오프라인 공간과 3차원 가상공간의 교차점이 바로 메타버스이며 그래픽으로 구현된 또 하나의 세계이다.

아직까지는 현실의 모습과는 크게 다르지 않는 가상의 그래픽으로 투영되고 있으며, 현실의 나는 가상세계의 아바타를 통해 메타버스 속 공간을 대신 경험한다. 이는 가상현실 내 활동과 소통을 연결시켜주며, 단순한 3차원 공간이 아닌 가상과 현실이 상호작용을 하며 영향을 끼치는 관계로 중요하게 인식되고 있다. 그 속에서 재구성된 자신의 모습은 현실세계만큼이나 중요하게 여겨지고 있으며 그들이 활동하는 메타버스 속 공간의 중요도도 점점 높아지게 됐다.

1. 메타버스와 건축의 관계성

코로나팬데믹으로 비대면 활동이 증가했고, 비대면을 뜻하는 '언택트(Untact)'에 온라인을 통한 외부와의 연결(On)을 더한 개념인 '온택트(Ontact)' 개념이 생겨났다. 온라인을 통해 대면하는 방식으로 이는 코로나19 확산이 장기화되면서 등장한 가장 큰 새로운 흐름이라 할 수 있다. 사회적 거리두기로 집에서 머무른 시간이 길어지는 생활에 지친 이들은 온라인으로 외부와 연결해 다양한 메타버스 가상공간에서 각종 활동들을 시작하게 됐다.

물리적인 제약을 벗어난 가상세계에서 개개인과 사회에 필요한 기능성들이 확장되고, 현실에서만 가능했던 일들이 가상세계에서도 가능하게 됐다. 온라인이나 디지털 환경에서 할 수 있는 일이 많아지고, 점점 더 발전할 기술 인프라를 바탕으로 과거 가상세계에서 할 수 없었던 활동들이 계속해서 가능해져가고 있다. 현실의 고유영역으로 여겨졌던 경제활동, 공연, 사회적 모임 등 기능의 영역이 메타버스 세계 속에서 넓어지고 있으며, 가상건축과 가상공간의 필요도와 중요도도 그만큼 높아질 것으로 생각된다.

1) 메타버스란?

메타버스란 말이 처음 등장한 것은 지금으로부터 약 30년 전, 미국의 공상과학 소설가인 닐 스티븐슨이 1992년 출간한 소설 〈스노우 크래쉬〉를 통해 소설 속 주인공인 히로가 '아바타'를 통해 접속해 사회·경제적 활동을 영위하고 적들을 물리치는 가상세계의 이름이 바로 '메타버스'이다. 해당 작품 속 메타버스 가상세계 속에서는 고글과 이어폰, 즉 시청각 출력장치를 이용해 접근한다. '아바타(Avatar)'라는 개념도 스노우 크래시에서 등장하는데 가상세계에서의 자신의 분신을 뜻하는 말로 소설 속 등장인물들은 아바타라는 가상의 신체를 빌려야만 메타버스 가상세계로 입장할 수 있다.

[그림1] 메타버스 개념을 처음 언급한 닐 스티븐슨의 〈스노우크래쉬〉 표지

메타버스는 가공·추상을 의미하는 '메타(Meta)'와 현실세계를 의미하는 '유니버스(Universe)'의 합성어로 현실세계와 같은 사회·경제·문화 활동이 이뤄지는 3차원 가상세계를 뜻한다. 메타버스는 [그림2]와 같이 4개 유형을 기반으로 형성되며 각 유형은 독자적으로 발달했으나, 상호 배타적인 게 아니라 서로 연계되면서 이용자 경험을 강화시키는 방향으로 발전하고 있다.

첫 번째는 아바타와 온라인 프로필 등으로 이용자가 정체성을 가상공간에서 드러내는 '가상세계' 방식이다. 2000년대 중후반 인터넷 문화를 이끈 싸이월드의 미니미가 대표적인 사례이다.

두 번째는 이용자의 물리적 환경에 가상의 사물이나 인터페이스를 더한 '증강현실'로 메타버스 서비스의 일종이다. 이용자가 직접 주변을 스마트폰으로 찍고 돌아다니는 포켓몬스터를 잡아 트레이닝 시키는 '포켓몬 고'가 여기에 해당된다.

세 번째로 이용자의 주변 환경과 관련된 추가 정보를 더한 '거울세계' 방식이다. 일례로 구글어스 앱을 켜고 주변 환경을 찍으면 외국어로 적힌 상품명이 자동 번역되거나 상품정보가 뜨게 된다.

마지막으로 이용자의 모든 활동을 센서가 정보로 기록하는 서비스인 '라이프로깅'도 메타버스에 포함된다. 이들이 융·복합되고 서로 밀접한 관계를 가지며 상호 영향을 준다. 이것을 구현하는 것이 바로 현재와 미래의 메타버스이다.

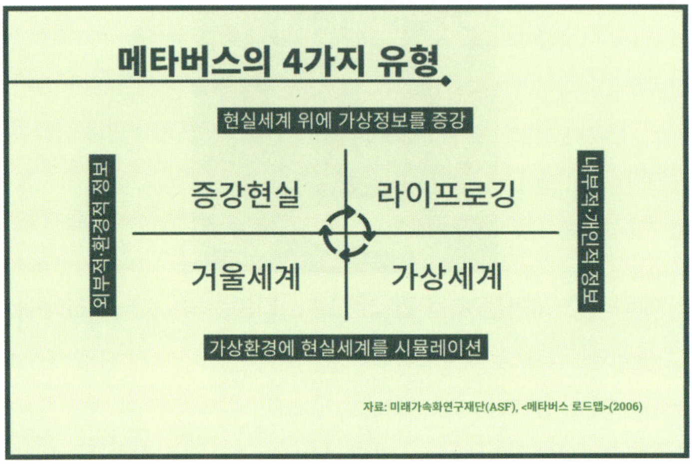

[그림2] 미래가속화연구재단 (ASF)(출처 : 〈메타버스 로드맵〉(2006) 발췌)

2) 메타버스에서 건축을 한다는 것

건축이란 인간의 여러 가지 생활을 담기 위한 기술·구조 및 기능을 수단으로 해 이뤄지는 공간예술이다. 건축의 본질은 쾌적하고도 안전한 생활의 영위를 위한 기술적인 전개와 함께, 공간 자체가 예술적인 감흥을 가진 창조성의 의미를 가진다. 즉 건축은 예술적인 아름다움과 사람들 생활에 도움을 주는 기능성을 종합적으로 갖춘 구조물이라 말할 수 있다.

건축의 실제적이고 물리적인 행위가 이뤄질 수 없는 메타버스 공간에서 건축을 통한 가상 창작 행위가 굳이 필요할까? 건축은 건물이라는 물리적 형체와 축조되는 과정을 통해 최종적으로 모습을 드러냈을 뿐, 건축 자체는 세상에 대한 건축가들의 이상 혹은 아이디어일 뿐이라고 한다. 따라서 물리적 실현 과정인 '건설' 그리고 결과물인 '건물'은 '건축'에 있어서 필요조건은 아닐 수 있다.

르네상스를 대표하는 이탈리아 건축가 레온 바티스타 알베르티는 건축가의 역할을 건물을 짓는 일과 구분해 건축물의 표상을 다루는 일로 분리해 정의한 바 있다. 여기서 표상이라 함은 매체를 통해 대상을 모방 또는 재현하는 것인데 전통적인 의미의 건축 드로잉이 여기에 해당된다. 건물을 직접 짓지 않게 된 건축가는 짓고자 하는 대상을 종이 또는 다양한 매체에 표현하며 투영한다. 매체에 투영된 상태의 건축은 가상의 속성을 갖게 되며 건축행위에도 가상의 속성이 있음을 보여준다.

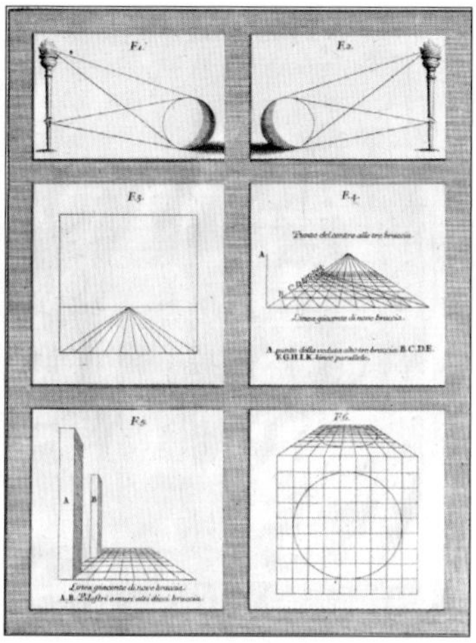

[그림3] 레온 바티스타 알베르티의 작도 다이어그램
(출처 : SPACE 2021년 8월 645호 발췌)

[그림4] 팔라초 루첼라이(피렌체)의 입면
(출처 : 위키원드 캡처)

또한 우리 사회는 멀티 페르소나를 대하는 자세로 다양한 자아를 발견하고 개개인의 다채로운 정체성을 만족시키기 위해 소비, 관계, 취향 등 여러 가지 분야에 영향을 주고 있다. 현재 코로나19 시대를 살아가고 있는 우리는 비대면으로 사람들을 만나며 각각의 다양한 자아를 충족시키게 됐고, 일반적인 인터넷 가상의 공간을 뛰어넘는 교육, 쇼핑, 콘텐츠 등을 즐길 수 있는 환경이 필요하게 됐다. 그런 다양한 자아를 충족시키며, 물리적인 제약이 없는 환경을 제공을 할 수 있는 곳이 메타버스 속 가상의 공간이다.

최근에는 단순하고 단조로운 소규모의 가상공간에서 점차적으로 복잡하고 다양한 기능을 담아내는 대규모의 가상공간으로 확대되고 있다. 재택근무로 인한 일대일 화상회의에서 팀 단위가 모이는 가상오피스로, 가상오피스에서 기업의 행사가 주최되고 열리는 콘퍼런스 맵으로, 콘퍼런스 맵에서 현실의 건물들이 가상 도시에 자리를 잡고 있는 대규모 가상공간으로까지 발전돼왔다. 가상공간 속 다양한 니즈와 사용자들의 개성, 공간의 규모, 시시각각 변화되는 트렌드를 반영함이 필요함에 따라 메타버스 속 가상공간의 아이덴티티가 건축가들을 통해 창조되고 경험돼야 함을 절실히 느끼게 된다.

현실세계에서 건축 행위가 갖고 있는 제약들이 있다. 건축물 노후화에 따른 물리적 수명의 한계, 경제와 사회의 급격한 발전과 생활양식 변화로 인한 기능적 한계, 재개발과 재건축 등 건축물을 둘러싼 환경변화로 인한 사회적 한계, 건축물 폐자재로 인한 환경오염, 실제적인 대지의 제약, 건축법규, 실제로 구현하기 어려운 구조적 문제 등이 있다.

이러한 현실세계에서 건축행위가 보완되는 메타버스 공간 속 가상의 건축 행위들은 현실보다 강력한 경험으로 나타날 수 있을 것이다. 비록 실제화 되지 않은 건축이 현실보다 강력해지거나 동일 할 수 있을까라는 의문점이 들 수도 있지만, 앞으로 발전될 특정한 영역들의 기술과 언제 어디서나 손쉽게 접속이 가능한 메타버스 속 가상공간의 경험들은 그 잠재성만으로도 충분히 흥미로워진다. 또한 현실세계에서와는 다른 다채로운 모양으로 사용자들에게 발견될 측면들과 새로운 경험들로 채워질 것으로 기대된다.

3) 가상공간에서의 공간 경험

메타버스는 이미 우리에게 왔지만 다가오고 있는 미래이다. 그 메타버스 미래의 가능성에 기대하는 것은 오늘날 우리가 생각하는 가상 환경 또는 공간은 VR 혹은 AR 등의 일부 테크놀로지가 가져다주는 특정한 영역의 새로운 세계로 안내해주기 때문이다. 아직까지는 현실세계의 나를 대신하는 가상세계의 아바타들로 대리만족을 하고 있는 셈이다.

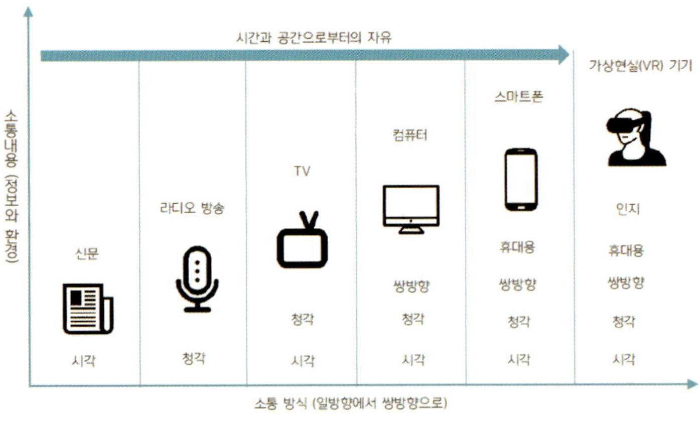

[그림5] 가상현실(VR) 기술 개발 단계(출처 : 서울시도심권 50플러스 자료실 발췌)

단순한 디지털 세계의 감각을 초월적인 메타버스 영역으로 확장하려면 VR과 AR, 나아가 MR 및 XR을 실현할 하드웨어 플랫폼이 필요하다.

- 가상현실(Virtual Reality, VR) : 컴퓨터 등을 사용한 인공적인 기술로 만들어낸, 실제와 유사하지만 실제가 아닌 어떤 특정한 환경이나 상황 혹은 그 기술 자체를 의미한다.
- 증강현실(Augmented Reality, AR) : 가상현실 (VR)의 한 분야로 실제로 존재하는 환경에 가상의 사물이나 정보를 합성해 마치 원래의 환경에 존재하는 사물처럼 보이도록 하는 컴퓨터 그래픽 기법이다.
- 혼합현실(Mixed Reality, MR) : VR과 AR을 합한 개념. 영화 〈아이언 맨〉 시리즈에서 인공지능 비서 자비스가 띄워주는 화면이 예. 현실세계에서 증강현실을 보이게 하는 진보된 형태이다.
- 확장현실(eXtended Reality, XR) : VR, AR, MR을 총칭. 새로 나올 모든 기술을 아우르는 상위 카테고리 격이다.

특히나 XR(확장 현실)을 건축의 개념인 공간의 관점에서 바라보면 2가지 관점이 있다. 그 2가지 관점은 '공간 복제'와 '공간 창조'가 있다. 공간 복제(Digital Twin)는 다양한 시뮬레이션을 해볼 수 있도록 얼마나 실제와 똑같이 복제하느냐가 중심이다. 공간 창조는 상상력을 발휘해 얼마나 창의적이고 임팩트 있는 창조적 세상을 만들어 내는가가 핵심이라고 한다.

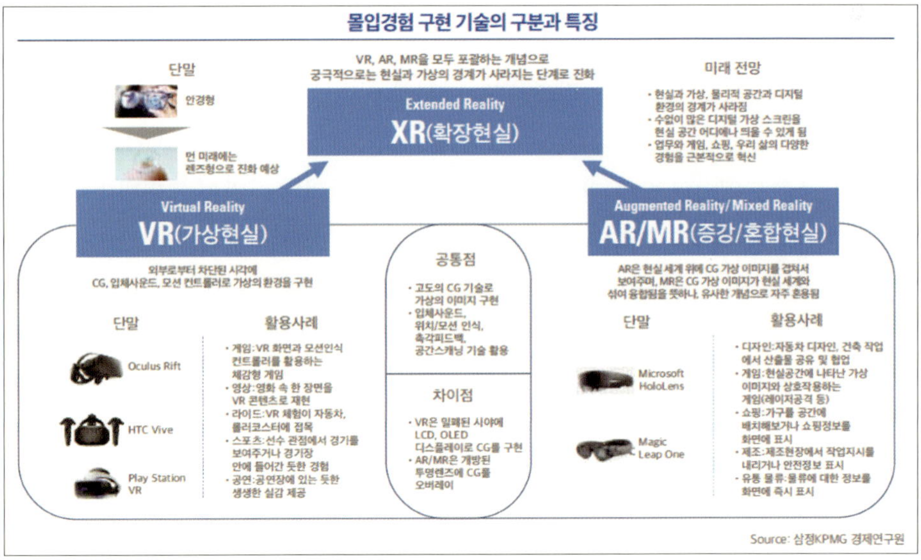

[그림6] 삼정KPMG 경제원구원

앞으로의 과제로 한 차원 더 높은 메타버스 수준의 가상세계를 구현하려면 3D 모델링 소프트웨어 및 커뮤니티 플랫폼 기술도 요구된다. 메타버스의 실감 환경 구현을 위한 핵심 기술력의 강화가 필요하다. 메타버스 서비스 확산에 따른 디스플레이 폼팩터의 다양화와 수요증가에 대응하기 위해 핵심 요소기술 개발에 전략적인 투자와 지원이 뒷받침 돼야한다. 높은 수준의 소프트웨어 기술로 획기적인 메타버스 콘텐츠를 만들었다고 해도 결국 사용자의 공간경험과 실감 있는 환경구현 이미지화가 중요하다. 디스플레이 장비들이 얼마나 현실감 있게 구현하는지에 따라 실감의 차이는 극대화 될 것이다.

2. 메타버스도 하나의 도시이다!

도시·건축 분야에서의 메타버스는 '땅의 확장' 측면에서 생각해 볼 수 있다. 지금의 대표적인 사례로는 관광, 쇼핑, 건설, 예술, 도시계획, 안전/훈련, 가상 부동산 거래 플랫폼 등으로 발전되고 확장돼 왔다. 도시/건축 분야의 시작으로는 현실을 충실하게 반영하고 재현해 현실 문제를 최적화하고 효율적으로 활용되도록 하는 것이 중요한 과제라고 한다. 그 다음 단계로 메타버스 속 새로운 세계를 구축해나가면서 땅의 개념들이 창조적으로 확장 될 수 있을 것으로 전망된다.

1) 메타버스와 도시계획

메타버스와 도시계획은 어떤 관계가 있을까? 앞으로 다가올 메타버스 시대의 장기적인 관점으로는 메타버스 안에서의 도시계획도 필요하다. 현재의 시스템으로는 각각으로 구축된 개별적인 플랫폼 시스템들로 구성돼있다. 메타버스 속에서 크지 않은 가상의 온라인 공간을 이용하는 수준에 불과하지만, 소프트웨어의 발달 및 데이터 처리 속도와 관련된 디바이스가 발전하면 가상공간에 수억 명이 활동하는 확장되고 확대된 거대한 메타버스가 출현할 수 있다. 그렇게 되면 메타버스 속 가상공간 내에서도 땅(land)과 위치(location)의 개념이 확고해진다. 그에 따라 사용자들이 많이 사용하게 될 랜드마크 적 요소, 메타버스 내 주요 기능을 담당하게 될 중심 코어 시티, 이와 관련해 그 주변으로 접근성이 용이하도록 배치해야 할 용도와 분리해야 할 시설이 있을 수 있다.

우리가 살고 있는 도시의 한정된 공간과 자원을 최대한 효율적으로 이용하고자 노력해온 도시계획은 메타버스 세계에도 중요한 역할을 해야 할 것으로 보인다. 메타버스를 살아가는 우리의 메타버스 속 가상의 공간과 디지털 화 된 자원들이 무질서한 방법과 무분별하고 가치 없는 시도로만 남아있지 않도록 해야 할 것이다. 한 단계 더 발전된 메타버스 도시가 가까워지려면 건강한 공간질서를 부여할 수 있는 계획기준을 마련하기 위한 준비를 서둘러야 할 것으로 전문가들은 얘기하고 있다.

2) 우리가 살고 있는, 살아갈 메타시티(Meta City)

현재 메타버스에서 오프라인을 대체하는 삶들은 단순하고 한정된 공간에서 많이 이뤄지고 있다. 예를 들면 직방은 사무실을 모두 없애고 자체 구축한 메타버스 오피스 공간에 모여 업무를 보며 회의를 한다. 각자를 대신하는 아바타들은 매일 아침 로비를 거쳐 엘리베이터를 타고 가상 공간에 마련된 사무실로 출근한다. 개개인의 아바타 머리 부분에서 동그란 원 안에 직원들의 얼굴이 실시간으로 전송되며 실시간으로 업무를 처리하고 실제 일하는 것과 크게 다르지 않는 업무 효율성도 보여주고 있다. 사무실이 이미지화된 모습이나 가구들이 아직은 정교하지 않아 실제적인 현실감이 높지는 않지만 업무효율성이 훨씬 높다는 것이 직원들의 대체적인 평가다.

실제 공간을 반영해 만든 메타버스 공간들은 각각의 플랫폼 상에서 각자의 공간에 머무는 아바타들로만 소통이 이뤄지지만, 활용사례에서 자세히 다룰 '리버랜드(Liber land)'는 다양한 건물과 기능을 가진 공간들이 하나의 도시로 자리매김한다. 일반적으로 메타버스 공간은 현실의 모습이 어느 정도 반영돼 있다면, 리버랜드는 구축단계부터 새롭게 창조된 도시이다. 사례와 같이 이미 가상의 도시가 한발씩 앞으로 다가오고 있다.

[그림7] 자하 하디드 건축회사에서 설계한 리버랜드 조감도(출처 : ArchDaily 발췌)

또한 반대의 개념으로 미리 메타버스 속 구축된 도시를 통해 우리가 직접 살아가며 영위하고 있는 현실세계의 도시를 발전시키는 가능성도 예측 할 수 있다. 디지털 트윈기술과 메타버스를 접목하면 도시계획을 가상공간에서 실행하고 아바타들이 어떻게 반응하는지를 관찰해 현실 공간에서의 도시계획을 보다 효과적으로 수립할 수 있을 것이다. 새로 지어지는 건물이나 새롭게 반영돼 백 데이터가 없는 기능을 가진 공간, 길이나 도로에 대한 아바타들의 선호나 이용률을 미리 살펴봄으로써 현실세계의 도시개발에 반영하는 것이다.

현실세계에는 존재하지 않는 공간과 실제 세계 모습 그대로를 반영하지 않은 메타버스 속 재창조되고 재해석된 가상세계의 도시들이 메타버스 건축가들을 통해 생겨날 것으로 예상된다. 다양한 개성과 그 개성을 반영한 가상의 세계에서 우리가 살고 있는, 살아갈 메타시티(Meta City)는 현실의 경계를 넘어서는 또 하나의 세상이다. 그러나 우리가 직접 영위하고 살아가는 현실세계의 중요성은 결코 배제할 수 없다. 현실세계이던 메타버스 가상세계이던 모든 곳에서 발견한 모든 것들이 무궁무진한 가능성을 가졌다는 것을 알 수 있다. 두 세계의 중심점과 통합점을 찾아가는 과정에 속한 지금, 우리 삶 자체를 업그레이드 시키는 메타시티(Meta City)가 기대된다.

3. 메타버스 속 건축 활용 사례

이미 메타버스 속 건축은 날이 갈수록 성장하고 있으며, 활동 영역이 확대되고 확장되고 있다. 메타버스의 세계에서도 건축 분야가 할 수 있는 일들은 더 넓은 시각에서 바라볼 수 있게 됐으며, 물리적인 제약들에게서 더 자유롭다고 할 수 있다. 그 자체로도 독립적인 가상현실 영역들이 생겨나면서 물리적인 현실에 영향을 받았던 가상공간이 이제는 가상공간에서 물리적인 현실세계로 자연스럽게 영향을 미치고 있다.

1) 리버랜드 메타버스

영국 건축회사 자하 하디드 건축회사가 메타버스 가상도시인 '리버랜드 메타버스(Liberland Metaverse)'를 만들었다. 유명 건축회사가 설계한 멋진 도시의 풍경을 누릴 수 있는 동시에 이 도시를 찾는 다른 사람들과도 교류 할 수 있다. 암호 화폐로 필지를 구입하고 아바타로 디지털 건물에 들어갈 수 있는 '사이버 도시'로써 크로아티아와 세르비아 간에 소유권을 두고 분쟁이 벌어지고 있는 틈을 타 체코 정치인이 세운 초소형국가 리버랜드 자유공화국(Free Republic of Liberland)의 디지털 버전이라고 볼 수 있다. 이 커뮤니티는 도시 자치를 장려하는 초현실적인 구역과 도시계획이 없으면서 자유로운 발견 과정을 통해 자발적인 질서를 허용하는 구역이 있는 것이 특징이다.

[그림8] 자하 하디드 건축회사에서 설계한 리버랜드 전체 전경(출처 : ArchDaily 발췌)

[그림9] 리버랜드 속 건축물과 내부(출처 : ArchDaily 발췌)

클라우드 기반 3D 환경제작 플랫폼인 마이타버스(Mytaverse)를 통해 리버랜드 메타버스에 진입하면, '사이버 도심 크립토 인큐베이터' 내에 세워진 시청건물과 쇼핑센터, 전시장 등의 건물들을 들어가 볼 수 있다. 모두 자하 하디드 건축회사가 설계한 것으로 업체 특유의 파상형의 곡선미를 드러내 보인다.

자하 하디스 건축회사의 수석 건축가인 패트릴 슈마허는 "리버랜드 메타버스는 리버랜드를 발전시키는데 앞장서기 위한 것이지만, 그 자체로도 독립적인 가상현실 영역으로써 기능을 할 것"이라고 가상의 도시를 소개했다. 또한 슈마허는 '인터넷의 미래가 메타버스라고 믿지만, 물리적인 공간은 항상 가상공간과 함께 공존 할 것'이라고 생각하고 있다. 두 세계의 융합은 계속 이어져 나갈 것이며, 리버랜드 메타버스의 디자인은 계속해서 모습을 바꿔나가는 가상현실의 특성을 반영할 수 있을 뿐만 아니라 추후 물리적으로도 구현될 수 있을 것이라 예상한다.

2) 바이스벌스

덴마크 건축회사 BIG가 미디어기업 바이스 미디어 그룹의 직원들을 위한 가상 오피스 '바이스벌스(Viceverse)'를 설계했다. BIG가 지은 메타버스 속 첫 건물로써 오픈소스 메타월드인 '디센트럴랜드(Decentraland)'에서 구현됐다. 바이스버스 오피스가 터를 잡은 곳은 일종의 '실험적 놀이터'로써 가상의 혁신연구소 기능을 하게 된다. 이곳에서 직원들은 NFT와 DAOs(탈중앙화 자율조직), Web3.0 등을 대상으로 한 다양한 실험을 진행할 수 있다.

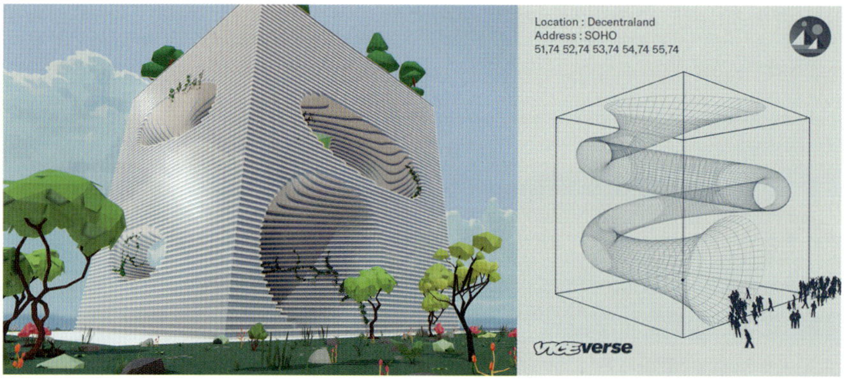

[그림10] 바이스벌스 외부 조감도 및 컨셉(출처 : Campaign 발췌)

바이브 미디어 그룹은 실제로 대규모 캠페인을 하지 않고도 클라이언트와 협력자를 초대해 그 공간에 머물며 소통 할 수 있는 공간을 만드는 것이 합리적이라고 생각했다. 단순히 가상 오피스로 구현됨에서 끝나는 것이 아닌 커뮤니티 공간에 창의력을 발휘할 수 있는 도구를 제공하고, 창작 할 공간을 마련하기 위해 가상 오피스를 의뢰하게 됐다고 한다.

[그림11] 바이스벌스 내부 대화형 경험 공간(출처 : Campaign 발췌)

바이스벌스에서 클라이언트와 협력자들은 메타월드 실험의 브리핑, 프레젠테이션 및 시연을 위해 만날 수 있으며, 디지털 NFT 전시도 진행되고 있다. 프로젝트가 진행됨에 따라 건물은 새 층으로 업그레이드 될 수 있는 끊임없이 변화되는 유기적인 공간의 좋은 예를 보여준다.

3) BIM을 통한 디지털 트윈

'디지털 트윈(Digital Twin)'이란 현실세계에 실재하는 것을 디지털 공간에 리얼하게 재현해 놓는 기술이다. 도시, 건축물, 기계, 장비, 사물 등을 가상으로 구축해 실제로 시공할 때에 오류를 최소화하기 위해 시뮬레이션을 하는데 사용한다. 현실 공간을 가상 디지털로 똑같이 본 따 그야말로 복제된 공간을 만드는 것이다. 그리고 기본적으로는 다양한 물리적 시스템의 구조, 맥락, 작동을 나타내는 데이터와 정보의 조합으로, 과거와 현재의 운용 상태를 이해하고 미래를 예측할 수 있는 인터페이스라고 할 수 있다. 물리적 세계를 최적화하기 위해 사용될 수 있는 강력한 디지털 객체로써 운용 성능과 사업 프로세스를 대폭 개선할 수 있다.

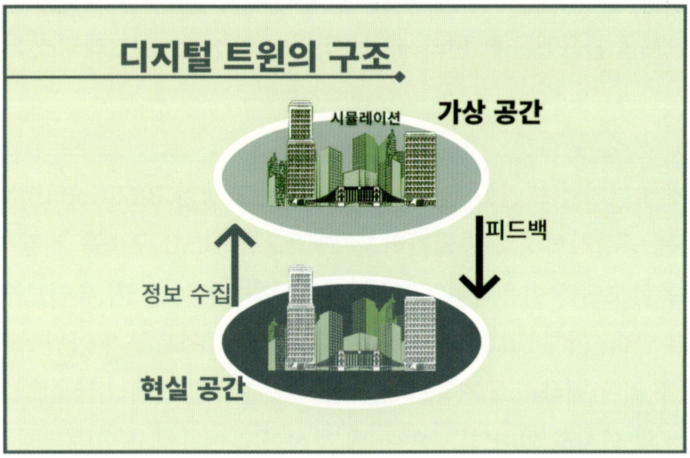

[그림12] 디지털 트윈의 구조 / 이즘 스튜디오(출처 : 메타버스의 활용-2 발췌)

디지털 트윈과 접목된 BIM(Building Information Modeling)은 디지털 방식으로 건물의 하나 또는 그 이상의 정확한 가상 모델을 생성하는 기술로써 메타버스 플랫폼 내에서 각 사용자의 가상의 요소들을 접하게 하는데 탁월한 모델이라고 한다. 건축과 건설 분야 업계의 시각으로는 설계사, 시공사, 발주처는 가상환경에서 BIM 모델로 협업 가능하게 되며, 최소한의 오류로 법규검토 및 승인까지 걸리는 시간을 줄여준다. 중간 과정에서 쓸데없이 발생하는 노력을 줄여줄 수 있다. 또한 건축주는 자신의 집을 현실이 반영된 가상세계에서 BIM 모델을 띄워 주변 풍경과 어우러지는지, 내부는 어떻게 생겼는지 미리 알아볼 수 있다. 이렇게 각 사용자들은 각자의 필요에 따라 플랫폼 내에서 활동할 수 있게 되는 것이다.

[그림13] BIM을 활용했을 때 편리해지는 작업(출처 : 캐드앤그래픽스 기사 발췌)

현재 건설업계에서 디지털 트윈을 구현하기 위해서는 개방형 BIM(openBIM) 기술이 사용된다. 한국공항공사는 공항시설정보 통합관리시스템(KAC-BIM) 구축을 진행하기 위해 개방형 BIM 기반의 정보통합모델을 이용하며, 공항의 설계부터 시공, 운영, 유지보수 등 전 생애주기 단계를 연결하고자 한다. 이제 BIM은 단순한 설계를 위한 보조도구가 아닌 스마트 도시를 위한 유지관리, 이용자를 위한 메타버스 기능까지 다양하게 활용될 것이다. 설계와 시설, 관리 등 업무영역을 구분하는 일 역시도 의미 없는 일이 될 것이라고 예측하고 있다.

4) 코비(KOVI) 메타버스

한국가상현실에서 출시한 '코비(KOVI) 메타버스' 플랫폼으로 건축, 공간관리, 교육·훈련, 매장 배치, 관제·방재 등 다양한 분야를 아우르고 있다. 유연한 확장성을 가진 '코비아키'를 활용해 생산적인 활동을 위한 산업용 VR 분야에서 체험과 교육 등의 콘텐츠용 VR까지 다양한 분야에 활용이 가능하다.

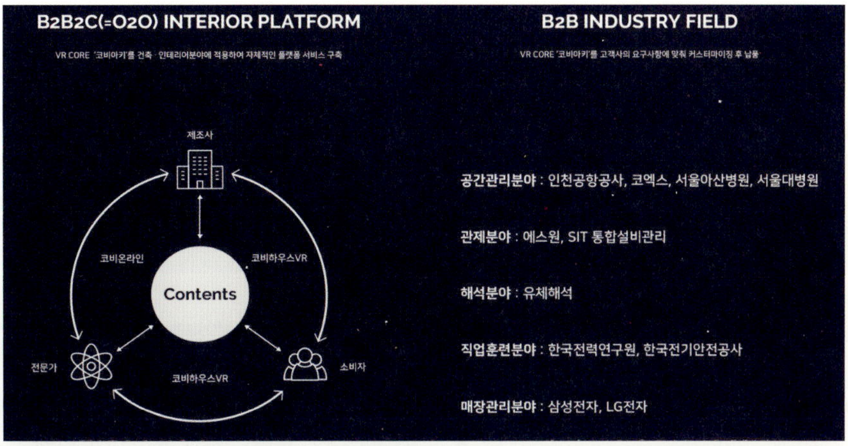

[그림14] 코비플랫폼 전체구성도(출처 : 한국가상현실(주) 홈페이지 발췌)

첫 번째로 임대 공간 자산관리 서비스를 사용해 한정된 공간자원을 효율적이고 합리적·체계적으로 배분해 일원화된 관리가 가능한 통합관리시스템(AMIS-SM)을 도입했다. 공간 및 토지 현황을 파악하고 관리하며 3D데이터를 제공한다. 인천국제공항공사 전력시설 메타버스 서비스의 경우, 인천국제공항이 보유하고 있는 국내 최대 규모의 전력설비를 현실과 동일한 로직으로 작동하는 가상현실을 구축해 사용자 스스로 가상공간 내에서 GIS(Gas Insulated Switchgear), 수배전, 보호계전기와 같은 각종 전력설비의 내부 구조를 확인하고 계측, 진단, 점검해 볼 수 있다. 또한 현실세계에서는 쉽게 접하기 어려운 다양한 비상상황 시나리오를 체험하고 해결할 수 있도록 구성한 교육·훈련 메타버스 서비스이다.

[그림15] 인천공항공사 통합공간관리시스템(출처 : 한국가상현실(주) 홈페이지 발췌)

두 번째로는 건축물의 내부 및 외관을 쉽고, 빠르게 VR로 작업할 수 있도록 지원해 준다. 객체기반 지능형 VR 솔루션으로 ezCAD 엔진이 적용된 2D 모드에서 설계한 데이터를 실시간으로 3차원 VR 공간정보로 변환하고 시뮬레이션 할 수 있는 시스템이다. 이 시스템을 통해 메타버스 서비스 외에 별도의 메타버스 콘텐츠로 '코비하우스 VR' 및 12만 개의 '3D VR 아파트평형'을 제공한다.

[그림16] LX하우시스 토탈인테리어솔루션(출처 : 한국가상현실(주) 홈페이지 발췌)

4. 메타버스 속 새로운 건축분야 직업

건축분야는 인간이 살아가는데 있어서 필요한 건물이나 다른 구조물을 계획하고 설계하고 건설하는 과정으로 사용자 중심의 이해도가 높아야하며 급변하는 트렌드와 디자인적인 감각도 필요하다. 건축적인 작업은 흔히 문화적인 상징과 예술적인 작업으로써 인지된다. 메타버스 속에서도 건축분야에 대한 전문적인 지식과 3차원 공간에 대한 이해도, 컴퓨터 그래픽 프로그램 활용능력 등은 스펙트럼이 넓은 전문성을 요구한다. 메타버스 가상공간 속 다양한 니즈와 공간의 창의성 및 활용도의 요구가 생겨남에 따라 새로 건축분야 직업도 생겨나고 있다. 메타버스 속 건축분야 직업 중 대표적인 사례 몇 가지를 설명하고자 한다.

1) 메타버스 건축가(맵 공간 디자이너)

메타버스 플랫폼은 사용자 및 고객의 니즈에 따라 건축을 이용하는 목적도 다양하다. 기업 고객이 사용하는 연수원이나 브랜드 홍보관, 상품 전시장, 콘퍼런스 홀, 공공기관에서 관리하는 문화재, 박물관, 공공장소 자체가 미러링 된 플랫폼, 예술문화 소통의 장으로 사용되는 콘서트장, 앨범 발매 쇼 케이스 무대, 팬 사인회장 등의 활동장소, 개인 이용자들을 위한 이벤트 장소나 특별한 맵 제작 등의 공간들과 기능별 건축물의 종류가 있다.

국내에서는 대한민국 최초 공식 게더타운 파트너 회사인 '플러스마이너스픽셀'이 대표적이다. 게더타운 플랫폼 기반의 메타버스를 전문적으로 기획설계 및 디자인하며 더 나아가 기획설계 운영까지 서비스함으로 차별화된 결과물들을 설계하고 있다.

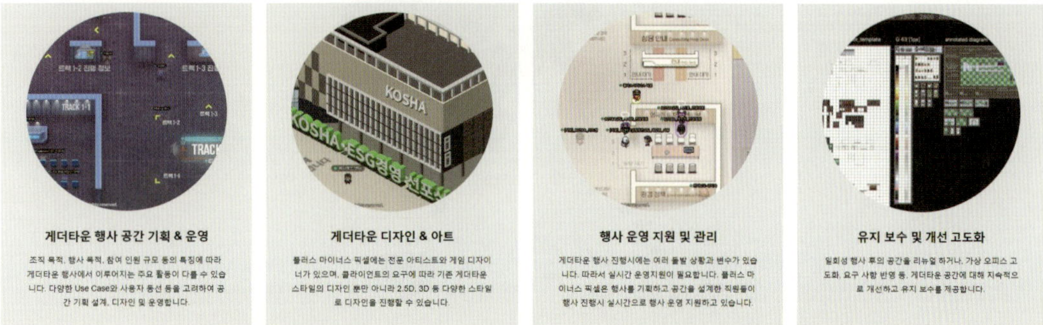

[그림17] 제공 서비스(출처 : 플러스마이너스픽셀 홈페이지 발췌)

메타버스 속 건축 행위는 땅의 형질과 위치에 영향을 받지 않고, 가상의 공간에 건축물을 만들어 낼 때 비용이 들지 않으며, 설계의 변경과 손쉽게 다시 재건축 하는 작업이 가능하다. 기술의 제약으로 상상 속으로만 생각했던 기술들도 구현할 수 있다. 이처럼 메타버스는 가상의 공간이기 때문에 현실에 기반 한 건축뿐만 아니라 현실의 제약에서 벗어나 자유롭게 재창조되고 창의적인 공간들을 창출해 낼 수 있다는 장점들을 갖고 있다.

2) 메타버스 부동산

메타버스의 가상 부동산 투자는 가공의 세계를 만들거나, 실제 국가나 도시를 가상의 공간으로 옮기는 두 가지의 방법으로 나눠져 있다. 메타버스 부동산에서는 각 지역을 사각형 모양의 조각인 '셀'로 쪼개 팔거나 건물 단위로 거래한다. 메타버스의 부동산 투자는 실물이 아닌 가상 부동산을 사고판다. 처음에는 재미로 시작된 가상 부동산 거래이지만 수익 모델이 결합되면서 투자 상품으로써의 가치를 갖게 됐다. 상품으로써의 가치가 높아짐에 따라 실제 청약 경쟁률보다 더 높은 경쟁률을 보여줬다.

서울 한남동 현대 하이페리온A 2,142.3 대 1, 동작구 아크로리버하임 681.8 대 1, 용두동 청계센트럴포레 233.8 대 1. 최근 국내 메타버스 서비스인 오픈메타시티에서 이뤄진 메타버스 아파트들의 분양 경쟁률이다. 실물이 아닌 가상 아파트이지만 이들의 경쟁률은 실제 청약 경쟁률을 훨씬 웃돌았다. 부동산114 등에 따르면 동작구 아크로리버하임의 실제 청약 경쟁률은 89.5 대 1, 용두동 청계센트럴포레는 평균 53.45 대 1이었다.

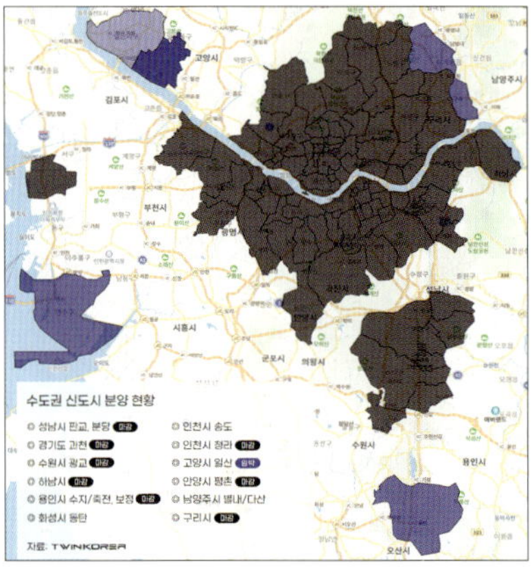

[그림18] 트윈코리아 / 수도권 신도시 분양 현황

새로운 실물경제 기여형인 공간 메타버스 플랫폼으로는 '트윈코리아'가 있다. 트윈코리아는 현실에 존재하는 구역을 공간 메타버스 플랫폼 속 하나의 셀로 구현한 실물경제 기여 형 플랫폼이다. 유저들이 실제로 물리적 공간의 해당 위치에 있는 식당과 상점을 온라인 활동을 통해 이용하고, 그를 통해 보상받은 포인트를 실제 식당에서 다시 사용할 수 있다고 한다.

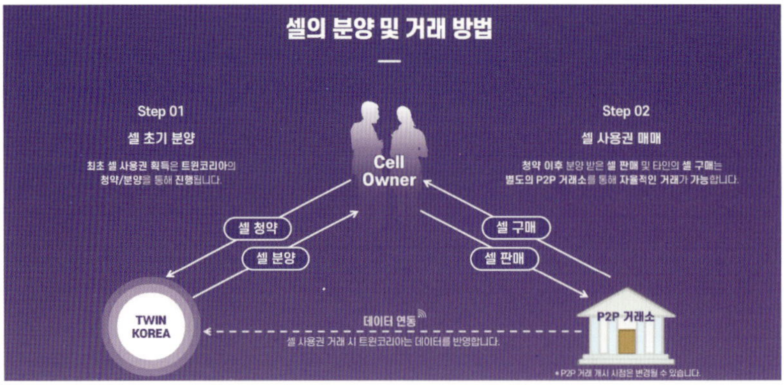

[그림19] 트윈코리아 / 셀의 분양 및 거래방법

이번 신도시 청약은 성남시 판교·분당, 경기도 과천, 수원시 광교, 하남시, 용인시 수지·죽전·보정, 화성시 동탄, 인천시 송도·청라, 고양시 일산, 안양시 평촌, 남양주시 별내, 구리시의 신도시로 구성됐으며, 해당 지역을 약 1만㎡(약 3,000평) 단위의 셀(Cell)이라는 단위로 나눠 상권 카테고리별로 분양했다. 최근 서울 강남, 신촌, 용산 등 38개 지역을 셀 당 10만 원에 1차 분양했는데, 1분 만에 모두 마감됐다. 최근 경기 판교와 분당, 용인, 과천, 일산 등 수도권 신도시의 2차 분양을 시작했다고 한다.

또, '디센트럴랜드(Decentraland)'라는 플랫폼에서는 '랜드(Land)'라고 부르는 가상현실세계에서 사용자는 토지를 구매하고 다양한 활동을 할 수 있으며, 다른 사용자에게 토지를 판매할 수도 있다. 디센트럴랜드는 미국 비디오 게임회사 '아타리'가 카지노 플랫폼 '디센트럴게임즈'와 합작해 만든 가상자산 기반이 포진한 계획지구이다. 현실에서는 건물주나 대지주가 되기는 무척 어렵지만 디센트럴랜드에서는 '마나(MANA)'라는 가상 코인을 통해 토지를 구입하고 나만의 건물을 세울 수 있다.

[그림20] 삼성전자 미국법인이 디센트럴랜드에 개설한 가상 매장 '삼성 837X'(출처 : 매경DB)

랜드와 랜드 위의 건물은 NFT(대체불가능토큰)로 대체되며, NFT를 통해 개인의 자산이 증명된다. 삼성전자 미국법인은 디센트럴랜드에 가상 매장 '삼성 837X'를 오픈했다. 미국 뉴욕시 워싱턴스트리트 837에 실제로 위치한 '삼성 837X'를 구축했고, 메타버스 속 공간에서 각종 삼성 제품을 체험이 가능하다.

3) 메타버스 공간 임대업

메타버스 공간들은 제약 없이 복제해 사용할 수 있고, 실시간으로 불편사항들을 반영하고 수정해 사용할 수 있기에 임대업 시장에서도 큰 활기를 띠고 있다. 따로 공간기획 의뢰나 설계자 없이도 이미 구축된 메타버스 공간을 임대해 원하는 기간만큼 사용료를 지불하면 되니 경제적인 부담도 적다.

부동산 플랫폼인 직방은 높은 임대료를 자랑하는 서울 서초구에 있는 오프라인 사무실을 과감하게 없애고 메타버스 안에 '메타폴리스'라는 30층 높이의 사옥을 만들었다. 직방 임직원들은 자신을 대변하는 아바타를 만들어 메타버스 가상세계로 출근한다. 기존 서초구에 있던 오프라인 사무실을 메타폴리스 4~5층에 그대로 재현해 근무한다.

[그림21] 직방 '메타폴리스' 로그인 화면(출처 : 직방)

최근 직방은 아워홈과 원격근무 활성화를 위한 비대면 업무협약을 맺었다. 이번 협약을 통해 직방은 메타폴리스 일부를 아워홈에 임대하고 원격 근무 환경 조성을 지원하게 됐다. 실제 상업용 부동산처럼 건물을 임대해 수익을 창출하고 있으며, 체험 임차 시스템을 도입해 가상회의 서비스 및 운영을 지원하고 있다.

그렇다면 무료 임대 서비스를 통해서도 경제적 수익 창출이 가능할까? 가상공간에서 무료로 전시를 할 수 있는 '아트스텝스(Artsteps)'는 온라인상에서 전시를 원하는 누구나 사용이 가능하며, 전시를 할 수 있도록 가상의 전시관 공간들을 제공한다. 가상 갤러리 전시를 통해 방문한 관람객과 실시간으로 상호작용이 가능하며, VOMA(Virtual Online Museum of Art)는 가상 구매 공간까지 구축해 실제로 사용자가 예술 작가 작품과 관련된 상품을 구매 할 수 있도록 설계했다.

[그림22] KLAYRock 컬렉션 포스터

[그림23] KLAYRock(출처 : 온라인 전시회 캡처)

아직 이름이 알려지지 않은 신진 작가들은 더할 나위 없는 좋은 기회로 코로나 비대면 시대에 온라인 전시를 할 수 있으며, 경제적인 부담도 덜 수 있다. 개인 공간을 소유하지 못한 작가들의 전시 개최 장벽 및 공간비용을 최대한 낮추고, 관람객 및 작품을 사는 소비자들의 유연한 참여를 유도할 수 있는 비전을 제시할 수 있게 됐다.

메타버스를 통해 점점 물리적 한계가 사라진다. 디지털로 공간을 전환하거나 공유 오피스를 이용하는 사례도 많이 생겨났고, 회사로 출근할 필요가 없기 때문에 멀리 살거나 해외에 거주하는 인재를 채용하는 데도 부담도 사라진다. 장점도 있지만 현실에 미치는 단점도 고려를 해보아야한다. 사무용 오피스의 공실률이 오르고 땅값이 떨어질 수 있으며, 외출이 줄어든다면 의류나 문화 소비, 교통량이 줄어들어 다른 업종에 부정적인 영향을 미칠 수 있기 때문에 한쪽에 치우치지 않도록 적절한 선을 지켜야 할 것이다.

Epilogue

코로나팬데믹 현상으로 대면 공간, 사람과 사람이 직접 오며가며 마주치는 공간을 피하게 됐다. 우리는 장기화된 코로나로 대면 활동보다 비대면 활동이 익숙해졌으며, 비대면 활동의 무대로 메타버스 속 가상공간의 필요성이 생겨난 것이다. 결국에는 공간을 만드는 설계자와 공간을 영위하는 사용자의 관계성은 오프라인 공간과 마찬가지로 온라인(메타버스) 가상공간에도 존재하게 됐다.

현재는 오프라인 공간과 온라인(메타버스) 가상공간의 연결고리가 필요한 시점이다. 결국 지금의 온라인(메타버스) 가상공간이 발전되기 위해서는 각각의 플랫폼의 개별화된 공간 시스템에서 모든 메타버스 가상공간이 통합돼야 할 것이다. 모든 플랫폼을 아우르는 코어 공간(Core Space)이 계획돼 각각의 메타버스 도시가 연결되고 자유롭게 넘나들 수 있는 메타버스 시대는 곧 다가 올 것이라 예상된다.

막연한 미래를 기다리기보다는 계속해서 고민하고 빠르게 적응해 스스로 변화하는 것을 우리가 먼저 시작해보자. 특히나 내가 업으로 삼고 있는 분야의 확장을 미리 예측하고 배운다는 것은 시작만으로도 설레고 뜻 깊은 일이라고 생각한다. 기회는 기다리는 자에게 오지 않으며, 준비된 자에게 잡힌다. 새로운 확장을 경험하는 메타버스로의 첫 걸음이 건축 분야뿐만 아니라 각자의 분야에서도 시작되기를 바라며 바람처럼 지나가버릴 수도 있는 기회를 잡는 우리가 되기를 원한다.

[참고문헌 및 사진 출처]

- 두산백과 / 건축
- 네이버 지식백과 / 손에 잡히는 방송통신융합 시사용어
- 네이버 지식백과 / 시사상식사전
- 경기콘텐츠 코리아맵 / 브이노믹스가 우리에게 던지는 4가지 질문
- 이코노미스트 / 가상공간 속 리얼 라이프 '메타버스'는 차세대 인터넷인가?
- 경남대학교 빅스스프링트리 / 메타버스 기술 소개 및 활용사례
- 아주경제 / 아주 쉬운 뉴스 Q&A / 메타버스란?
- 네이버 블로그 / gamemakerr / 메타버스만들기 메타버스의 4가지 특징과 유형
- 똑똑 / 이즘 스튜디오 / 메타버스 개념에 대한 이해
- 정해욱 / SPACE 2021년 8월 645호 / 건축에 잠재한 가상, 가상에 잠재한 건축
- 위키원드 / 레온 바티스타 알베르티
- 네이버 블로그 / 페이지건축사사무소 / 메타버스와 건축
- 사이언즈타임브 / 아파트 속 과학 / 아파트의 수명과 노후화
- 서울시도심권 50플러스 센터 / 50+세대에게도 유용한 가상현실(VR)과 증강현실(AR)
- 과학기술정책연구원 / 메타버스 가상세계 생태계의 진화전망과 혁신전략
- 한반도국토포럼 / 제28회 메타버스 시대의 국토발전 전략 〈도시 및 건축분야 중심으로〉
- 대한경제 / 식지 않는 메타버스 열기, 건축업계 확산 가능성은?
- 대한경제 / 메타버스 속 생생한 세계, 3D 건축 정보로 착착
- 아키데일리 / Zaha Hadid Architects / Cyber-Urban
- 한국디자인진흥원 / 덴마크건축회사 BIG, 메타버스 속 가상 오피스 설계
- campaign / Viceverse, '미래의 문화' 속 가상의 문을 열다
- Trimble / BIM이란?
- 조경뉴스 / EM디자인 이두열 / BIM을 통한 디지털 트윈과 메타버스의 구현
- 위키백과 / 디지털 트윈
- 캐드앤그래픽스 / 개방형 BIM 기반의 건축설계 자동화 기술 개발
- 매일경제 / 한국가상현실(주) 코비 메타버스 플랫폼 출시

- 한국가상현실(주) 홈페이지 / KOVI 메타버스
- 네이버 블로그 / 네이버 디자인 프레스 / 메타버스에 뛰어든 건축가들
- tistory / 메타버스 건축가 되는 법
- 플러스마이너스 픽셀 / 홈페이지 설명자료
- 한국일보 / 메타버스 부동산 투자 열기
- 테크월드뉴스 / 메타버스 '트윈코리아'
- 한국일보 / 김진유의 도시읽기 / 메타버스에서도 역시 공간계획이 필요하다
- 신아일보 / 직방, 아워홈에 '메타버스 사무 공간' 임대
- KLAYRock 컬렉션 / 16명의 아티스트. 16 실험. 16개의 해석

PART

02

실 전

| CHAPTER 1 | 메타버스 맵을 더 잘 만들기 위해 필요한 플랫폼

| CHAPTER 2 | 게더타운 누구를 위한 선택인가?

| CHAPTER 3 | Icograms Designer을 활용한 게더타운 맵 만들기

| CHAPTER 4 | 네이버 젭(ZEP) 완전정복

| CHAPTER 5 | 제페토 크리에이터

| CHAPTER 6 | 제페토 빌드잇

| CHAPTER 7 | 문화생활 공간 이프랜드(ifland)를 누리다!

PART 02
실 전

Chapter

1

메타버스 맵을 더 잘 만들기 위해 필요한 플랫폼

곽보람

Chapter

01

메타버스 맵을 더 잘 만들기 위해 필요한 플랫폼

Prologue

이제는 메타버스 관련 맵을 제작한다고 하면 가장 많이 떠올리는 플랫폼이 있다. 게더타운(Gather town)과 젭(ZEP)이다. 이들 플랫폼이 갖고 있는 기존 오브젝트들 만으로도 충분히 멋있는 맵을 만들 수 있다. 그러나 점점 더 남들과 다른 맵을 만들어보고 싶은 욕구는 자연스럽게 생겨날 것이고, 여기서 디자인 능력이 뛰어난 사람들과 아닌 사람들로 나뉘게 될 것이다.

메타버스 세상은 누구나 즐겁게 활용할 수 있는 공간인데 디자인 능력이 살짝 부족하다 해서 즐기지 못한다면 이것보다 더 아쉬운 일이 어디 있겠는가?

그 격차가 조금이나마 줄어들었으면 하는 마음으로 다음 사이트들을 소개하고자 한다. 하나씩 따라 해보며 좀 더 즐겁게 메타버스 맵을 제작하길 희망한다.

1. 미리캔버스

맵을 만들면서 미리캔버스 사이트를 활용하는 사람과 아닌 사람은 큰 차이가 있다. 디자인 측면에서도 미리캔버스의 도움을 많이 받을 수 있지만, 그 외 링크 활용을 할 때도 큰 도움을 받을 수 있다. 1장에서는 미리캔버스를 활용해 오브젝트들을 만들어보고, 링크를 우회하는 방법에 대해서도 알아볼 것이다.

1) 오브젝트 만들기

우선 인터넷을 열고 주소 창에 '미리캔버스(https://www.miricanvas.com)' 사이트 주소를 입력하면 [그림1]과 같은 화면이 나온다. 간단 회원가입을 하고(구글/페이스북(現, 메타)/네이버/카카오/웨일스페이스 소셜 계정이 있으면 연동해 회원가입이 가능하다) 로그인이 되면 [그림2]와 같은 작업 공간-내 디자인 화면이 열린다.

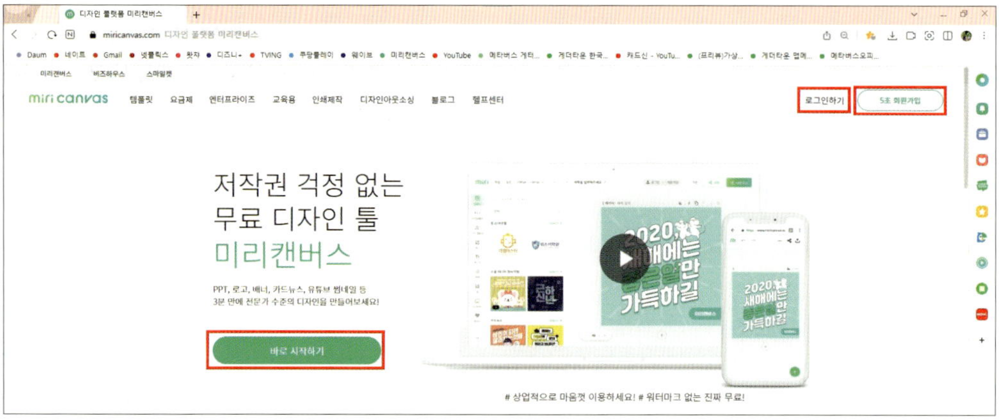

[그림1] 미리캔버스 홈페이지

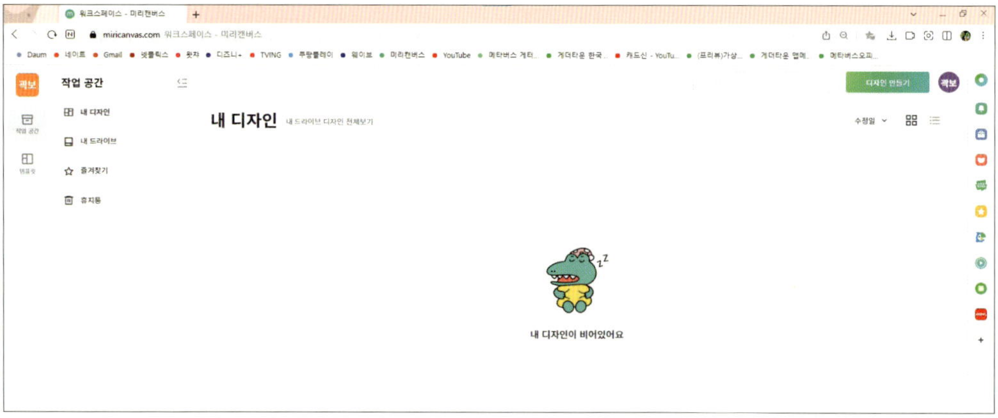

[그림2] 작업 공간 - 내 디자인화면

우선 여기서 하나 알고 가야 할 것은 게더타운과 ZEP에서의 스케일이다. 가장 기본 사이즈는 32px×32px 로 [그림3, 4]를 참고해주자.

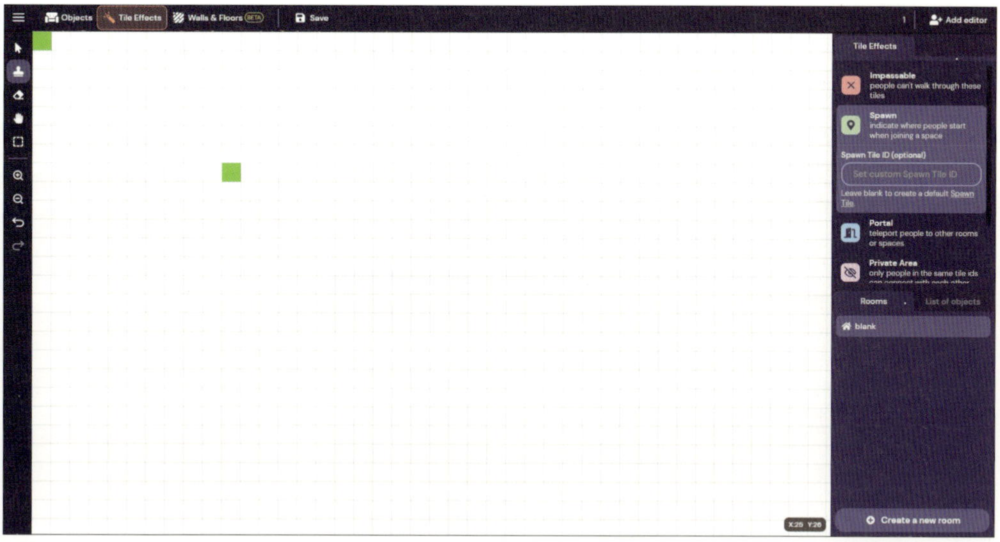

[그림3] 게더타운 메이커 화면

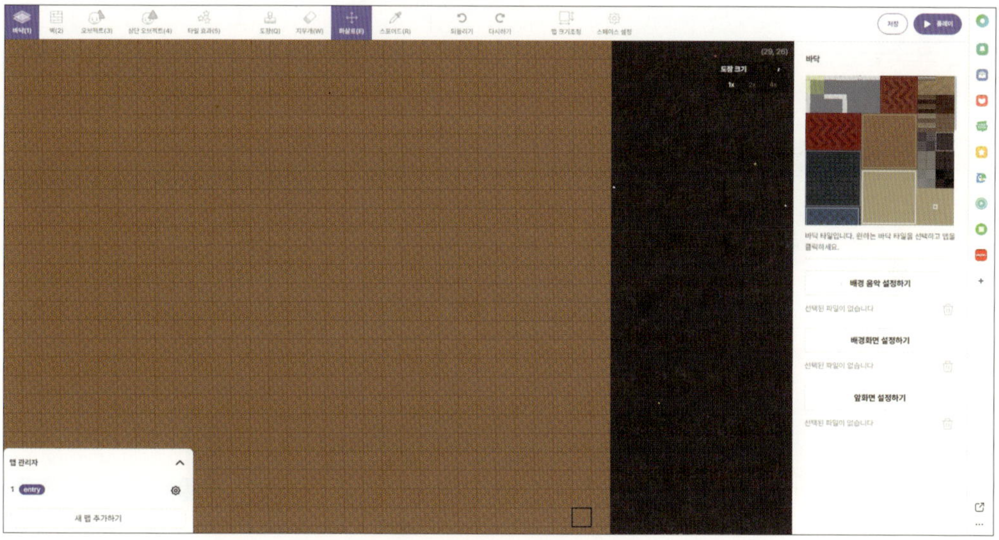

[그림4] ZEP 메이커 화면

[그림2] 화면에서 '디자인 만들기'를 선택하면 여러 사이즈의 바탕화면 규격도 나오지만, 직접 입력하는 것도 상단에 나온다. [그림5]와 같이 우선 가장 기본 사이즈인 32px×32px을 입력해 디자인을 만들어보자.

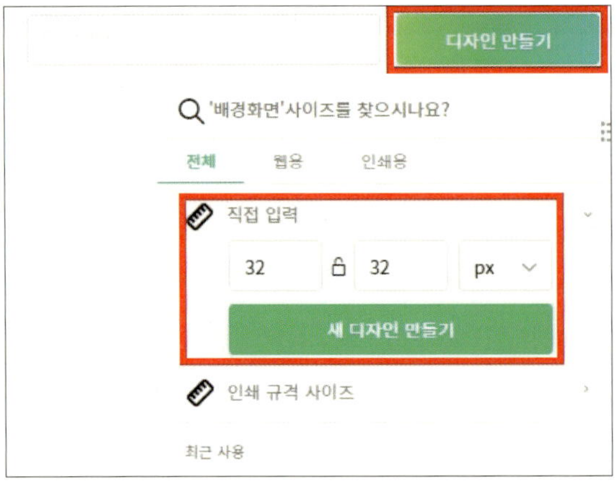

[그림5] 디자인 바탕 규격 입력

오브젝트로 사용하고자 하는 사진을 '내 파일 업로드' 버튼을 선택해 불러와 설정해 둔 바탕 화면에 불러오자. [그림6]과 같이 갖고 있는 사진을 업로드하지 않아도 미리캔버스 내 무료 사진 또는 요소들을 활용해도 좋은 오브젝트를 만들 수 있다.

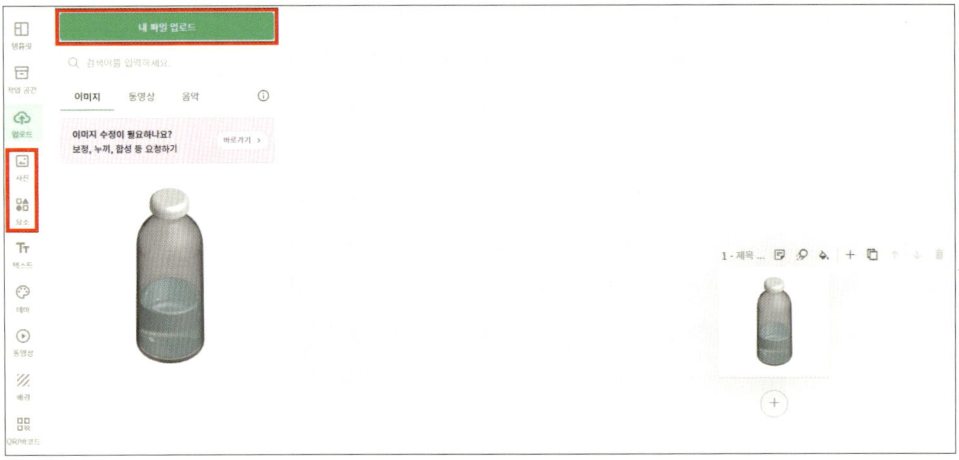

[그림6] 내 파일 업로드와 사진 및 요소 활용

오브젝트를 다 만든 후, 오른쪽 상단에 있는 '다운로드' 버튼을 선택하면 [그림7]과 같이 나온다. PNG를 선택하고 '투명한 배경'을 꼭 선택한 후 고해상도 다운로드 버튼을 선택한다. 투명한 배경 옵션을 선택하지 않으면 [그림7] 뒤의 흰 바탕도 같이 저장 돼 깔끔하게 맵에 배치할 수 없다.

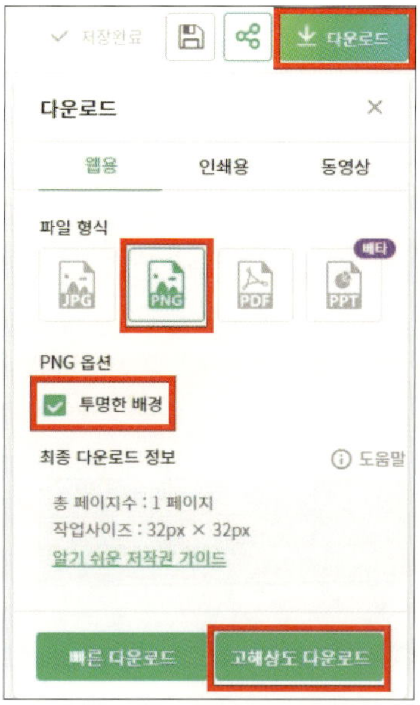

[그림7] 오브젝트 다운로드

(1) 게더타운에 오브젝트를 배치하는 경우

게더타운 맵 메이커 화면에 들어가 'More Objects' 버튼을 선택하면 [그림8]의 화면이 나온다. 왼쪽 아래 'Upload New' 버튼을 누른 후 업로드 할 오브젝트를 선택하고 오브젝트의 이름을 작성한 뒤 'Create and select' 버튼을 누른다.

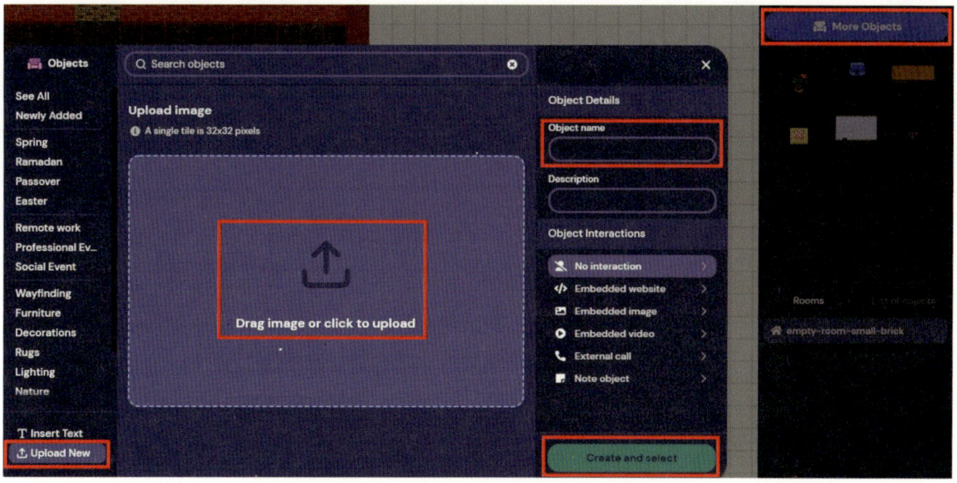

[그림8] 게더타운 신규 오브젝트 업로드

[그림9]에서는 앞에서 만들어 둔 것을 1배수/2배수/3배수로 배치한 것이다. 그림에서 보았듯이 정확히 그 크기만큼 배치가 돼 있는 것을 볼 수 있다.

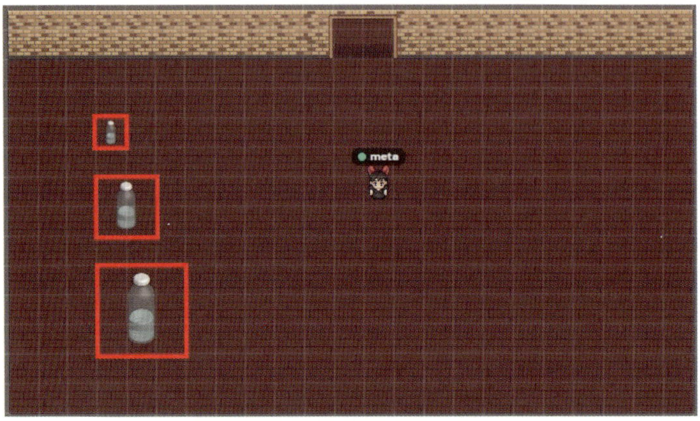

[그림9] 오브젝트 1배수/2배수/3배수 차이 비교

(2) ZEP에 오브젝트를 배치하는 경우

ZEP과 같은 경우는 게더타운 보다 훨씬 간단한다. 맵 메이커 화면에서 '오브젝트 업로드하기'를 선택하면 [그림10]처럼 바로 오브젝트를 선택할 수 있는 화면이 나온다.

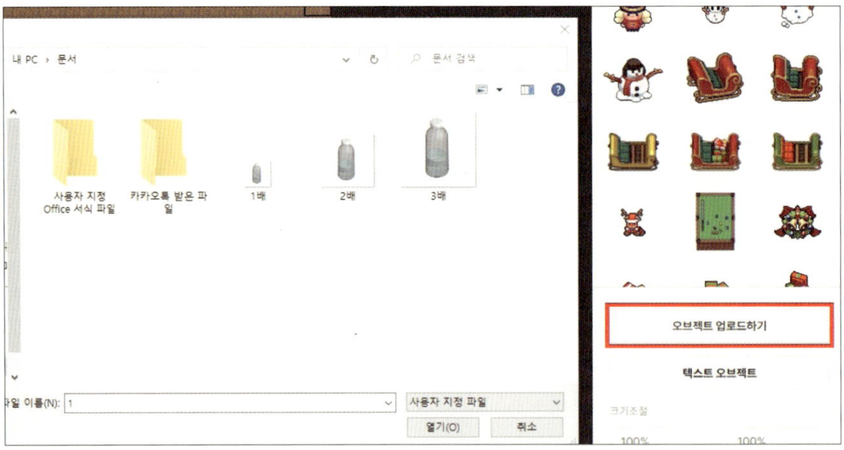

[그림10] ZEP 신규 오브젝트 업로드

ZEP에서 마찬가지로 1배수/2배수/3배수로 만들어 둔 오브젝트를 배치해본다.

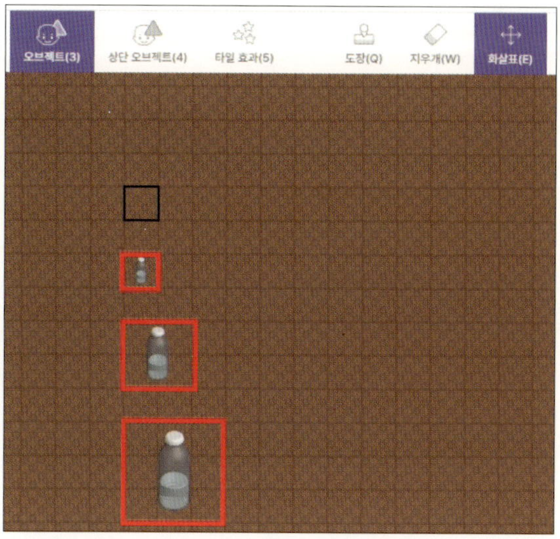

[그림11] 오브젝트 1배수/2배수/3배수 차이 비교

이미지 오브젝트를 만들어 본 것처럼 텍스트 역시 미리캔버스에서 오브젝트로 만들어 볼 수 있다. 맵 제작을 시도해 본 사람이라면 알 수 있듯이, 기존에 제공되는 글씨체는 너무나 한정적이라서 활용도가 떨어진다. 미리캔버스에는 정말 다양한 폰트가 있어 활용도가 매우 높다.

2) 링크 우회하는 방법

게더타운 맵 제작을 하다보면 오류가 생기는 경우들이 있는데, 그 중 가장 오류가 빈번히 발생하는 부분이 오브젝트에 링크를 연결해두는 경우이다. 예를 들어 컴퓨터 오브젝트에 다가갔을 때 X버튼을 누르고 유튜브 영상으로 연결하고 싶은데, 직접적으로 유튜브 링크를 연결해두면 [그림12]처럼 화면이 열리지 않는 오류가 생기기도 한다.

[그림12] 링크를 오브젝트에 직접적으로 연결했을 때 생기는 오류

그래서 이 문제를 미리캔버스를 이용해 우회하는 방법으로 해결할 수 있다. 우선, 오브젝트에 유튜브 영상을 우회해 연결해보자. 미리캔버스 화면으로 돌아와 '디자인 만들기' 버튼을 실행한다. 그 뒤 사이즈를 직접 입력하거나 '유튜브' 규격을 찾아 선택한다.

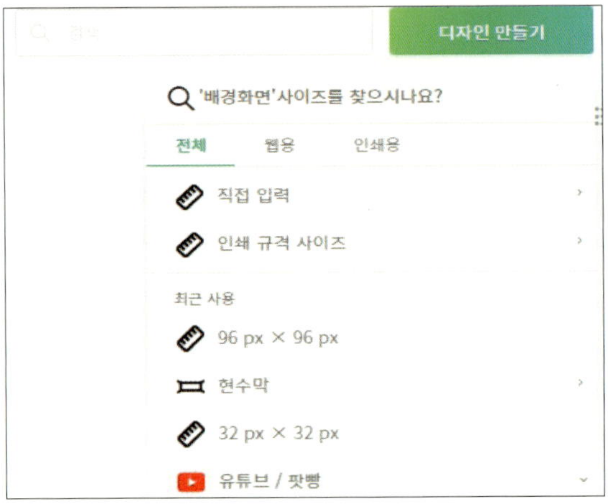

[그림13] 바탕화면-유튜브 규격 선택

규격을 선택한 뒤, 왼쪽 메뉴 중 동영상 메뉴를 선택한다. 그러면 동영상과 YouTube 소메뉴가 나오는데 YouTube 메뉴를 선택한다. [그림14]와 같이 아래 URL에 원하는 유튜브 영상의 URL을 입력하고 만들기 버튼을 실행한다.

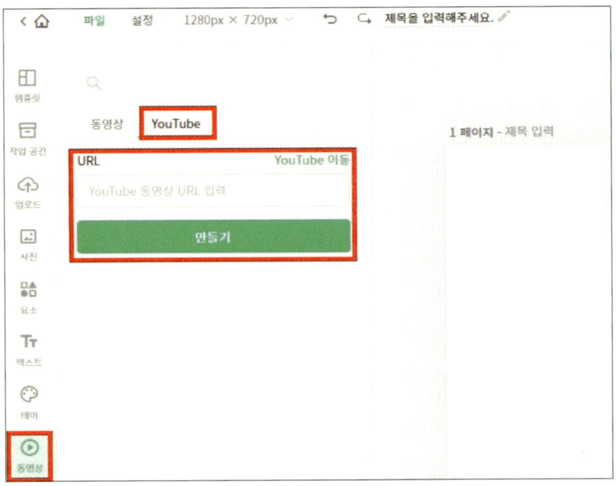

[그림14] 유튜브 영상 삽입

원하는 영상을 넣었다면, 오른쪽 상단에서 저장하기를 누른 뒤 공유버튼을 선택한다. 그러면 [그림15]처럼 '디자인 문서 공개' 선택하는 메시지가 나오는데, 꼭 '공개'를 해야 한다. 비공개를 한 상태에서는 링크 복사를 할 수가 없다. 공개를 하면 링크가 나오는데 '복사' 버튼을 선택한다.

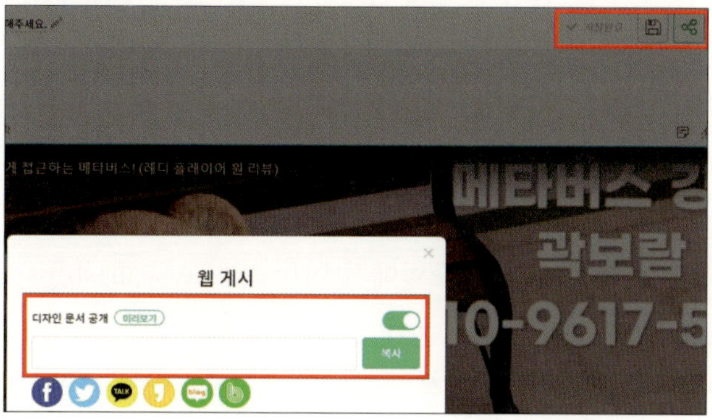

[그림15] 디자인 문서 공개 후 링크 복사

맵 메이커 화면으로 돌아와 오브젝트에 링크를 설정하면 된다. [그림16]처럼 링크를 연결하고 싶은 오브젝트를 선택하고 'embedded website'를 선택한다. 그럼 아래 Website를 입력하는 칸이 나오는데 미리캔버스에서 복사해 온 링크를 입력하고 아래 'Select' 버튼을 선택한다. 이후 실제 맵 상에 오브젝트를 설치한 후 우측 하단의 'save'를 선택해 저장한다. 그리고 실제 맵으로 넘어가서 상호작용(링크연결)이 잘 됐는지 확인한다.

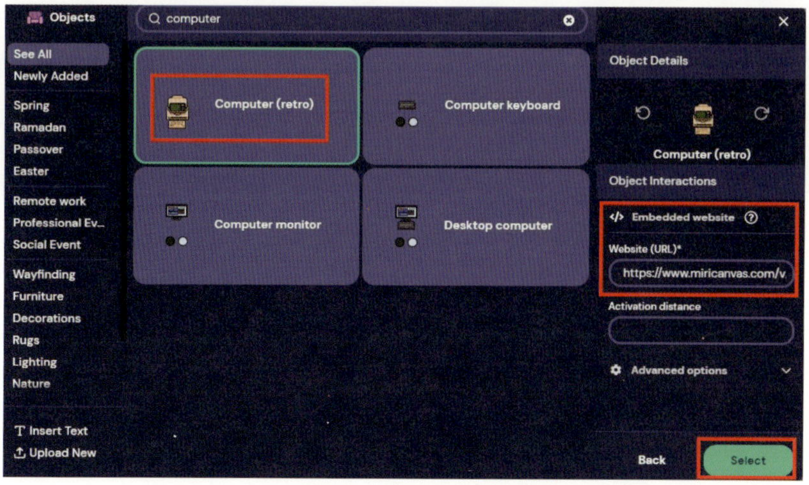

[그림16] 게더타운 오브젝트 링크 상호작용(연결)

2. 아트스텝스(ARTSTEPS)

이런 얘길 들어본 적이 있을 것이다. 메타버스 세상이 더 발전하면 앞으로는 박물관에 가서 전시를 볼 일도 없어질 수가 있다고. 실제로 전시장을 온라인으로 옮겨올 수가 있다. 직접 전시장에서 돌아다니면서 전시를 보는 느낌을 구현한 사이트가 바로 '아트스텝스(ARTSTEPS)'이다. 사이트에서 전시장을 모두 만든 뒤, 앞서 말했던 것처럼 오브젝트에 사이트 링크를 상호작용(연결)해 활용할 수 있다.

ARTSTEPS 회원가입을 하려면 우선 포털에서 https://www.artsteps.com/를 입력해 들어간다. 그러면 [그림17]과 같은 화면이 나온다. 오른쪽 상단에 있는 'sign up' 버튼을 선택하면 [그림18]과 같은 화면이 나온다. 구글 계정이 있다면 좀 더 손쉽게 가입을 할 수 있다. 그 외 메일계정을 갖고 있다면 이름/메일계정/비밀번호/비밀번호 재확인 순서대로 기입 후 sign up(핑크색 버튼)을 누르면 완료된다.

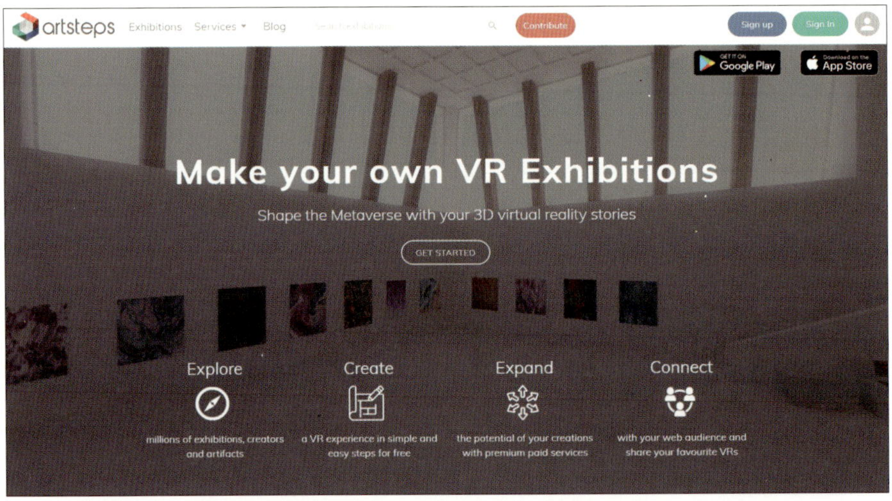

[그림17] ARTSTEPS 홈 화면

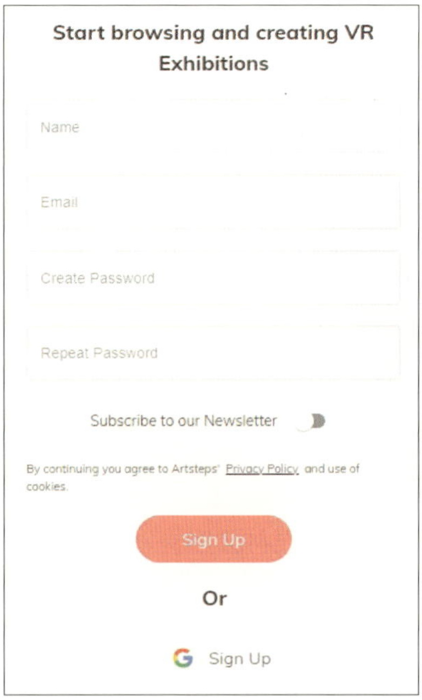

[그림18] ARTSTEPS 회원가입 화면

로그인이 된 후, 오른쪽 상단의 '+ Create' 버튼을 선택한다.

[그림19] 전시장 만들기

3D 전시장 만들기 작업 화면으로 들어가면 5단계로 나뉘어있다. 첫 번째 'Define' 단계는 어떤 형태로 전시장을 만들지 선택하는 화면이 나온다. 직접 만들어도 되고 사이트에서 제공하는 템플릿을 활용해도 된다. 직접 만든다면 벽과 문이 제공되기 때문에 원하는 동선으로 만들 수 있는 장점이 있다. 템플릿을 활용한다면 템플릿이 4개 밖에 없는 단점은 있지만 고퀄리티의 전시장을 손쉽게 사용할 수 있는 장점이 있다.

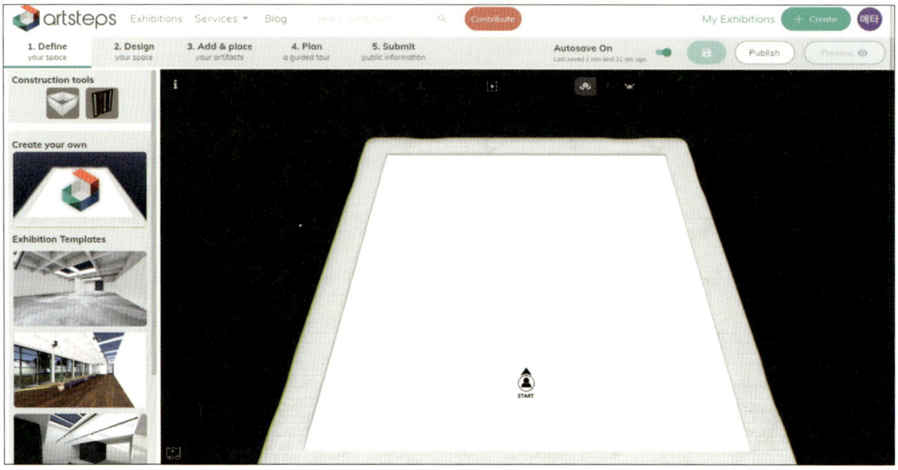

[그림20] 전시장 만들기 작업화면

전시장을 선택한 이후에 바닥에 깔린 'start 지점'을 조절할 필요가 있다. 전시장을 다 만든 뒤 실행을 했을 때 첫 지점을 어디서 시작할지를 정할 수 있다. 문을 어디에 설치할지 정한 뒤에 문 앞으로 조절해야 하기 때문에 전시장 형태를 선택한 이후에 작업하면 된다(클릭을 유지한 채로 이동하면 이동이 가능하다).

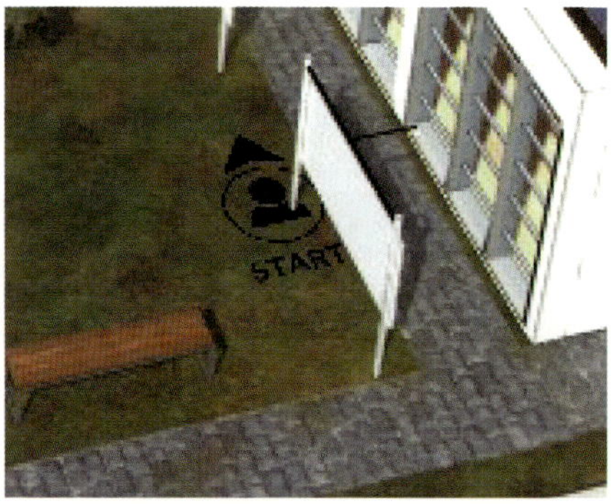

[그림21] START 지점 조절하기

두 번째 'Design' 단계는 첫 번째 단계에서 템플릿을 선택하지 않고, 직접 디자인을 하게 됐을 때만 사용한다(템플릿을 선택하면 이 단계는 건너뛰게 된다). 공간에서 사용한 벽의 색상이나 재질을 선택하게 된다.

세 번째 'Add & place' 단계는 실제로 전시장 안에 어떤 작품으로 꾸밀지에 대해서 디자인 하는 것이다. 우선 작업자에 따라 편한 구도를 선택하면 되는데 [그림22]를 보면 3가지 모드가 있는걸 알 수 있다. ① 화면을 돌려가며 작업을 할지 ② 전시를 보는 사람 입장에서 작업을 할지 ③ 공중에서 보는 화면이 고정돼 있는 채로 작업을 할지 선택을 할 수 있다.

[그림22] 화면 모드 선택

화면 모드까지 설정했다면 이제 전시장 내부구성을 어떻게 꾸밀지에 대해서 설정하면 된다. Display cases는 5가지가 있고, 벽면에 전시할 작품이 아닌 것들을 꾸밀 수 있다. 다음 Artifacts에서는 전시장을 꾸밀 작품들을 업로드 할 수 있다.

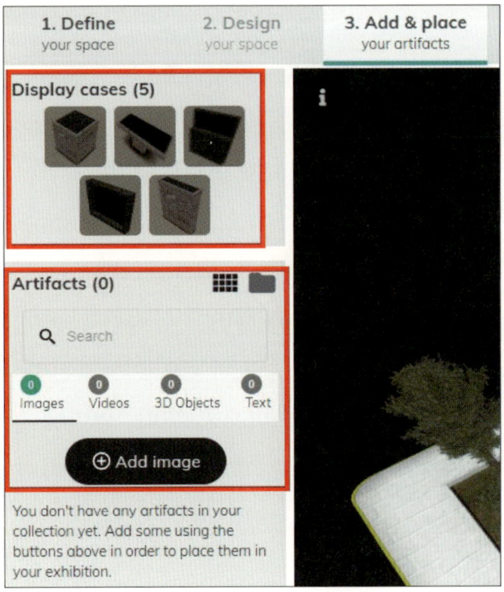

[그림23] 전시장 구성 설정

[그림23]에서 '+ Add image' 버튼을 누르면 [그림24]와 같은 화면으로 전환된다. 여기서 'Upload option'에서 파일 업로드를 하고, 'Title(제목)' 설정을 하고, 'Description(작품 설명)'을 작성하고, 제일 아래 'Licenses(라이센스)'까지 설정하고 나면 기본 설정은 모두 작성된 것이다. 이때 우측 상단의 'Save'를 선택하면 전시공간에 설치할 작품 준비가 완료된 것이다.

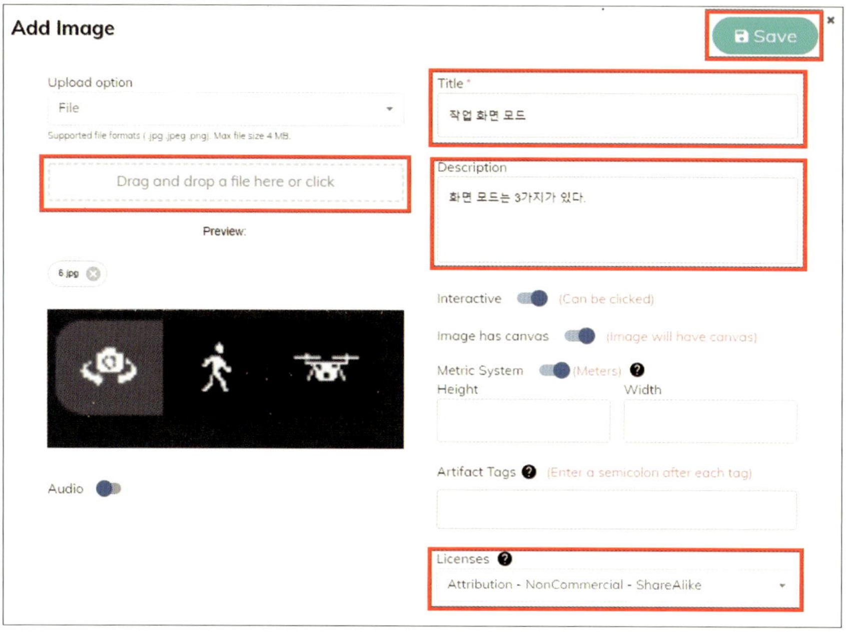

[그림24] 이미지 업로드 화면

Save 버튼을 누르고 나면 [그림25]처럼 왼쪽 화면에 설정한 그림이 나타나게 된다. 그 그림을 선택하고 설치할 작품 공간에 옮겨와서 클릭하면 자동으로 설치된다. 이후 이 그림을 어떤 액자 스타일로 꾸밀지 선택할 수 있는 설정모드가 나오게 된다. 벽면에 설치할 때 보면 '눈 모양'이 나오는데 전시장에 들어온 사람들이 보는 눈높이를 알려주는 것이니 참고해서 작품 위치를 설치하면 된다.

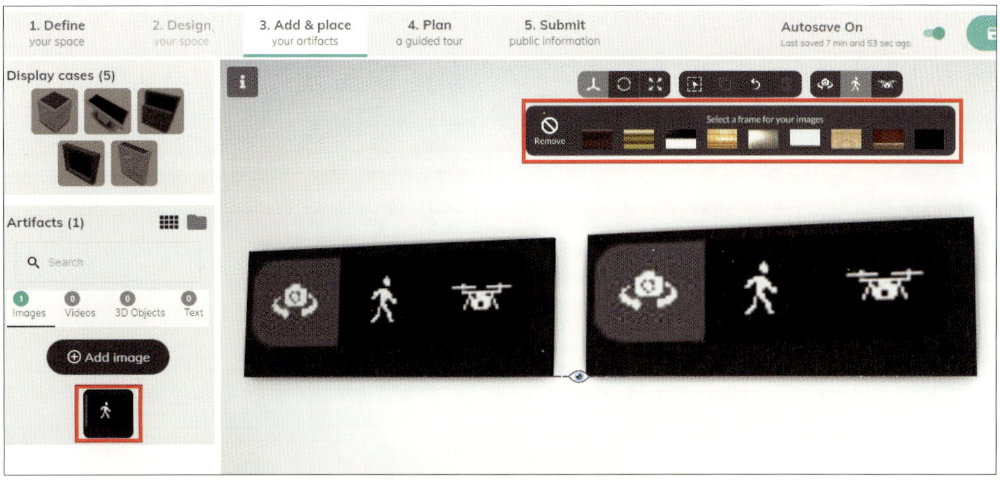

[그림25] 전시공간에 작품설치

[그림26]과 마찬가지로 '비디오'도 설정할 수 있다. 이미지와 달라지는 건 갖고 있는 영상파일을 업로드 할 수도 있지만, 유튜브 링크를 연결할 수도 있는 장점이 있다.

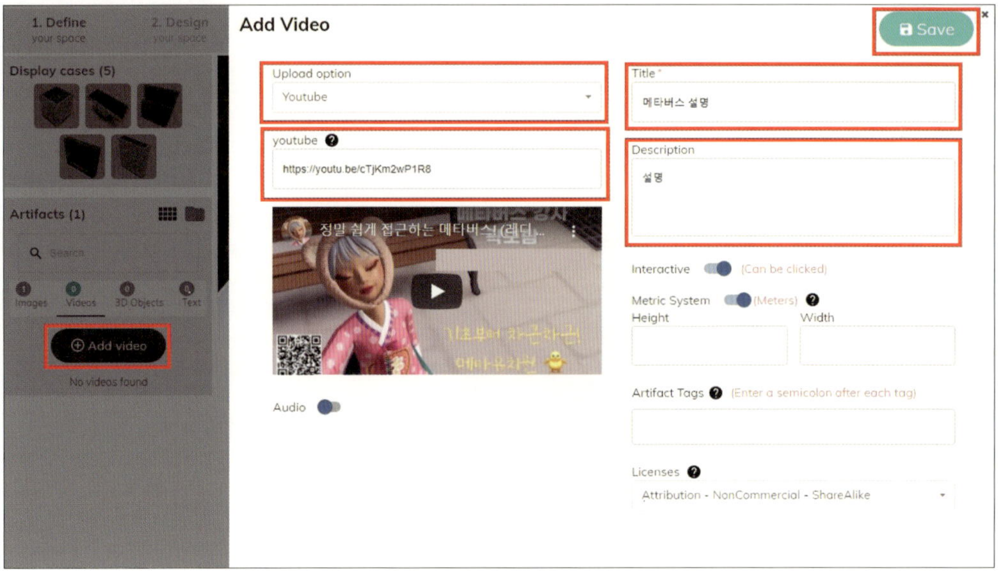

[그림26] 비디오 업로드 화면

네 번째 'Plan' 단계에서는 [그림27]과 같이 '가이드 동선 포인트(Guide points)'를 설정할 수 있다. 온라인 3D 전시장을 둘러보는 게 익숙하지 않은 사람들 또는 어떤 순서로 작품을 봤으면 좋을지 설정하고 싶을 때 사용하는 기능이다. 단, 필수사항은 아니며 이 동선 포인트를 사용하지 않아도 전시장 오픈은 가능하다. 그러나 가이드 포인트를 설정해두면 각각의 공간만 따로 볼 수 있고, 설정한 순서대로 재생버튼을 눌러 따라갈 수도 있다.

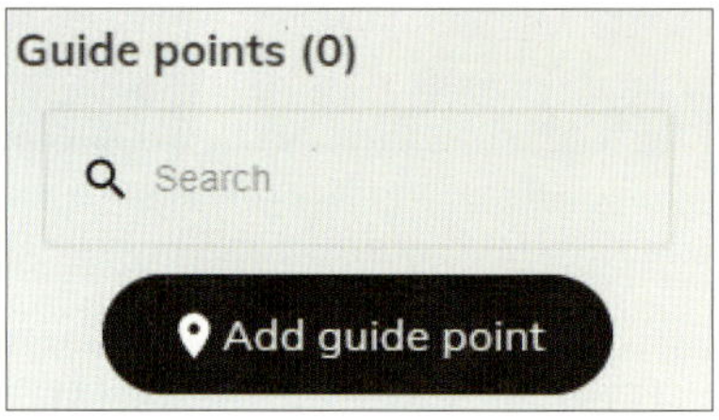

[그림27] 가이드 동선 포인트 설정

다섯 번째 'Submit' 단계에서는 처음으로 전시장을 열어보려고 할 때 보이는 커버 사진과 어떤 전시장인지 정보를 설정할 수 있다. [그림28]처럼 캡처 버튼을 눌러 지금 보이는 전시장의 모습을 캡처해 커버로 바로 사용할 수도 있고, 아니면 따로 만들어둔 커버사진을 업로드 해 사용할 수도 있다.

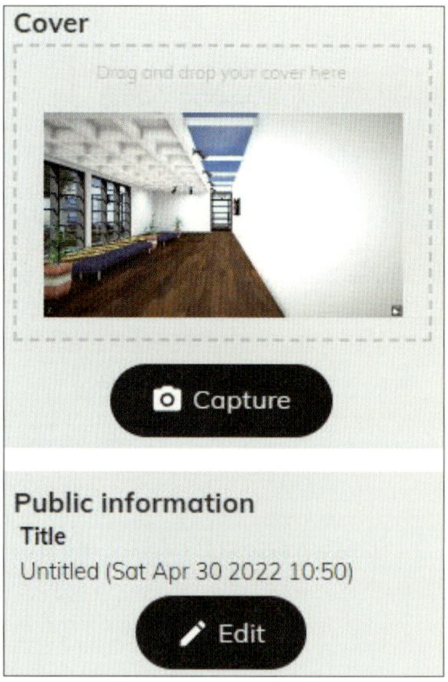

[그림28] 커버 사진 및 전시장 정보 입력

[그림28]에서 'Public information Edit' 버튼을 누르면 [그림29]와 같은 화면이 나온다. 'Title(전시 이름)'을 입력하고, 'Description(전시 설명/필수 아님)'을 입력한다. 'Categories'는 어떤 성격의 전시인지 하나 이상 선택을 하면 되며, 'Audio'는 전시를 보는 내내 나올 음악을 넣을지 말지를 선택할 수 있는 항목이다. 모든 설정을 마쳤다면 'Save' 버튼을 누른다.

[그림29] 전시장 정보 입력

여기까지 모두 작업했다면 전시장 제작은 끝이 났다. 화면 위쪽에 보면 [그림30]과 같이 'Autosave On' 버튼이 있을 텐데 이게 활성화 돼 있는 상태라면 작업하는 내내 일정 주기로 자동저장 되고 있었을 것이다. 만약 활성화 돼 있지 않았다면 전시장 작업을 마친 뒤 꼭 '저장버튼'을 한 번 더 눌러야만 한다. 그리고 이후 저장 버튼 옆에 있는 'Publish' 버튼을 누르면 작업이 완료된다.

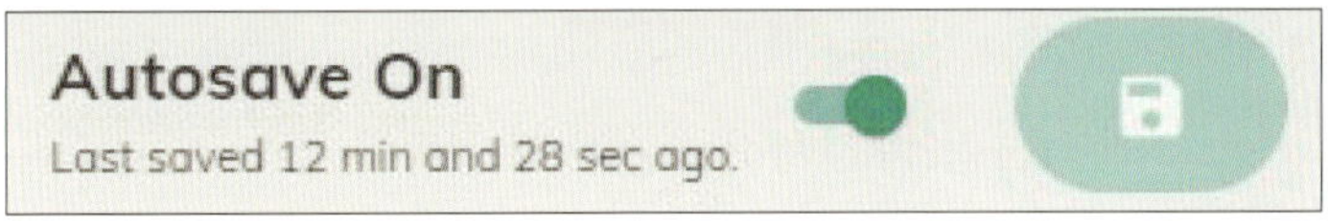

[그림30] 최종 저장 버튼 설정

내가 만든 전시장을 보고 싶으면 화면 위 'My Exhibitions' 버튼을 눌러보자. [그림31]과 같은 화면이 나올 것이다.

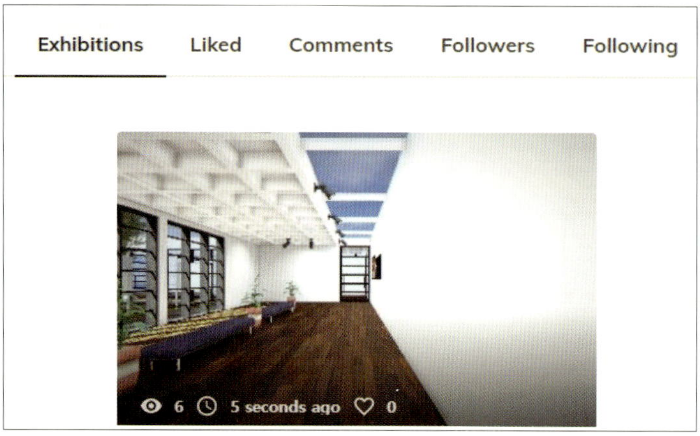

[그림31] 전시장 작업물 리스트 화면

작업했던 전시장을 클릭하면 전시장 화면 아래 [그림32]와 같은 공유버튼이 보일 것이다. 이것을 클릭하면 [그림33]과 같은 공유할 수 있는 링크 주소가 나온다. 그 링크 주소를 복사해 맵 제작 시 오브젝트에 연결해 활용할 수 있다.

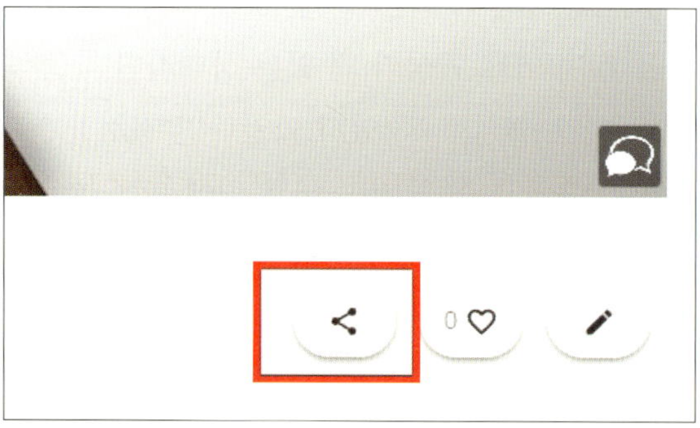

[그림32] 전시장 화면 아래 공유 버튼

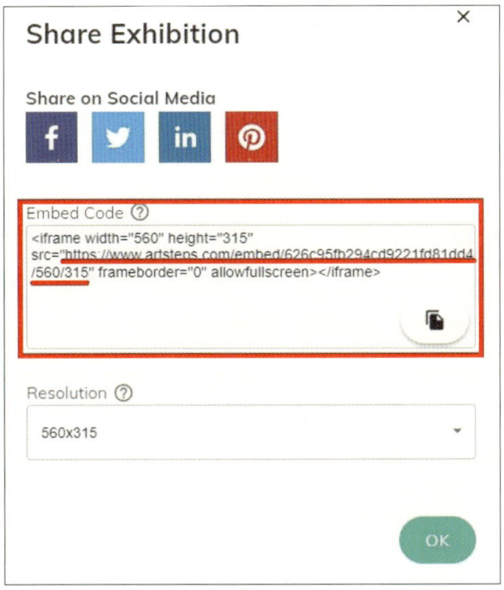

[그림33] 공유 버튼을 눌렀을 때 링크주소가 나온다.

3. 패들릿(Padlet)

맵 제작을 하는 사람이나 제작된 맵을 이용하는 참여자 등 모두가 유용하게 사용하는 사이트가 바로 '패들릿(Padlet)'이다. 맵을 혼자 만드는 경우도 있겠지만, 작업량이 많은 맵의 경우 팀 작업을 하는 경우가 많다. 그런 경우 하나의 작업 공간에 같은 팀원들이 사진이나 파일, 링크, 위치 등을 첨부해 공유할 수 있다.

패들릿은 팀 작업에서 중요한 실시간 소통을 하기 위한 플랫폼이다. 그렇게 온라인 협업 툴로도 사용하지만, 위에 언급한 것처럼 맵을 이용하는 참여자들도 물론 사용할 수 있는 플랫폼이다. 맵을 제작 후 그 공간을 이용한 사람들이 방명록을 남길 수 있도록 만든 공간으로도 활용 가능하다. 방명록으로 사용할 공간을 패들릿 사이트에서 만든 뒤, 그 링크를 오브젝트에 상호작용하면 된다.

1) 패들릿 가입하기

포털에서 패들릿(https://padlet.com) 사이트를 입력하면 [그림34]와 같은 화면이 열린다. 사용법은 매우 단순해 책에 작성된 것 그대로만 따라하면 누구든지 사용할 수 있다.

[그림34] padlet 홈페이지 화면

'무료로 가입하기' 버튼을 누르면 패들릿에서 이용할 메일주소(아이디) 입력이 나오고, 이후 비밀번호까지 입력하면 [그림35]와 같은 화면이 나온다. 자주 사용하지 않을 것 같고 소규모로 이용할 것이라면 가장 아래 'Neon' 버전의 'Continue' 버튼을 선택하면 된다.

실제로 강사로 활동하며 강의를 듣는 사람들의 후기가 필요하거나, 맵 제작을 자주 하는 직업이라면 Platinum / Gold 버전의 유료버전도 참고하면 좋을 것 같다.

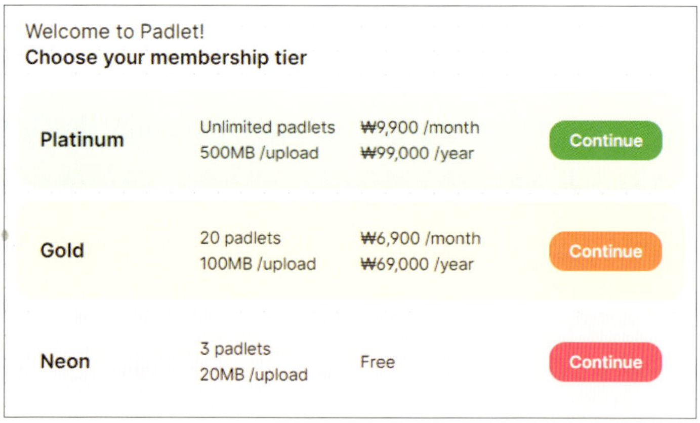

[그림35] 멤버십 가입 (유료 2버전 / 무료 1버전)

2) 7가지 템플릿

이제 본격적으로 패들릿 작업 공간을 살펴보자. [그림36]과 같이 총 7가지의 작업 공간이 있다.

[그림36] 패들릿 작업 공간 종류 7가지

첫 번째 [그림37]의 '담벼락' 템플릿은 형식의 이름처럼 담벼락에 메모지를 자유롭게 붙이는 형태로 표현된다. 적고 싶은 메모를 작성한 뒤 담벼락에 붙이면 자동적으로 다른 메모지들과 겹치지 않게 새로운 메모가 형성된다. 만약에 선착순으로 작성이 필요한 상황이라면 담벼락 버전은 옳지 않다.

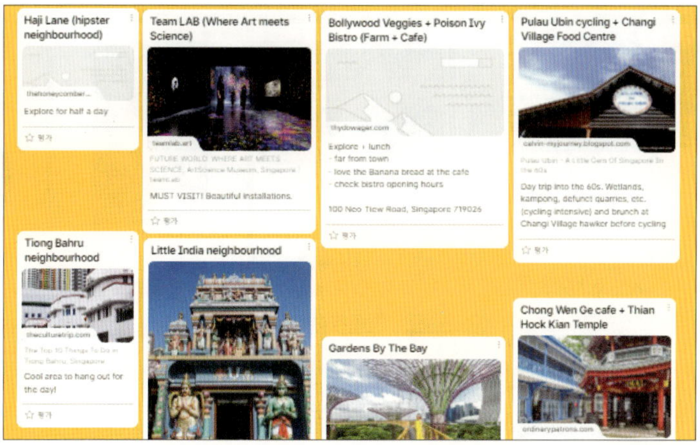

[그림37] 담벼락 템플릿 미리보기 화면

두 번째 [그림38]의 '스트림 템플릿'은 메모를 작성한 순서대로 나열된다. 일렬로 나열이 되기 때문에 상대적으로 컴퓨터보다 화면이 작은 휴대폰에서 보기에 용이하다.

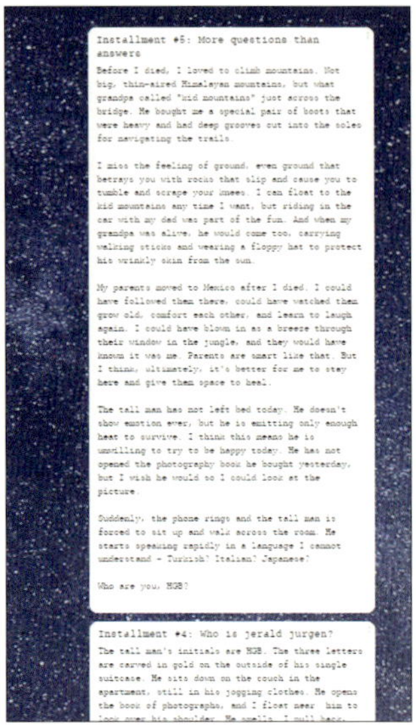

[그림38] 스트림 템플릿 미리보기(하향식 나열)

세 번째 [그림39]의 '그리드 템플릿'은 담벼락 템플릿과 비슷하다. 다만 차이점은 자동 정렬이 돼 좀 더 메모들이 깔끔하게 표현된다. 컴퓨터 바탕화면 아이콘 자동 정렬을 생각하면 이해가 쉽다.

[그림39] 그리드 템플릿 미리보기

네 번째 [그림40]의 '셸프 템플릿'은 작업공간을 만드는 사람이 각 주제별로 공간을 배치해두면 배치해둔 공간 아래로 관련 콘텐츠를 나열할 수 있다. 다른 템플릿들과 달리 메모들이 섞이지 않아 보고 싶은 주제만 모아서 볼 수 있어 활용도가 높다.

[그림40] 셸프 템플릿 미리보기(주제별로 하향식 나열)

다섯 번째 [그림41]의 '지도 템플릿'은 말 그대로 지도를 활용한 템플릿이다. 지도상의 원하는 포인트에 관련 콘텐츠를 추가할 수 있다. 포인트마다 표시를 하는 것도 가능하지만, 표시한 것들을 연결해 동선을 보는 것도 가능하다.

[그림41] 지도 템플릿 미리보기(포인트마다 콘텐츠 삽입 가능)

여섯 번째 [그림42]의 '캔버스 템플릿'은 마인드맵처럼 자유분방하게 메모지 위치 삽입이 가능하고, 각각의 메모지들을 연결해 관계성을 표현할 수도 있다.

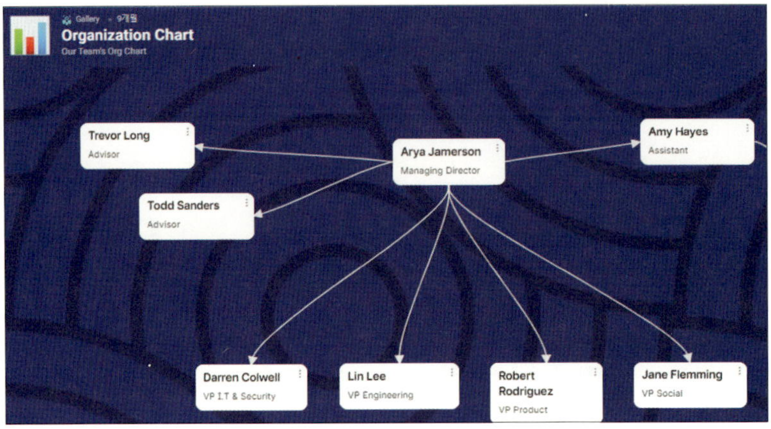

[그림42] 캔버스 템플릿 미리보기

마지막으로 [그림43]의 '타임라인 템플릿'은 시간대별로 콘텐츠 나열이 필요한 작업인 경우 활용도가 높다. 역사 콘텐츠를 작업하거나 프로그램 타임테이블로도 이용가능하다.

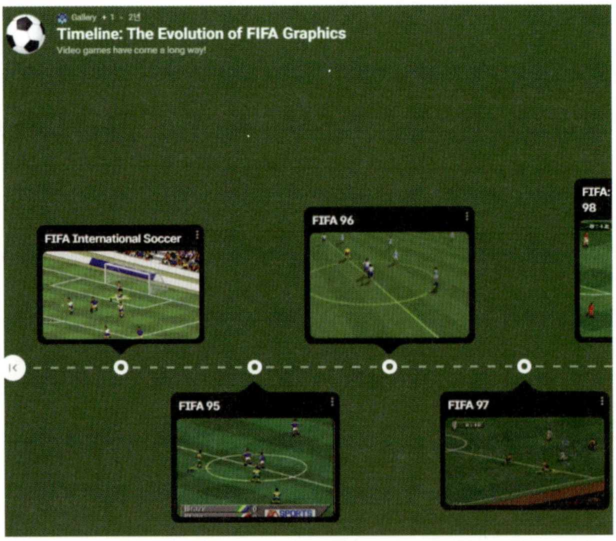

[그림43] 타임라인 템플릿 미리보기

3) 템플릿 활용하기

템플릿 종류들을 살펴보았으니 실제로 작업공간을 만들 차례이다. 예시로 담벼락 템플릿을 선택해 작업을 해보자.

'선택' 버튼을 누르면 [그림44]와 같이 왼쪽에는 메모지가 붙여질 작업공간이 넓게 나오고, 오른쪽에는 작업 공간 설정 화면이 나온다.

[그림44] 담벼락 템플릿 작업 설정

'제목'과 '설명' 코너는 설정을 변경할 때마다 [그림45] 화면 왼쪽 상단에 반영돼 나타난다. '주소'는 작업자가 원하는 대로 변경/설정이 가능하다. 아래 '비주얼' 모드도 작업자가 원하는 방향으로 설정 가능하다. '배경화면'은 단색 표현 또는 사진, 질감, 패턴으로도 표현 가능하다.

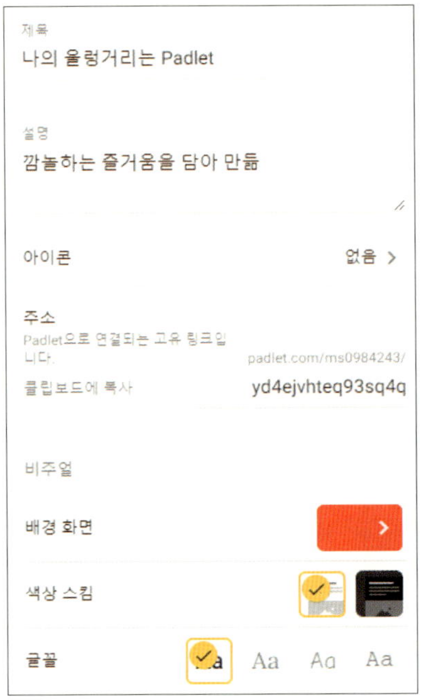

[그림45] 일반 설정

[그림46]처럼 '게시 관련' 설정을 살펴보자. '저작자 표시'는 각 메모마다 메모를 작성한 사람이 누구인지 볼 수 있게 하는 것이다. 단순히 후기를 보거나 방명록을 작성하는 기능으로 활용한다면 익명이 좋다. '새 게시물 위치'는 메모를 오래된 순으로 나열할지, 최신 순으로 나열할지 선택할 수 있는 기능이다.

'댓글' 기능은 메모마다 답 글을 달듯이 댓글을 달 수 있도록 설정하면 된다. '반응' 기능은 좋아요/투표/별점/등급 총 4가지가 있는데, 가장 반응이 좋은 것을 뽑아야 하는 상황(예시)에 사용하면 좋다. '콘텐츠 필터링'은 승인 필요와 비속어 필터링으로 나누는데, 승인 필요는 작업공간에 메모가 게시되기 전에 작업자가 미리 확인이 가능하고, 비속어 필터링은 기본적으로 알고 있는 비속어들을 모자이크 하듯이 이모티콘으로 대체가 되는 것이다.

[그림46] 게시 관련 설정

모두 설정한 뒤 저장하고 닫기를 누르면 [그림47]과 같은 화면이 오른쪽 상단에 보인다. 여기에서 '공유' 버튼을 눌러보자.

[그림47] 공유 설정

[그림48]에서 '프라이버시 변경' 버튼을 선택해보자. 그럼 [그림49]의 화면이 나오는데 기본 설정은 '비밀' 모드로 돼 있다. 비밀 모드는 초대를 받아 이 공간에 들어온 사람들만 볼 수 있는 모드이다. 여기서 초대할 사람은 '회원추가' 버튼을 눌러 설정할 수 있다. 만약 패들릿 공간을 방명록처럼 게스트들이 들어와서 메모를 작성하게끔 활용하고 싶다면 '공개' 모드로 설정해야만 한다.

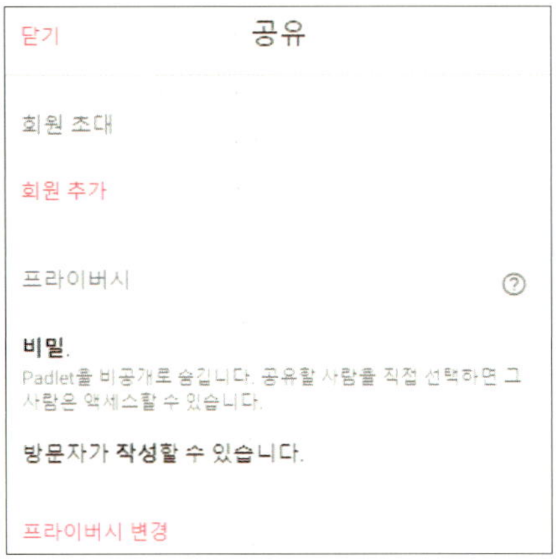

[그림48] 프라이버시 변경 선택

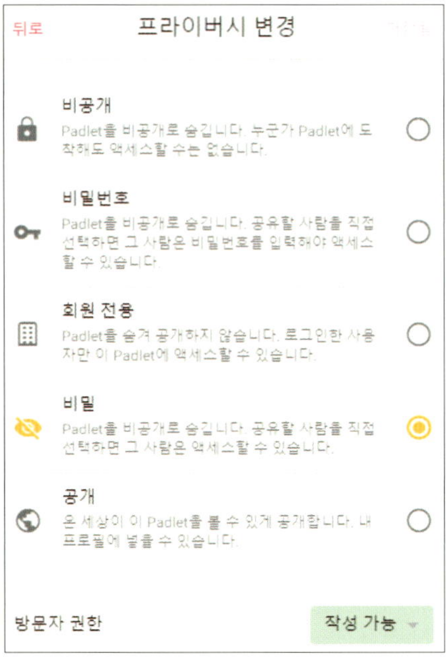

[그림49] 방문자 작성 권한 - 공개

정상적으로 활용이 되는지 살펴보고 싶다면 설정돼 있는 링크로 들어와 [그림50]에서 보이는 '+(플러스)' 모양을 눌러 메모를 작성해보자. 거기까지 확인이 됐다면 작업은 성공적으로 끝이 났다.

[그림50] 패들릿 오른쪽 하단 '+(플러스)' 모양 확인

Epilogue

이렇게 메타버스 맵을 더 잘 만들기 위해 필요한 플랫폼 3가지를 살펴보았다. 더 많은 플랫폼들이 있지만 그 중 가장 활용도가 가장 높은 것들을 소개했다.

여기서는 맵 제작 활용 플랫폼으로 소개했지만 기능을 잘 익혀두면 더 넓은 범위에서 활용할 수 있는 것들이기 때문에 익숙할 수 있게 잘 활용했으면 좋겠다.

이제는 메타버스 시대이다. 오프라인에서만 다뤄지던 것들이 점차 온라인으로 옮겨져 올 텐데 이 변화는 점차 속도가 붙어 지금부터 준비하지 않으면 점점 더 따라가기 벅찰 수 있다. '난 아직 필요가 없는 기능들이야', '난 할 수 없어'라는 자세로 임하기보다는 '익혀두면 어떻게든 활용할 수 있지 않을까?'라는 자세로 접근했으면 좋겠다.

Chapter

2

게더타운 누구를 위한 선택인가?

이 민 호

Chapter
02

게더타운 누구를 위한 선택인가?

Prologue

언제 끝날지 모를 팬데믹(전 세계적인 유행병) 상황에 그냥 맥 놓고 있을 수 없어서 생겨난 메타버스 세계. 물론 메타버스는 이미 우리 앞에 많은 부분을 차지하려고 준비하고 있는 실정이었다. 하지만 코로나19로 인해 조금 더 빨리 와 있다는 게 문제인 것이다. 많은 사람들이 준비가 안 된 상태에서 받아들여야하는 이 상황이 힘들게 느껴질 것이다.

이런 일련의 사태들을 대비하기 위해서 메타버스를 배우고 익혀할 필요성이 점점 더 많아질 것이다. 디지털 시대를 경험하고 이제 조금 익숙해 질만하니까 새로운 메타버스 세계가 나타나서 당황스럽기도 하다. 미리 준비하고 맞이하는 사람과 아무 준비 없이 맞이하는 사람은 삶의 질까지 낮아지게 할지도 모른다. 우리가 알고 있던 세상하고 전혀 새로운 세상을 경험할 것이다.

우리는 이미 비대면 시대의 필수 플랫폼인 '줌(Zoom)'을 활용해 온라인 수업을 하고 재택근무, 그 외 다양한 만남을 이곳에서 하고 있다. 필자 역시 줌에서 수업하고 있다. 하지만 이곳에서는 적극적인 참여도를 알지 못하고 또 화면을 켜고 수업하는 것을 꺼리는 사람들이 있어서 수업하는 입장에서는 답답할 때가 있다.

또한 화면을 계속 응시하다보면 눈의 피로도를 느끼는 경우가 있다. 이런 것을 '줌 피로증(Zoom Fatigue)' 이라고도 한다. 이러한 줌이나 다른 화상플랫폼들은 학습능률의 저하, 참여도 저하, 몰입도 저하 등의 부정적인 면이 점차 늘어나면서 대안이 요구되는 상태가 벌어지고 있다.

이러한 쌍방향이 아닌 일방향의 플랫폼들을 대체하기 위해 등장한 것이 '메타버스'이다. 메타버스 세계에서는 일방향이 아닌 쌍방향성으로 서로 소통하며 참여하는 것으로 나의 아바타를 이용하므로 참여도 면에서도 흥미를 줄 수 있다고 하겠다. 이렇게 새롭게 등장한 메타버스에 적응하기 위해 메타버스 플랫폼 중의 하나인 '게더타운(Gather town)'에 대해서 지금부터 알아보겠다.

1. 게더타운(Gather town)이란?

미국 샌프란시스코에 있는 스타트업체가 만든 메타버스로 가상공간에서의 커뮤니케이션을 위한 플랫폼으로 2020년 5월 공동창업자인 필립 왕과 쿠마일 재퍼, 사이러스 타브리지라는 세 사람이 평소에 좋아하던 게임을 접목해서 나를 대신하는 아바타를 참여시켜 재미를 느낄 수 있는 Gather town을 개발했다고 한다. 현재 CEO는 필립 왕이다.

게더타운은 가상의 공간에서 실제 사람을 만나는 것처럼 아바타를 통해 대화하고 소통하게 해주는 서비스이다. 게더타운은 웹브라우저 '크롬(Chrome)'과 '파이어폭스(Firefox)'에서 최적화돼 있지만 마이크로소프트 '엣지(Microsoft Edge)'에서도 사용이 가능하다. 모바일 환경도 지원을 하지만 사용에는 제한적이다.

[그림1] gather town 창업자들

2. 게더타운(Gather town) 특징

① 별도의 프로그램 설치 필요 없이 웹브라우저에서 검색 후 바로 접속 가능하다. 즉 초대 받은 사람도 링크 주소만 있으면 바로 접속 가능하다.

② 현실과 가장 비슷한 환경의 가상세계이다. 아바타가 실제로 돌아다니다가 다른 사람과 가까이 있으면 얼굴이 보이고, 음성도 들리지만 멀리 떨어지면 보이지도 들리지도 않는다.

③ 다양한 오브젝트를 활용해 게더타운을 꾸밀 수도 있고 화이트보드, TV, 게임 등 다양한 오브젝트들의 상호작용으로 브레인스토밍(Brainstorming)이나 아이스브레이킹(Ice breaking)을 할 수도 있다.

④ 오브젝트를 활용하면 몇 번의 클릭만으로 사무실, 교육, 커피숍, 콘퍼런스 등 원하는 대로 공간을 꾸밀 수 있다.

⑤ 누구나 초대장이나 게더타운 주소만 있다면 회원가입하지 않고도 쉽게 참가할 수 있다.

⑥ 2D 캐릭터인 아바타를 이용해 자유롭게 맵 공간을 이동할 수 있다.

⑦ 컴퓨터 시스템 기본적인 사양은 2.4GHZ 듀얼 코어, 8GB RAM이상이면 대부분 원활하게 사용할 수 있다.

⑧ 이용가능 인원 및 요금제를 살펴보면 지불 기준은 한 공간에 25명까지는 무료로 이용을 할 수 있다. 25명을 초과한다면 2시간 이용 시 한 명당 $2, 하루 이용 시 한 명당 $3 추가, 한 달 이용 시 1인당 $7가 추가된다. 만약 28명이 참석하게 된다면 25명까지만 무료라서 3명의 비용을 지불하는 것이 아니라 28명의 비용을 일괄 지불해야 한다. 요금제는 수시로 업데이트 될 수도 있다. 시간별로, 최대 인원별(요금제 최대 인원 500명)로 금액이 다르다. 또한, 요금을 지불하면 이메일로 초대장을 보낼 수도 있고, 제한된 도메인을 이용할 수도 있다.

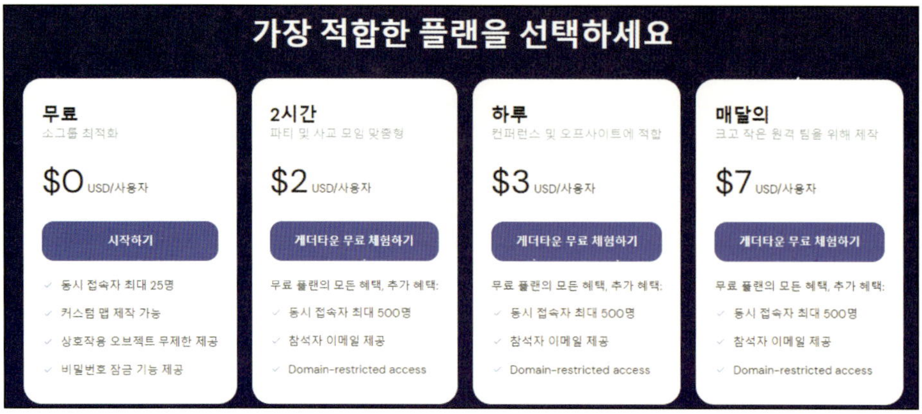

[그림2] 게더타운 추가 요금제

3. 게더타운 이용방법

게더타운을 이용하려면 먼저 캐릭터를 움직이는 방법을 알아보고 시작하겠다. 캐릭터를 이동하는 방법은 다음과 같다.

❶ 영어 (A, S, D, W)를 이용해 방향키 역할을 하도록 한다.

❷ 방향키 (←, ↑, ↓, →)를 이용해 이동할 수 있다.

❸ 'G' 캐릭터에 막혀서 통과 할 수 없을 때 'Ghost 모드'를 이용하면 투명인간 모드로 변경돼서 통과할 수 있다.

❹ 'Z' 캐릭터를 춤추게 할 수 있다. 춤추는 것을 멈추는 방법은 아무 방향키를 누르면 멈춘다.

❺ 'X' 상호작용으로 넣어놓은 유튜브, 이미지, 웹 사이트, 줌 등을 실행할 때 사용한다. 오브젝트 근처에 가면 노란색으로 표시가 되고 'x' 키를 누르면 내용을 확인할 수 있다. 게더타운에서 제공하는 화이트보드, 테트리스 게임 등 다양한 경험을 할 수 있다. 또 하나의 방법으로는 캐릭터를 빨리 이동하고 싶을 때 이동하고자 하는 곳에다 마우스를 '더블클릭'을 더블클릭한 곳으로 바로 이동한다.

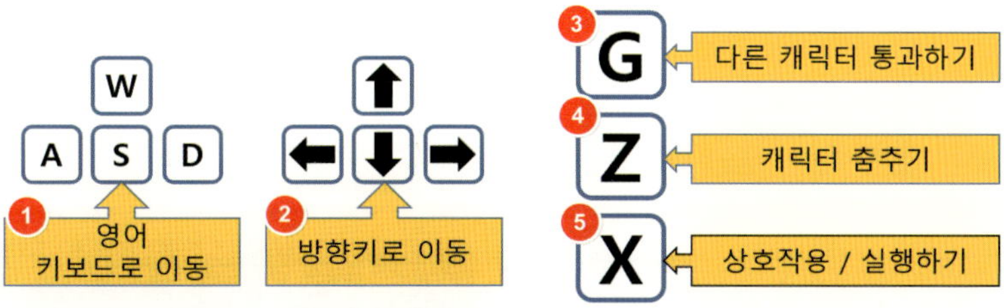

[그림3] 캐릭터 이동하는 방법과 단축키 사용법

4. 게더타운 시작

1) 게더타운(Gather town) 로그인

크롬 브라우저를 열어서 검색란에 ❶ 'gather town'이라고 입력한 후 'Enter' 키를 클릭한다.

[그림4] 'gather town' 검색

검색해서 나온 ❷ 'gather town' 홈페이지로 들어간다.

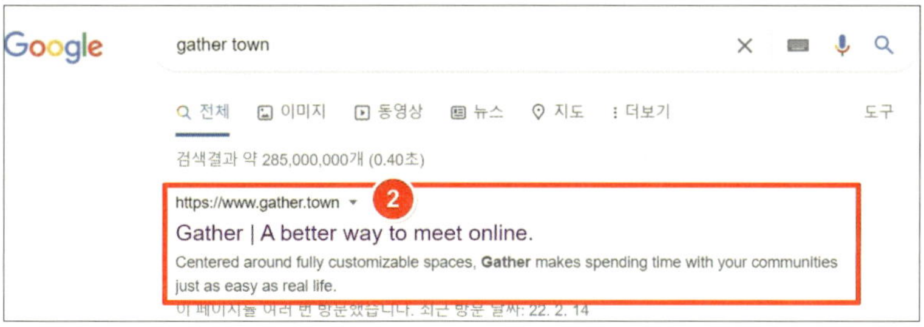

[그림5] 게더타운 홈페이지

게더타운 홈페이지가 나오면 오른쪽 상단 'Log in'을 한다.

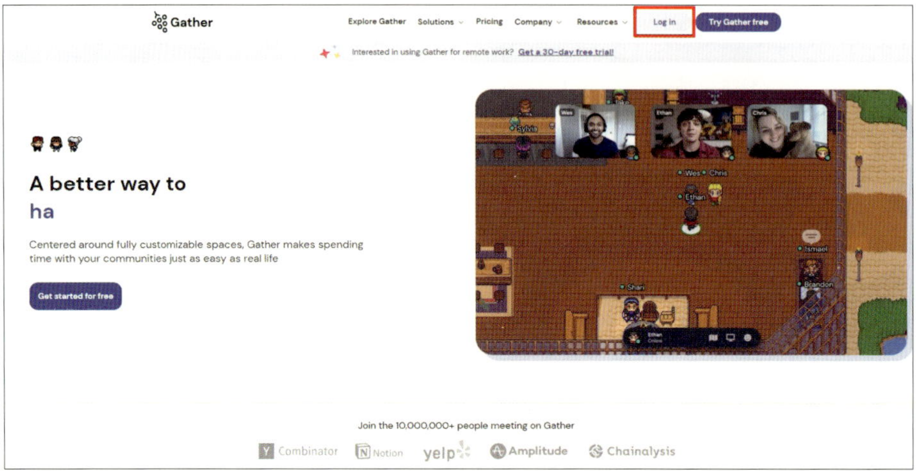

[그림6] 게더타운 로그인

회원 가입 방법은 2가지가 있다. 첫 번째 방법으로는 구글로 회원 가입하는 방법으로 ❶ 'Sign in with Google' 클릭해 로그인 한다.

- Google 이메일 입력 후 '다음' 클릭
- 비밀번호 입력 후 '다음' 클릭
- 'Sign in with email'을 클릭해 로그인을 끝낸다.

두 번째 방법으로는 구글 이외의 e-mail로 로그인하는 방법이다. [그림7]에서 ❷ 'Enter your email address' 클릭하면 [그림8]처럼 코드 6자리를 입력하는 창이 나온다. 영어로 '방금 이메일로 6자리 코드를 이메일로 보냈습니다. 보이지 않으면 스팸 폴더를 확인하거나 코드를 다시 보내십시오'라는 문구를 확인 할 수 있다. 입력한 이메일로 이동한다. 받은 메일함에서 'gather town'에서 보낸 메일을 열어본다.

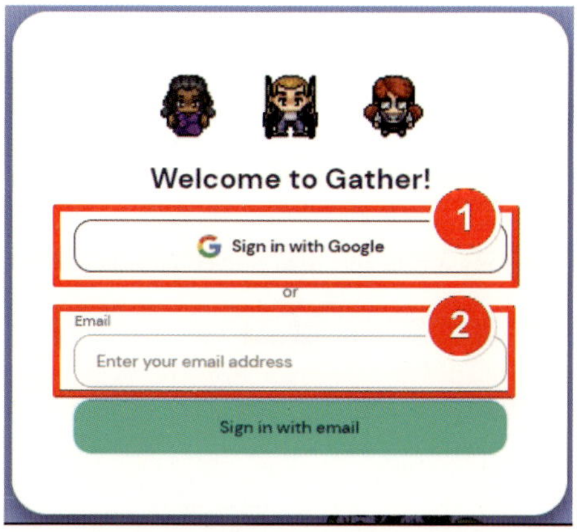

[그림7] 게더타운 구글로 로그인

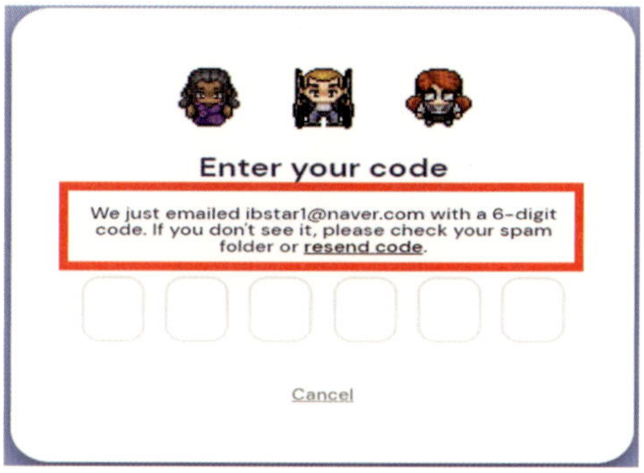

[그림8] 코드 입력창

[그림9] 받은 이메일 확인

받은 이메일을 열어보면 [그림10]처럼 6자리 코드번호가 발송된 것을 확인할 수 있다.

[그림10] 코드 확인

위에 코드번호를 잘 기억해 게더타운으로 이동한 다음 [그림8]에 코드번호를 입력한다.

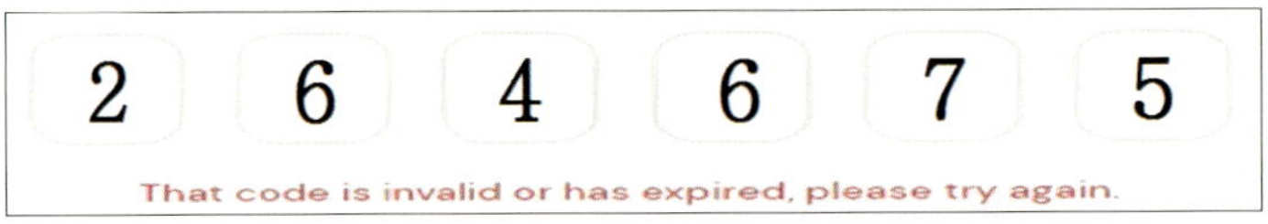

[그림11] 코드 넣기

코드를 늦게 입력하면 [그림11]의 영어로 된 빨간색 문구 '코드가 잘못되었거나 만료 되었습니다 다시 시도 하십시오'가 나온다. 늦지 않게 바로 코드를 입력한다. 만약 늦게 입력했다면 다시 한 번 더 전송한 다음 이메일을 다시 확인해 정확하게 코드번호 6자리를 넣으면 바로 캐릭터를 설정할 수 있는 [그림12] 화면으로 넘어간다.

이렇게 2가지 방법으로 로그인을 할 수 있는데 두 번째 방법은 매번 로그인할 때마다 코드번호를 넣어야하는 번거로움이 있다. 이런 번거로움이 싫다면 구글로 로그인하는 것을 권장한다.

2) 캐릭터 설정하는 방법

게더타운에서는 캐릭터(아바타)가 나를 대신한다. 그렇기 때문에 캐릭터를 최대한 잘 꾸며서 이용하는 것도 게더타운 이용하는데 흥미가 더할 것이다. 회원가입을 하고 나면 캐릭터 변경할 수 있는 창이 나온다.

'Base, Clothing, Accessories'를 변경하고 나면 하단에 있는 'Next Step'을 클릭해 캐릭터의 모양변경을 끝낸다. 캐릭터는 언제든지 변경가능하다.

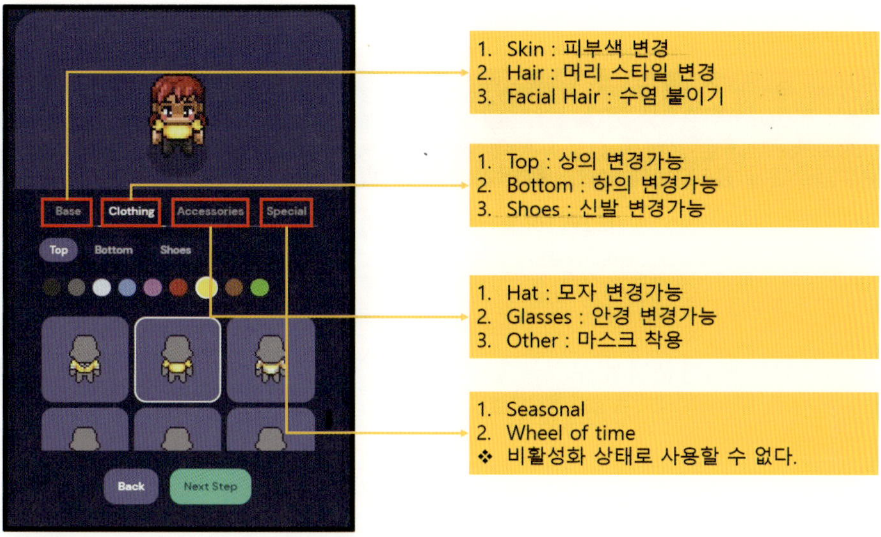

[그림12] 캐릭터 설정

캐릭터 모양을 내 스타일에 맞게 변경했다면 이름을 변경해야 된다. 이름은 본명을 넣어도 되고 본인의 닉네임을 넣을 수도 있다. 또한 참가하는 성격에 따라서 변경이 가능하다. 캐릭터 스타일이나 이름은 나중에도 변경가능하다. ❶ 'Enter your name'을 클릭해 이름을 넣고 ❷ 'Finish'를 클릭해 끝낸다.

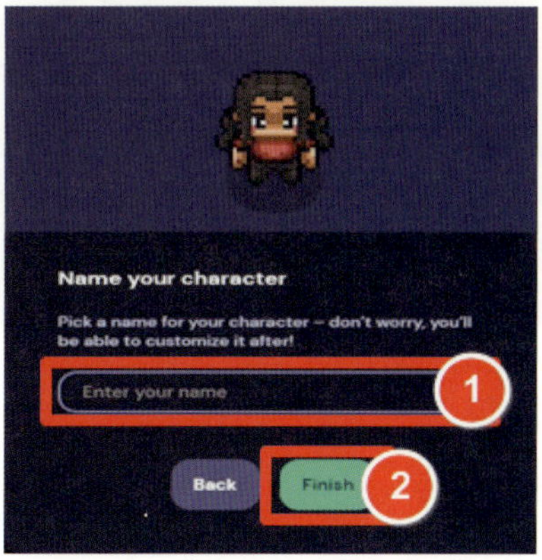

[그림13] 캐릭터 이름 만들기

3) 게더타운 맵 공간(Space) 만드는 방법

캐릭터의 모든 설정이 끝나면 맵 공간 'Space' 만들 수 있는 창이 나온다. 먼저 왼쪽 상단에 ❶ 'My Spaces'를 클릭하고, 오른쪽 상단에 ❷ 'Create Space'를 클릭해 맵 공간 만들기를 한다.

[그림14] 맵 공간(Space) 만들기

이미지 상단에서 게더타운에서 무엇을 할 것인지를 물어보네요. '작업 공간'을 만들건 지, '이벤트'에 관한 것을 만들건 지, '사회경험 탐험'을 중심으로 만들건 지를 선택하라고 한다.

❶은 전문가를 위한 고급 셋업 ❷ 앞의 3가지 타입 중에서 하나를 선택해서 만들 것인지를 잘 결정해서 만들면 된다. 여기에서는 ❶번 'Advanced setup fo experts'를 클릭해 들어가 보겠다.

[그림15] Space 종류선택

'Advanced setup fo experts'를 선택하면 나오는 창으로 107개의 템플릿을 제공하고 있다. 이렇게 제공된 ❶의 다양한 템플릿 중 하나를 선택하면 ❷번 위치에 선택한 템플릿들의 디자인을 확인할 수 있다. 그 중에 하나를 선택해 만들면 된다.

오른쪽 상단에 필터로 찾기 'Filter'는 제공하는 템플릿 중에서 수용할 인원수와 실내, 실외, 실내+실외를 선택해 나에게 맞는 조건대로 공간을 만들 수 있다.

[그림16] 템플릿 종류

[그림17]의 이미지를 살펴보면 ❶번에 마우스를 갖다 대면 보이는 것처럼 '>'모양이 나오며 클릭하면 다른 형태의 공간을 볼 수 있다. ❷번은 2명에서 최대 25명까지 수용할 수 있다는 뜻이다. ❸번에 'Indoor areas'가 있으면 실내만 있다는 것이다. ❹ 'Indoor & Outdoor areas'가 있으면 실내, 실외 모두 있다는 것을 알려준다. 이 중에서 한 곳을 선택하고 들어가면 방의 모습을 확인할 수 있다.

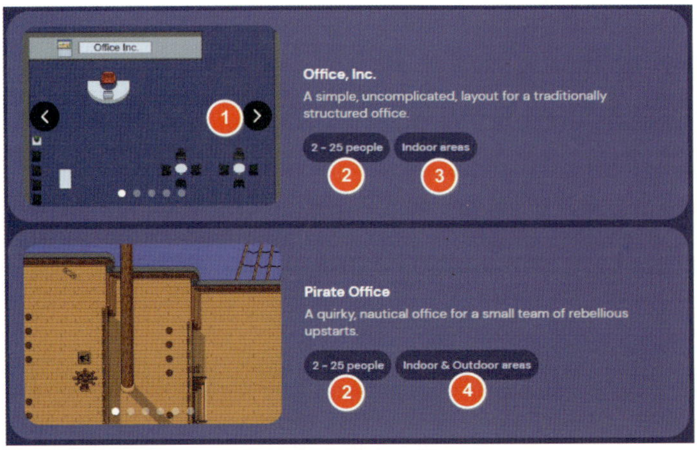

[그림17] 템플릿 종류

이제부터는 편의상 공간을 '방'이라고 하겠다. 'Space'를 만들 ❶ 탬플릿을 선택하면 초록색 테두리가 생긴다. 오른쪽 하단에서 ❷ 방 이름을 설정해 준다. 방 이름은 '영어나 숫자'만 가능하다. ❸ 비밀번호를 설정하면 여러분의 게더에 입장할 때 비밀번호를 넣어야만 입장할 수 있다. ❹ 방을 어떤 용도로 만들 것인지를 설정해 준다. 방 이름, 비밀번호, 방 용도를 다 설정했다면 ❺ 'Create space' 방을 생성해 준다.

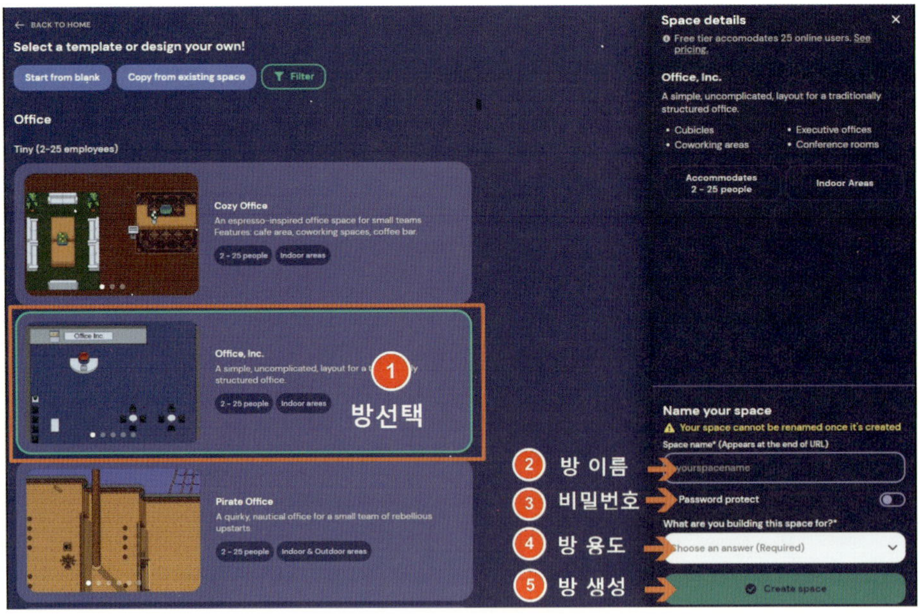

[그림18] 템플릿 선택

※ 방의 용도는 나중에 카트를 이용하기 위해서는 'Remote Office'를 선택하는 것도 방법이다. 카트는 방의 용도가 'Remote Office' 일 때만 사용 가능하다.

[그림19]는 [그림18]에 있는 ❹번 방의 용도를 보여준다.

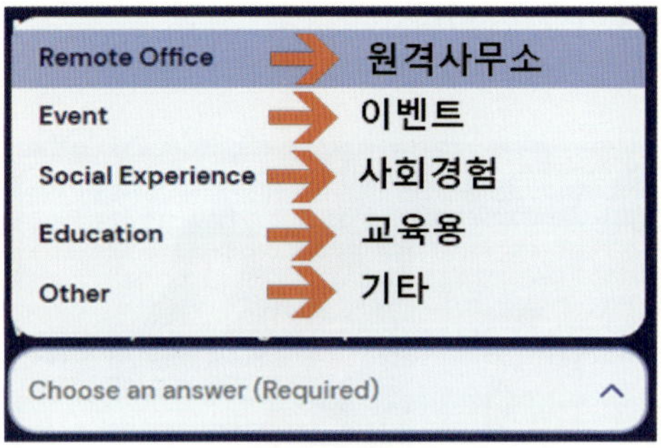

[그림19] ❹번 방의 용도 종류

❶ 로그인하지 않았습니다.
❷ 앞으로는 이 공간을 편집할 수 없습니다.
❸ 로그인하지 않고 공간 만들기 → 지금 방을 만들고 꾸밀 수 있지만 나중에 편집 불가능
❹ 사인인 → 로그인하기
❺ 계정이 없다고요? 등록하세요.

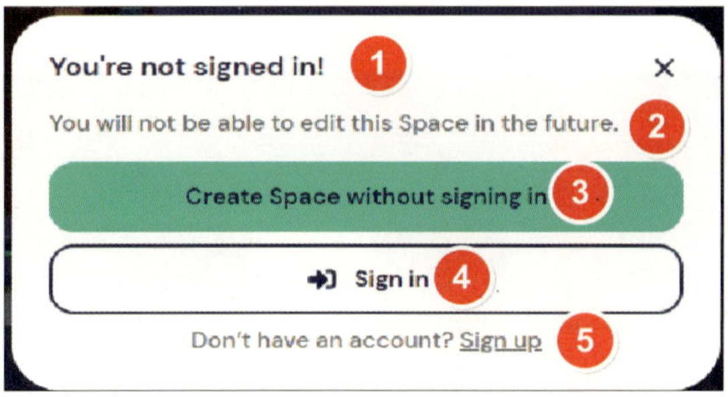

[그림20] 로그인 하지 않았다는 문구

방을 개설하고 나면 카메라, 마이크, 스피커를 설정할 수 있는 창이 뜬다. 여기에서도 또 한 번 ❶ 내 아바타를 변경할 수 있다. ❷ 마이크와 카메라를 끄고 켤 수 있다. 빨간색으로 설정하면 마이크와 카메라가 꺼져 있다는 것을 알 수 있다. 빨간색을 한번 클릭해서 하얀색으로 나오면 마이크와 카메라가 켜진 상태가 된다. ❸, ❹, ❺에 체크 표시를 클릭하면 내가 사용하는 카메라, 마이크, 스피커를 어떤 걸 사용할 것인지를 정할 수 있다. ❻ 'Join the Gathering'를 클릭하면 만들어진 게더 방으로 들어갈 수 있다.

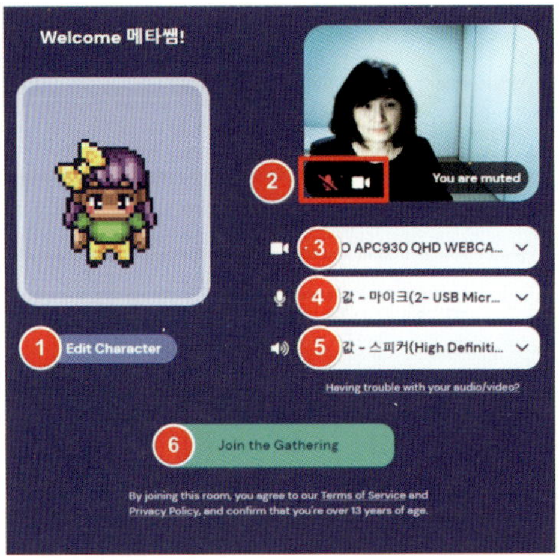

[그림21] 카메라, 마이크, 스피커 설정

[그림22]는 입장할 수 있는 화면으로 'Loading' 하는 과정으로 약간의 시간이 걸린다.

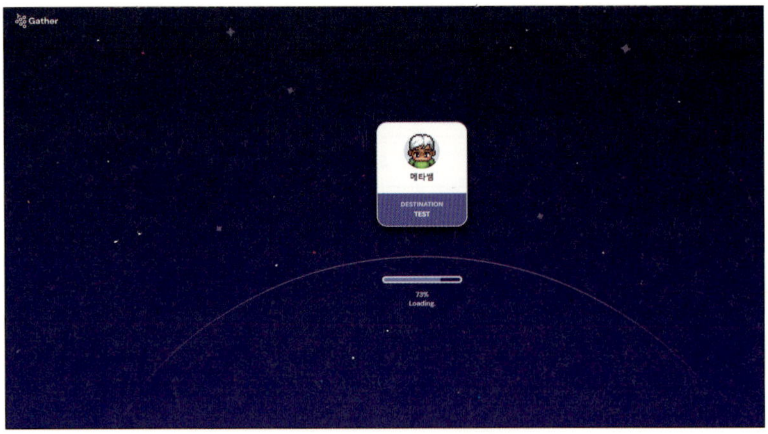

[그림22] 방 입장 전 Loading

4) 초대하는 방법

내가 만든 방에 다른 사람을 초대할 수도 있다. 초대 방법으로는 ❶번 클릭만 하면 방 주소가 복사가 되므로 초대하고자하는 곳에 붙여넣기 하면 된다. 단체에 보낼 때 유리하다. ❷ 초대하고자하는 사람의 이메일을 넣어서 초대한다. 하지만 많은 사람에게 보내야 할 때는 1명씩 이메일을 넣어야 하는 번거로움이 있다. 이메일을 입력했다면 ❸ 'Send Invite'를 클릭해 초대장을 보낸다.

게더타운 초대 받았을 때 캐릭터 변경할 수도 있고 감정표현을 할 수도 있다. 비디오와 마이크를 켜고 끌 수도 있다. ☞ 초대 하지 않을 거라면 상단에 'X' 클릭해 빠져나간다. 지금은 초대하지 않고 바로 입장하기 위해 'X'를 클릭한다. 이렇게 빠져나가면 [그림23]처럼 맵을 만들 수 있는 창이 나온다.

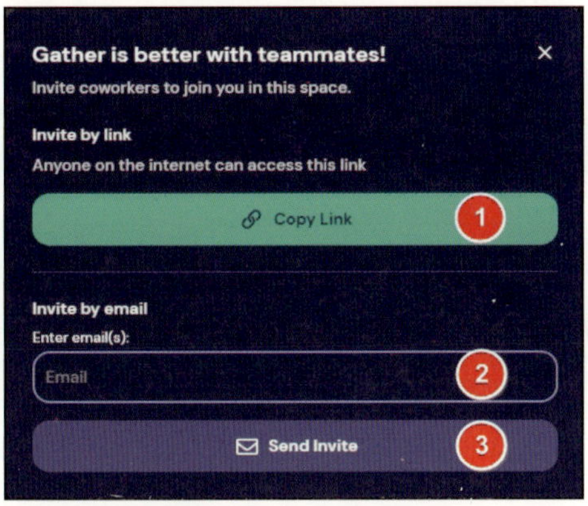

[그림23] 맵 초대 방법

게더타운 베타버전이다 보니 책 집필하는 중 화면구성이 바뀌었다. [그림24]

❶ 새로운 외관으로 바뀌었다는 문구가 나온다.

❷ 아래 [그림25] 참조

❸ 캐릭터를 움직이는 방법을 보여준다. 'W. A. S. D' 또는 화살표를 이용하라는 문구

❹ 초대된 사람들을 볼 수 있는 곳

❺ 초대링크 보내기

❻ [그림26] 참조

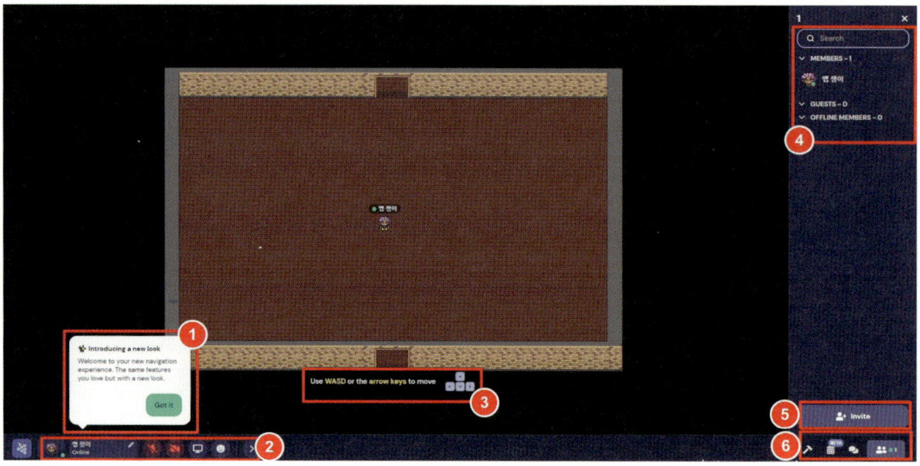

[그림24] 새롭게 변경된 첫 화면

[그림25] 왼쪽하단 메뉴구성

[그림26] 오른쪽하단 메뉴구성

5. 맵 제작하기

1) 오브젝트 이용하기

방을 꾸미기 위해서는 오브젝트를 이용한다. 방에 들어오면 오른쪽 상단에 'Build'가 기본으로 선택이 돼 있다. 오른쪽 하단에 망치 아이콘을 클릭하면 ❶번 'Open object picker'를 클릭한다.

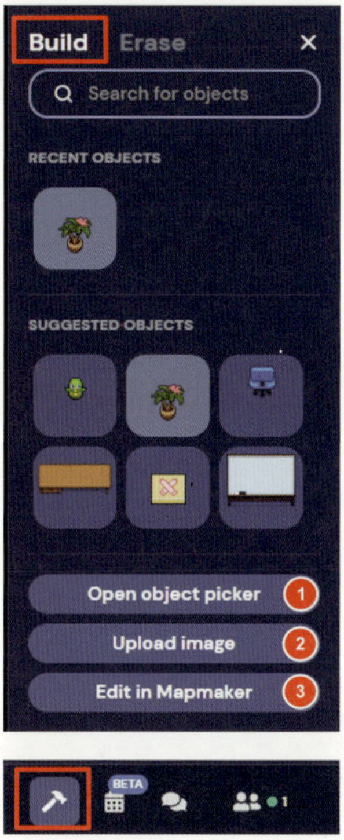

[그림27] 빌드 화면

오브젝트는 방을 꾸밀 수 있는 요소들로 다양한 아이콘들이 있다. [그림28]에서 ❶번 'See All'은 오브젝트 전체를 볼 수 있는 곳이다. ❷번 오브젝트를 검색하면 필요한 오브젝트를 쉽게 찾을 수 있다. 하지만 영어만 지원이 된다. 전체 오브젝트가 아닌 아래 리스트를 이용해 찾아서 사용할 수도 있다. 오브젝트를 하나를 선택했으면 아래 하단에 'Select'를 클릭해 빠져나간다. 오브젝트 넣는 방법은 [그림39~45]까지 참고하면 된다.

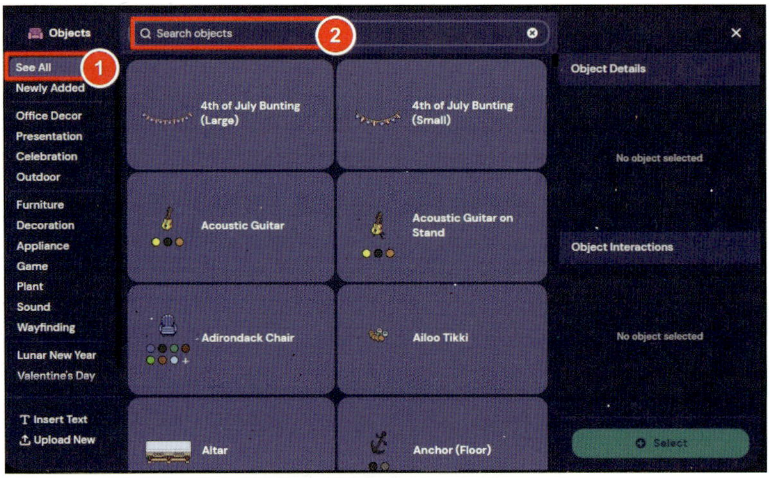

[그림28] 오브젝트 넣기

2) 이미지 업로드

[그림27]에서 ❷번 클릭해 이미지를 삽입할 수 있다. 방을 꾸미기 위해서는 컴퓨터에 저장돼 있는 이미지를 다운로드해 사용할 수 있다. 이미지는 'jpg, png, webp'의 확장자를 가진 파일 사용하는 것을 권장한다.

하단 망치 클릭한다. ❷ 'Upload image'를 클릭하면 아래그림처럼 오브젝트 리스트가 나온다.

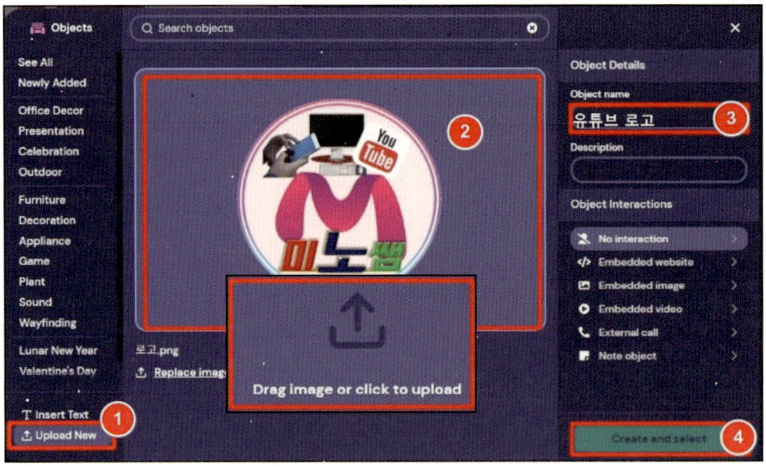

[그림29] 이미지 넣기

왼쪽 하단의 ❶ 'Upload New' 클릭하면 ❷번 위치에 'Drag image or click to upload'(이미지 파일을 드래그 하거나 클릭)하라는 문구가 보인다. 이미지를 넣었다면 ❸ 이미지의 이름을 입력하고 ❹번 'Create and select'를 클릭해 이미지를 넣는다.

※ 주의 할 점 : 오브젝트나 이미지 삽입 후 마우스에 오브젝트나 이미지가 따라다닌다. 이럴 때는 아래 그림처럼 ❶번이나 ❷번을 클릭해 없앤다.

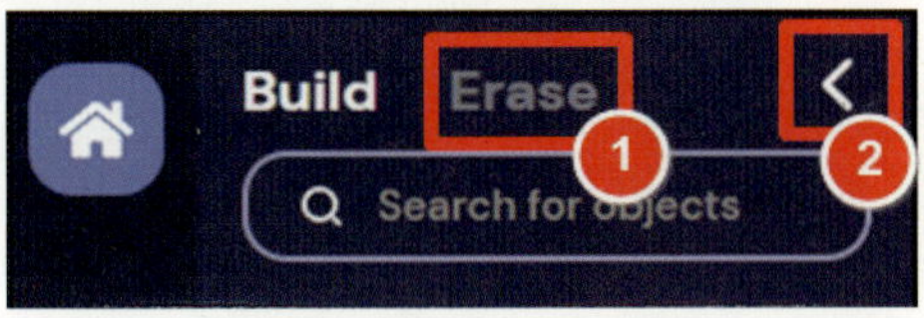

[그림30] 오브젝트 제거

위의 내용들처럼 오브젝트와 이미지를 간단하게 넣을 수도 있지만 이번에는 [Edit in Mapmaker]를 이용해서 맵을 만들어 보겠다.

3) 'Edit in Mapmaker'로 공간 [Map] 만들기

일반적으로 'Map=Space=방' 세 가지를 같은 의미로 사용한다. [그림27]에서 하단에 망치를 클릭하고 ❸번 'Edit in Mapmaker'를 클릭해 'Map', 'Space'를 만든다.

(1) Space 종류 선택

'Blank'를 클릭하면 그림에서처럼 3개의 빈 방이 나온다. 여기서는 맨 위에 눈 모양 그림을 클릭해 아무것도 없는 빈 방에서 만들어 보겠다.

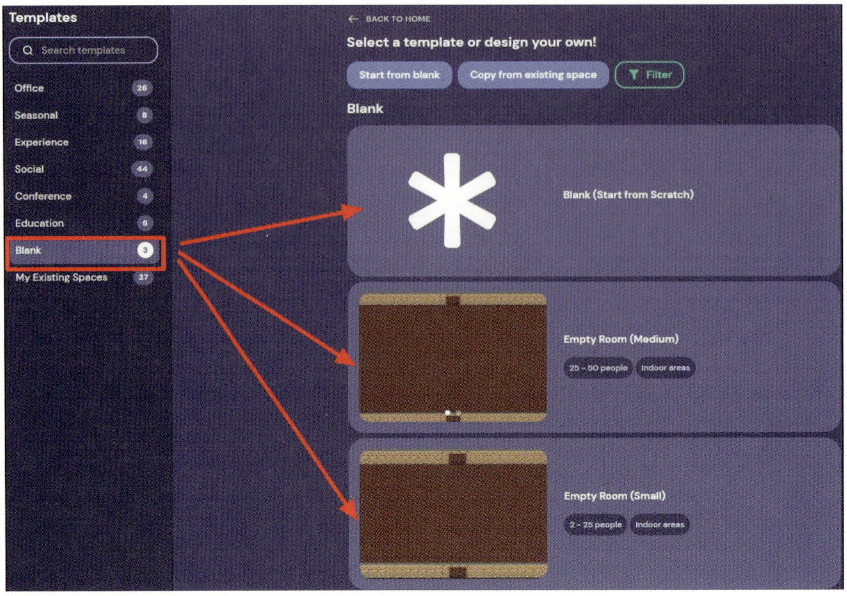

[그림31] 빈 공간으로 방 만들기

❶번을 클릭하면 ❷번 공간(Space)이름을 영어로 적는다. 한글 지원 안 된다. ❸ 비밀번호 넣어도 되고 안 넣어도 된다. ❹번을 클릭해 공간(Space)의 용도를 정해준다. 다 입력 했으면 ❺ 'Open Mapmaker'를 클릭해 공간(Space)을 완성한다.

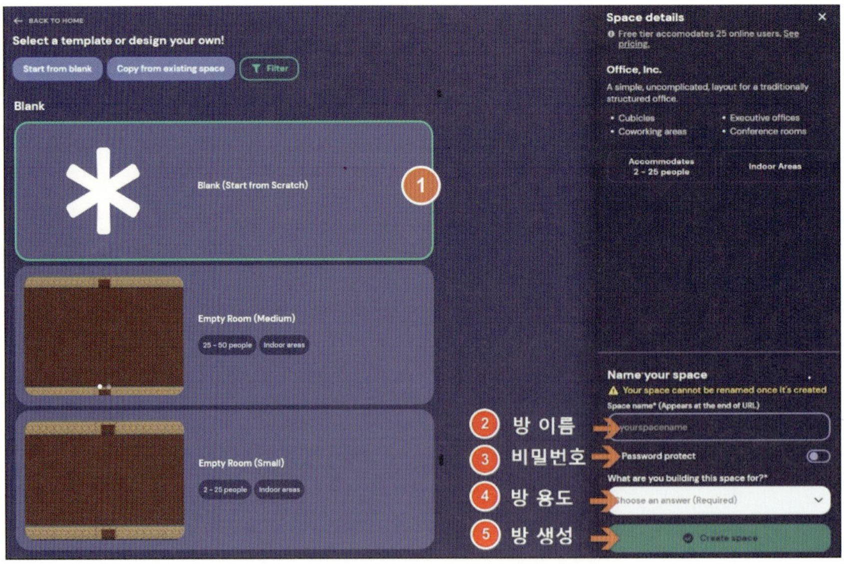

[그림32] 빈 공간(Space) 만드는 방법

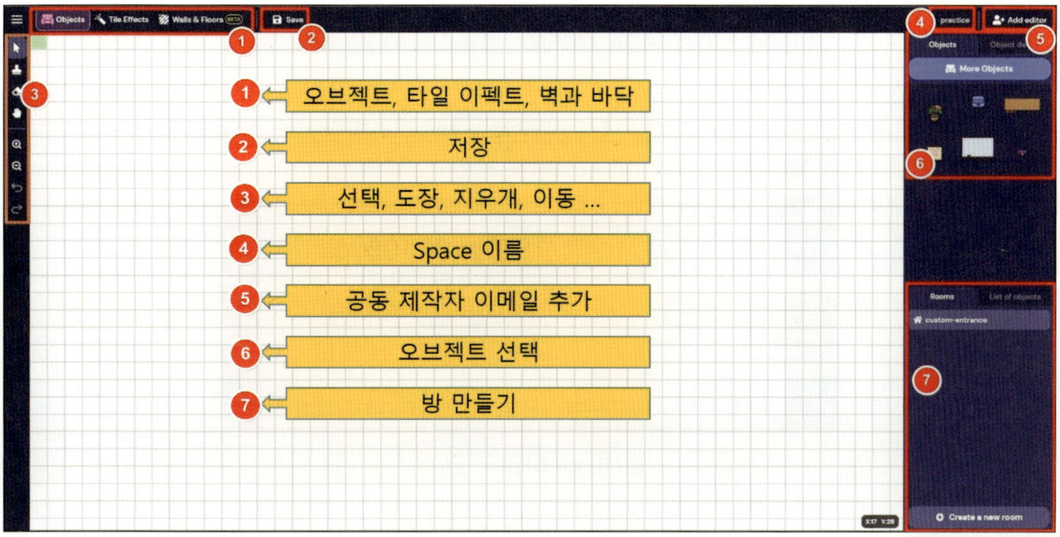

[그림33] 빈 공간 화면구성

(2) 공간(Map) 꾸미기

오른쪽 상단에 방금 만든 'Space' 이름이 보인다. 정말 아무것도 없는 빈방이 만들어졌다.

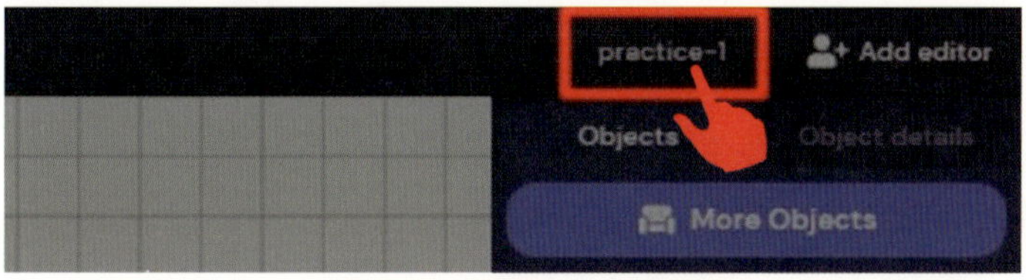

[그림34] 만들어진 Space

'Space'를 만들었다면 타일을 이용해 만들 'Space'의 크기를 정해야 된다. 기본적으로 네모 모양을 타일이라고 하는데 타일의 크기는 32px*32px이다. 그래서 만약에 크기를 정하고자 할 때는 만들고자 하는 크기를 32로 나누면 몇 개의 타일이 필요한지 알 수 있다. 위 예시처럼 모니터의 크기에 맞게 만들 수도 있다.

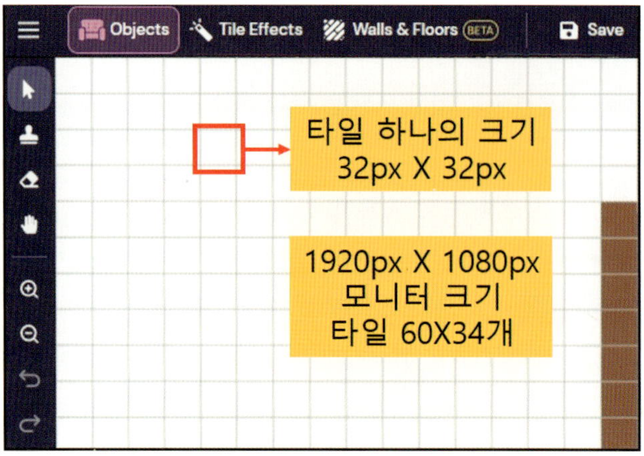

[그림35] 타일의 크기

왼쪽 상단에 있는 'Objects, Tile Effects, Wallls & Floors'를 이용해 방을 꾸민다.

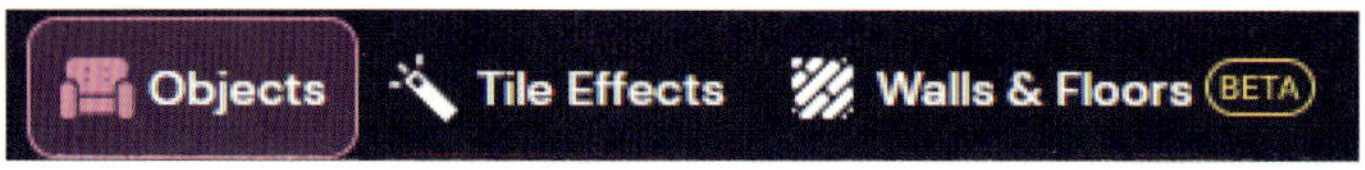

[그림36] 방 꾸밀 도구

① 벽과 바닥 만들기(Walls & Floors)

'Map'을 빈 공간으로 만들었기 때문에 우선 벽과 바닥을 기본으로 만들어준다. 벽과 바닥 종류는 오른쪽 상단에 있다.

[그림37] 벽과 바닥 종류

상단에 'Walls & Floors'를 선택한 다음 먼저 ❶ 벽 'Walls'을 선택하고 오른쪽 상단에 나온 벽들 중에 하나를 선택 드래그해서 벽의 크기를 정한다. ❷ 바닥 'Floors'를 선택하면 오른쪽 상단에 바닥 종류 중 하나를 선택 드래그해서 바닥을 만든다. 다 만들었으면 ❸번 'Done'을 클릭해 마무리 짓는다. ❹는 취소 'cancel' 버튼이다. 이렇게 벽과 바닥을 만들었으면 이곳에 오브젝트를 하나씩 넣으면서 만든다.

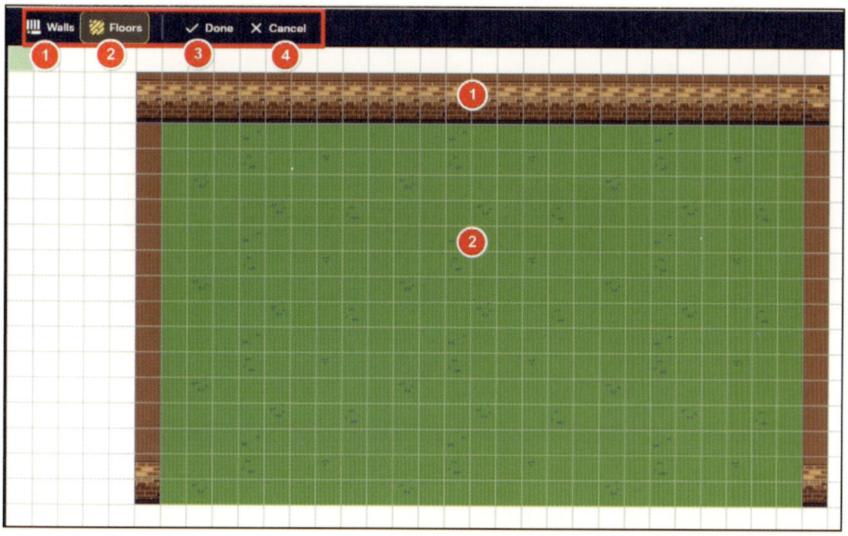

[그림38] 벽과 바닥 적용

② 오브젝트(Objects)

필요한 'Objects'를 가져오기 위해서 오른쪽 상단에서 'More Objects'를 클릭한다. 왼쪽 메뉴 아이콘에서 필요한 부분을 선택해서 적절히 사용한다.

※ 오브젝트를 선택하고 적용하기 위해서는 왼쪽 메뉴에서 ❷ 'Stamp'를 먼저 선택하고 해야 된다.

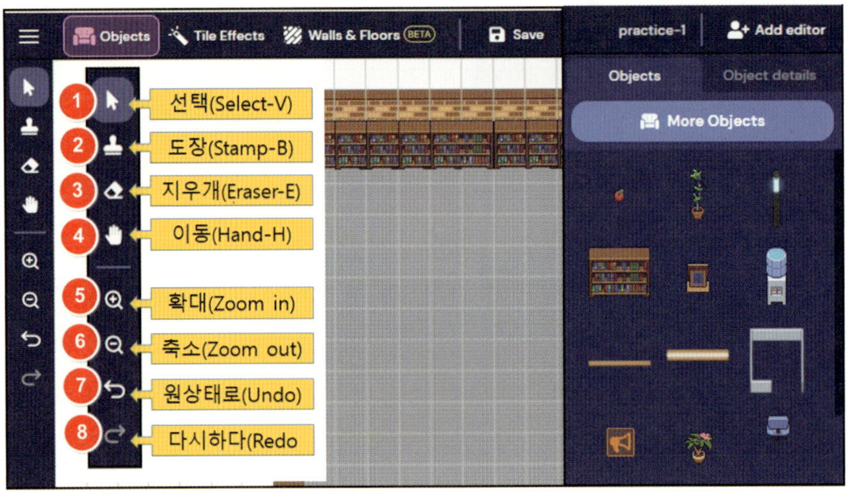

[그림39] 오브젝트 사용하는 도구 툴

도장 'Stamp' 선택하고 'More Objects'를 클릭하면 [그림40]처럼 나온다.

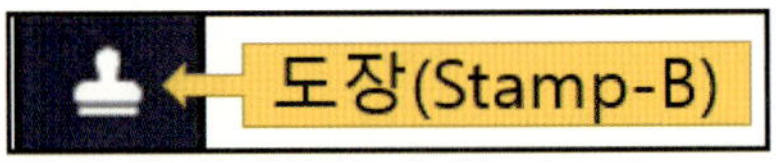

[그림40] 도장 툴

❶번 위치에 오브젝트 리스트가 나온다. 'See All'을 선택하면 ❷번에서 모든 오브젝트들을 영어로 검색해서 찾을 수 있다. 예로 'chair'를 검색해서 의자들이 나오면 ❸ 의자하나 클릭하면 오른쪽에 'Object Interactions'이 활성화되면서 [그림41]처럼 다양하게 상호작용할 수 있게 해준다. 또한 각각의 ❶ 리스트들 중에서 선택해 찾을 수도 있다.

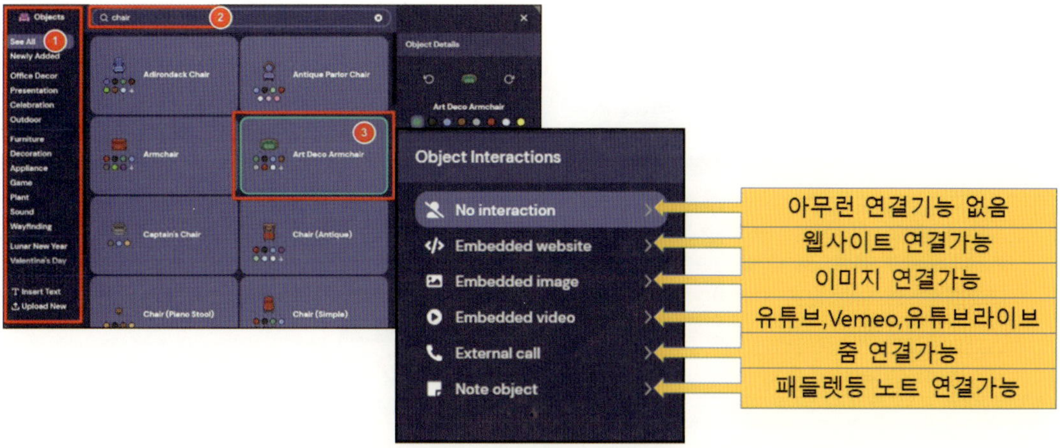

[그림41] 오브젝트 선택 툴

가) 유튜브 연결하기

오브젝트 중에서 board를 검색해 ❶ 화이트보드를 선택하고 ❷ 유튜브를 넣기 위해 'Embedded video'를 클릭한 후 ❸ 유튜브 주소를 붙여넣기 한다. ❹ 캐릭터가 화이트보드 근처 얼마만큼의 거리에서부터 유튜브를 볼 수 있게 할 것인지를 숫자를 입력해 정한다. ❺ 'Select'를 클릭 후 나간다.

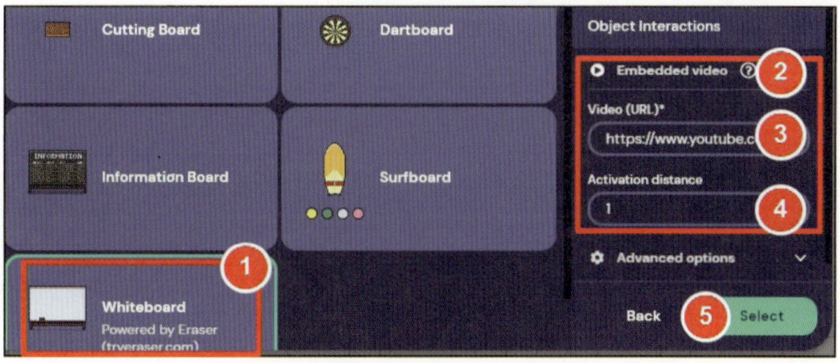

[그림42] 유튜브 연결방법

나) 오브젝트 디테일 설정

[그림42]에서 ❺번 'Select'를 선택하면 ❶ 그림처럼 'Object details'에 오브젝트에 들어오고 아래 ❷에서 오브젝트 색상을 변경할 수 있다.

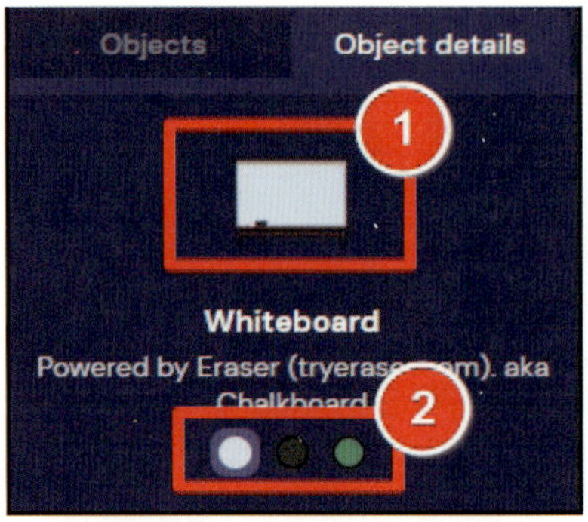

[그림43] 오브젝트 색상변경

마우스에 오브젝트가 붙어 다니고  에 넣고자 하는 곳에 클릭하면 오브젝트가 맵에 들어간다. 오브젝트를 사용하고 나서도 계속해서 오브젝트가 마우스에 붙어 있는데 이런 현상을 없애려면 [그림45] 왼쪽 메뉴에서 화살표를 선택해 오브젝트를 없앤다.

[그림44] 오브젝트 적용모습

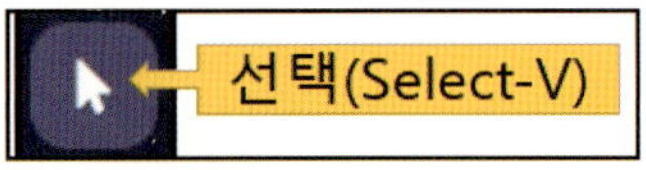

[그림45] 선택 툴

③ 타일 이팩트(Tile Effects)

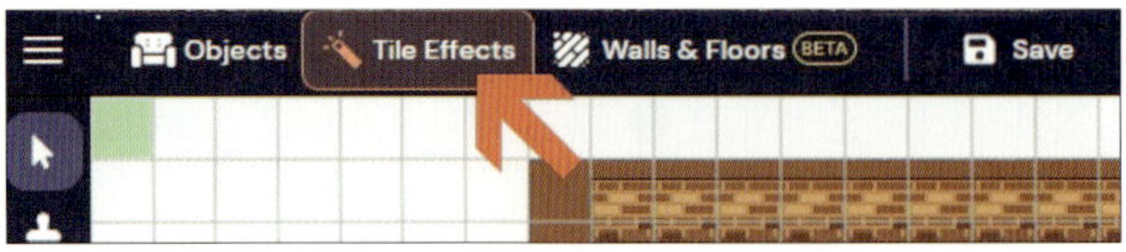

[그림46] Tile Effects 선택

[그림47] Tile Effects 종류

❶ Impassable

캐릭터가 벽이나 오브젝트들을 통과 할 수 없게 만들어준다. ❶번의 오브젝트 모습이 [Impassable]을 적용하면 ❷번처럼 빨간색으로 변경된다.

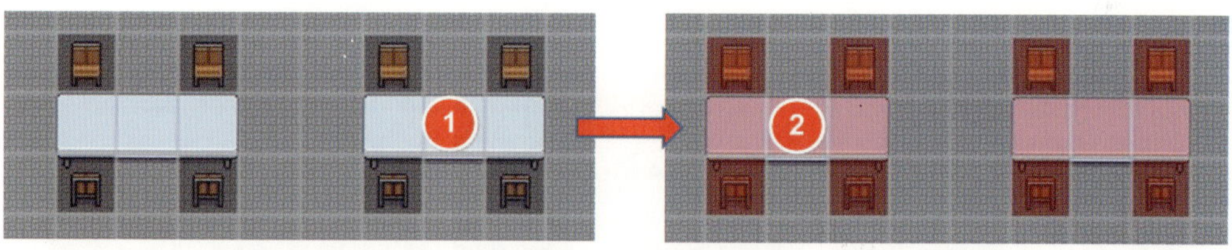

[그림48] Impassable 적용

❷ Spawn

캐릭터가 처음 움직임을 가질 수 있는 곳이다. 처음 시작점에 'Spawn'을 클릭하면 위 그림처럼 초록색으로 타일색이 변하고 한 개 보다는 2, 3개 정도 찍는 걸 권한다.

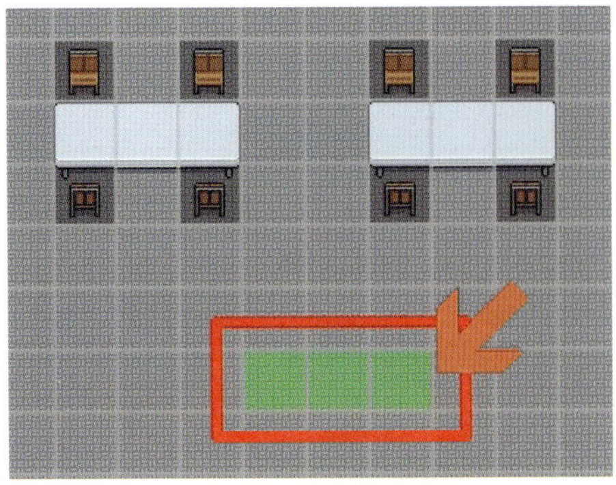

[그림49] Spawn 적용

❸ Portal

'Portal'은 '방'과 '방'을 이동한다거나 한 공간에서 빨리 이동하고 싶을 때, 방과 다른 '스페이스 공간'으로 이동할 수 있도록 해준다. 'Portal' 적용하기 위해서는 새로운 방을 만들어 줘야 한다.

'Portal'을 선택하면 오른쪽 하단에 방을 만들 수 있는 곳이 보인다. ❶ 'Create a new room' 번 클릭해 새로운 방의 이름을 ❷번에 이름 입력(한글가능)하고 반드시 키보드에서 'Enter'를 친다. 그러면 위의 그림처럼 어떤 방을 선택할 것인지를 묻는다.

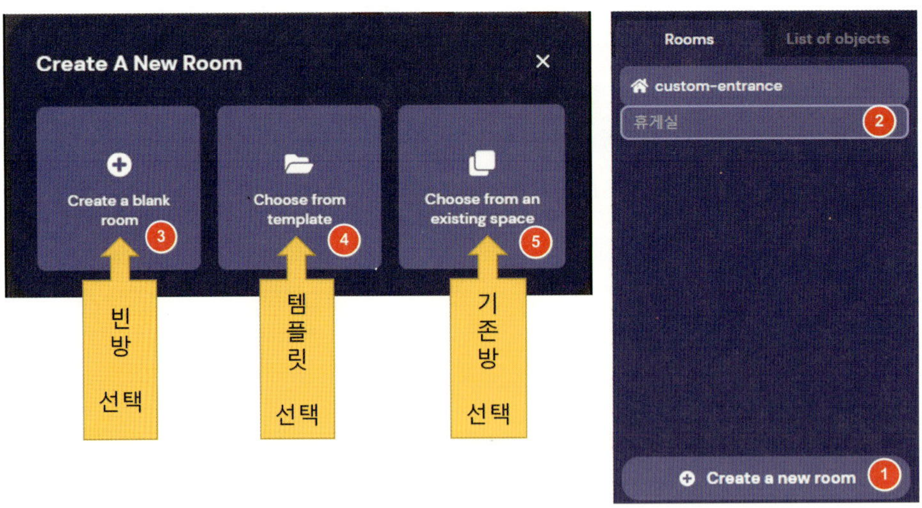

[그림50] 방 만들기

자세한 방 만들기는 [그림55] ~ [그림60]을 참조한다.

❹ Private Area

개인영역으로 여기에서 말하는 소리가 밖으로 나가지 않는 곳을 정해준다. 각각의 모둠 활동을 한다거나 사무실이라면 각 부서끼리만 말을 할 수 있도록 비밀 영역을 만들어준다. 동일한 타일 ID에 있는 사람만 서로 연결할 수 있다.

'Private Area'를 클릭하면 아래 'Area ID'를 넣으라는 문구가 나온다. ID는 [그림51]처럼 원하는 숫자를 넣어서 아래 [그림52]처럼 숫자가 나오도록 입력하면 된다. ID를 넣고 'Private Area'를 적용할 곳을 드래그하면서 필요한 곳을 선택해서 넣는다.

[그림51] 개인 영역

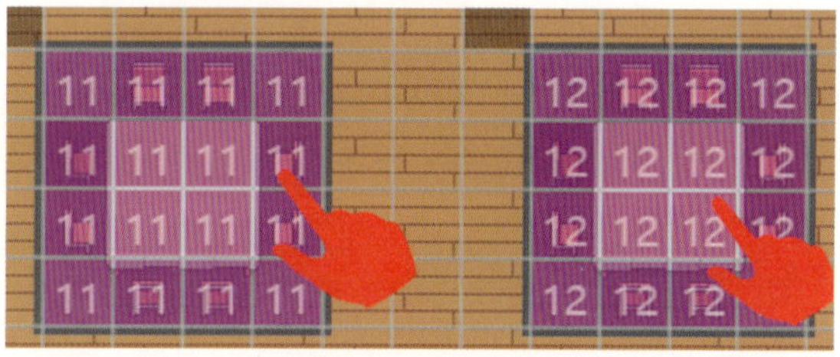

[그림52] ID넣은 모습

❺ Spotlight

스포트라이트(Spotlight)는 한 공간에 있는 사람들에게 호스트가 안내나 공지사항을 방송할 수 있다. 호스트가 'Spotlight'를 적용하려면 우선 표시할 수 있는 오브젝트를 넣어두는 것이 좋다. 왜냐하면 'Spotlight' 는 장소가 어디인지 확인하기 어렵기 때문이다.

우측에서 'More Objects'를 클릭해 'Objects'리스트가 나오면 ❶ 'Wayfinding'을 선택하고 ❷번 'Spotlight indicator'을 찾아서 넣는다.

[그림53] Spotlight 오브젝트 선택

❶ 'Spotlight' 적용 모습 ❷ 'Spotlight indicator' 적용모습으로 한 개를 넣기보다는 2, 3개 넣는 게 좋다.

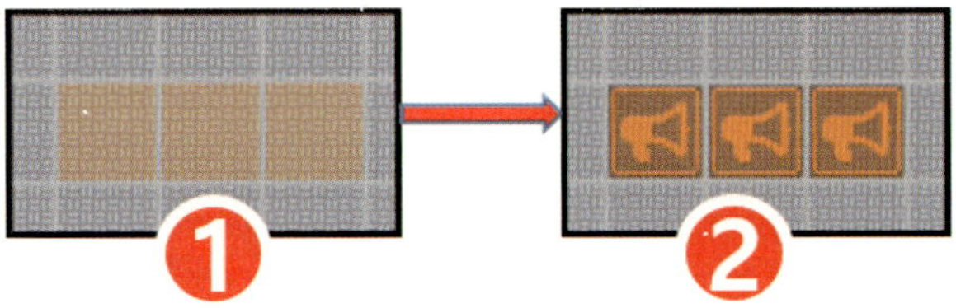

[그림54] Spotlight 오브젝트 적용 모습

4) 추가 방 만들기

(1) 빈 방을 이용한 방 만들기

'Portal'을 선택하면 오른쪽 하단에 방을 만들 수 있는 곳이 보인다. ❶ 'Create a new room' 번 클릭해 새로운 방의 이름을 ❷번에 이름 입력(한글가능)하고 반드시 키보드에서 'Enter'를 친다. 그러면 아래의 그림처럼 어떤 방을 선택할 것인지를 묻는다. ❸, ❹, ❺번 중 하나를 선택해 방을 만든다. 첫 번째 ❸번 빈 방을 선택하면 [그림56]처럼 나온다.

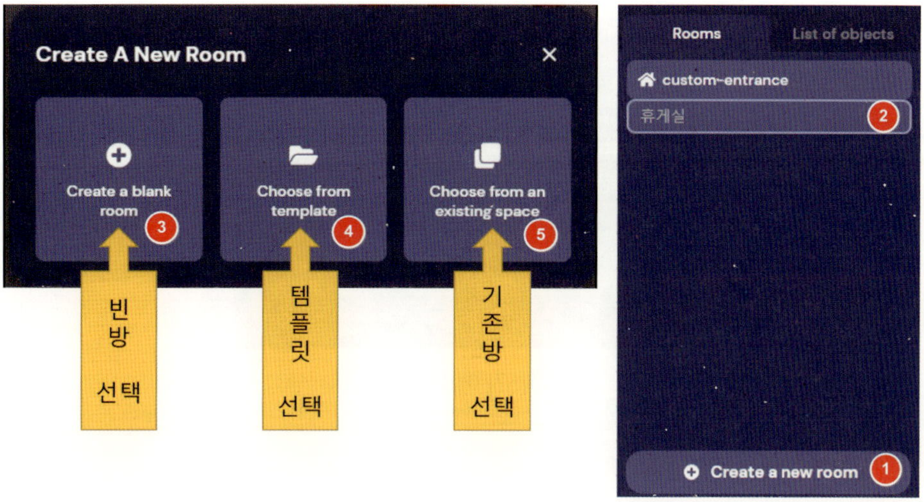

[그림55] 방 만들기

❶ 나만의 배경 그리기를 선택해 빈 방을 만들어보겠다. 빈 방을 만들고 벽과 바닥을 그리고 그 위에 반드시 'Spawn'을 적용해야 'Save'를 했을 때 아무 문제가 없다.

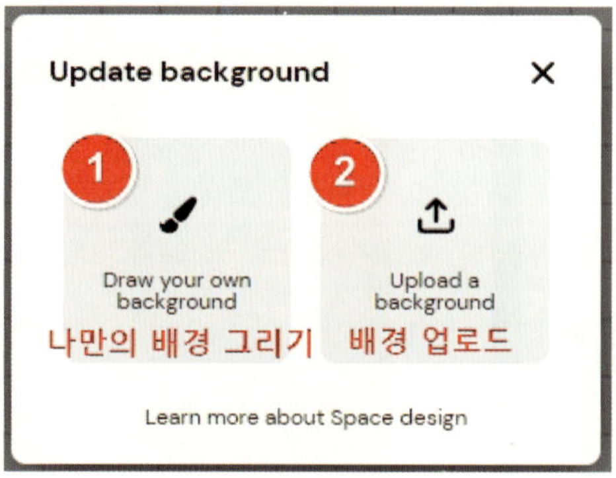

[그림56] 빈 방 선택

※ 템플릿을 이용하면 기본 'Spawn'이 있기 때문에 'save'를 해도 아무 문제가 없지만, 아무것도 없는 빈 방으로 방을 만들고 'Save'를 하면 기본 생성 타일을 넣으라는 'Error' 메시지가 뜬다. 'go back'을 클릭하고 'Spawn'을 적용한 후 'Save'를 하고 다른 작업을 한다.

[그림57] 에러 메시지

(2) 템플릿을 이용한 방 만들기

두 번째 템플릿을 이용해 방 만드는 방법 [그림55]에서 ❹번을 선택해 다양한 템플릿 중 하나를 선택해 방을 만들 수 있다.

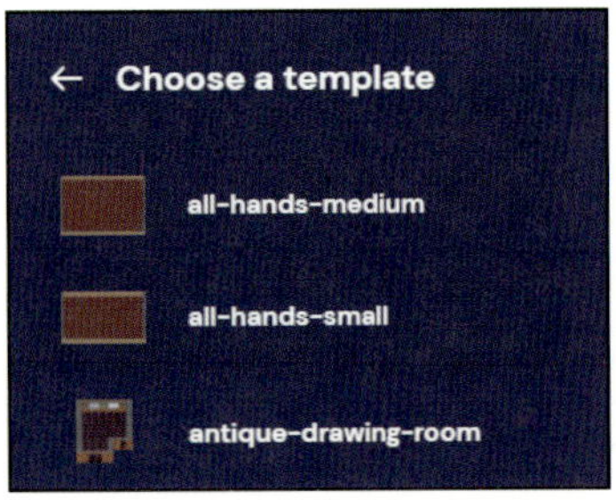

[그림58] 방을 만들 수 있는 템플릿

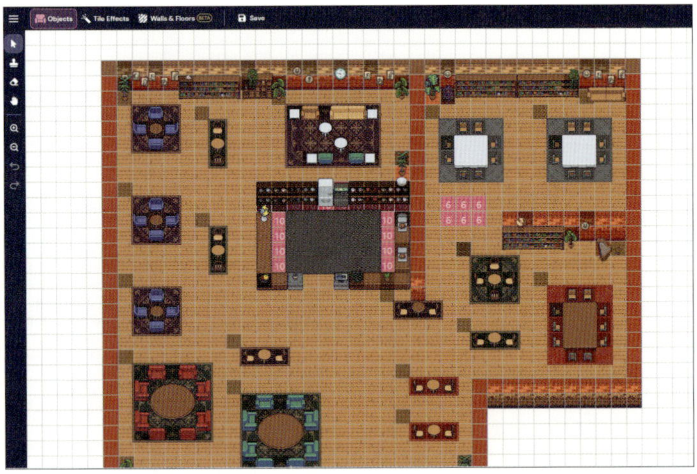

[그림59] 템플릿으로 만든 방

이렇게 방이 만들어 졌으면 'Portal'을 할 수 있다.

'Portal'을 선택하고 다른 방으로 이동할 곳을 클릭하면 ❶번 그림처럼 타일의 색이 변경되면서 가운데 그림이 나온다. ❷번 만들어진 방 들 중에 하나를 골라서 선택할 수 있다. 필자는 새롭게 만들어놓은 ❸ 휴게실을 선택했다. 그러면 ❹번 휴게실 방으로 이동을 하고 여기에서 빈 공간을 클릭해준다.

방 이동시 처음 시작하려고 하는 공간을 클릭한다. 클릭함과 동시에 다시 원래의 작업하던 방으로 돌아온다. 'Portal'은 한 개보다는 2, 3개 정도 만드는 것을 권장한다. 'Portal'만 적용하면 위치를 잘 모르기 때문에 ❺번처럼 오브젝트를 이용해 'Portal' 표시를 해준다.

❻번 다른 스페이스 공간으로 이동할건지를 선택한다. 다른 스페이스로 이동하기 위해서는 해당 URL주소를 넣어야 이동할 수 있다.

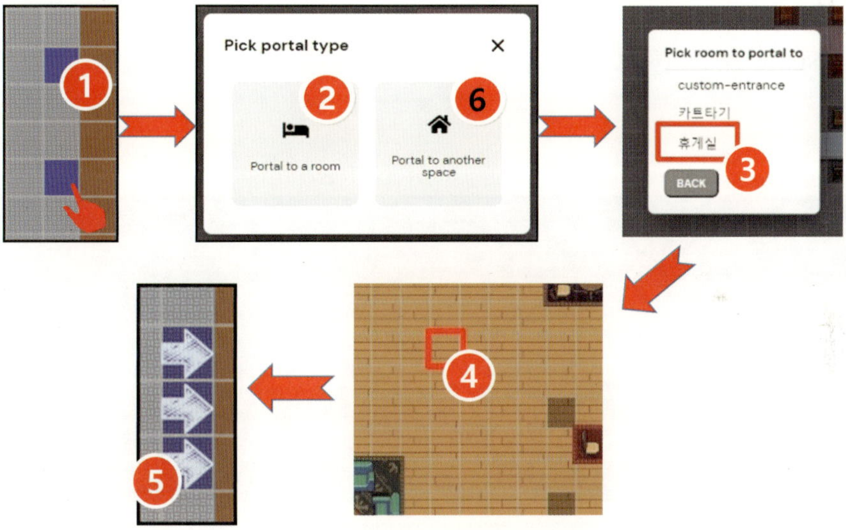

[그림60] Portal 방 이동 방법

5) 삭제하기(Delete)

(1) Space 삭제하기

홈 화면에서 ❶ 'My Spaces'를 선택하고 삭제하고자하는 'Space'에서 ❷ 점 3개를 클릭한다. ❸ 'Manage Space'를 클릭한다.

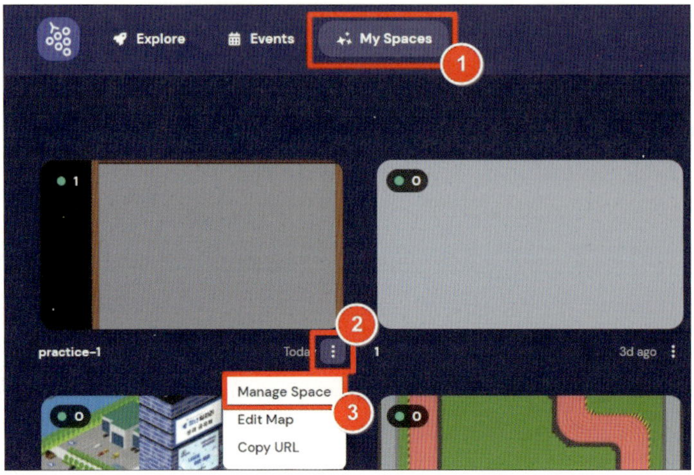

[그림61] 삭제할 공간(Space) 선택

'Manage Space'를 클릭하고 나온 화면에서 ❶번 클릭하면 ❷번 'Delete Space'로 최종 삭제를 한다.

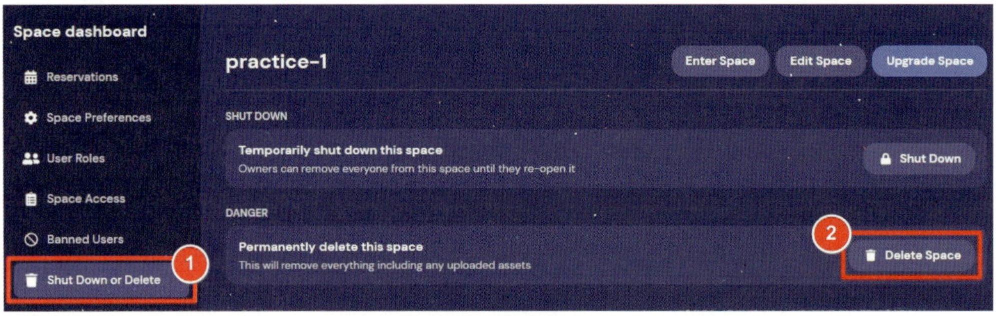

[그림62] [Space] 삭제

(2) 방 삭제하기

방을 삭제하기 위해서는 ❶ 'Rooms'를 선택하고 삭제할 방 목록에 마우스 커서를 올려놓으면 ❷번처럼 점 3개가 보인다. 점 3개를 클릭하면 아래 두 가지 메뉴가 보이는데 'Set as primary'는 기본 방으로 만들 것인지를 묻는다. 아래 ❸번 'Delete'를 클릭하면 삭제된다.

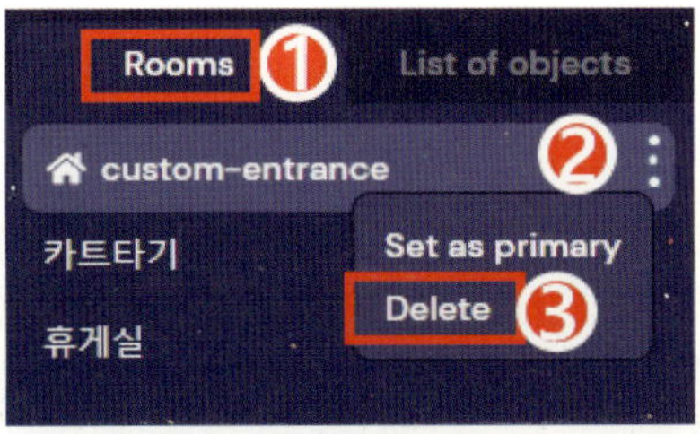

[그림63] 방 삭제

(3) 오브젝트 삭제하기

※[오브젝트, 타일이펙트, 벽, 타일]을 삭제할 때는 해당 메뉴를 선택한 다음 삭제한다.

오브젝트를 삭제하기 위해서는 두 가지 방법이 있다.
첫 번째 왼쪽메뉴에서 지우개 클릭한 후 삭제하고자하는 오브젝트에 가서 클릭하면 삭제된다.

[그림64] 지우개로 삭제하기

두 번째 오브젝트를 클릭하고 오른쪽 하단에서 ❶번 'List of objects'를 클릭하면 오브젝트 선택한 곳에 있는 오브젝트들이 보인다. 삭제하고자 하는 오브젝트 이름 위에 마우스 올리면 ❷번 처럼 점 3개가 보인다. 클릭하면 아래 목록이 나오고 이곳에서 ❸ 'Delete'를 클릭해 삭제한다.

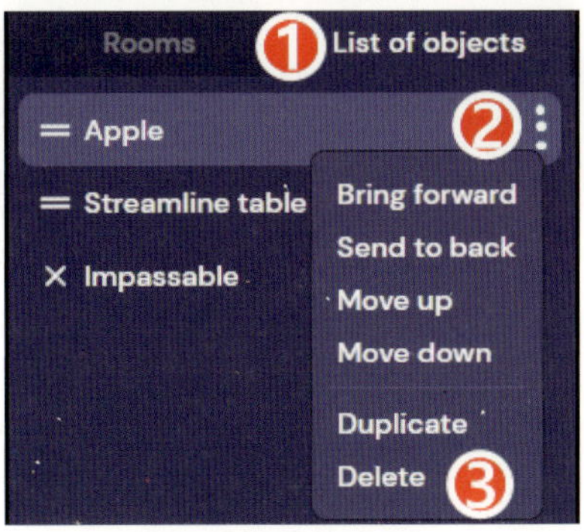

[그림65] 삭제순서

Map을 만들 때는 수시로 저장을 하고 'Go to space'를 해 완성된 공간에서 캐릭터를 움직여서 적용한 모든 것이 제대로 작동하는지 확인하고 수정할 부분이 있으면 수정한다.

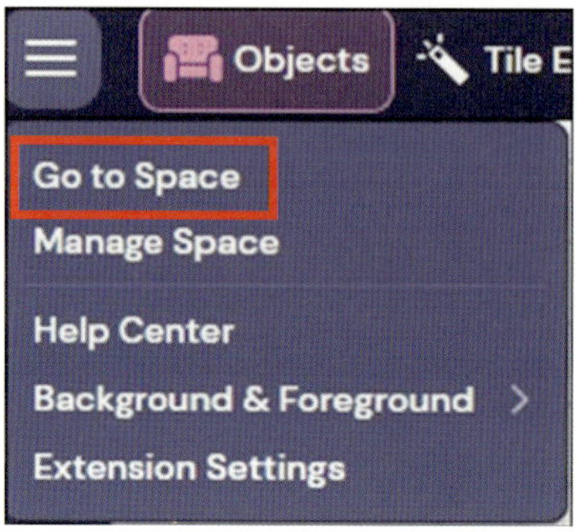

[그림66] 완성 공간 이동

이렇게 해서 게더타운 로그인 하는 방법부터 Space 삭제방법 및 추가한 방 삭제하는 방법뿐만 아니라 오브젝트 삭제하는 방법까지 알아봤다.

[그림67] Map 완성모습

6) 추가 구성 비밀의 문 만들기

사무실에서 비밀회의를 한다거나 방 탈출 게임으로 흥미를 유발하고자 할 때 사용하는 '비밀의 문' 만드는 방법을 알아보겠다.

❶ 삼선(≡)을 클릭한다. ❷ 'Extension Settings'를 클릭한다. ❸ 'Password Door'를 클릭하면 ❹ 'Activate Extension' 클릭하면 [그림69]처럼 'Deactivate Extension'으로 바뀌면서 확장기능을 사용할 수 있게 만들어준다. ❺ [Apply changes]를 클릭해 오브젝트에 [Password Door]를 활성화 하도록 한다. ❻ 왼쪽상단에서 'X'버튼 클릭해서 빠져나간다.

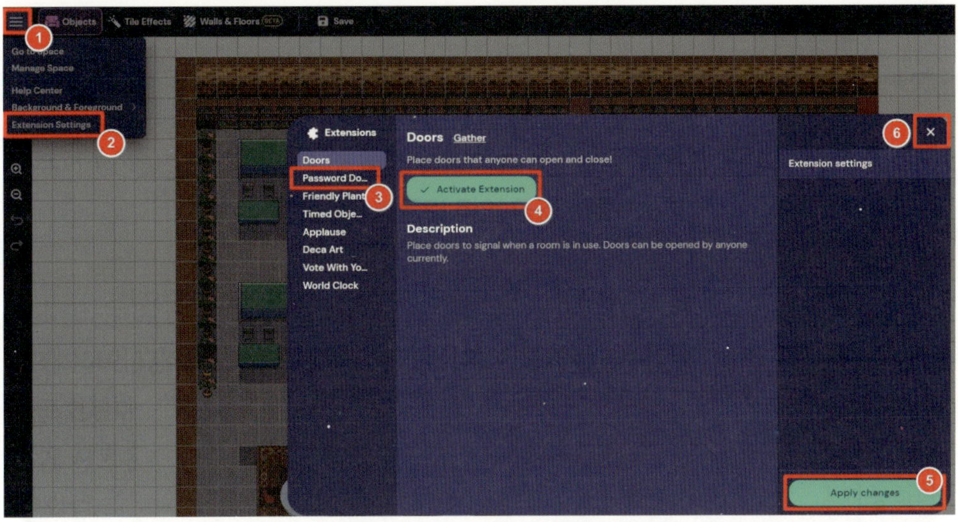

[그림68] 비밀의 문 활성화 하는 방법

[그림68]의 ❹번을 클릭하면 아래 [그림69]처럼 변경된다.

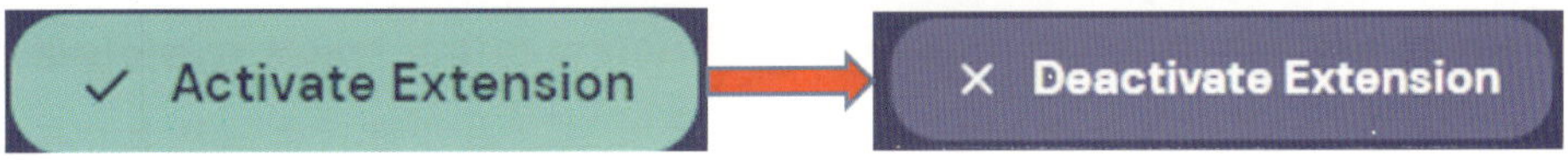

[그림69] 비밀번호 문 활성화

'Password Door'를 사용하기 위해서는 'Map' 왼쪽 상단에 ❶ 'Objects'를 클릭한 다음 오른쪽 상단에서 ❷ 'More Objects'를 선택한다.

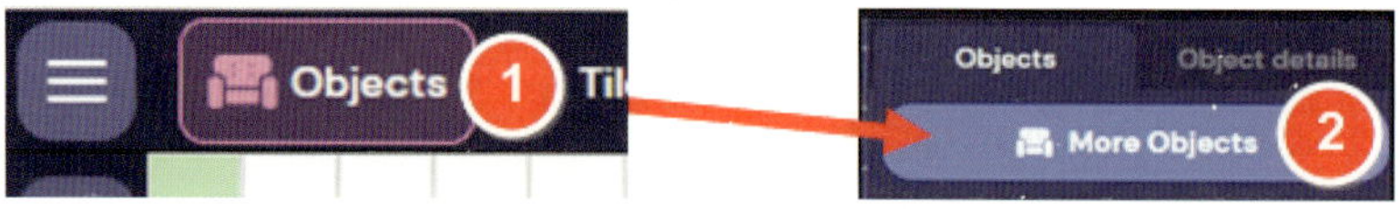

[그림70] 오브젝트 설정하기

처음 'More Objects'에 들어오면 'Password Door'가 안 보인다. ❶ 이동막대를 아래로 내리면 ❷ 'Password Door'가 보이고 클릭하면 다섯 개의 비밀번호 문이 나오는데 여기에서 하나를 선택한다. 필자는 ❸번을 선택하고 ❹ 'Select'를 클릭하면 바로 'Map' 화면이 나오고 마우스에 'Password Door'가 붙어 다닌다. 원하는 장소에 설치해준다. 설치 후 마우스에 오브젝트가 계속 붙어 있으면 왼쪽 상단에서 '화살표' 선택 도구를 클릭한다.

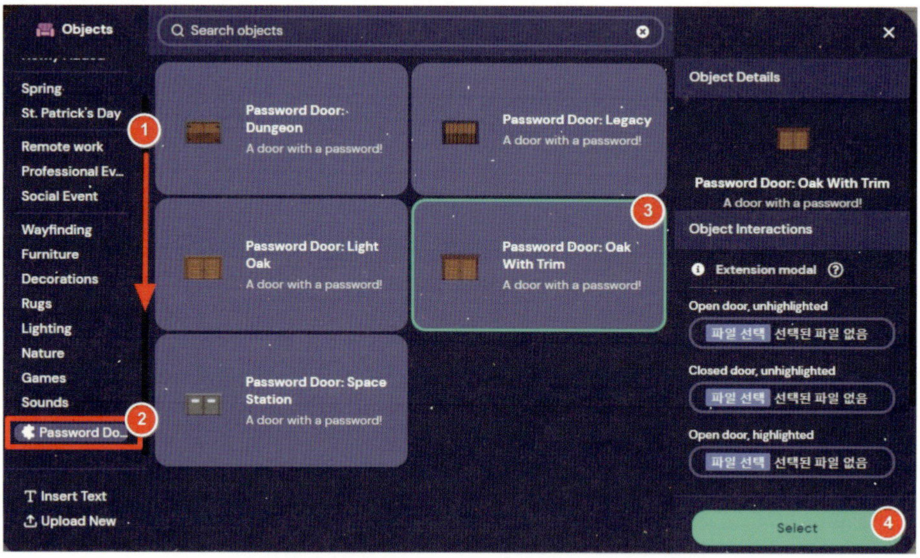

[그림71] [Password Door] 적용 순서

[그림72] 비밀번호 문 설치 모습

비밀번호 문을 설치했으면 상단에서 ❶ 'Save'하고 왼쪽 상단에서 ❷ 삼선 클릭해서 ❸ 'Go to Space'를 클릭해 'Map'으로 이동한다. 'Join the Gathering'을 하고 잠시 기다리면 'Map'을 연결해준다.

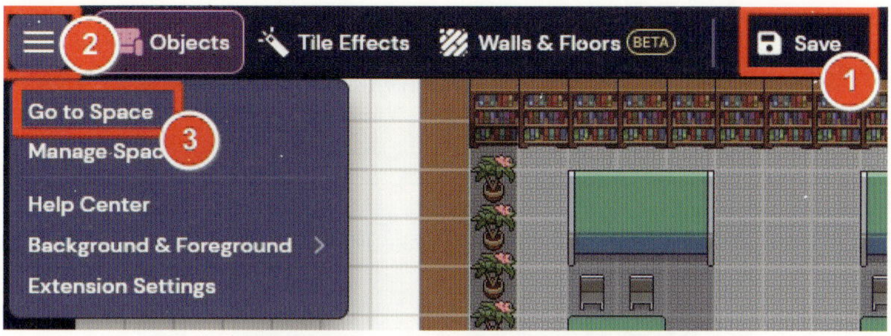

[그림73] 저장하고 'Map'으로 이동

❶ 비밀번호 문 설치 화면 ❷ 아바타가 문 가까이 가면 노란 네온이 씌어지고 'Press x to interact' 키보드에서 'X'를 누르라는 문구가 나온다. 'X'를 누르면 ❸ 'Edit'를 클릭해 편집한다.

[그림74] 비밀의문 편집 순서

'Edit'를 클릭하며 비밀번호 관리 설정 창이 나오고 내용은 독자들 생각대로 넣으면 된다. 앞의 내용처럼 넣은 다음 아래 'Save'를 클릭한다. 이렇게 만들어놓은 설정은 문을 통과하려는 사람들에게 보일 것이고 비밀번호를 알아야 통과할 수 있다.

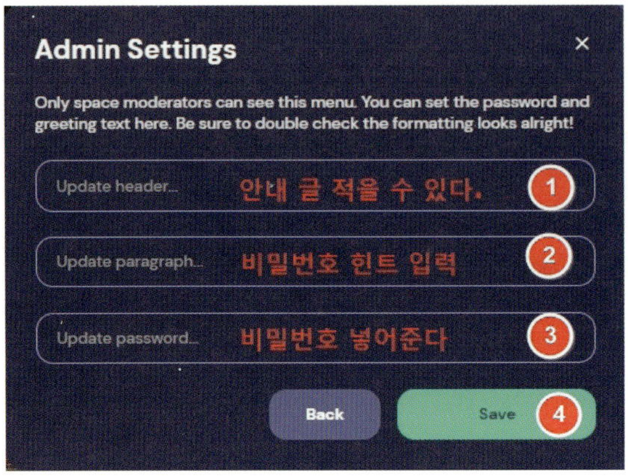

[그림75] 비밀번호 안내글 입력

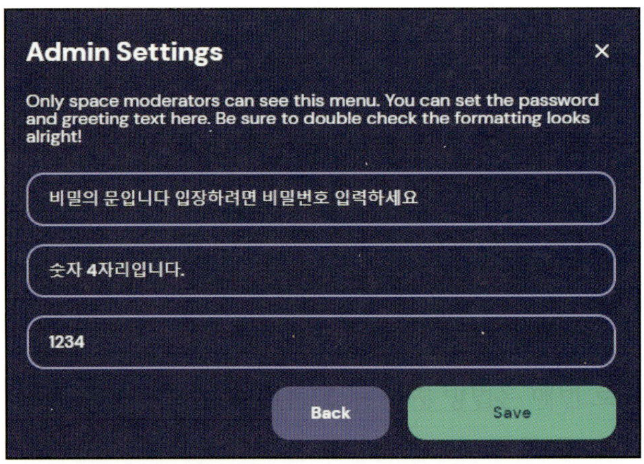

[그림76] 비밀번호 관리 설정 예시

비밀번호 설정을 해 놓으면 캐릭터가 문에 가까이 갔을 때 문 외곽에 노란 네온이 나타나며 'Press x to open door' 문을 열려면 키보드에서 'X' 누르라는 문구가 나오고 'X'를 누르면 ❶ 비밀번호를 입력하고 ❷ 'Submit'을 클릭해서 제출한다. 아래 문이 열린 모양이 보이고 캐릭터가 통과 할 수 있다.

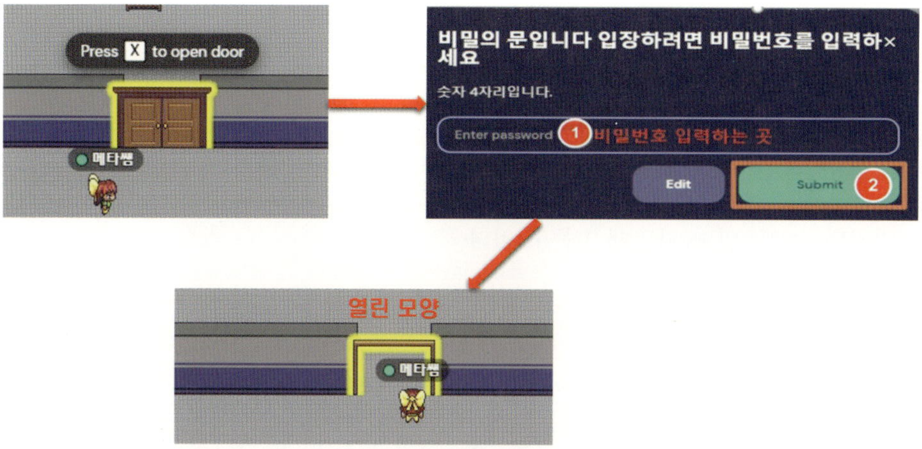

[그림77] 문 열기

이렇게 비밀번호 문을 만들어서 방 탈출 게임에도 활용해 볼 수 있고 다양하게 활용해 재미있는 게더타운의 세상 속으로 빠져보길 바란다.

[그림78]의 QR코드를 스마트폰으로 스캔하면 유튜브로 이동해 만드는 방법을 영상으로 볼 수 있다.

비밀번호 문 만들기 | 타일 이팩트

[그림78] 비밀의 문 만들기, 타일 이팩트 QR코드

Epilogue

코로나19는 전 세계 사람들에게 생활에 많은 변화를 안겨준 커다란 이슈인 것 같다. 너무나 예측하기 힘든 세상이 돼버렸고 일상이 예기치 않게 변해가고 있다. 사람들과의 소통을 꺼려하게 되고 디지털 속으로만 빠져들게 만들고 있다.

PC에서 스마트폰으로 이제는 메타버스 속에서 대화하고 만남의 시간을 갖게 됐다. 우리는 이제 이런 생활이 익숙함으로 다가올 것이다. 아직까지 메타버스라는 가상세계를 접하지 않은 사람들이 많이 있다. 그렇다고 나 몰라라 하기에는 우리 깊숙이 파고 들어올 날이 얼마 안 남았다.

필자 역시 말로만 듣던 메타버스 세계를 수업이 없는 1월을 자기계발의 시간이라 생각하고 배웠던 계기가 돼 시대에 뒤처지지 않고 순리대로 따라 갈 수 있을 것 같다. 다양한 메타버스의 플랫폼 중에서도 게더타운에 조금 더 관심을 갖고 배움으로써 이렇게 책을 집필하는데 참여하게 됐다.

메타버스 남의 일이라고 생각하지 말고 여러분들도 새롭게 변해가는 세상에 한 발짝 발을 들여놓아보길 바란다. 새로운 세상이 열릴 것이다.

Chapter

3

Icograms Designer를 활용한 게더타운 맵 만들기

이 미 숙

Chapter

03

Icograms Designer를 활용한 게더타운 맵 만들기

Prologue

이 글을 읽는 독자는 '아이코그램(Icograms)'을 접해 봤거나 아이코그램을 활용할 예정에 있는 분들일 것이다. 아이코그램에 대한 내용이 책으로 나온 것은 아직 없어서 아이코그램을 공부하는 경우 유튜브 영상에 많이 의존하는 것이 사실이다.

실제 동영상을 보면서 실습을 따라할 수 있어 배우기는 쉽지만 아이코그램 용어 등은 정리가 안 돼 있어 아쉬움을 느끼는 독자도 있을 것이다. 이에 필자는 아이코그램을 처음 접하는 독자라 하더라도 아이코그램을 이해하고 활용하는 데 어려움이 없도록 아이코그램사(社)의 튜토리얼과 영어 및 한글버전을 반영해 기능설명에 초점을 맞춰 집필했다.

1. Icograms Designer(아이코그램 디자이너) 프로그램 이해하기

Icograms Designer(아이코그램 디자이너) 프로그램은 아이소메트릭 그리드(격자무늬)를 기반으로 한 디자인 툴 프로그램으로 포토샵이나 일러스트 등 전문적인 디자인을 잘 모르는 초보자도 이용하기 쉽게 구성된 디자인 프로그램이다. 또한 유료 사용자의 경우 SVG 파일로 다운로드가 가능하기 때문에 일러스트 등의 프로그램에서도 사용이 가능한 유용한 툴이다.

Icograms Designer 프로그램에서 요구하는 사양은 화면 해상도 1366x768 이상의 PC와 마우스이다. 아이코그램은 최신 버전의 최신 브라우저만 지원된다. 인터넷 익스플로러는 지원하지 않는다. 사용이 권장되는 브라우저는 모든 기능을 지원하는 'Chrome(크롬)'이다. 모바일(스마트폰-안드로이드폰 & 아이폰)에서도 Icograms Designer에 로그인 및 아이콘 삽입, 삭제 등 간단한 작업은 가능하지만 아이콘의 크기나 위치 변경 등의 경우에는 마우스를 이용한 작업이 필요하기 때문에 PC에서의 작업이 권장된다.

필자는 Icograms Designer 프로그램에서 만든 디자인을 게더타운 맵 제작과 연계해서 사용하는 법을 살펴보려고 한다. 영어버전을 기본으로 하고, 간혹 한글버전은 번역본을 기준으로 했으나 해당 내용이 본문과 적합하지 않은 것은 내용을 이해하는 데 부합하도록 수정했음을 밝혀둔다. 그럼 이제 Icograms Designer 프로그램에 대해 살펴보자.

2. Icograms Designer(아이코그램 디자이너) 프로그램 살펴보기

아이코그램 홈페이지(https://icograms.com)에 들어가면 HOME(홈), DESIGNER(디자이너), TEMPLATES(템플릿), PRICING(가격), SING IN(로그인), RESISTER(등록)로 총 6개의 메뉴가 있다. 홈페이지는 한글과 영문 두 가지 버전 중 편한 것으로 이용하면 된다.

1) HOME(홈)

HOME(홈)을 클릭하면 항상 [그림1]과 같은 첫 화면으로 돌아간다. 좌측 상단의 아이코그램 로고는 모든 창에 표시가 되는데, 이 로고를 클릭해도 'HOME(홈)' 화면으로 이동할 수 있다. HOME(홈) 화면에서는 아이코그램의 독특한 디자인 기능 6가지, 튜토리얼, 회사소개 문의하기 등 Icograms Designer(아이코그램 디자이너) 프로그램에 대해 소개하고 있다. 홈 화면의 'Get Started(시작하다)'를 누르면 디자인화면으로 바로 들어간다.

또한 아이코그램의 'Privacy Policy(개인정보 보호정책)', 'Terms of Service(서비스 약관)', 'Tutorials(튜토리얼)', 'FAQ(자주하는 질문)' 등도 확인할 수 있다.

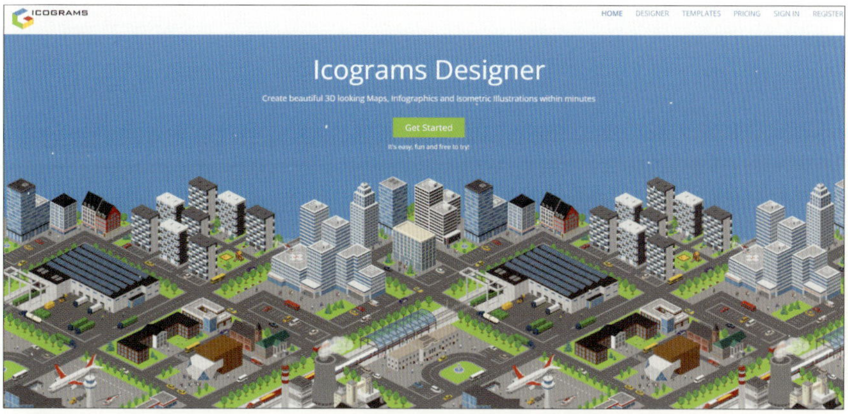

[그림1] 아이코그램 디자이너 홈페이지 메인화면

2) DESIGNER(디자이너)

디자인을 할 수 있는 'DESIGNER(디자이너)' 화면으로 들어가는 경로는 여러 가지 방법이 있다.

❶ 홈 화면 상단의 가운데에 있는 'Get Started(시작하다)'를 클릭하거나

❷ 홈 화면의 우측 상단에 위치한 'DESIGNER(디자이너)'를 클릭해도 된다. 이 경우 바로 디자인을 할 수는 있지만 'Sign In(로그인)'을 해야 디자인이 저장된다.

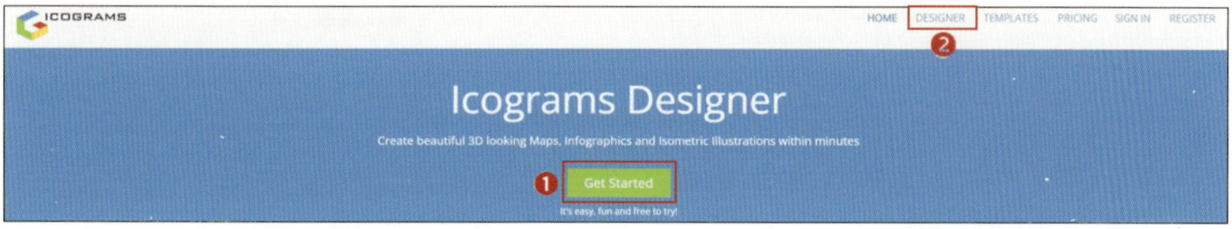

[그림2] 홈 화면에서 Designer(디자이너) 화면으로 들어가는 방법

❸ 홈 화면에서 우측 상단의 'Templates(템플릿)'을 클릭하면 템플릿 화면으로 이동하는 데 이 때 보이는 여러 템플릿 중에서 하나를 선택하거나 Templates(템플릿) 검색 창에서 검색 후 원하는 템플릿을 클릭하면 해당 템플릿이 'Designer(디자이너)' 화면에 자동으로 펼쳐진다.

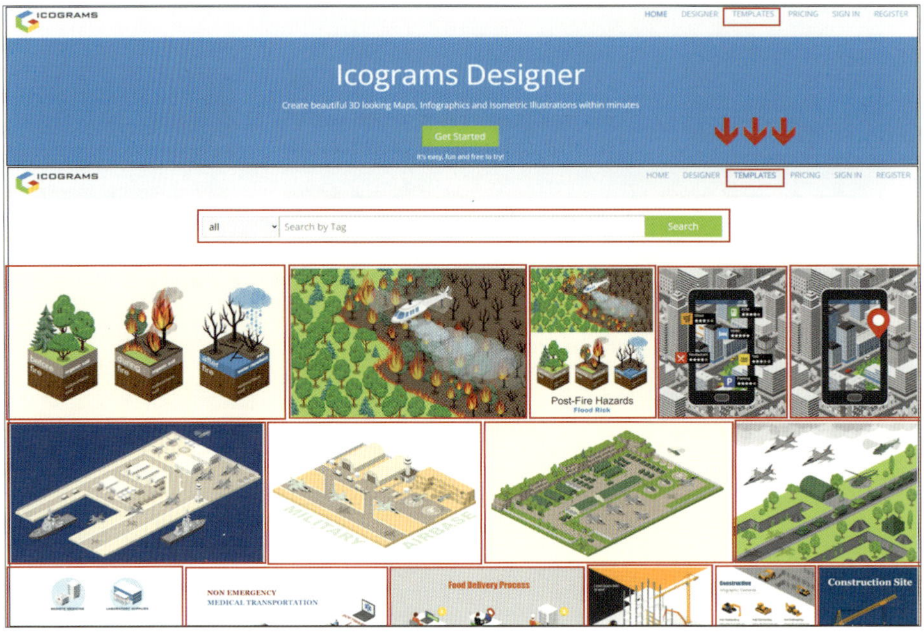

[그림3] 홈 화면에서 'Templates(템플릿)'을 선택하여 'Designer(디자이너)'로 들어가는 방법

❹ 혹은 'Templates(템플릿)' 화면 맨 하단의 'Create New Design(새로운 디자인 만들기)'을 클릭해도 된다.

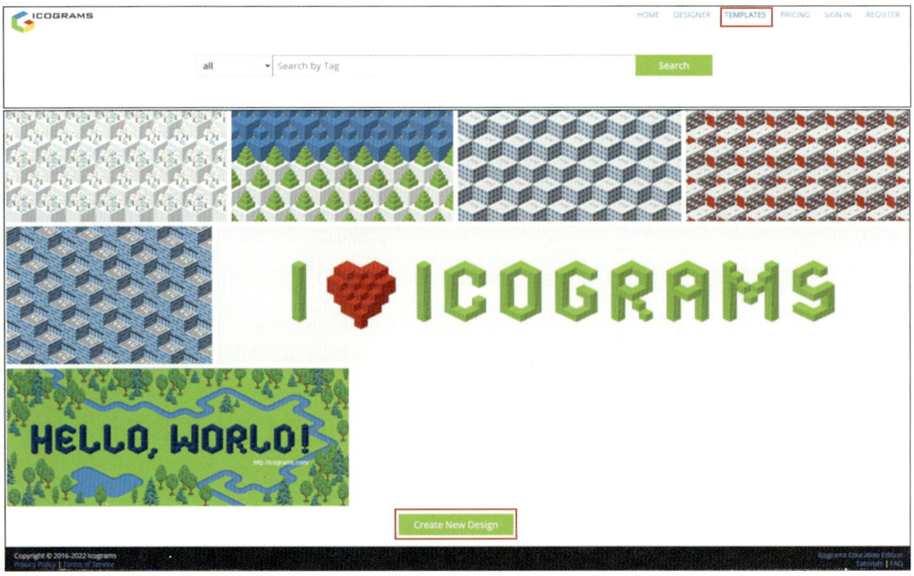

[그림4] 'Templates(템플릿)'의 제일 하단에서 'Designer(디자이너)'로 들어가는 방법

또한 로그인 후에는 세 가지 방법이 있다.

❺ 'My ICOGGRAMS'로 들어가서 하단의 'Create New Design(새로운 디자인 만들기)'을 클릭해서 디자인을 시작하거나

❻ 'My ICOGGRAMS' 아래 바의 'My Designs(내 디자인)'으로 들어가 'Create New Design(새로운 디자인 만들기)'을 클릭하면 된다.

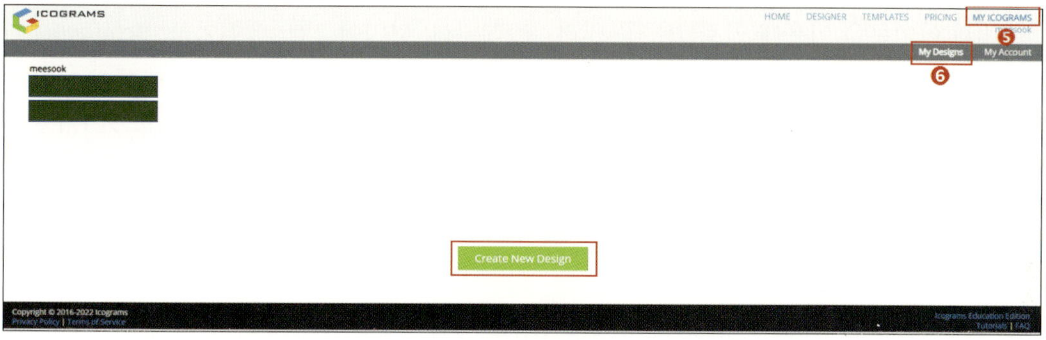

[그림5] 로그인 후 'Designer(디자이너)'로 들어가는 방법1

❼ Username(이름) : 로그인 후 자신의 이름을 클릭했을 때 뜨는 팝업 창에서 'My Designs (내 디자인)'을 클릭해도 디자인 창으로 들어갈 수 있다.

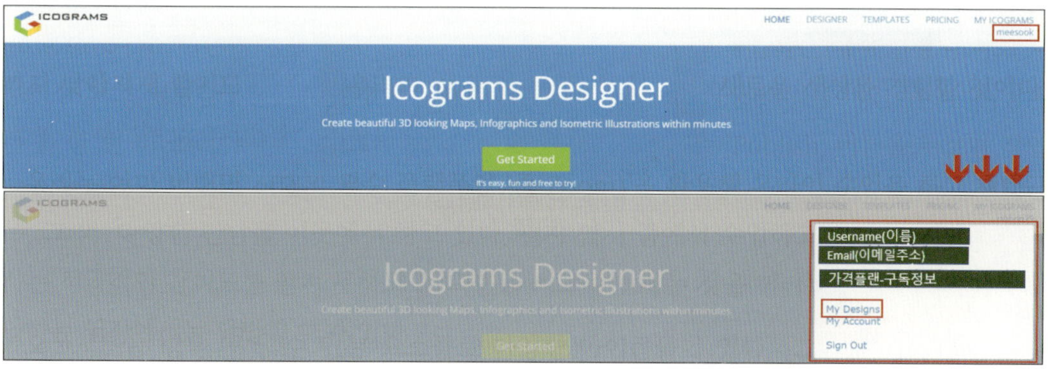

[그림6] 로그인 후 'Designer(디자이너)'로 들어가는 방법2

새로운 디자인을 시작하게 되면 'Create New Icograms Design(새 아이콘 디자인 만들기)' 팝업 창이 뜨는데 디자인의 이름과 가로*세로 사이즈를 지정한 후 디자인 작업을 진행하면 된

다. 기존에 작업하던 디자인이 있는 경우, 해당 디자인을 클릭하면 디자인 작업을 이어갈 수 있다.

3) TEMPLATES(템플릿)

Icograms Designer(아이코그램 디자이너) 프로그램에는 현재(2022년 6월) 기준 540개 이상의 템플릿과 3,840개 이상의 아이콘이 등록돼 있고 정기적으로 추가되고 있다. 이렇게 풍부한 템플릿과 아이콘을 이용해 인포그래픽, 일러스트레이션, 다이어그램, 레이아웃, 방문(랜딩) 페이지, 카드 디자인, 소셜 미디어 포스트 디자인, 광고디자인 등 산업별 다양한 분야에서 여러 방면으로 활용할 수 있다. 제공되는 템플릿을 그대로 사용해도 되고 프로그램 사용법을 익혀 약간의 수정작업을 거치면 자신만의 고유한 디자인을 만들어 낼 수 있다.

(1) 템플릿 살펴보기

템플릿의 Tag(태그)는 all(모두), agriculture(농업), city(도시), construction(건설), healthcare(보건의료), indoor(실내), infographics(인포그래픽), logistics(물류센터), power(전력)[1], 그리고 sport(스포츠) 총 10개의 항목으로 구성돼 있다. 처음에는 all(모두)로 확인해 템플릿을 전체적으로 살펴보고 프로그램에 익숙해지면 본인이 원하는 카테고리 항목을 바로 클릭해서 템플릿을 선택하는 게 시간을 아낄 수 있다. 검색할 때의 Tag(태그)는 'All(모두)'로 둔 상태에서 한다. 그 외에 홈 화면에서 Ctrl 키와 F 키를 눌러 템플릿을 검색하는 방법도 있다.

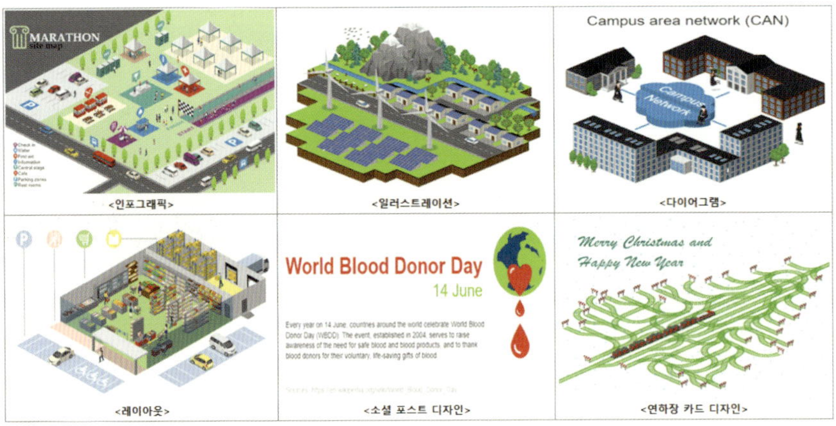

[그림7] Icograms Designer 프로그램의 템플릿에서 제공되는 다양한 디자인 툴

1) Power의 한글번역본은 '힘'이지만 '전력'으로 수정한다.

(2) 템플릿으로 디자인하기

Icograms Designer(아이코그램 디자이너) 프로그램을 처음 사용하는 경우에는 템플릿을 이용해 약간의 수정을 가하는 것으로도 멋스러운 디자인을 완성할 수 있다.

[그림8]은 'TEMPLATES(템플릿)' 화면에서 park(공원)를 검색했을 때 나온 템플릿이다. 검색된 템플릿 중 두 번째의 Festival Guide Map(축제 안내지도)과 네 번째의 Amusement Park Map(놀이공원 지도)을 결합한 놀이공원을 만들어 보겠다. 두 개(이상)의 템플릿을 결합하기 위해서는 결합할 템플릿 하나를 먼저 저장해 둔다. 그러고 나서 다른 템플릿을 저장할 때 두 개의 템플릿이 다 들어갈 수 있도록 다소 크게 사이즈를 지정하고(사이즈는 작업하면서 변경해도 된다) 먼저 저장한 템플릿을 복사해서 붙여넣기 해 진행하면 된다.

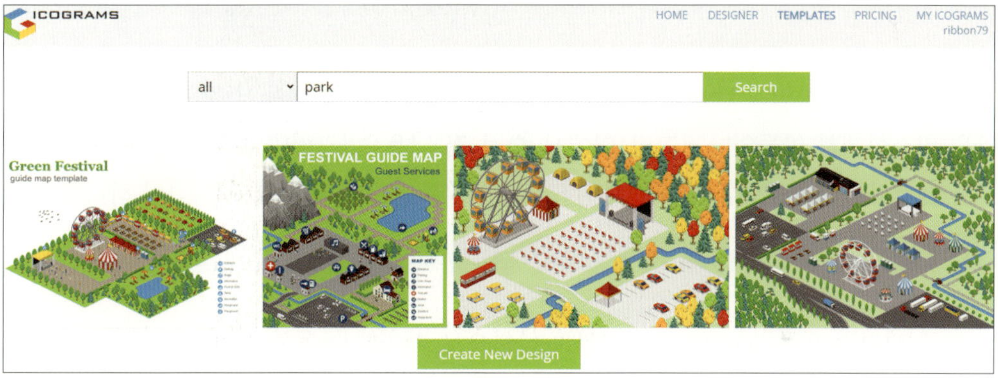

[그림8] 템플릿 검색 화면

[그림9]는 두 번째(Festival Guide Map(축제 안내지도))와 네 번째 Amusement Park Map(놀이공원 지도)맵을 저장하면서 두 템플릿을 각각 전체로 그룹화한 모습이다. 각각의 템플릿을 저장할 때는 마우스로 전체 화면을 드래그해서 하나의 그룹으로 묶는다. 그래야 저장된 디자인이 하나의 그림으로 움직이기 때문에 복사 및 붙여넣기 작업을 수월하게 할 수 있다.

각 맵의 그룹화가 끝나면 'MY ICOGRAMS(내 아이코그램)'로 들어가 저장한 템플릿을 찾아 Ctrl+C 키로 복사한 후 현재 작업 중인 화면에 Ctrl+V 키를 사용해 붙여넣기 한다.

[그림9] 템플릿 전체를 그룹화한 모습

놀이공원지도 디자인은 단순한 템플릿 합성에 대한 이해를 돕기 위한 것이기 때문에 수정 및 보완은 최소화해서 만들었다. [그림10]에서 수정 전 내용은 [그림9]의 두 맵을 단순히 대각선 방향으로 진열한 것이고, 수정 후 내용은 [그림9]의 두 맵을 겹쳐서 도로를 이어 하나의 공간으로 표현했다.

그 외에 변경된 것은 'MAP KEY'를 왼쪽 하단으로 확대해 이동한 것과, 배경색과 산의 색을 변경하고, 나무를 더 심고 나무에 색을 입혀 벚나무로 표현하고, 텍스트를 이동 및 변경한 것 등이다. 작업에 걸린 시간은 대략 10분 정도이다.

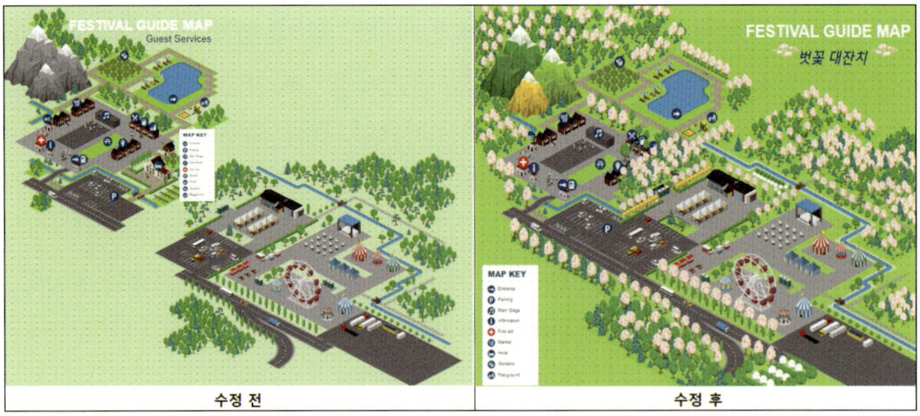

[그림10] 두 개의 템플릿을 하나로 합성해 만든 놀이공원 지도 디자인

좀 더 꾸민다면 Festival Guide Map(축제 안내지도)처럼 Amusement Park Map(놀이공원 지도)에도 Map key와 관련된 아이콘을 삽입하고, 주변의 자연경관을 좀 더 풍성하게 꾸미거나 다른 템플릿을 추가로 결합할 수 있다. 아이코그램 초보자라 하더라도 아이코그램의 기본적인 기능만 익히면 템플릿을 이용해 쉽고 빠르게 디자인을 할 수 있다.

다만, 게더타운에서 사용하는 경우에는 템플릿에 사람(동물)이 있는 경우, 게더타운의 아바타와의 이질감 및 이동 동선의 제한 등의 이유로 사람이나 동물은 삭제 후 이용하는 편이다. 템플릿 상의 아이콘 삭제 및 변경에 관한 내용은 'DESIGNER(디자이너)'의 기능에서 확인할 수 있다.

4) PRICING(가격)

가격은 무료버전인 'Basic(기본)'과 유료버전인 'Pro(숙련가)'[2], 'Expert(전문가)', 'Custom Icons(사용자 정의 아이콘)' 네 가지 Plan(플랜)으로 구분돼 있다. 'Basic(기본)'과 'Pro(숙련가)'의 항목은 거의 유사하다.

2022년 6월 기준 540개 이상의 템플릿과 3,840개 이상의 아이콘이 제공되고 있는데 'Basic(기본)'과 'Pro(숙련가)' 모두 동일하게 이용할 수 있다. 'Basic(기본)'과 'Pro(숙련가)' 버전 이용에 있어 가장 큰 차이는 자신이 작업한 디자인의 저장 개수와 업로드 가능한 파일의 크기와 개수, 아이코그램 라이선스 표기 유무 그리고 SVG 파일로의 다운로드 가능 여부다. 처음 아이코그램을 이용하는 사용자는 무료버전인 'Basic(기본)'을 사용해도 무리가 없다.

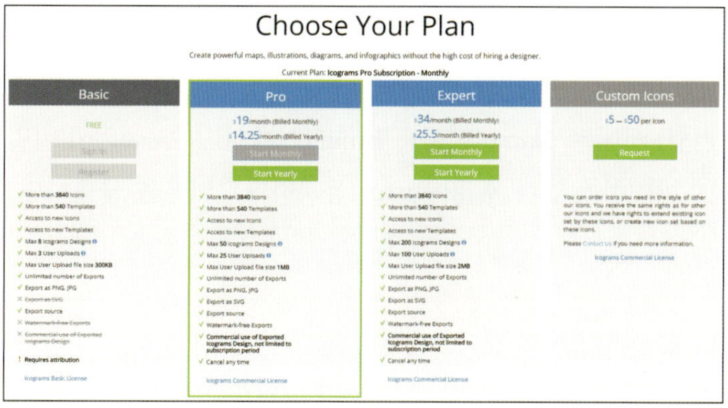

[그림11] 아이코그램 가격

2) 가격_플랜선택에서 Basic은 '기초적인으로' Pro는 '찬성'으로 번역되고 있으나, 내용에 부합하도록 Basic은 '기본' , Pro는 '숙련가'로 표기한다.

'Icograms Designer(아이코그램 디자이너)' 프로그램의 아이콘과 디자인된 그래픽은 비상업적 용도로 사용 시에는 무료이며 저작자 표시가 필요하다. 즉, 'Basic(기본)' 사용자의 경우, 화면 하단에 아이코그램 로고가 나오는 걸 지워서는 안 된다. 아이코그램 로고 사용을 원치 않을 경우나 상업적으로 사용할 때는 'Pro(숙련가)' 이상의 플랜으로 구독해야 한다.

'Basic(기본)' 플랜에서 작업한 디자인에는 Icograms Designer(아이코그램 디자이너) 로고가 찍히는데, 이 때 작업한 파일을 유료 플랜에서 업로드하면 아이코그램 로고는 자동으로 삭제된다. 역으로 유료 플랜에서 작업해서 아이코그램 로고가 없는 디자인을 'Basic(기본)' 플랜에서 업로드하면 아이코그램 로고가 자동으로 생성된다.

'Pro(숙련가)'와 'Expert(전문가)'는 매월 또는 연간 단위로 결제를 할 수 있고, 유료로 결제한 기간 동안에 만든 디자인은 유료 결제 기간이 끝나도 아이코그램 로고 없이 이용할 수 있다. 'Custom Icons(사용자 정의 아이콘)'은 개별적으로 아이코그램사에 디자인을 의뢰하는 것으로 'Home(홈)' 화면의 'Contact us(문의하기)'나 'PRICING(가격)' 화면의 'Request(요구)'에서 진행할 수 있다. 학생이나 교사의 경우는 교육용 사이트에서 회원 가입 시 교육용 에디션 버전을 무료로 이용할 수 있다.

회원 가입 이후 'PRICING(가격)'으로 들어가면 현재 자신이 이용하는 플랜이 표시된다. 구독을 취소하려면 'My Account(내 계정)'로 들어가서 구독내역이 기재된 하단의 'Cancel Subscription(구독취소)'을 클릭해서 진행하면 된다.

5) RESISTER(등록 : 회원가입)

처음 등록(회원가입) 시에는 'Name(이름)', 'Email(이메일)', 'Password(비밀번호)', 'Confirm Password(비밀번호 확인)'를 입력 후 'Register(등록하다)' 버튼을 클릭하면 바로 회원가입이 된다.

❶ Name(이름) : 회원가입 이후 한글 버전으로 로그인을 하면 이름이 한글로 번역돼 표시되지만, 회원 가입 당시에는 영어(숫자 포함 가능)로만 입력해야 한다.

❷ Email(이메일) : 이 메일은 계정 당 하나의 이메일만 매칭된다. 즉, 이메일 중복사용은 불가능하다.

❸ Password(비밀번호) : 비밀번호는 6글자 이상으로 하되 영어 소문자, 대문자, 숫자를 최소한 하나씩은 포함해야 한다. 비밀번호 변경은 로그인 후 'My Account(내 계정)'에서 가능하다.

❹ Confirm Password(비밀번호 확인) : 비밀번호를 입력 후 'Register(등록하다)' 버튼을 클릭하면 회원가입이 완료된다.

❺ Icograms education site(Icograms 교육 사이트) : 학생 및 교사는 교육 사이트로 직접 들어가서 회원가입을 하거나 일반회원 등록 창에서 ❺의 링크를 클릭 후, 'Student(학생)'나 'Teacher(선생님)' 자격으로 무료로 가입할 수 있다. 만약 기존에 일반으로 회원가입을 한 상태라면 교육용 사이트에서 자신에게 해당되는 자격('학생'이나 '선생님')을 선택한 후 기존의 아이디로 로그인을 해도 바로 교육용 사이트 이용이 가능하다. 회원가입 이후에는 SING IN(로그인)을 통해 Icograms Designer(아이코그램 디자이너) 프로그램을 이용한다.

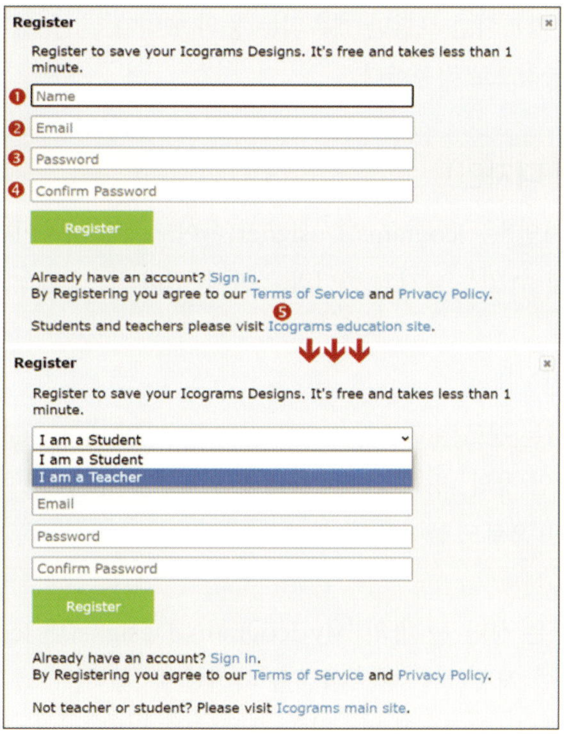

[그림12] Register(등록) 팝업 창

6) SING IN(로그인)

Icograms Designer(아이코그램 디자이너) 프로그램에 'RESISTER(등록)'를 한 이후, 프로그램 사용 시 이용한다. 'SING IN(로그인)'은 이메일과 패스워드를 사용한다. 로그인을 하면 기존의 'SING IN(로그인)' 메뉴는 'My ICOGRAMS'로, 'RESISTER(등록)'는 가입 당시 등록한 'UserName(이름)'으로 표시된다.

로그인 후 'UserName(이름)'을 누르면 별도의 팝업 창이 뜨는데 자신의 이름, 등록한 이메일 주소, 자신이 구독 중에 있는 가격 플랜을 확인할 수 있고, 'My Design(내 디자인)'이나 'My Account(내 계정)'로 이동 및 'Sign Out(로그아웃)'을 할 수 있다.

Icograms Designer(아이코그램 디자이너) 프로그램에 로그인이 돼 있는 상태여도 다른 작업을 하다가 일정 시간이 경과되면 로딩만 계속되는 등의 에러가 날 수 있는데, 이때 다시 'SING IN(로그인)'을 하면 정상적으로 작동한다.

(1) My Designs(내 디자인)

'My Designs(내 디자인)'은 Icograms Designer(아이코그램 디자이너) 프로그램에 저장된 자신의 디자인을 확인할 수 있는 디자인 폴더라고 볼 수 있다.

① 디자인 파일 확인

디자인 파일을 확인하는 경로는 로그인 후 'MY ICOGRAMS(내 ICOGRAMS)'나 'UserName(이름)'을 눌렀을 때 팝업 창의 내 디자인을 클릭해서 확인할 수 있고, 상단의 회색 바에 있는 'My Designs(내 디자인)'으로도 들어갈 수 있다.

디자인 작업 중일 때는 상단 툴 바의 'My Icograms Designs(내 Icograms 디자인)' 아이콘을 클릭해서 들어가면 저장된 디자인 파일을 확인할 수 있다. [그림13]은 로그인 후 'MY ICOGRAMS(내 ICOGRAMS)' 경로로 확인한 필자의 디자인 파일이다.

'Basic(기본)'버전 사용자의 경우 디자인 저장은 8개 까지만 가능하기 때문에 디자인 개수가 8개를 초과하면 일부 디자인을 삭제해야 새로운 디자인을 저장할 수 있다. 디자인 작업을 많이 하게 된다면 상위 플랜으로 업그레이드해서 사용하는 것이 나을 수 있다.

[그림13] My Designs(내 디자인)에 저장된 디자인 파일

② 디자인 파일 변경

일반적인 오피스문서 프로그램과는 다르게 'Icograms Designer(아이코그램 디자이너)' 프로그램에서는 같은 디자인으로 작업하는 중에 이름을 수정하면 다른 이름의 디자인 파일이 추가로 생성되는 것이 아니라 기존의 파일이 수정돼 저장된다. 'Designer(디자이너)' 화면에서는 '다른 이름으로 저장'하는 기능이 없고, 디자인 파일의 복사본을 만들거나 삭제 하는 것은 'My Designs(내 디자인)' 창에서 가능하다.

'My Designs(내 디자인)'에서 내가 편집하거나 복사하려는 디자인에 마우스를 가까이 가져가면 해당 디자인 위에 진회색의 막이 생기면서 편집, 복사 그리고 삭제할 수 있는 버튼이 보인다.

[그림14] 디자인 파일 변경 작업

㉮ Edit(편집하다) : Edit 키를 누르면 기존에 작업했던 디자인의 저장 본에서 작업 내용을 이어서 진행할 수 있다.

㉯ Create a copy(사본 만들기) : 파일을 복사해야 하는 경우에 이 버튼을 클릭하면 'Designer(디자이너)' 화면으로 이동하면서 해당 파일이 열린다. 하단 툴바의 파일명을 클릭하면 팝업 창에 파일 이름이 'Copy of 파일명'으로 뜬다. 이 때 변경할 이름을 지정하고 'Modify(수정하다)'를 클릭하면 해당 파일의 사본이 생성된다. 디자인 사이즈 비교나 다른 버전으로 작업하기 위한 경우에는 디자인파일 복사본을 만들어두거나 백업파일(JSON파일)을 만들어 두면 유용하다.

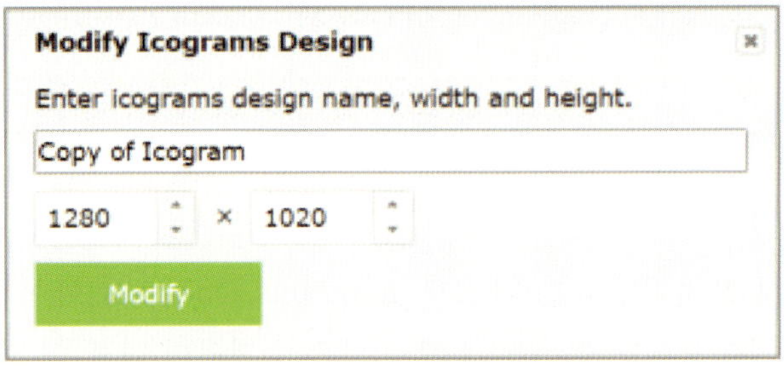

[그림15] 디자인 사본 만들기 클릭 시의 팝업 창

㉰ Permanently delete(영구 삭제) : 이 버튼을 눌러 삭제한 디자인은 복구할 수 없다. 'Basic(기본)' 버전의 경우, 디자인은 8개까지만 저장할 수 있기 때문에 삭제하기 전에 '*.json' 파일로 저장해두면 필요시에 업로드 해 사용할 수 있다.

(2) My Account(내 계정)

[그림16]은 'My Account(내 계정)' 화면이다. 이 곳에서는 내가 가입할 때 등록한 'Username(이름)'과 'Email(이메일 주소)'을 확인할 수 있고 비밀번호 변경도 가능하다. Icograms Designer(아이코그램 디자이너) 프로그램에 가입된 가격 플랜의 구독 내역도 상세하게 확인할 수 있고, 상위 버전으로의 업그레이드 및 구독 취소도 가능하다. 계정삭제도 이곳에서 진행하는데 구독 중인 경우에는 '구독취소'를 먼저 해야 계정을 삭제할 수 있다. 학생이나 교사로 회원가입 한 경우 '구독관련정보' 아래 'Student(학생)' 또는 'Teacher(선생님)'로 표기된다.

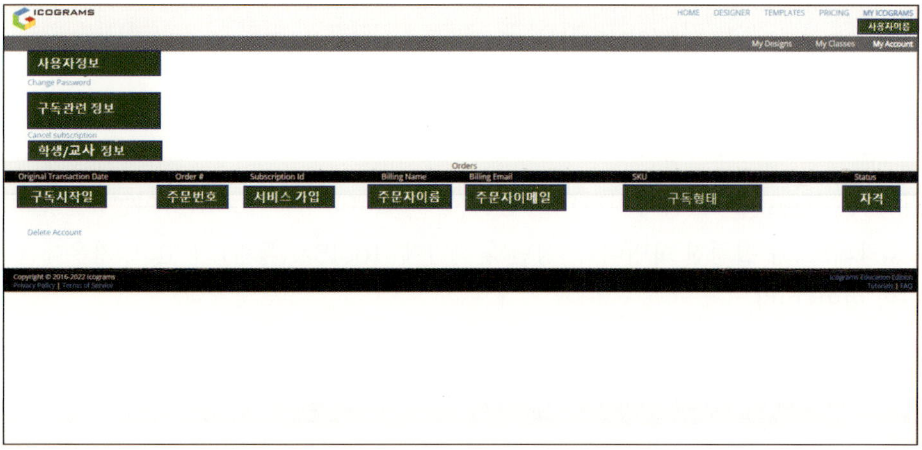

[그림16] My Account(내 계정) 화면

(3) My Classes(내 수업)

학생이나 교사가 교육용 에디션에서 회원가입을 하면 생성되는 메뉴이다. 학생 및 교사는 교육 사이트에서 학생이나 교사로 등록할 수 있는 데, 가입하면 'My Classes(내 수업)' 메뉴가 'My Designs(내 디자인)'와 'My Account(내 계정)' 사이에 생긴다. 교사와 학생 모두 회원가입을 한 상태에서 교사가 'Add Class(수업 추가)' 버튼을 눌러 반 이름과 설명을 입력 후 'Save(저장)' 버튼을 누르면 수업을 개설할 수 있다.

학생의 (아이코그램에 가입된) 이메일 주소를 입력하면 자동으로 학생에게 초대장이 발송된다. 초대장을 받은 학생은 자신의 계정 안에 있는 'My Classes(내 수업)'에서 '수락'이나 '거부'를 할 수 있다. 학생은 'My Classes(내 수업)'에서 디자인을 만들어 코멘트 등을 달아 제출할 수 있다. 교사는 'My Classes(내 수업)'에서 그 내용을 확인할 수 있다.

앞의 'TEMPLATES(템플릿)' 소개에서는 템플릿을 결합해 새로운 디자인을 만들어 봤다. 템플릿을 활용해 디자인을 만드는 것뿐만 아니라 자신의 아이디어를 활용해 독창적인 디자인을 만드는데도 Icograms Designer(아이코그램 디자이너) 프로그램은 좋은 도구이다. 디자인 작업을 진행하기 전에 프로그램 안의 'DESIGNER(디자이너)'의 주요 기능을 살펴보자.

3. Icograms Designer(아이코그램 디자이너)에서 디자인하기

1) 'Designer(디자이너)'의 도구

[그림17]은 'Designer(디자이너)' 화면에서 'Farm(농장)' 'Icon(아이콘)'을 눌렀을 때 'Palettes(팔레트)'가 펼쳐진 화면이다. 상단과 하단에 'ToolBar(툴바)'가 있고, 가운데는 'Work Area(작업 영역)'이다.

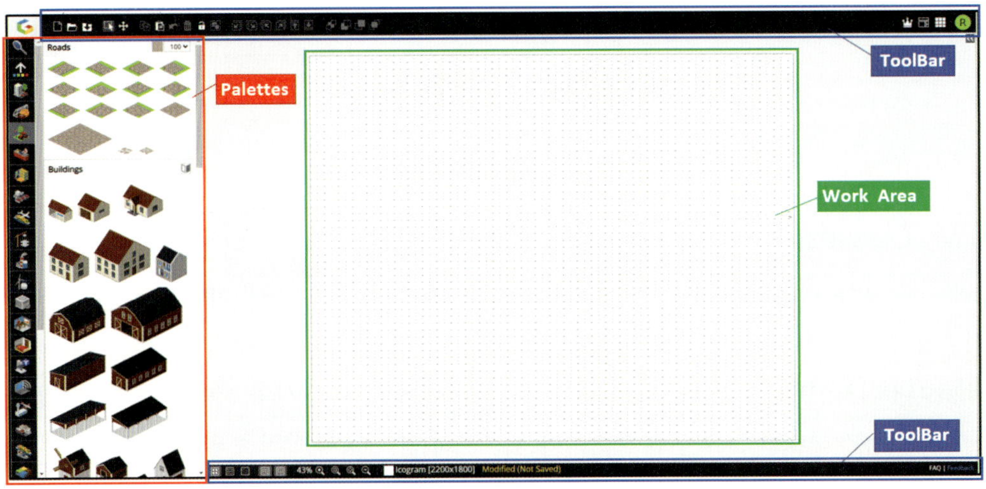

[그림17] 'Designer(디자이너)' 화면 구성

(1) Work Area(작업 영역)

① Isometric Grid(아이소메트릭 그리드 : 등각투영 격자무늬)[3)]

'Work Area(작업 영역)'는 일종의 캔버스로 템플릿이나 아이콘을 작업해서 디자인을 제작하는 공간이다. 이 공간은 Isometric Grid(아이소메트릭 그리드 : 등각투영 격자무늬)

---

3) 등각투영도(等角投影図 isometric projection) 공학기술자나 건축가들이 이용하는 3차원의 대상에 대한 시각적 표현법. 선택된 서로 수직인 3개의 좌표축에 평행한 선들로 제도한다. 등각투영은 평면이 같은 각도를 이루도록 방향을 취하면 이루어진다(그러므로 '등각' 혹은 '등치수'). 따라서 정육면체의 등각투시에서는 보이는 3개의 면이 등변평행4변형으로 나타난다. 즉 정6면체의 평행한 모서리들은 평행선으로 나타나며 주축에 평행한 변의 길이는 그들의 실제의 길이로 나타난다.

-등각투영도, 『브리태니커 세계 대백과사전』 5권, 한국브리태니커회사(1997)

로 표시된다. 그리드(격자무늬)는 모눈종이 모양으로 일반적으로는 정사각형의 모습이지만, Icograms Designer(아이코그램 디자이너) 프로그램에서는 마름모꼴의 그리드이다. Icograms Designer(아이코그램 디자이너) 프로그램에서의 아이소메트릭 그리드는 평면(2D)에서 3차원(3D) 효과를 낸다. 게더타운은 2D기반이지만, 아이코그램에서 만든 디자인을 업로드하면 2.5D의 효과를 내어 보다 더 생동감 있는 표현이 가능하다.

[그림18]은 잔디 위에 건물을 올린 디자인이다. 하얀색 바탕 위에 회색의 점과 선으로 마름모꼴로 보이는 격자무늬를 그리드라고 부른다. 아이소메트릭 그리드이기 때문에 모든 아이콘은 [그림18]의 화면에서 보듯이 마름모꼴로 위치한다. 이 그림에서 회색 점선이 생긴 것은 Ctrl키를 누른 상태에서 건물과 잔디밭을 선택해서 생긴 것으로 해당 아이콘의 가로*세로 픽셀의 값으로 선택된 아이콘의 크기를 보여준다.

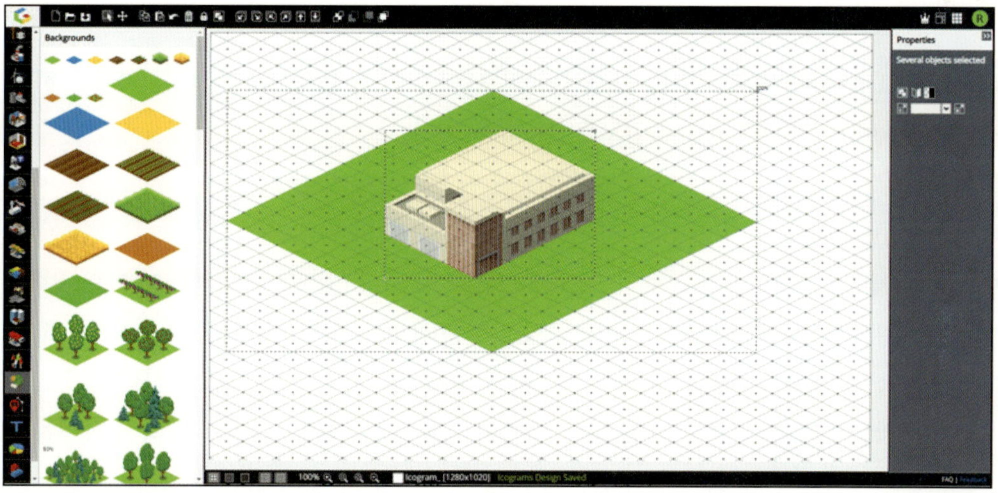

[그림18] Isometric Grid(아이소메트릭 그리드)에 표현되는 아이콘의 모습

② 디자인 파일 형식

아이소메트릭 그리드는 벡터 형식의 파일로 SVG파일로 저장(혹은 내보내기)하면 Adobe Illustrator나 Inkspace에 크기조정 및 색상변경 등의 작업을 할 수 있다. 아이코그램에서 작업한 소스파일은 JSON 파일로 저장하고 게더타운에 업로드하려는 파일이나 투명도가 필요한 파일은 PNG 파일로 다운로드 하면 된다. 그 외 JPG 파일로도 저장할 수 있다.

③ Icon Set(아이콘 세트 : Icon & Pallets(아이콘&팔레트))

Icograms Designer(아이코그램 디자이너) 프로그램에서 아이콘은 게더타운에서의 'Object(오브젝트 : 객체)'와 같다고 보면 된다. 'Designer(디자이너)' 화면에서 'Palettes(팔레트)' 공간 맨 왼쪽에 검은색 바탕 위의 그림으로 표시된 개체를 'Icon(아이콘)'이라 부른다. 또한, 하나의 아이콘을 눌렀을 때 팔레트 위에 펼쳐지는 하나하나의 개체 또한 'Icon(아이콘)'이라 부른다.

(2) 아이콘 사용법

아이콘은 현재(2022년 6월 기준) 31개로 구분돼 다양한 산업 영역을 아우르고 있다. 'Designer(디자이너)' 창에서 제공되는 아이콘은 각 분야별로 아이콘을 누르면 팔레트에 그 분야에 관련된 아이콘들이 펼쳐지므로 그 중에서 자신에게 필요한 아이콘을 'Work Area(작업 영역)'에 'Drag and Drop(마우스를 끌어서 이동하기)' 해서 작업하면 된다.

Icograms Designer(아이코그램 디자이너)의 31개 아이콘 중에서 조금 다른 역할을 하는 아이콘은 'Search(검색)'와 'Upload(업로드)'를 들 수 있다.

① 'Search(검색)'

아이콘의 제일 상단에 있는 돋보기 모양의 그림은 'Search(검색)' 아이콘으로 필요한 아이콘을 검색할 수 있다. 검색 창에 옅은 회색글씨로 'Tag'라고 입력된 곳에 자신이 찾고자 하는 아이콘의 단어를 입력하고 돋보기를 누르면(해당 아이콘이 있는 경우) 팔레트 상에 검색된 아이콘(들)이 영역별로 구분돼 표시된다. 회색 바에 표시된 것은 카테고리별로 정리된 아이콘 영역을 나타낸다. 아이콘의 검색은 영어, 한국어 모두 지원이 되고 결과 값은 동일하다. [그림19]는 'tree(나무)'를 입력했을 때 검색된 아이콘(들)의 모습이다.

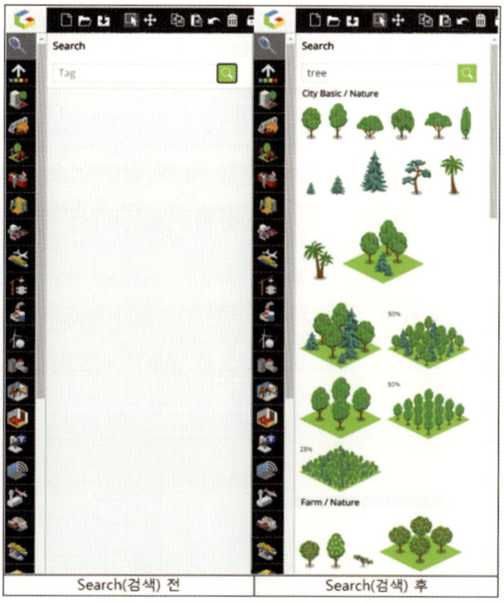

[그림19] Search(검색) 아이콘 사용 예

② 'Uploads(업로드)'

검색 아이콘 아래에 있는 'Uploads(업로드)'는 자신이 갖고 있는 이미지 파일을 업로드 할 수 있는 아이콘이다. 업로드는 로그인이 된 상태에서 이용이 가능하다.

초록색의 'Upload(업로드)' 화살표를 누르면 파일을 선택할 수 있도록 팝업 창이 뜬다. '파일 선택'을 눌러 파일을 클릭하면 팝업 창에 파일명과 파일의 가로*세로 사이즈가 표시된다. [그림20]은 빈 화면에서 업로드 아이콘을 클릭 했을 때의 팝업 창과 업로드 한 파일이 저장된 모습이다. 이미지 파일은 'png, jpg, gif, svg' 형식의 파일만 업로드 할 수 있고 파일 크기는 가입한 가격플랜의 정책에 따른다. 업로드 한 이미지를 삭제하면 '되돌리기' 할 수 없고, 다시 업로드 해야 한다.

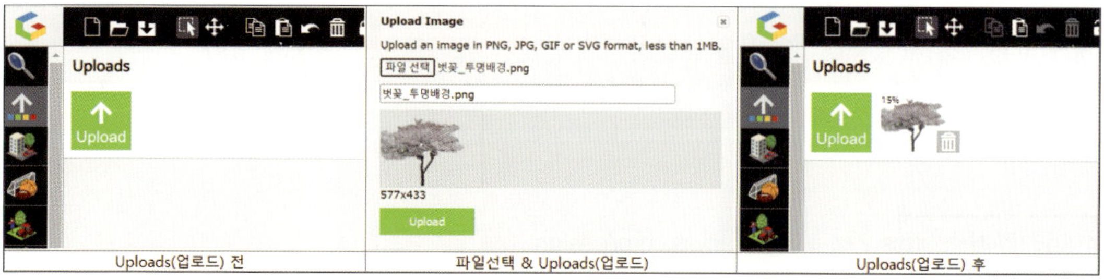

[그림20] Uploads(업로드) 아이콘 사용 예

'Basic(기본)'플랜에서 업로드 가능한 파일 수는 3개이고, 파일 크기는 300KB 이하이다. 업로드 파일 수가 3개가 되면 더 이상 업로드 할 수 없으므로 추가적으로 업로드가 필요하면 기존에 업로드 한 파일을 삭제하고 올린다. 이미지 파일이 300KB 보다 크면 업로드가 되지 않으므로 작업 전에 파일의 크기를 확인해 이미지 크기를 작게 만들어서 업로드 하는 방법이 있다. 이미지 크기 조절은 '미리캔버스'나 '이미지크기 조절사이트'[4]에서 쉽게 할 수 있다.

디자인 작업을 지속적으로 하거나 이미지 업로드를 많이 하는 경우 'Pro(숙련가)' 버전 이상의 유료로 결제하면 이미지 파일을 업로드 시 비교적 파일 개수나 크기에 구애받지 않고 편리하게 이용할 수 있다.

(3) 아이콘의 구성

이제 본격적으로 디자인에 활용할 수 있는 아이콘을 살펴보자. [그림21]과 [그림22]는 'Designer(디자이너)' 화면의 아이콘을 영역별로 구분하여 표시한 것이다. ① 'Search(검색)'와 ② 'Upload(업로드)' 이외에 ③ City Basic(시티 베이직)과 ㉛ Winter(겨울) 사이의 아이콘은 단독으로 혹은 다른 분야 (팔레트의) 아이콘과 결합해 크기, 색상, 방향 등을 변경해 디자인을 꾸미는 데 사용된다.

① 'Search(검색)'와 ② 'Upload(업로드)'를 제외한 29개 영역의 아이콘을 클릭하면 해당 영역의 아이콘들이 팔레트 위에 카테고리별로 구분돼 표시된다.

예를 들면, ③ City Basic(시티 베이직)의 아이콘의 카테고리는 Buildings(건물), Street Furniture(거리 가구), Nature(자연), Roads(도로), Road Signs(도로 표지판), Micromobility Vehicles(마이크로 모빌리티 차량), Vehicles(차량), People(사람들)로 구성되어 있고, ⑤ Farm(농장) 아이콘의 카테고리는 Roads(도로), Buildings(건물), Nature(자연), Animals(동물), Vehicles(차량), People(사람들)로 나뉘어져 있다. 도로, 건물, 자연, 차량은 동일한 카테고리이지만 ③ City Basic(시티 베이직) 아이콘은 '도시'를 디자인하는 데 필요한 아이콘으로 구성돼 있고 ⑤ Farm(농장)은 '농장'을 표현하기에 알맞은 아이콘으로 구성돼 있다.

---

4) 미리캔버스 https://www.miricanvas.com/design
이미지크기 조절 사이트 https://www.iloveimg.com/ko

[그림23]은 ③ City Basic(시티 베이직)과 ⑤ Farm(농장)의 'Vehicles(차량)' 카테고리 그림이다. 그림에서 보듯이 카테고리는 같아도 ③ City Basic(시티 베이직)의 아이콘은 도시에서 흔히 보이는 운송수단이고, ⑤ Farm(농장)의 아이콘은 농장에서 이용되는 농기계로 구성돼 있음을 확연히 알 수 있다.

카테고리가 동일하더라도 내용은 해당 산업분야에 맞는 아이콘으로 구성돼 있으므로 자신이 디자인하고자 하는 아이콘을 찾을 때는 각 산업분야별로 분류된 아이콘을 참고하면 된다. 특히 'People(사람들)'이나 'Symbols(기호)'의 경우 여러 분야에 걸쳐 등록돼 있지만 해당 아이콘의 산업영역에 해당되는 것을 반영한다.

[그림21] 아이콘의 구성1

[그림22] 아이콘의 구성2

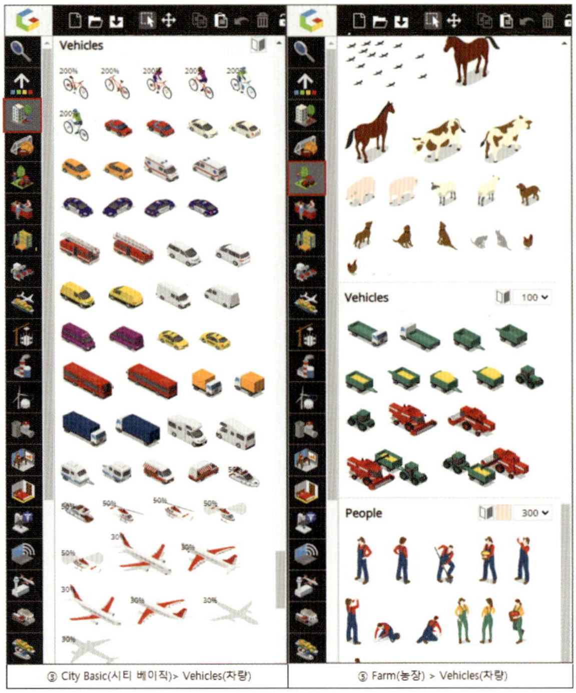

[그림23] 같은 카테고리여도 산업영역별로 다른 아이콘의 모습

(4) 아이콘으로 디자인 꾸미기

Toolbar는 상단과 하단에 위치하는데 그 기능이 다르다. 상단의 툴바는 아이콘으로 디자인 작업을 하는 데 사용되고, 하단의 툴바는 'Work Area(작업 영역)'과 관련된 도구 모음이다.

[그림24]는 상단 툴바의 도구모음을 표시한 화면이다. Icograms Designer(아이코그램 디자이너) 프로그램은 지속적으로 아이콘 및 템플릿을 업데이트하고 있는데 현재(2022년 6월) 기준으로 상단 툴바의 내용도 변경됐다.

[그림 24]의 상단 툴바 그림은 ①에서 ㉑번까지가 도구모음이고, ㉒번에서 ㉔번은 새로 생긴 기능 키이다. 대략적으로 설명하면, ①~③은 파일 생성, 저장, 다운로드에 관한 내용이다. ④~⑤는 아이콘의 선택과 이동 그리고 전체 화면 설정을 다룬다. ⑥~⑪은 아이콘 복사 및 붙여넣기, 삭제, 작업 실행취소, 그룹화 및 그룹화 해제에 대한 내용으로 디자인 작업에서 자주 사용된다. ⑫~⑰은 아이콘 복제를 이동할 때 쓰인다. ⑱~㉑은 아이콘간의 (좌우상하간) 위치를 선정할 때 사용된다. ㉒~㉕는 새로 생성된 것으로 가격플랜, 템플릿, 로그인, 등록을 툴바에서도 이

용할 수 있게 됐다. 툴바의 도구는 활성화가 된 상태는 흰색으로 보이고 비활성화될 때는 회색으로 보인다. 상단 툴바에서 항상 활성화 되어 있는 도구는 ①,②,③,④,⑤,⑦,⑨번이다. 보통, 비활성화된 도구는 화면의 아이콘을 클릭하면 활성화된다. 그룹화 도구는 아이콘이 최소 2개 이상 선택되었을 때 활성화된다.

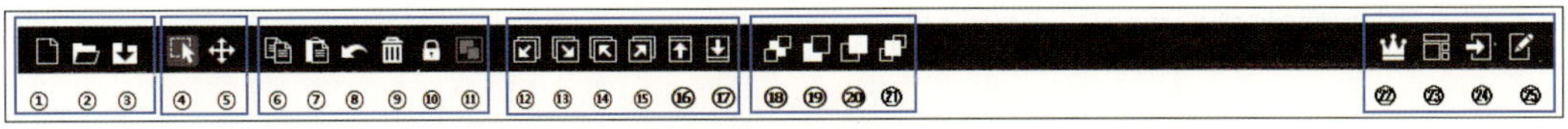

[그림24] 상단 툴바

① Create new icograms Design(새로운 icograms 디자인 만들기)

이 키는 새로운 디자인 작업을 할 때 이용한다. 회원가입을 한 이후 로그인을 하고 'Designer(디자이너)' 화면에서 ①번 버튼을 클릭하면 'Create New Icograms Design(새 아이콘 디자인 만들기)' 팝업 창이 뜬다. 네모 칸에는 디자인 이름을 입력하고 아래쪽의 숫자에는 가로*세로 사이즈를 입력 후 'create(만들다)'를 누르면 지정된 사이즈의 디자인 이름이 저장된다. 디자인 파일 이름은 번역이 적용되지 않고 영어, 한글 둘 다 사용이 가능하며 지정한 이름(영문 또는 한글) 그대로 저장된다. 로그인을 하지 않은 상태에서도 작업은 가능하나 파일 저장을 하려면 로그인을 해야 한다.

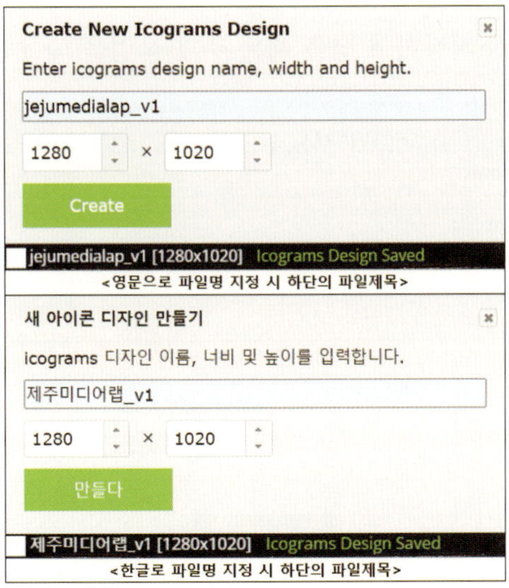

[그림25] 새로운 아이콘 디자인 만들기 팝업창

② Upload source file(**소스파일 업로드**)

소스파일 업로드 도구 키는 기존에 자신이 작업한 디자인을 '*.json' 파일로 저장한 경우 업로드 해 사용할 수 있다. 파일 업로드 키를 누르면 팝업 창이 뜨는데 json 파일만 선택되도록 세팅돼 있다. 상단 툴바의 업로드는 확장자가 json인 파일만 가능하다. json확장자 이외의 확장자 파일을 선택하면 에러가 나고 업로드 되지 않는다. 이미지 파일 업로드는 아이콘 세트의 업로드 아이콘을 이용해야 한다.

[그림26] 소스파일 업로드 팝업 창

③ Download/Export as SVG/PNG/JPG(SVG/PNG/JPG**로 다운로드/내보내기**)

디자인 작업이 끝나면 파일을 다운로드 해서 저장하거나 내보내기할 수 있다. 디자인이 같은 상태에서 파일명을 변경하면 기존 파일과 다른 파일로 저장되지 않고, 기존의 파일이 새로운 파일이름으로 저장된다. 기존의 파일은 보이지 않고, 기존의 디자인이 새로 변경된 파일이름으로 유지되므로 디자인을 다르게 저장하고 싶을 때는 추가 작업을 해야 한다.

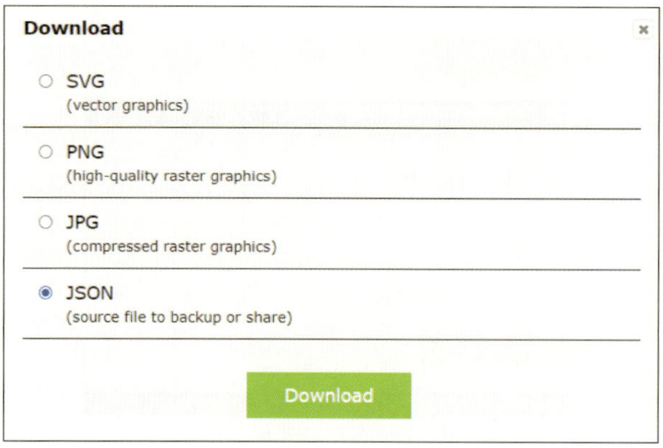

[그림27] 소스파일 다운로드 팝업 창

④ Selection Move and mode(Ctrl+Click to select multiple)(**선택 및 이동모드(여러 개를 선택하려면 Ctrl+클릭)**)

이 도구는 'Work Area(작업 영역)'에 있는 아이콘(들)을 이동시키거나 패닝모드(전체 모드)를 해제시킬 때 사용한다. 이 키가 활성화된 상태에서는 'Work Area(작업 영역)'에서 마우스를 움직이면 마우스 포인터로 표시되는 데 이 때 이동 또는 변경하려는 아이콘을 클릭해서 위치 이동 및 크기, 색상, 사이즈, 방향 등을 변경할 수 있고 복제도 할 수 있다.

[그림28]은 지도에서 Ctrl키를 이용해 천막만 선택한 화면을 보여준다. 여러 개의 아이콘을 선택하려면 Ctrl 키를 누른 상태에서 필요한 아이콘(들)에 마우스를 갖다 대고 클릭하면 그 아이콘(들)이 선택된다. 선택을 해제하려면 해제하려는 아이콘을 한 번 더 클릭하면 된다. [그림28]의 왼쪽은 선택 및 이동 모드이고, 오른쪽은 패닝모드이다. 패닝모드일 때 이 키를 누르면 선택 및 이동 모드로 전환된다.

'Work Area(작업 영역)'에서 디자인 작업을 할 때는 기본적으로 선택 및 이동모드 상태여야 작업이 가능하다. 빈 화면에서 마우스를 클릭하면 선택된 아이콘 모두가 해제되므로 필요한 내용에 따라 Ctrl키와 마우스를 적절히 사용한다. Ctrl를 키를 누른 상태에서 자판의 A키를 누르면 'Work Area(작업 영역)' 안에 있는 모든 아이콘(들)이 선택된다. 마우스로 화면 전체를 드래그해도 모든 아이콘이 선택된다. 여러 아이콘을 그룹화하거나 많은 아이콘을 삭제해야 할 때 Ctrl키를 이용하면 편리하다.

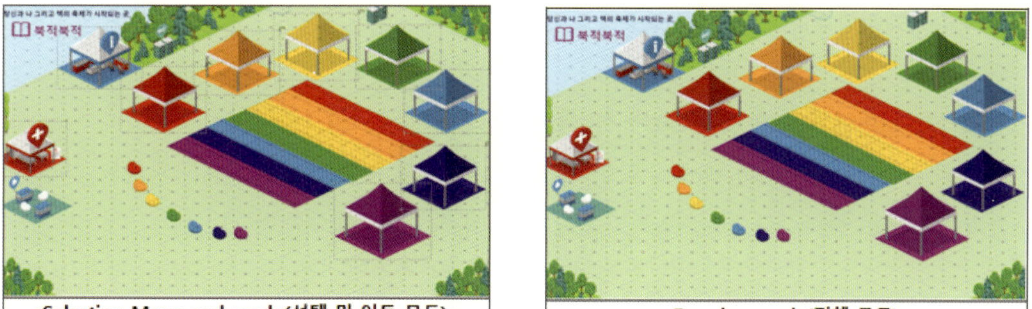

<Selection Move and mode(선택 및 이동 모드)> <Panning mode(전체 모드)>

[그림28] 선택 및 이동 모드 vs 패닝 모드

⑤ Panning mode(Hold Alt or Hold Space)(**패닝 모드(ALT 또는 스페이스 유지)**)

패닝모드는 'Work Area(작업 영역)'를 전체적으로 이동시킬 수 있다. 이 키가 활성화된 상태에서는 'Work Area(작업 영역)'에서 마우스를 움직이면 마우스 포인터 대신 십자모양의 패닝모드 화살표가 표시된다.

선택 및 이동모드에서 ⑤ 패닝모드 키를 클릭하거나, 'ALT(알트)'키나 'Space Bar(스페이스바)'를 누른 상태를 유지하면 패닝모드로 전환이 된다. 해제 시에는 ④ 선택 및 이동모드 키를 클릭하거나, 'ALT(알트)'키나 'Space Bar(스페이스바)'를 누른 상태를 해제하면 된다. 작업영역을 확대 또는 축소 시 화면이 움직이기 때문에 주로 이용하게 된다.

또한 디자인 작업이 마무리될 때 아이콘 간에 겹침이라든가 전체적인 디자인 작업을 검토할 때 확대모드에서 화면을 이동하면서 사용하면 점검하는 데 유용하다.

⑥ Copy select items(Ctrl+C)(**선택한 항목 복사**(Ctrl+C))

특정 아이콘을 선택한 후 이 키를 누르면 복사가 된다. Ctrl키와 C를 함께 눌러도 동일하게 복사할 수 있다.

⑦ Paste items(Ctrl+V)(**항목 붙여넣기**(Ctrl+ V))

⑥번 키를 눌러 복사한 이후 ⑦번 키를 누르면 복사된 아이콘이 화면에 표시된다. Ctrl키와 V를 같이 눌러도 동일한 결과가 나온다. Ctrl키로 복사(C) 또는 붙여넣기(V) 작업은 아이코그램 프로그램 내에서만 적용된다.

⑧ Undo latest operation(Ctrl+Z)(**최근 작업 실행 취소**(Ctrl+Z))

⑧번 키나 Ctrl키와 Z키를 함께 누르면 방금 작업한 내용을 취소할 수 있다. 누르는 횟수만큼 이전의 작업으로 돌아간다. 실행취소 가능한 작업 이력은 100개로 제한된다.

⑨ Delete selected items(Del)(**선택한 항목 삭제**(Del))

아이콘을 삭제할 때 ⑨번 키를 누르거나 키보드에서 Delete(Del)(삭제)키를 누르면 된다. 여러 아이콘을 한 번에 삭제해야 하는 경우에는 Ctrl키를 누른 상태에서 삭제할 마우스로 아이콘들을 모두 선택한 후 상단 툴바의 ⑨번 휴지통 그림을 클릭하거나 키보드의 Delete(Del)(삭제)키를 누르면 선택된 아이콘이 삭제된다. Ctrl키와 A키를 함께 누르면 'Work Area(작업 영역)'

위에 놓인 모든 아이콘이 선택되므로 전체삭제를 할 때 유용한 단축키이다.

⑩ Lock selected item(s)(선택한 항목 잠금) / Unlock all locked items(잠긴 모든 항목 잠금 해제)

아이콘을 선택한 상태에서 이 키를 누르면 해당 아이콘이 잠금 상태가 돼 'Selection Move and mode(선택 및 이동)'를 할 수 없게 된다. 잠금 처리된 아이콘은 선택이나 이동이 되지 않지만, 다른 아이콘을 잠김 상태의 아이콘 위로 이동시키는 것은 가능하다. 아이콘을 고정해서 사용해야 할 때 유용하다. 이 키를 한 번 더 누르면 잠금 상태가 해제돼 잠겼던 아이콘을 자유롭게 이동하거나 및 변경할 수 있다.

⑪ Group selected item(s)(선택한 항목 그룹화) / Ungroup selected item(s)(선택한 항목 그룹해제)

[그림29]는 'Sports Competitions(스포츠 대회)'라는 템플릿이다. 보통 템플릿의 그림들은 전체 혹은 부분적으로 그룹화 돼 있는 경우가 많다. [그림29] 상단의 파란색 상자 안에는 회색 점선이 배구코트장 하나에만 확인되는 데 이는 배구장 안의 코트, 장비, 선수, 심판 모두가 하나로 그룹화 돼 있음을 의미한다.

이렇게 그룹화 돼 있는 상태에서 ⑪번 키를 누르면 그룹화가 해제돼 [그림29] 하단의 빨간 상자 안의 그림처럼 모든 아이콘 마다 아이콘 위에 개별 점선 상자가 표시된다. 템플릿에서 제거하고자 하는 아이콘은 아이콘을 클릭한 상태에서 그룹화를 해제한 후 상단 툴바의 ⑨번 휴지통 아이콘이나 del키를 눌러 삭제한다. 아이콘(들)을 그룹화 할 때는 하나의 아이콘을 선택하고 Ctrl키를 누른 상태에서 그룹화 할 아이콘(들)을 연속적으로 선택한 후에 ⑪번 키를 누르면 된다.

또는 그룹화 할 아이콘들을 마우스로 드래그 한 상태에서 이 키를 눌러도 하나의 그룹으로 묶을 수 있다. 그룹화 된 상태에서 이 키를 한 번 더 클릭하면 그룹화가 해제된다. 같은 아이콘(들)을 일정하게 배치할 때는 그룹화를 해서 복사 및 복제를 하는 것이 작업을 빨리할 수 있다. 그룹으로 묶인 경우 색상변경은 같은 아이콘을 그룹화한 경우에는 전체적으로 변경되고, 다른 종류의 아이콘을 그룹화한 경우에는 색상변경 자체가 적용되지 않는다. 크기는 아이콘의 종류에 상관없이 일괄로 변경된다. 그러므로 색에 대한 디테일한 작업은 그룹화 이전에 마무리를 해야 여러 번 작업하는 일이 생기지 않는다.

[그림30]은 '자연〉도로〉들길02' 아이콘으로 보도블럭을 만든 것으로 가운데 점선으로 표시된 아이콘을 기준으로 ⑫~⑰의 화살표를 각각 세 번씩 눌렀을 때 보도블럭이 복제된 모습이다.

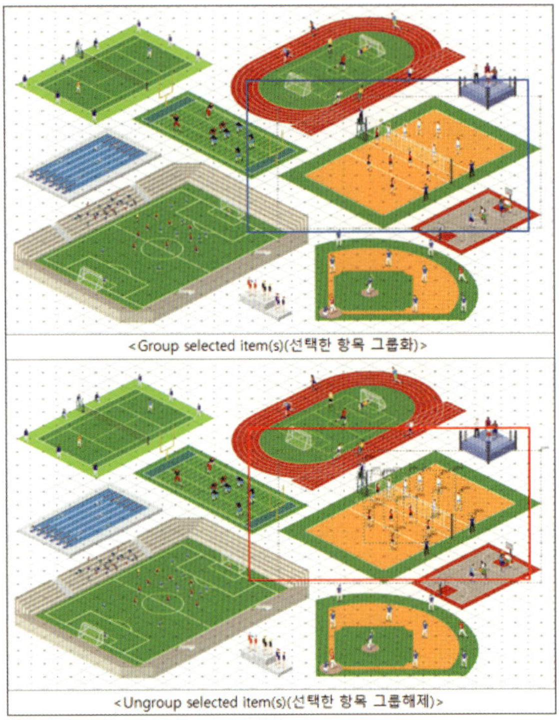

[그림29] 그룹화 및 그룹화해제

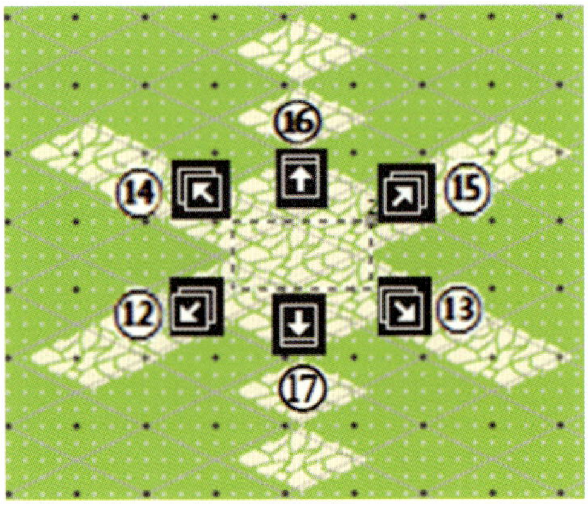

[그림30] 아이콘 복제

⑫ Clone selected item to left down(선택한 항목을 왼쪽 아래로 복제)

아이콘을 복제해 좌하향의 방향으로 위치시킬 때 사용한다.

⑬ Clone selected item to right down(선택한 항목을 오른쪽 아래로 복제)

아이콘을 복제해 우하향의 방향으로 위치시킬 때 사용한다.

⑭ Clone selected item to left up(선택한 항목을 왼쪽 위로 복제)

아이콘을 복제해 좌상향의 방향으로 위치시킬 때 사용한다.

⑮ Clone selected item to right up(선택한 항목을 오른쪽으로 복제)

아이콘을 복제해 우상향의 방향으로 위치시킬 때 사용한다.

⑯ Clone selected item up(선택한 항목을 위로 복제)

아이콘을 복제해 바로 위쪽으로 위치시킬 때 사용한다.

⑰ Clone selected item down(선택한 항목을 아래로 복제)

아이콘을 복제해 바로 아래쪽에 위치시킬 때 사용한다. Clone 키는 연속적인 복제 아이콘이나 도로 등을 만들 때 사용하면 유용하다.

⑱ Send selected item back(선택한 항목을 맨 뒤로 보내기)[5)]

선택한 아이콘을 제일 뒤에(혹은 아래에) 위치하게 하는 키이다.

⑲ Send selected item backward(선택한 항목을 뒤로 보내기)

아이콘이 이웃하고 있을 경우, 이 키를 클릭하면 선택된 아이콘이 이웃 아이콘보다 뒤나 아래에 위치하게 된다.

⑳ Send selected item forward(선택한 항목을 앞으로 가져오기)

이 키를 누르면, 선택된 아이콘이 이웃한 아이콘보다 앞이나 위에 위치하게 된다.

㉑ Send selected item to front(선택한 항목을 맨 앞으로 가져오기)

이 키는 여러 아이콘이 있을 때 선택된 아이콘을 제일 앞으로 혹은 맨 위로 보내는 기능을 한다. [그림31]에서 〈수정 전〉 그림은 아이콘을 설치하다보면 뒤죽박죽 섞일 수 있는 상황을 보여준다. 위치 선정이라는 것은 기준점에 따라 상대적인 개념이긴 하지만 건물을 기준으로 위치선정을 한다면 위 그림에서 알림판과 나무, 왼쪽 화단은 건물보다 앞에 위치해야 한다. 따라서 ⑳번 키를 눌러주고, 건물 옆의 오른쪽 화단은 건물보다 뒤로 가야 하므로 ⑲번 키를 눌러줘야 한

---

5) Send selected item back(선택한 항목을 맨 뒤로 보내기) : 아이코그램 한글 버전은 Send selected item back을 '선택한 항목을 다시 보내기'로 번역하고 있지만, 이 키는 아이콘을 맨 뒤로 보내는 기능을 하기 때문에 때문에 '선택한 항목을 맨 뒤로 보내기'로 수정한다.

다. 건물 앞 나무 아래 벤치는 나무보다 위로 올라왔으므로 나무 보다 아래에 갈 수 있도록 ⑲번 키를 누르면 된다.

이 경우, 벤치는 그대로 두고 나무를 선택한 후 ⑳번 키를 클릭해도 결과는 동일하다. 건물의 지붕은 건물 맨 위에 위치해야 하므로 ㉑번 키를 눌러주고, 건물 아래 잔디밭은 제일 아래 위치해야 하므로 ⑱번 키를 눌러준다. 이렇게 건물 정돈이 끝나면 하나의 그룹으로 묶어두는 게 좋다. 그룹화 되지 않으면 근처에 다른 아이콘을 추가 작업할 때 아이콘의 위치를 다시 작업해야 하는 일이 발생할 수 있기 때문에 원활한 작업을 위해서는 중간 중간 그룹화 작업을 해놓는 것이 필요하다.

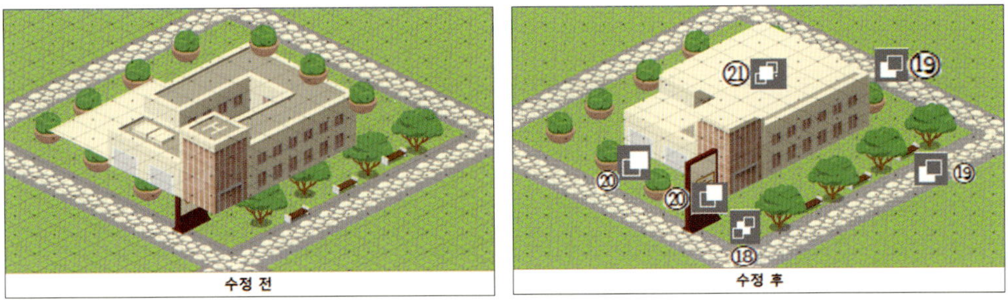

[그림31] 위치 선정 아이콘을 적용한 모습

㉒~㉕번은 기존에는 툴 바 상단에 글씨로 기재됐었는데 현재는 아이콘 그림으로 바뀌었고 그림을 클릭하면 해당 창으로 이동한다.

㉒ Plans(계획)

㉒번 아이콘을 클릭하면 HOME(홈)의 PRICING(가격) 화면으로 넘어간다. 가격 플랜별 제공되는 서비스 확인 및 업그레이드를 할 수 있고, 자신이 가입된 플랜 상태도 확인이 가능하다.

㉓ Templates(템플릿)

㉓번 아이콘을 누르면 HOME(홈)의 Templates(템플릿) 화면으로 이동할 수 있다.

㉔ Sign In(로그인)

로그인 전에는 Sign In(로그인)으로 표시되고 로그인 후에는 My Icograms Designs(내 Icograms 디자인)으로 표시되며 해당 창으로 이동할 수 있다.

㉕ Register(등록하다)

로그인 전에는 Register(등록하다)로 표시되어 회원가입을 하지 않은 경우 회원가입을 진행할 수 있고, 로그인 후에는 자신의 등록한 이름의 첫 영어 알파벳으로 표시되며 자신의 계정으로 이동할 수 있다.

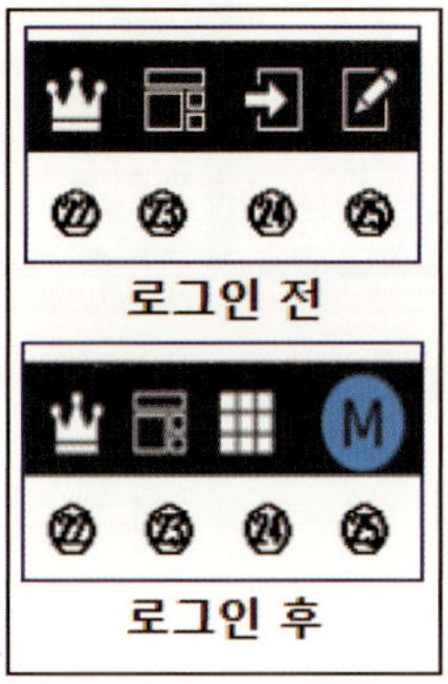

[그림32] 새로 생긴 기능 키

(5) Properties(속성)

① Properties(속성)

'Properties(속성)' 창은 최근에 새로 생겼는데, 기존에 상단 툴바에 있던 아이콘의 사이즈를 조정하는 키와 방향을 전환하는 'Flip(뒤집기)[6]' 키가 'Properties(속성)' 창으로 이동되었다. [그림33]의 왼쪽 화면은 'Properties(속성)' 창이 숨기기된 모습이다. 꺽쇠를 클릭하면 오른쪽 화면처럼 'Properties(속성)' 창이 표시된다. 작업하면서 필요에 따라 'Properties(속성)' 창을 숨기거나 표시할 수 있다.

가) 디자인 파일

전체 디자인 화면에서는 [그림33]처럼 Properties(속성) 바 하단에 디자인 파일명이 표시된다. Saved Preview(저장된 미리보기)바 아래에는 화면의 디자인 파일이 작게 미리보기가 된다. 이 미리보기는 화면의 크기가 아닌 디자인 파일의 사이즈에 맞춰서 보여주는 것으로 'Work

---

6) Flip은 한글버전에는 '튀기다'로 나와 있다. 이 아이콘은 아이콘을 좌우로 뒤집어 보여주는 역할을 하므로 '뒤집기'로 표기했다.

Area(작업영업)' 화면에서는 디자인 파일이 일부만 보이더라도 'Saved Preview(저장된 미리보기)'에서는 파일 전체가 보인다.

[그림33] 디자인 유무에 따른 'Properties(속성)' 및 'Saved Preview(저장된 미리보기)' 창

나) 단일 아이콘

단일 아이콘이 선택됐을 때는 그 아이콘의 이름 및 관련 태그가 나열되고 그 아래에는 플립 창과 아이콘의 색상, 불투명도, 크기를 조정할 수 있는 도구가 표시된다. [그림34]는 디자인 작업 중 건물 앞의 나무 아이콘을 하나 선택했을 때 보이는 'Properties(속성)'과 'Saved Preview(저장된 미리보기)' 창의 모습이다.

[그림34] 단일 아이콘 선택 시의 'Properties(속성)' 및 'Saved Preview(저장된 미리보기)' 창

- 아이콘이름 : 개별 아이콘의 경우, 특정 아이콘을 선택하면, Properties(속성) 창 맨 위에 해당 아이콘의 이름이 보이고 이름 아래에는 그 아이콘과 관련된 태그가 나열된다. 태그명을 검색 창에서 검색하면 해당 아이콘이 검색된다. 왼쪽 상단의 선택된 나무 아이콘의 이름은 'Bush04(부시04)'임을 알 수 있다.
- Flip(뒤집기) : 대부분의 아이콘(그룹화 된 아이콘 포함)은 가운데를 기준으로 좌우로만 방향을 변경할 수 있다.
- Transparency(투명도) : 'Flip(뒤집기)' 아이콘 옆의 그림은 아이콘의 투명성을 0~100% 사이에서 설정할 수 있다. 투명성 정도를 설정한 후 'OK(확인)'을 누르면 변경된다. 100에 가까울수록 아이콘의 본래 모습과 가깝고 투명도가 0일 때는 아이콘이 투명해져 보이지 않게 된다.
- Resize(사이즈 축소/확대) : 화살표가 안쪽으로 향하는 왼쪽의 축소상자 그림과 확대를 나타내는 확대상자 그림 사이의 숫자는 현재 아이콘의 확대(축소)비율을 나타낸다. 확대축소비율은 팔레트에 기재된 아이콘 크기가 기준이다. 아이콘의 크기는 누르는 횟수에 따라 확대버튼은 200%씩 증가하고 축소버튼은 50%씩 축소한다. 확대버튼을 4번 누르면, 100% → 200% → 400% → 800% → 1600%로 커진다. 1600%로 커진 상태에서 축소 버튼을 누르면 1600% → 800% → 400% → 200% → 100% 로 크기축소가 진행된다. 배수만큼 확대 또는 축소시키는 경우가 아니라면, 직접 숫자를 입력해 아이콘의 크기를 변경할 수 있다.
- Recolor(색상변경) : 색상은 아이콘에 사용된 모든 색상이 표시된다. 아이콘의 색을 클릭하면 색상표가 펼쳐지고 다른 색으로 변경할 수 있다.
- Related(관련된) : 특정 아이콘을 선택(클릭)하면 'Saved Preview(저장된 미리보기)' 창의 이름은 'Related(관련된)'로 이름이 바뀌면서 선택된 아이콘과 연관된 아이콘을 보여준다. 만약 'Text(텍스트)' 아이콘을 선택한 경우에는 글씨체, 글씨 크기 및 색상, 굵기, 기울임, 밑줄, 소문자·대문자 전환 등 텍스트 속성과 관련된 내용을 지정 및 변경할 수 있다.

[그림35]는 화면 상단의 빨간 화살표 아래에 있는 Policebuilding01(경찰청01) 건물을 활용해 만든 디자인이다. 미디어관은 Policebuilding01(경찰청01) 건물의 기본크기 50%에서 200%로 확대한 후 베이지색 계열로 색상을 변경해 만들었고, 메타버스관은 미디어관을 복사한 후 플립으로 오른쪽으로 방향을 전환한 후 건물을 노란색으로 변경했다. 미디어관의 화단은 메타버스 관으로 복사해서 옮기면서 화분의 색상을 노란색으로 변경했다, 미디어관 앞의 빨간 화살표 아래의 나무는 투명도를 50%로 설정한 모습이다.

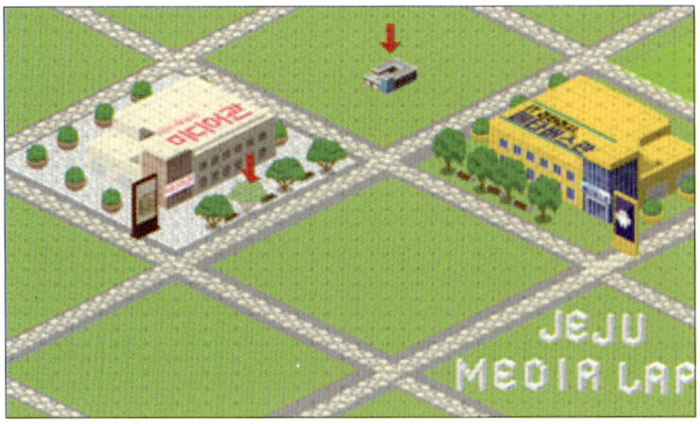

[그림35] 'Properties(속성)'창의 기능을 적용한 디자인

다) 그룹화된 아이콘

아이콘은 단일 아이콘인지 그룹화 된 아이콘인지에 따라 표시되는 사항이 달라진다. 그룹화 된 아이콘을 선택하면 아이콘 이름 자리에 'Group(그룹)'으로 표시된다. 일반 아이콘과 다른 점은 그룹화 기능키가 추가돼 있기 때문에 속성 창에서 해당 아이콘의 그룹화해제 및 재 그룹화가 가능하다. 아이콘들이 그룹화 됐기 때문에 아이콘 이름에는 Group(그룹)으로만 표시되고 관련 태그도 보이지 않고 'Related(관련된)' 아이콘도 표시되지 않는다.

[그림36] 아이콘의 그룹화 유무에 따른 'Properties(속성)' 창의 모습

② Saved Preview(저장된 미리보기) & Related(관련된)

가) 디자인 파일

디자인 파일이 저장되면 'Properties(속성)' 창 아래의 'Saved Preview(저장된 미리보기)' 바 아래에 디자인 파일이 작게 미리보기처럼 보인다. 미리보기가 보이지 않을 때는 'Work Area(작업 영역)'에서 아이콘이 없는 빈 화면을 클릭하거나 하단 툴바의 파일명을 눌러 팝업 창이 뜰 때 'Modify(수정하다)'로 파일을 재 저장하면 볼 수 있다.

나) 아이콘

'Work Area(작업 영역)'에서 아이콘을 선택하면 'Saved Preview(저장된 미리보기)' 창의 이름은 'Related(관련된)'로 이름이 바뀌면서 선택된 아이콘과 관련된 아이콘을 보여준다. 연관된 아이콘에 있는 아이콘을 마우스로 클릭하면 화면의 아이콘이 선택된 아이콘으로 변경된다.

③ Flip(뒤집기) & Shear tools(전단 도구)

대부분의 아이콘이 좌우로만 방향이 변경되는 데 반해 'Uploads(업로드)'를 통해 업로드 한 이미지와 Symbols(기호), Road Signs(도로 표지판) 및 Text(텍스트) 아이콘은 기본 플립 외에 회전을 적용할 수 있다. 위의 업로드 이미지와 아이콘(들)의 특징은 다른 아이콘 위에 이미지(아이콘)을 덧씌워 하나의 이미지로 병합할 수 있다는 점이다.

[그림37]은 IT/Network(IT/네트워크) 〉 Symbols(기호) 〉 Symbol Cloud Connect 기호의 속성 창이다. Symbols(기호)는 단순 Flip(뒤집기) 외에 회전이 가능하다. 검은색의 아이콘을 ❶ ~ ❺의 순서대로 회전을 적용하면 속성 창 아래의 그림처럼 빨강, 주황, 노랑, 초록, 파랑의 아이콘의 모습으로 변한다.

❶ Shear left(왼쪽 전단) : 검정색 아이콘 → 빨간색 아이콘
❷ Shear Clockwise(시계방향으로 전단) : 검정색 아이콘 → 주황색 아이콘
❸ No Shear(전단 없음) : 검정색 아이콘 → 노란색 아이콘
❹ Shear Counterclockwise(시계반대방향으로 전단) : 검정색 아이콘 → 초록색 아이콘
❺ Shear right(오른쪽 전단) : 검정색 아이콘 → 파란색 아이콘

[그림37] Flip(뒤집기) 중 전단(회전) 기능 적용

[그림38]은 업로드 이미지와 Symbols(기호), Road Signs(도로 표지판) 및 Text(텍스트)에 ❶ ~ ❺의 회전을 디자인에 직접 적용한 모습이다. 일반 아이콘은 플립이 좌우로만 적용돼 한계가 있지만, 위 다섯 가지 분야의 아이콘을 적절히 사용해 디자인 효과를 높일 수 있다.

[그림38] Flip(뒤집기) 중 전단(회전) 기능을 적용한 디자인 예

(6) 하단 툴바

하단 툴바는 ㉖~㉚에서는 'Work Area(작업 영역)'의 그리드 사이즈와 표시 여부를 나타내고, ㉛~㉟은 화면의 비율 확인 및 확대 축소할 수 있고, ㊱~㊴은 배경색 확인 및 변경, 파일명 등을 보여준다.

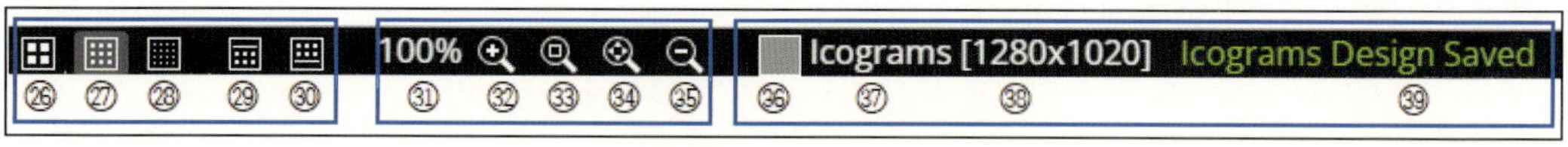

[그림39] 하단 툴바

㉖ Set grid step to 8(그리드 단계를 8로 설정)

그리드 간격이 가장 넓다.

㉗ Set grid step to 4(그리드 단계를 4로 설정)

8단계와 2단계 사이의 간격을 보여준다.

㉘ Set grid step to 2(그리드 단계를 2로 설정)

간격이 제일 좁다.

㉙ Back Grid(백 그리드)

그리드가 연하게 보인다.

㉚ Font Grid(전면 그리드)

그리드가 표시되지 않는다.

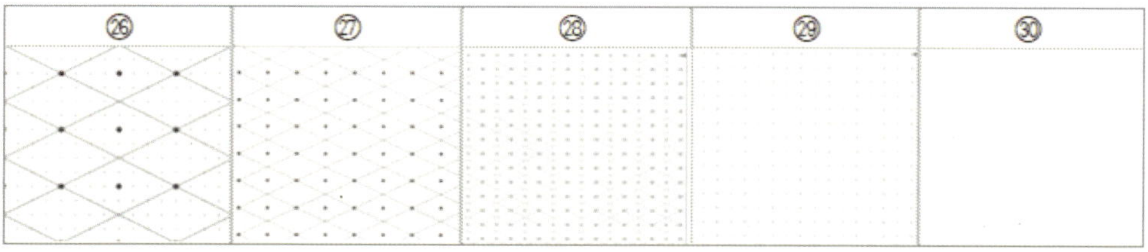

[그림40] 단계별 그리드의 모습

[그림40]은 ㉖~㉚의 그리드 화면이다. 화면 확대나 축소 시 그리드 단계도 같이 확대되거나 축소된다. 그리드는 아이코그램의 화면 기준일 뿐 png파일로 다운로드하면 위의 격자무늬는 보이지 않는다. 자신이 보기 편한 그리드 단계를 설정해 작업하면 된다.

㉛ 화면비율

디자인 파일이 현재 화면에서 보이는 비율을 표시한다.

㉜ Zoom In(확대)

이 키를 누르면 현재 화면을 확대해서 보여준다. 마우스 휠을 위로 올려도 화면이 확대된다.

㉝ Zoom 100%(100% 확대)

현재 작업 중인 디자인을 화면 너비의 100%로 확대한 화면을 보여준다. 화면 비율을 초과한 디자인 부분은 보이지 않는다.

㉞ Zoom To Fit(확대/축소)

디자인 파일의 사이즈에 맞춰 확대 또는 축소해서 화면에 보여준다. 자신의 디자인 작업을 전체적으로 확인할 때 유용하다. 왼쪽 상단의 그림은 'Zoom 100%'로 확대한 경우로 디자인 하단이 보이지 않는 반면 하단의 그림은 화면은 'Zoom To Fit'을 적용해 화면은 77%로 축소됐지만 디자인 전체를 보여준다.

㉟ Zoom Out(축소)

현재 화면을 축소해서 보여준다. 마우스 휠을 아래쪽으로 돌리면 화면이 축소된다.

㉝ Zoom 100%(100% 확대)

㉞ Zoom To Fit(확대/축소)

[그림41] Zoom키 기능에 따른 화면의 모습

㊱ Background(배경색)

㊱번은 'Work Area(작업 영역)' 화면의 현재 배경색을 표시하고, ㊱번의 색이 보이는 곳에 마우스를 가져가 현재의 배경색을 클릭하면 색상표가 팝업 된다. 현재의 배경색 위에 검은색 체크 표시가 돼 있고, 다른 색을 선택하면 선택된 색상으로 배경화면의 색이 변경된다.

[그림42] 배경색을 눌렀을 때의 팝업 창

㊲ 파일명

파일명은 현재 디자인 파일의 이름을 나타낸다. 파일명을 클릭하면 팝업 창이 뜨면서 파일 이름, 가로, 세로 사이즈를 변경할 수 있다. 파일명이 변경돼도 기존의 파일이 그대로 유지된다.

㊳ 파일 사이즈

현재 디자인의 가로*세로의 픽셀 사이즈를 표시한다. 디자인 작업 중에 사이즈를 변경하면 기존의 파일이 새롭게 변경된 사이즈에 맞춰 조정되기 때문에 디자인 작업을 연속성 있게 진행할 수 있다.

㊴ 파일 저장 여부

작업한 디자인이 저장되면 'Icograms Design Saved'로 표시되고, 수정 중일 때는 'Modified(Not Saved)'로 표시된다. 디자인 작업 물은 아이코그램 자체적으로 수시로 저장된다. 다만, 디자인 화면에서 수정작업이 저장되기 전에 이동할 때는 작업물이 저장되지 않을 수 있으니 파일이 저장된 것을 확인하고 이동하는 것이 좋다. 저장된 파일은 'My ICOGRAMS(내 ICOGRAMS)'에서 확인할 수 있다. 이제까지 작업한 디자인을 게더타운에 올리기 위해서는 png파일로 다운로드 해둔다.

2) 게더타운[7]

아이코그램에서 만든 디자인으로 게더타운에 업로드 하는 것은 단순하다.

① 아이코그램에서 작업한 디자인을 png파일로 저장한다.
② 게더타운에 로그인 후 디자인을 업로드 할 맵을 만들거나 선택한다.
③ 맵메이커 안에서 빈 룸을 만들어 〈Upload Background〉를 기능키를 이용해 이미지를 업로드 한다.
④ 업로드 된 이미지 위에 spawn을 설치하고 Impassable 등을 지정해 저장한다.

위 순서로 해 아이코그램에서 만든 디자인을 게더타운에 업로드하고 다른 룸과 포털로 연결하면 된다.

[그림43]은 아이코그램에서 디자인해 다운받은 파일을 게더타운에 업로드 한 이미지의 미니맵이다. 디자인은 제주미디어랩이라는 회사 조감도를 구현해 본 것이다. 회사 로고와 미디어관, 메타버스관, 미디어실험실, 하늘과 벚꽃 사진만 업로드 이미지를 사용하고 나머지는 모두 아이코그램의 아이콘으로 디자인한 것이다. 아이디어만 잘 정리해서 기획을 하면 디자인은 얼마든지 쉽고 편하게 이용할 수 있다.

[그림43] 아이코그램에서 만든 디자인을 게더타운에 업로드 한 모습

7) https://app.gather.town/app

Epilogue

아이코그램은 게더타운에 비해 조금은 가벼운 느낌이다. 그러나 완성된 맵을 보면 디자인적인 면에서 깔끔한 점은 게더타운이 따라올 수 없는 부분이다. 그리고 결코 사용 방법도 어렵지가 않다. 그래서 많은 사람들이 아이코그램을 활용한다.

처음 기획할 때는 아이코그램 디자인을 자유롭게 사용할 수 있도록 툴바의 기능을 적용한 디자인을 최대한 많이 실을 생각이었다. 이제 마무리를 하고 보니 디자인 적용 예보다는 기능에 대한 글이 더 많은 것 같다.

본문에 표시된 기능들을 본문을 따라 해보면 결코 어렵지 않게 기능들을 활용할 수 있음을 알게 될 것이다. 그리고 이런 기능들을 자주 사용해 손에 익는다면 아이코그램을 활용하는 것이 결코 어렵지 않을 것이다.

아무쪼록 이 책이 아이코그램의 기능을 익히고 활용하는 데 가이드라인이 돼 맵 제작을 쉽고 편하게 하는데 도움이 될 수 있기를 진심으로 바란다.

Chapter

4

네이버 젭(ZEP) 완전정복

김 인 희

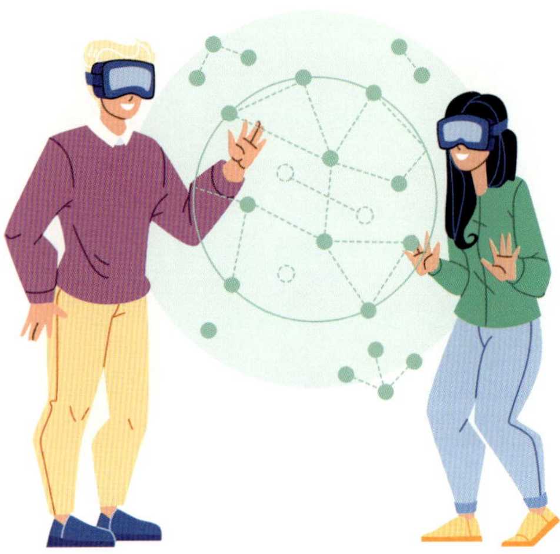

Chapter

04

네이버 젭(ZEP) 완전정복

Prologue

Web의 진화 Web 3.0시대. 디지털 세상에 암호화폐를 담아놓기 위해 만든 디지털 지갑이 내 ID가 되고 내가 가진 모든 자산이 거래되는 세상. 거래 방식은 블록체인 방식이고, 보이고 경험하는 것은 VR 가상현실, AR 증강현실이 발전돼 서로가 연결되는 구조. 이 모든 것을 메타버스라 말한다. 한글로 늘어놓았지만 좀처럼 이해가 안 되는 외계어처럼 들린다.

잠시 왔다 갈 거라고 믿었던 COVID19 바이러스가 이제는 with COVID 시대가 됐다. 그로 인해 미래 예측 전문가들은 우리의 미래가 10년 앞당겨졌다고 한다. 우리 주변에서는 디지털 세상을 아는 사람과 모르는 사람으로 분리되는 커다란 갭이 발생하고 있다. 그 속도가 너무 빠르다 보니 디지털 문해교육이라는 용어까지 나오기 시작했다. 1983년 최초의 상용 휴대폰인 '다이나택'이 발매된 후 5G 휴대폰으로 오기까지 약 38년의 시간이 흘렀다면, 미래의 메타버스 세상의 시간은 1/4, 아니 그보다 더 빠르게 현실로 다가올 것이다. 그를 위해 우리는 지금 무엇을 해야 하는가?

메타버스는 현실과 분리된 가상현실 세계에서만의 공간이 아닌 메타버스 안에서의 생활이 현실로 연결돼있다는 점이다. 메타버스 안에서 만든 아이템이 실제 생활에서의 화폐로 판매가 돼 수입을 얻고, 메타버스 안에서의 교육이나 강연으로 실제 수입을 얻는다. 그 사례가 플랫폼으로 이프랜드, 제페토, 젭, 게더타운 등이 있다.

즉, 메타버스는 사회·문화 활동이 활발히 이뤄지면서 우리의 삶을 더 편리하고 안전하게 해주고, 더욱이 경제활동까지 가능하게 하는 현재 그리고 우리가 만들어갈 미래의 세계다. 3차원 가상현실 세계가 우리가 머리로만 상상하는 것이 아닌 현재 우리 곁에 와 있다는 사실이다. 실생활처럼 메타버스 안에서도 미리 준비하고 노력하면 많은 수익을 얻을 수 있다. 그래서 우리가 하루라도 빨리 공부하고 준비해야 하는 이유다.

메타버스가 디지털 네이티브라 불리는 밀레니얼 세대와 Z 세대만을 위한 전유물이라 하기엔 사회 전반에 걸쳐 확장되고 있으며, 우리나라를 포함한 전 세계가 막대한 예산을 쏟아부으며 연구를 활발히 진행하고 있다. 지금 여러분들은 메타버스 그 안 어디쯤 와 있나? 미래의 가치 메타버스 세상에서 함께 성장하며 누리길 바란다.

1. 젭(ZEP)이란?

'젭(ZEP)'은 한국판 게더타운으로 불리는 맵으로 슈퍼캣과 네이버 제트가 메타버스 생태계를 구축하기 위해 손을 잡고 만든 플랫폼이다. 네이버 제트는 약 3억 명 이상의 회원을 보유한 아시아 최대의 메타버스 플랫폼 '제페토' 운영사이다. 슈퍼캣은 유니크한 도트 그래픽 노하우를 바탕으로 인기 모바일 '바람의 나라 : 연'을 개발해 개발력을 인정받은 게임사다.

양사의 메타버스 플랫폼 서비스 노하우가 만나 폭발적인 시너지를 낸 플랫폼이 바로 '젭(ZEP)' 베타버전이다. 올 초 JTBC 드라마 '기상청 사람들'의 워크숍 진행 및 롯데 자이언츠와 업무협약 등 협업 강화를 지속하면서 '대체불가토큰(NFT)' 분야 기업과도 협업하면서 성장에 힘쓰고 있다.

젭의 가장 큰 장점은 사용법이 간단해 모든 연령층이 쉽게 접근할 수 있으며, 기존 G사 대비 무료라는 매력이 있다. 그뿐만 아니라 최대 5만 명의 유저가 한 공간에 접속할 수 있어 다양한 형태의 회의를 진행할 수 있다는 큰 장점이 있다. 또한 맵 공간 안에서의 상호작용이 간편하고 쉬우며 영상, 자료, 이미지 등 실시간 추가변경이 가능하다는 점이다. 특히 미니 게임이 있어 팀 활동 시 분위기를 업 시킬 수 있는 재미있는 요소가 있다.

2. 젭 앱 설치 및 회원가입

구글(google) 검색 창에서 영문으로 'zep'을 검색한다. 그러면 광고창과 함께 [그림1]이 보인다. https://zep.us를 클릭한다.

[그림1] 젭 공식 사이트

클릭하고 들어가면 [그림2]와 같이 '로그인' 창이 나온다. 로그인 창을 누르고 들어간다.

[그림2] 젭 로그인 창

젭 로그인을 하기 위해서는 3가지 방법이 있는데 [그림3]과 같이 구글로 로그인하기, 웨일 스페이스로 로그인하기 또는 내 이메일로 로그인하기가 있다. 만약 내 이메일로 로그인하기를 선택하면 매번 코드를 이메일로 확인해야 하는 번거로움이 있어, 간편한 방법으론 첫 번째 '구글로 로그인하기'로 가입하는 것을 추천한다.

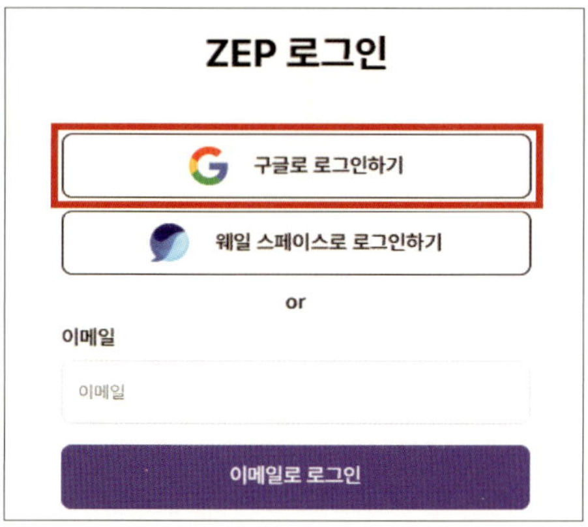

[그림3] ZEP 로그인 선택하기

구글로 로그인하기를 클릭하면 [그림4]와 같이 '계정 선택'이 나오고 자신의 구글 이메일의 계정을 누르고 ZEP 사이트로 들어간다. 이렇게 처음 구글 계정 로그인을 하면, 이후 ZEP 사이트 접속 시 자동으로 ZEP 메인 창으로 연결된다.

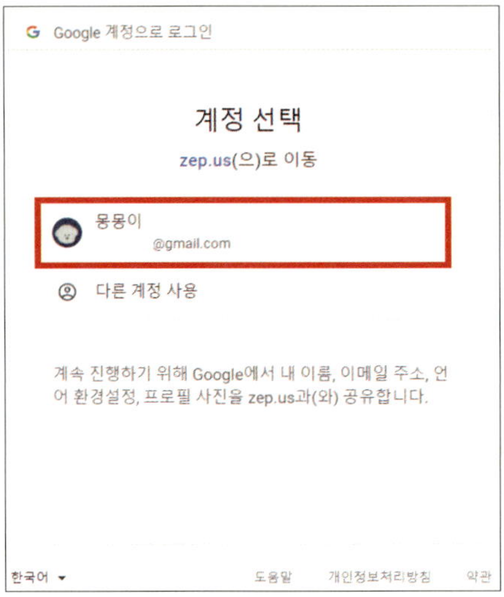

[그림4] 구글 계정 로그인

3. 젭 메인 화면 둘러보기

젭 메인 화면으로 들어가면 [그림5]와 같이 상단 왼쪽에 젭 로고가 보이고 중앙에 '파트너스, 에셋 스토어'가 보인다. 이 중 '파트너스'를 클릭하고 들어간다.

[그림5] ZEP 메인 페이지 상단

'파트너스'란 ZEP의 전문 에이전시로 [그림6]과 같이 가상 오피스, 온라인 전시, 행사기획, 운영, 중계, 촬영 및 편집, 교육, 마케팅, 콘퍼런스, 페스티벌 등의 공간을 설계 운영하는 업체들이다. 이미 한국수자원공사, 신한카드, 신한라이프, 신세계닷컴, 하나 파이넨셜 그룹 등 많은 기업이 젭 파트너스와 협업을 이뤄 이벤트 등을 진행하고 있다.

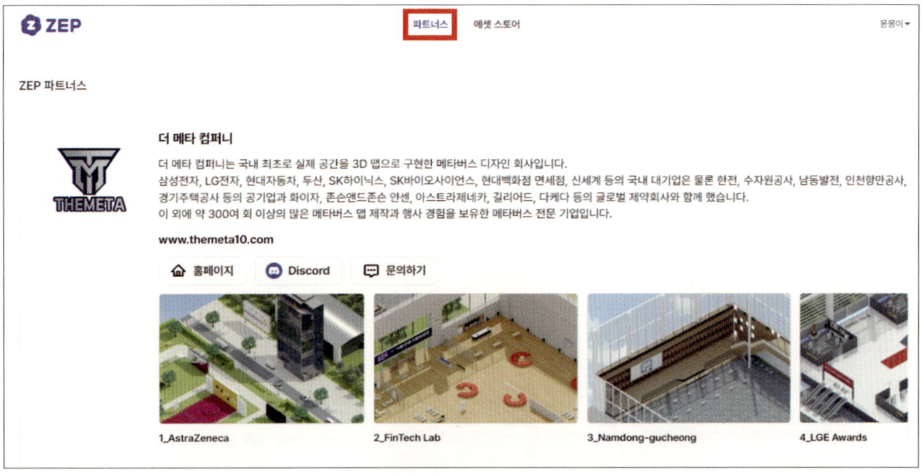

[그림6] ZEP 파트너스

다음은 '에셋 스토어'로 [그림7]과 같이 클릭하고 들어가 보자. 클릭을 하면 에셋 스토어 아래에 '전체, 맵, 오브젝트'가 있는데, 이중 '맵'을 먼저 클릭해 본다. 이곳은 맵을 무료로 이용할 수 있는 다양한 템플릿을 제안하고 있다. 사무실, 회의실, 한강공원, 가상클럽, 도서관 등 각 모임 형태에 맞게 선택해 참여하면 된다.

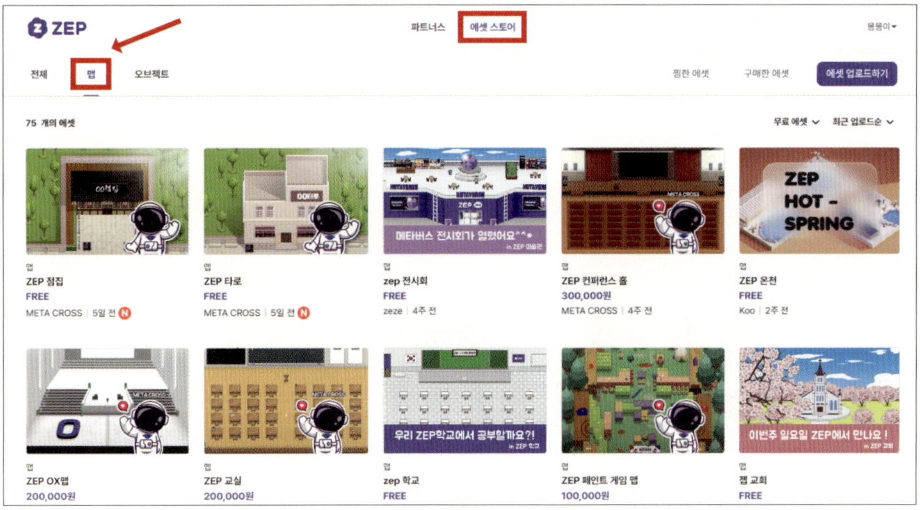

[그림7] ZEP 에셋 스토어 맵 템플릿

에셋 스토어 안의 맵 오른쪽에 있는 [그림8]의 '오브젝트'로 들어가 보자. 오브젝트(object)의 뜻이 물건, 물체인 만큼 젭의 오브젝트는 맵 안의 공간을 꾸밀 때 필수적으로 사용되는 물건, 물체들이다. 기본 맵 안에 설치된 오브젝트는 사용할 수 있는 것이 매우 한정적이어서 이곳에서 필요한 무료 오브젝트를 다운로드 받아 사용한다.

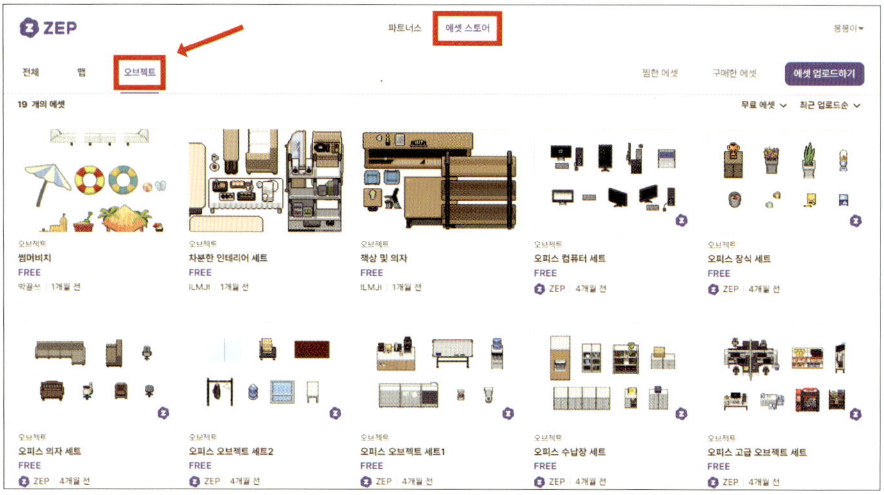

[그림8] 에셋 스토어 오브젝트

필요한 오브젝트를 클릭하면 [그림9]와 같이 오브젝트의 구성 수량과 함께 대표 이미지를 확인할 수 있다. 무료를 확인하고 구매하기를 누르면 내가 사용할 수 있는 오브젝트가 추가된다.

[그림9] 무료 오브젝트

4. 맵 만들기

1) 스페이스 만들기

이제 맵을 만들기 위해 메인 화면으로 돌아와 [그림10] '+스페이스 만들기'를 클릭하고 '룸 선택'을 한다.

[그림10] 스페이스 만들기

스페이스를 클릭하고 들어가면 이미 메인화면 에셋 스토어에서 보았던 다양한 템플릿을 볼 수 있다. 맵을 쉽게 활용하기 위해서 카페, 미팅룸, 회의실, 사무실, 교실 등 목적에 맞게 템플릿을 선택하거나 직접 만들 수 있다. 우리는 룸 만드는 과정을 알기 위해 [그림11] 오른쪽 상단 빈 맵에서 시작하기 버튼을 누르거나 화면 가장 아래 빈 공간을 클릭하여 스페이스 만들기를 시작한다.

[그림11] 스페이스 템플릿

'빈 맵에서 시작하기' 버튼 또는 빈 공간을 누르면 [그림12] '스페이스 설정' 창이 나타난다. 이곳에 공간 이름을 입력하고, 필요시 [그림13] '비밀번호' 창을 활성화해 번호를 입력한다.

[그림12] 스페이스 이름 설정

[그림13] 비밀번호 설정

2) 오디오/비디오 설정

스페이스 이름 및 비밀번호를 설정한 후 만들기를 누르면 빈 공간이 나타나고 [그림14]와 같이 '오디오/비디오 설정' 팝업 창이 나타난다. 이때 카메라 및 마이크를 켜고 끌 수 있다. 만약 카메라와 마이크가 작동하지 않을 경우 [그림15]와 같이 크롬 화면 좌측 상단의 '자물쇠 버튼'을 눌러 '설정'을 켜주도록 한다.

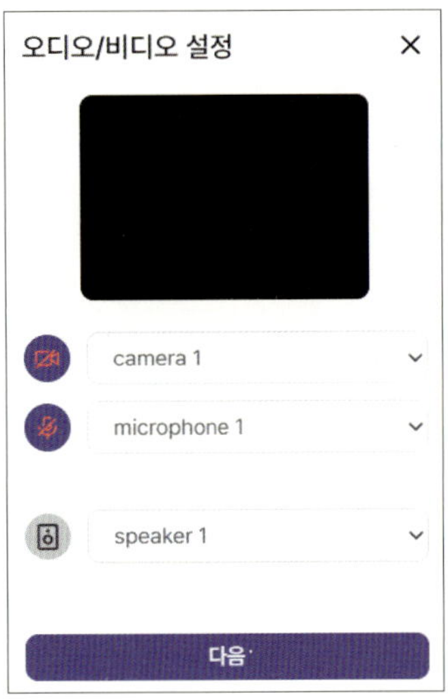

[그림14] 오디오/비디오 설정

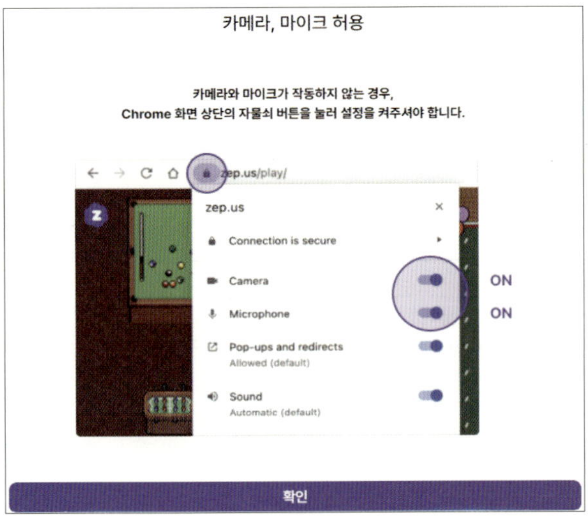

[그림15] 카메라, 마이크 허용

3) 아바타 움직이기

내 아바타를 움직이게 하려면 [그림16]과 같이 '방향키'를 이용하거나 키보드에서 게임 할 때 사용하는 '영문(A, S, D, W)'을 눌러 이동할 수 있다.

[그림16] 방향키

4) 주요 기능 알아보기

(1) 설 정

빈 공간 왼쪽 하단 [그림17]의 톱니바퀴 모양의 '설정'을 누르면 오디오/비디오, 맵 설정, 스페이스 보완, 유저 권한 관리, 스페이스 세부 설정을 할 수 있다.

[그림17] 설정기능

[그림17] 설정을 클릭하여 [그림18] '오디오/비디오' 설정을 하자. 어떤 카메라와 마이크를 사용할지 정하고, 그 아래 스피커 및 비디오 품질을 체크 한 후 비디오 좌우반전, 마이크 에코 제거, 마이크 노이즈 제거, 배경 흐리게 하기 등을 체크 한다.

[그림18] 오디오/비디오 설정

(2) 아바타 설정

빈 공간 우측 상단 [그림19]의 오른쪽 내 아바타 얼굴을 누르면 '내 프로필' 창 [그림20]이 나타난다. 캐릭터 꾸미기를 누르면 내 아바타를 설정할 수 있다.

[그림19] 내 프로필 설정

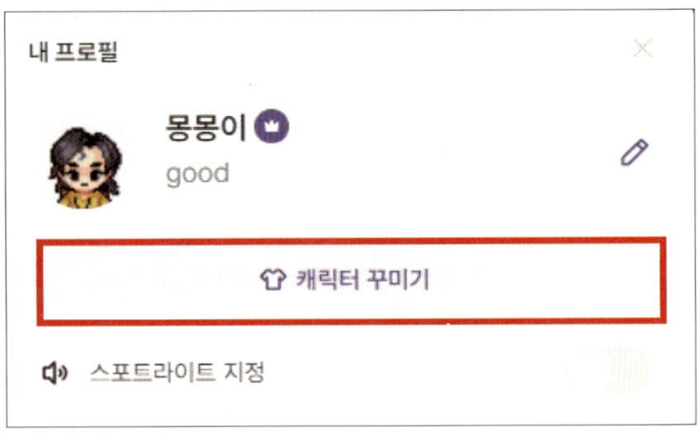

[그림20] 캐릭터 꾸미기

프로필 설정에서 '내 아바타 이름'을 정하고 상태를 적는다. [그림21] (좌)와 같이 내가 원하는 헤어, (중1), (중2), (우)와 같이 의류, 피부, 얼굴을 하단의 해당 스타일, 컬러, 모양을 누르면 그 색상 및 모양으로 변경되면서 내 아바타를 원하는 모습으로 만들 수 있다.

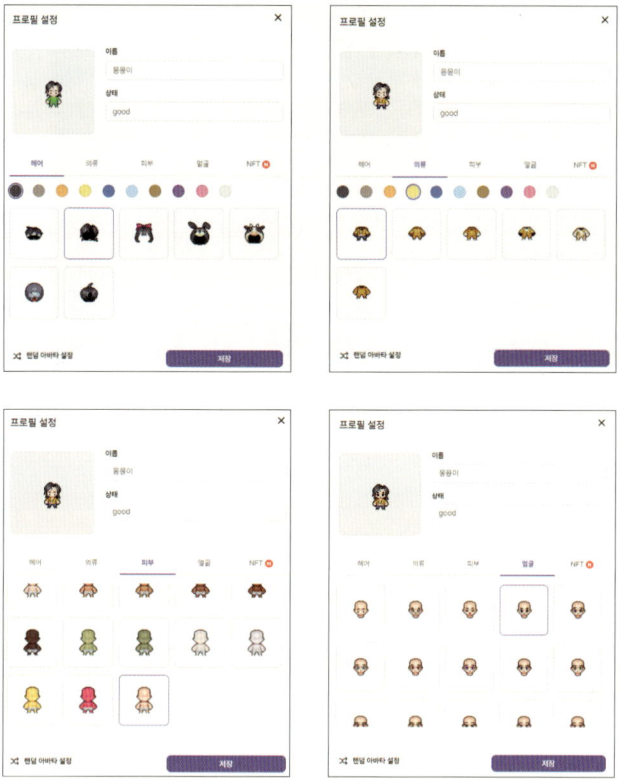

[그림21] (좌) 헤어 / (중1) 의류 / (중2) 피부 / (우) 얼굴

(3) 참가자 및 참가자 초대

[그림22] 우측 상단 중앙 '참가자'는 현재 빈 공간에 참여하고 있는 인원수를 알려준다. 참가자 아이콘을 클릭하면 [그림23]처럼 현재 참가하고 있는 참가자 정보 및 이 공간에 멤버들을 초대할 수 있도록 링크 복사, 메일로 초대할 수 있다.

[그림22] 참가자

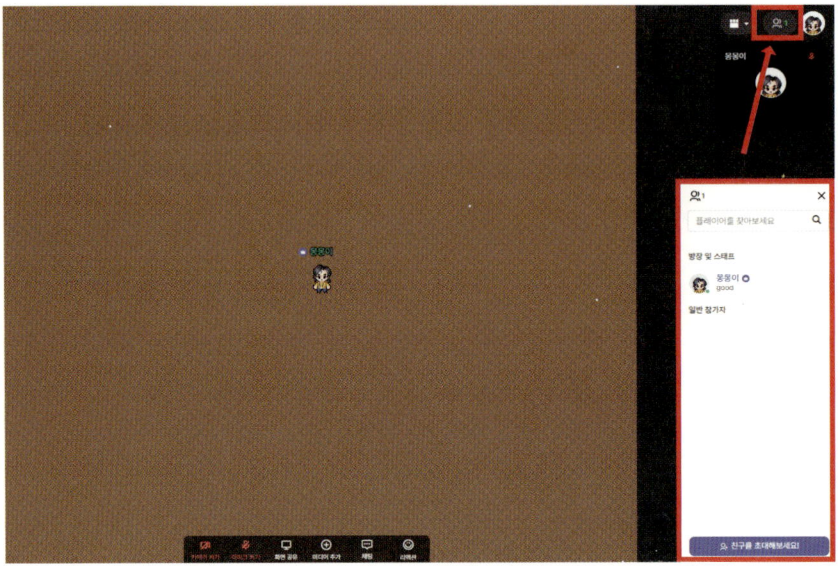

[그림23] 참가자 정보 및 친구 초대 링크

(4) 화면 공유

[그림24]에서 중앙 하단 가운데 '화면 공유' 버튼을 누르면 'zoom'과 유사한 기능으로 '화면 공유하기, 화면/오디오 공유하기'가 가능하다. 여기서 [그림25]의 전체 화면, 창, Chrome 탭 중 호스트가 공유하고자 하는 창을 선택하고, 우측 하단의 '공유' 버튼을 클릭한다.

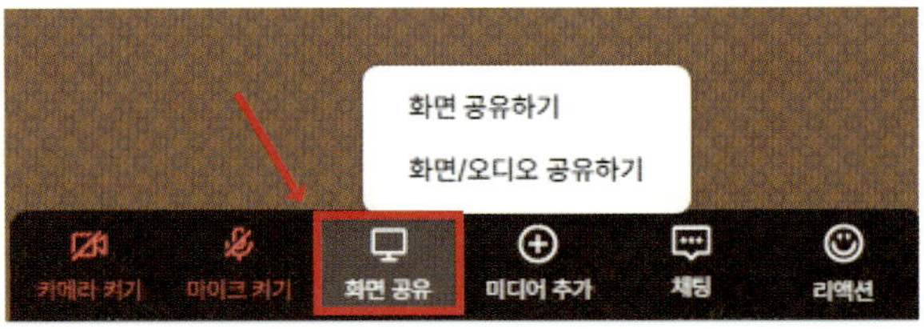

[그림24] 화면 공유하기

[그림25] 화면/오디오 공유하기

(5) 영상, 마이크 끄기/켜기

[그림26]의 중앙 하단 왼쪽 첫 번째, 두 번째 버튼은 공간안에서 내 모습을 보여줄 카메라를 끄고 켜는 기능과 내 목소리를 전달하는 마이크를 끄고 켜는 기능을 선택할 수 있다.

[그림26] 영상 끄기/켜기, 마이크 끄기/켜기

(6) 채팅 및 이모티콘으로 감정 표현하기

[그림27]과 같이 중앙 하단 오른쪽에서 두 번째 채팅 버튼을 클릭해 보자. 그러면 버튼 바로 위에 '채팅창'이 나타나고 그 안에 메시지를 입력하면 참여한 멤버들과 채팅으로 상호작용 할 수 있다. 게더타운과 다른 점은 채팅창에 메시지를 입력하면 내 아바타 머리 위에 입력한 글이 바로 떠 누가 이야기하는지 쉽게 알 수 있는 장점이 있다.

[그림28]처럼 채팅 창 오른쪽 '리액션' 이모티콘을 누르면 다양한 리액션이 팝업으로 나타나고, 오른쪽에서 두 번째 이모티콘을 누르면 내 아바타가 흥겹게 춤을 춘다. 그 외 나머지 이모티

콘은 내 감정 상태에 따라 눌러주면 내 아바타 머리 위로 '이모티콘'이 나타난다. 또한 이모티콘을 직접 누르는 수고로움 대신 '숫자 번호 키' 1, 2, 3을 눌러 표현할 수도 있다.

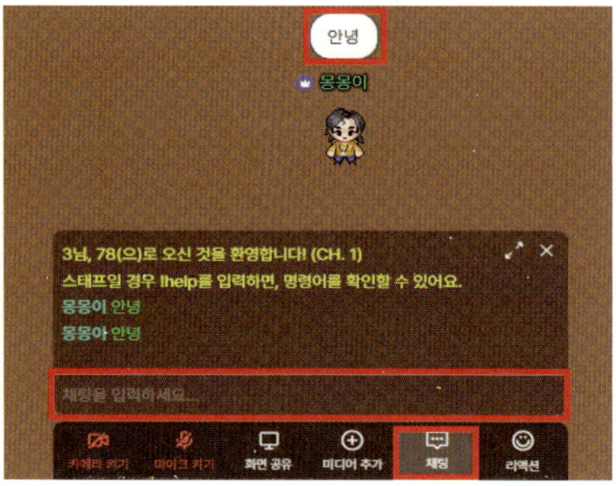

[그림27] 채팅

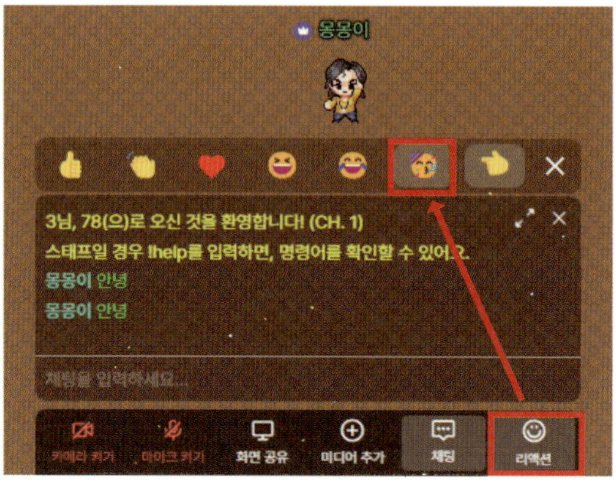

[그림28] 리액션

(7) 상호작용

[그림29]에서 중앙 '⊕' 버튼을 누르면 유튜브, 이미지, 파일 등을 바로 연결해서 참여자들에게 보여줄 수 있고, 미니게임도 즐길 수 있다.

[그림29] 유튜브, 이미지, 미니게임 등 상호작용

(8) 참가자 화면, 마이크 창

[그림30]는 참가자의 아바타를 보여주는 화면으로 젭에서는 이동 및 숨김이 가능하다는 큰 장점이 있다. 맵 상황에 따라 위로 정렬, 우측 정렬, 또는 숨기기(Hide)도 가능하다.

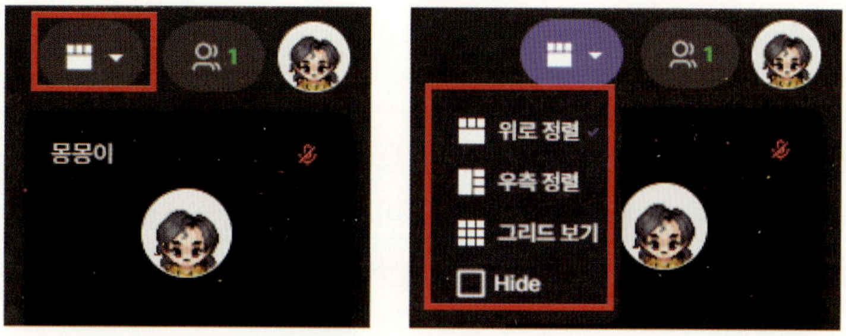

[그림30] 참가자 창

(9) 관리자 메뉴

[그림31]과 같이 좌측 상당 망치 모양을 클릭하거나, 오른쪽 하단 관리자 메뉴를 누르면 오디오/비디오 설정 및 맵 설정, 스페이스 보완, 유지 권한 관리 등 필요한 부분을 선택하여 설정할 수 있다. 특히 맵 설정에서 참여자들의 채팅 금지 및 화면 공유 금지 설정 등, 모임의 형태에 따라 호스트가 이곳에서 설정할 수 있다. 맵을 만들기 위해 가장 중요한 하단의 '맵 에디터'를 클릭한다.

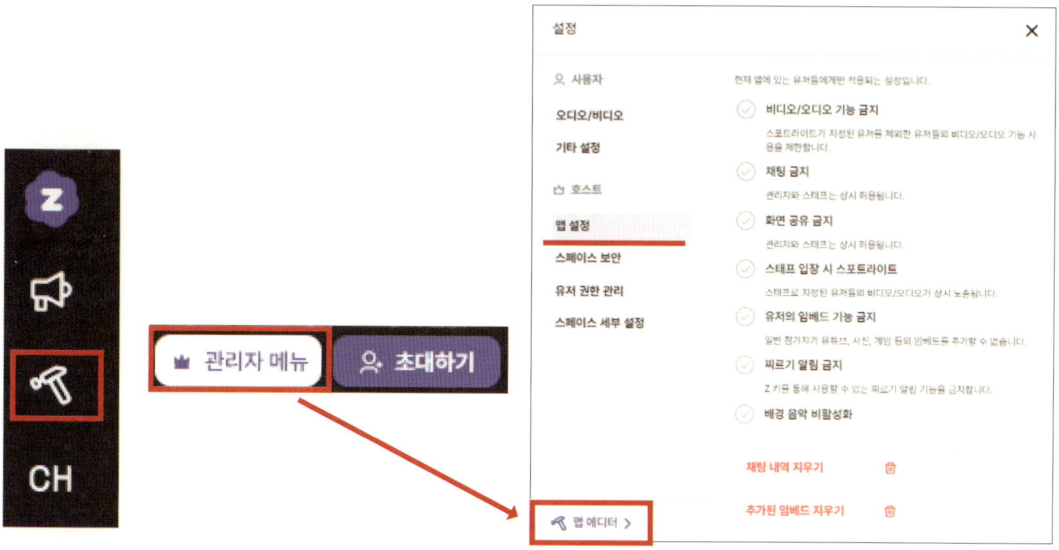

[그림31] 관리자 메뉴

5) 빈 공간 꾸미기

망치 모양의 맵 에디터를 누르고 들어가면 빈 공간의 모습을 수정할 수 있는 전체 화면으로 이동한다. 이곳에서 다양한 형태의 공간을 꾸밀 수 있고 새로운 방을 추가할 수도 있다.

(1) 맵 크기 조정

[그림32]의 우측 상단 '맵 크기조정'을 누르면 기본적으로 세팅된 맵의 크기를 볼 수 있다. 기본 세팅은 [그림33]처럼 32(넓이) x 32(높이) 픽셀로 돼 있다. 기본 세팅 사이즈는 컴퓨터 화면의 전체 넓이보다 맵 화면이 작아 양옆이 검게 보이는 현상이 나타난다. 공간을 넓게 하고 싶거나 다양한 공간이 필요한 경우 픽셀 사이즈를 이곳에서 수정할 수 있다.

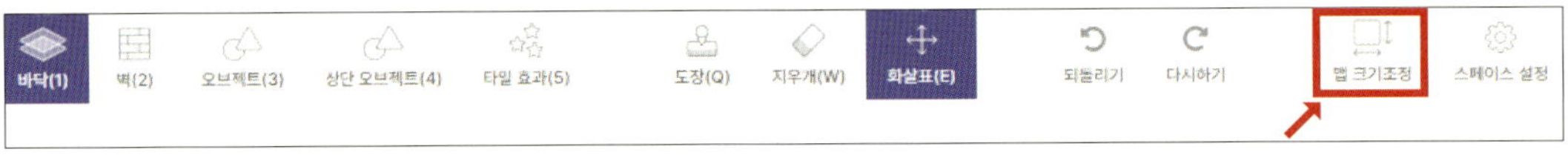

[그림32] 맵 크기 조정

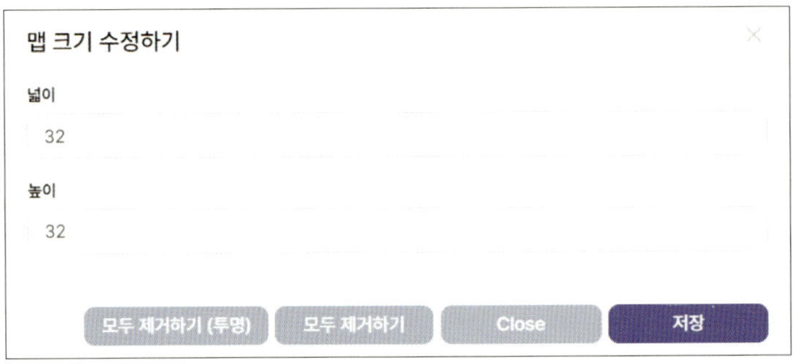

[그림33] 맵 크기 수정하기

(2) 바닥 지우기

이미 설치돼 있는 바닥 색상이 마음에 들지 않는다면 [그림34]의 메인 화면 상단의 ① '바닥'을 누르고 ② '지우개'를 클릭한 후 마우스를 이용해 지우고 다시 설치하면 된다. 참고로 바닥을 지울 때 오른쪽 상단에 '도장 크기'에서 숫자 1을 누르면 가로세로 1칸, 2를 누르면 가로세로 2칸, 4를 누르면 가로세로 4칸씩 지워진다. 빠르게 지우려면 도장 크기 4를 누른 후 바닥을 지우면 된다.

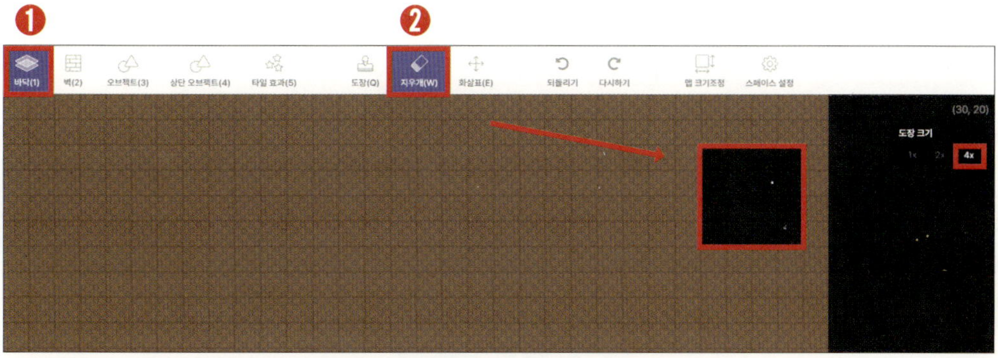

[그림34] 지우개로 바닥 제거하기

(3) 바닥과 벽 설치하기

[그림35]의 맵 에디터 메인화면 상단 왼쪽의 ① 바닥을 누른 후 오른쪽에 제공된 ② 다양한 색상의 바닥 중 설치하고 싶은 모양을 선택하고 ③ 도장을 누른 후 화면처럼 마우스로 드래그를 하면 바닥이 완성된다. 마우스로 드래그 시 빠르게 하려면 도장 크기를 4로 설정한다.

[그림36]처럼 벽도 바닥과 같은 순서로 메인화면 상단 왼쪽에서 두 번째 ① 벽을 누른 후 오른쪽에 제공된 ② 벽 디자인을 선택하고 ③ 도장을 누른 후 벽을 설치할 위치에 마우스로 드래그하면 벽 설치가 완료된다. 벽 설치 시 도장 크기 1 또는 2를 설정하도록 한다.

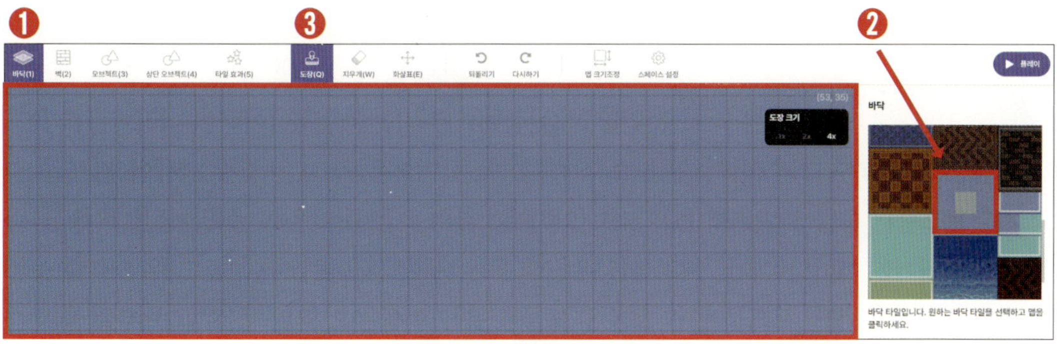

[그림35] 바닥 설치하기

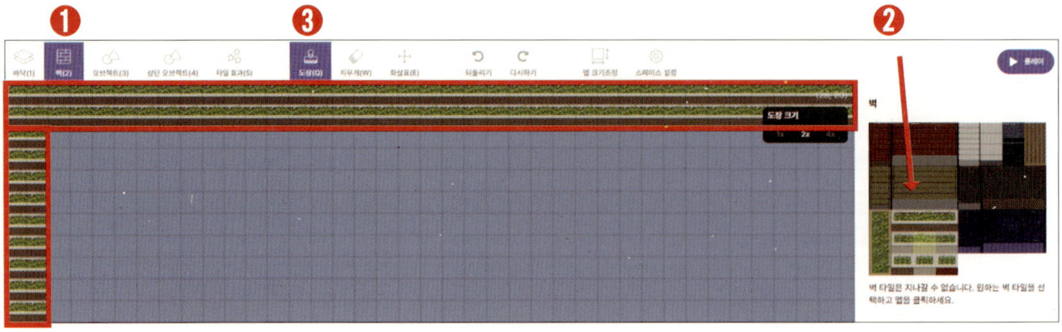

[그림36] 벽 설치하기

(4) 오브젝트 설치

[그림37] 메인화면 상단 왼쪽에서 세 번째 '오브젝트'를 누르면 [그림38]처럼 젭에서 기본적으로 제공되는 오브젝트를 확인할 수 있다. 기본 오브젝트는 다양성이 떨어짐으로 [그림39]와 같이 첫 메인 화면에서 보았던 에셋 스토어에서 무료로 제공하는 오브젝트를 업로드 해 내 맵에서 활용한다. [그림40]은 다운로드 완료가 된 모습이다. 만약 오브젝트 설치 시 사이즈 및 위치를 조정하고 싶다면 [그림40] 가장 아래 크기 및 위치를 조정한다.

[그림37] 오브젝트 선택

[그림38] 기존 오브젝트

[그림39] 무료 에셋(오브젝트) 업로드하기

[그림40] 다운로드 완료된 모습

필요한 오브젝트를 모두 다운로드 받았다면 빈 공간에 원하는 맵을 만들어 보자. [그림41]과 같이 우측 상단 ① '오브젝트'를 누르고, ② 오른쪽 오브젝트 카테고리에서 필요한 오브젝트 를 선택한 후 상단 중앙에 ③ '도장'을 누른 후 원하는 장소에다 마우스로 클릭하면 오브젝트가 설치된다.

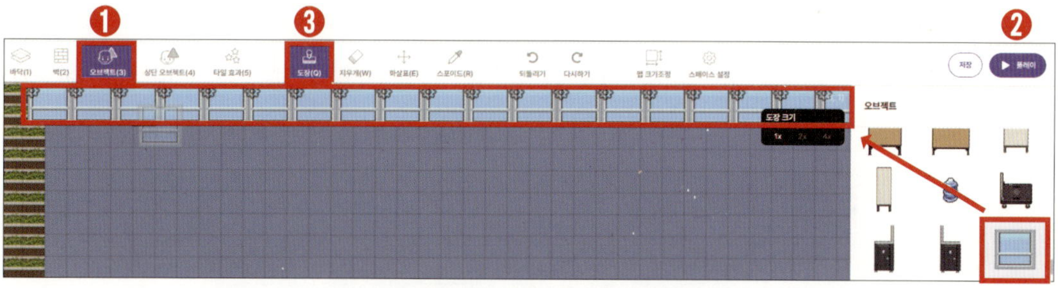

[그림41] 오브젝트 설치하기

다양한 오브젝트를 이용해 [그림42]처럼 미팅룸을 만들어 보았다.

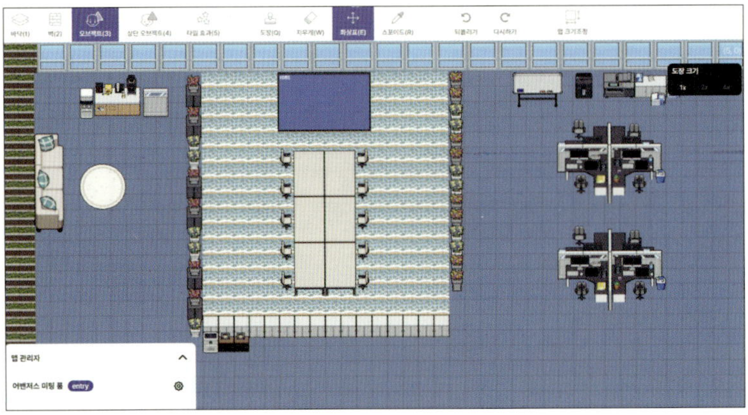

[그림42] 완성된 미팅 룸

(5) 타일 효과

타일효과는 맵 에디터에서 제일 중요한 기능으로 각 룸의 역할을 효율적으로 할 수 있도록 돕는다.

① 스폰(Spawn) 효과

'스폰(Spawn)'이란 아바타가 생성되는 포인트(장소, 위치)를 지정하는 것이다. 스폰 효과를 주기 위해서는 [그림43]에서 상단 중앙 ① 타일 효과를 누른 후, 우측 ② 스폰을 누르고, 상단 중앙 ③ 도장을 누른다. 그런 후 스폰을 지정한 곳에 마우스로 클릭을 한다. 여러 아바타가 함께 움직일 것을 고려해 스폰은 3~5개 정도 설정한다([그림43]에서 하단의 빨간 박스 안에 표시된 'SSSSS').

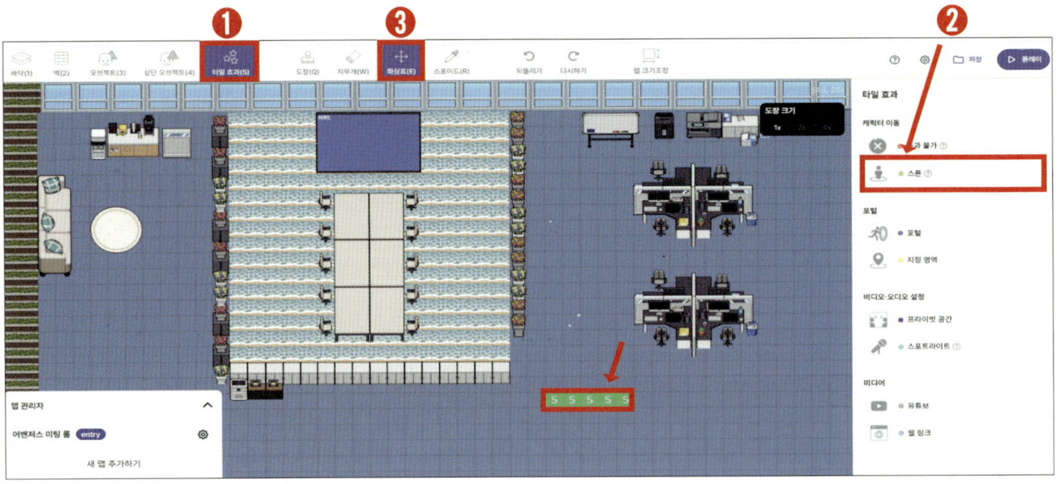

[그림43] 스폰 지정-아바타가 생성되는 포인트

② 프라이빗 공간(Private Area) 효과

'프라이빗 공간(Private Area)' 효과는 현실 세계의 미팅룸, 개인룸의 공간과 같이 맵 안에서 특정 장소에 프라이빗 효과를 설치함으로써 그 안에 참여한 사람들만 회의 내용 및 소리를 들을 수 있는 외부로부터 완전히 보호된 공간이다.

먼저 어느 공간에 효과를 줄지 결정 후, [그림44] 화면 상단 중앙에 있는 ① 타일 효과를 누르고 오른쪽 타일 효과에서 ② 프라이빗 공간을 누르면 바로 왼쪽에 ③ 영역 ID를 지정하는 창이 생성된다. 이곳에 원하는 숫자를 넣고, 필요하면 그 아래 프라이빗 영역 세부 사항에 표기한 후 ④ 도장을 클릭한다.

그런 후 해당 공간에 마우스로 바닥을 클릭하면 보라색 PA1 글자가 설정되면서 프라이빗 공간효과를 준다. 즉, 1번 숫자를 부여한 모든 공간은 같은 메시지를 공유할 수 있다.

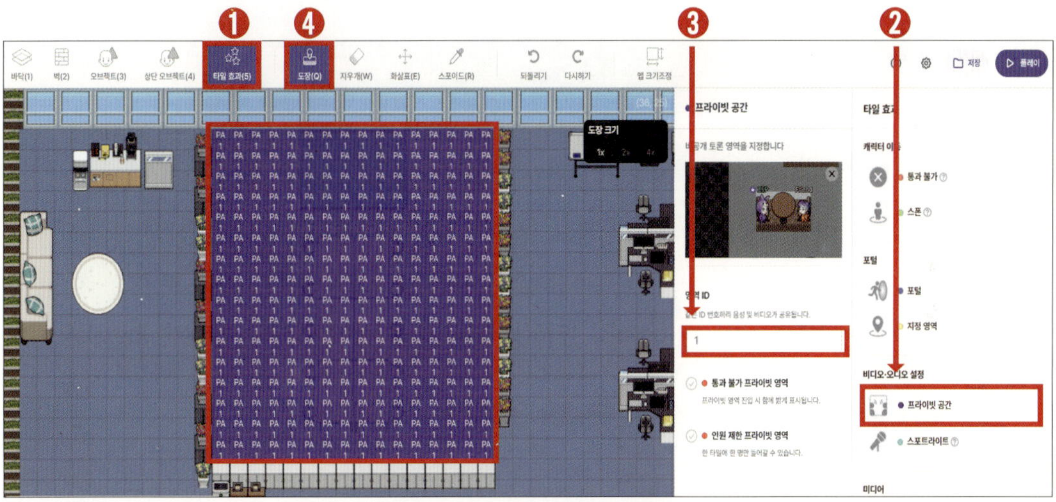

[그림44] 프라이빗 공간 효과

③ 임패스어블(Impassable) 효과

'임패스어블(Impassable) 효과'는 아바타가 공간을 움직일 때 지나가지 말아야 할 위치를 타일로 지정하는 효과를 말한다. 예로, 벽, 창, 사물들을 통과하지 못하도록 현실감 있게 설정하는 효과이다.

임패스어블 효과를 주기 위해서는 상단 중앙에 있는 ① 타일 효과를 누르고 오른쪽 타일 효과에서 ② 임패스어블을 누른 후 ③ 상단 중앙의 도장을 누른다. [그림45]처럼 임패스어블 효과가 필요한 부분에다 마우스로 클릭한다. 설정이 끝났다면 우측 상단의 플레이 버튼 왼쪽 저장버튼을 누른다. 확인하고 싶다면 플레이 버튼을 클릭하여 메인 화면으로 이동한다.

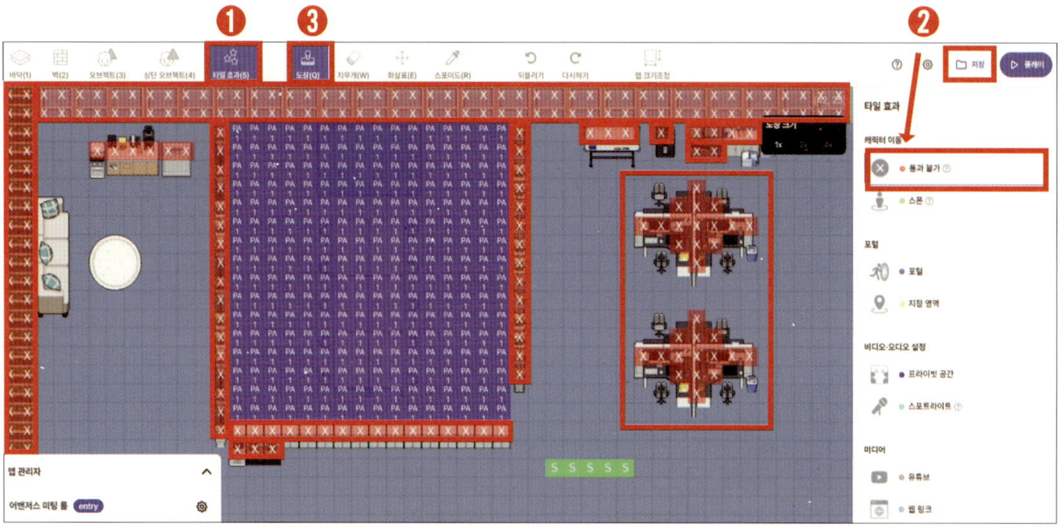

[그림45] 임패스어블 효과–아바타가 지나가지 못하도록 막는 기능

④ 스포트라이트(Spotlight) 효과

'스포트라이트(Spotlight) 효과'는 맵 안에서 각각의 아바타가 어느 장소에 있던지 스피커를 사용해 모두가 소리를 듣게 하는 기능이다. 맵 구성을 살펴보고 적절한 위치에 스포트라이트를 배치해 둔다.

스포트라이트 효과를 주기 위해 상단 중앙에 있는 ① 타일 효과를 누르고 오른쪽 타일 효과에서 ② 스포트라이트를 누른 후 ③ 상단 중앙의 도장을 누른다. 적절한 위치에다 마우스로 클릭하면 [그림46]처럼 하단의 빨간색 박스 안에 보라색으로 스포트라이트가 설정된 것을 볼 수 있다. 이때 스포트라이트를 설정 후 플레이를 누르면 실제 맵 안에서는 어느 곳인지 눈에 보이지 않기에 오브젝트를 이용해 표시해 둔다.

만약 처음 맵 제작 시 스포트라이트 설정을 깜박 잊었다면 메인 화면에서 내 아바타를 클릭하여 스포트라이트 [그림47] 지정을 바로 할 수 있다.

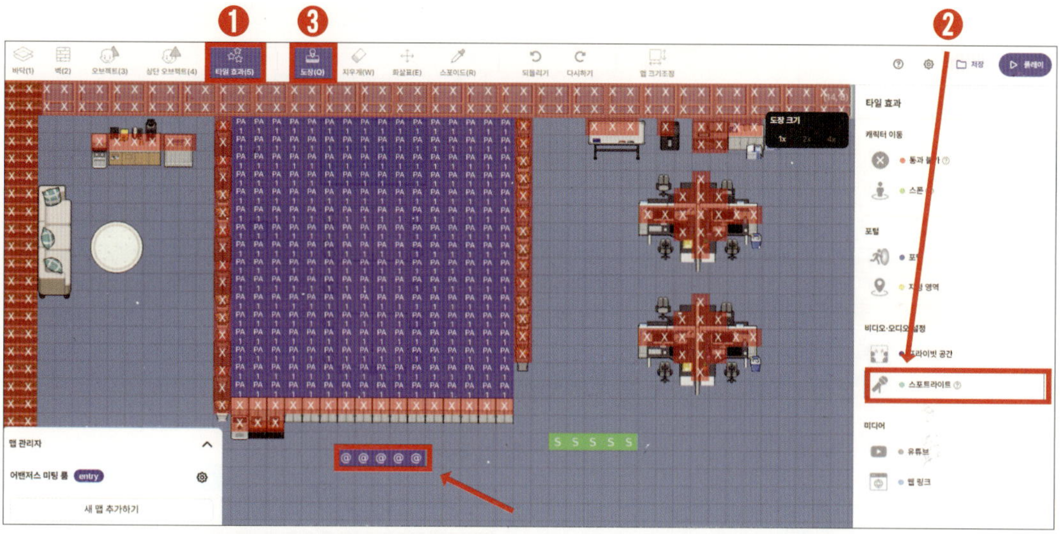

[그림46] 스포트라이트 효과–공간 안 모든 사람에게 소리 전달 기능

[그림47] 메인 화면에서 스포트라이트 지정

⑤ 룸 추가하기

룸을 추가할 때는 [그림48]처럼 왼쪽 아래 하단의 '새 맵 추가하기'를 누르면 [그림49]처럼 다양한 템플릿이 나타난다. 이 중 원하는 룸의 디자인을 선택해 클릭하면 [그림50]과 같이 '맵 만들기' 창이 나타나고 [그림51]처럼 이곳에 새로운 '룸 이름'을 입력 후 '만들기' 버튼을 누르면 [그림52]과 같은 새로운 방이 나타난다.

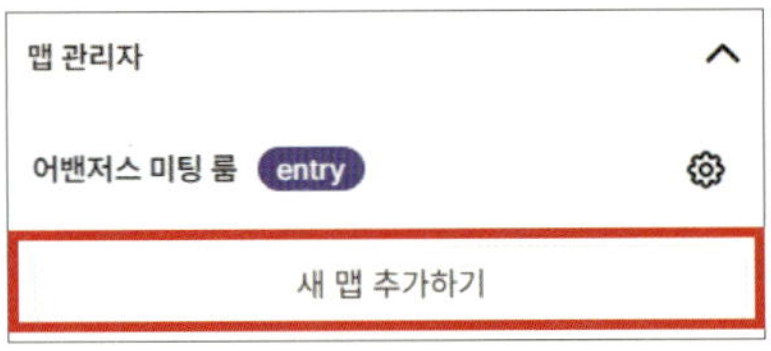

[그림48] 룸 추가를 위한 새 맵 추가하기

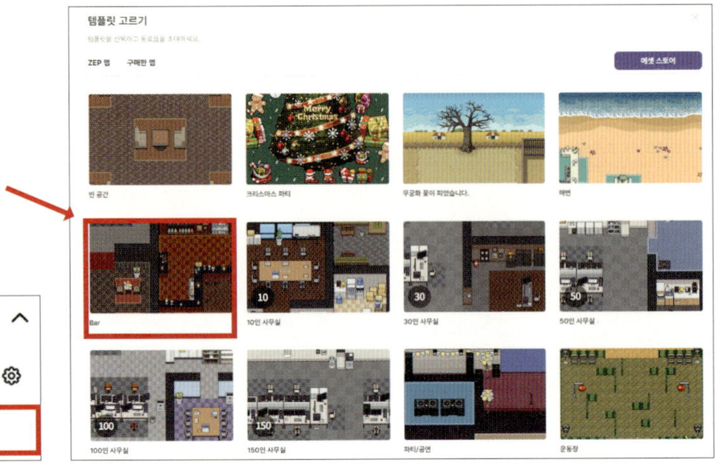

[그림49] 새 맵의 템플릿 선택하기

[그림50] 맵 만들기 이름 설정

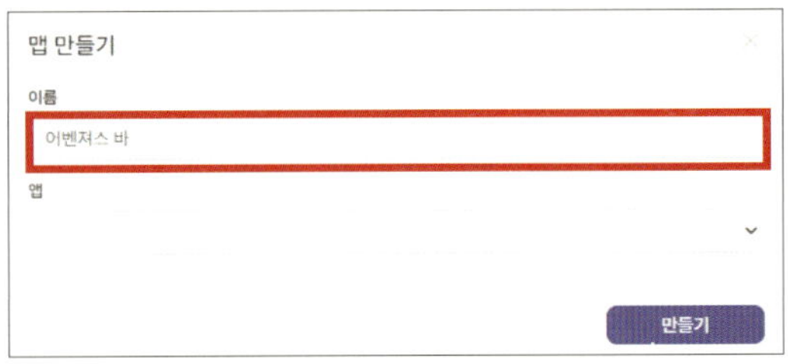

[그림51] 이름 설정 후 만들기

[그림52] 새 맵으로 추가한 방

⑥ 포털(Portal) 효과

‘포털(Portal) 효과’는 아바타를 한 장소에서 다른 장소로 순간이동을 할 수 있도록 문 역할을 하는 타일이다. 포털 효과를 주기 위해 [그림53]의 상단 중앙에 있는 ① 타일 효과를 누르고 오른쪽 타일 효과에서 ② 포털을 누르면 바로 왼쪽에 [그림54] 포털 세부 사항을 지정하는 창이 생성된다. 세부 사항 설정 후 ③ 상단 중앙의 도장을 클릭한다.

포털 세부 사항에서 [그림54] 현재의 공간에서 어느 공간으로 이동할지 설정하고, 가장 아래 [그림55] 이동 방법에서 포털을 눈에 보이지 않게 숨기기로 할지, 아바타를 포털 앞에만 가면 바로 순간이동을 할지를 결정해 클릭한다.

포털을 1개만 지정하면 많은 인원이 참가하는 모임 시 이동하는 입구가 붐빌 수 있어 2~3개 정도 포털을 지정한다. 만약 3개의 포털 지정 시 2개는 맵 선택에서 숨기기를 클릭해 하나만 눈에 보이도록 한다. 우측 상단 플레이를 눌러 메인화면으로 들어가 실제 포털의 모습을 확인하면 [그림56]처럼 입구가 1개만 보인다.

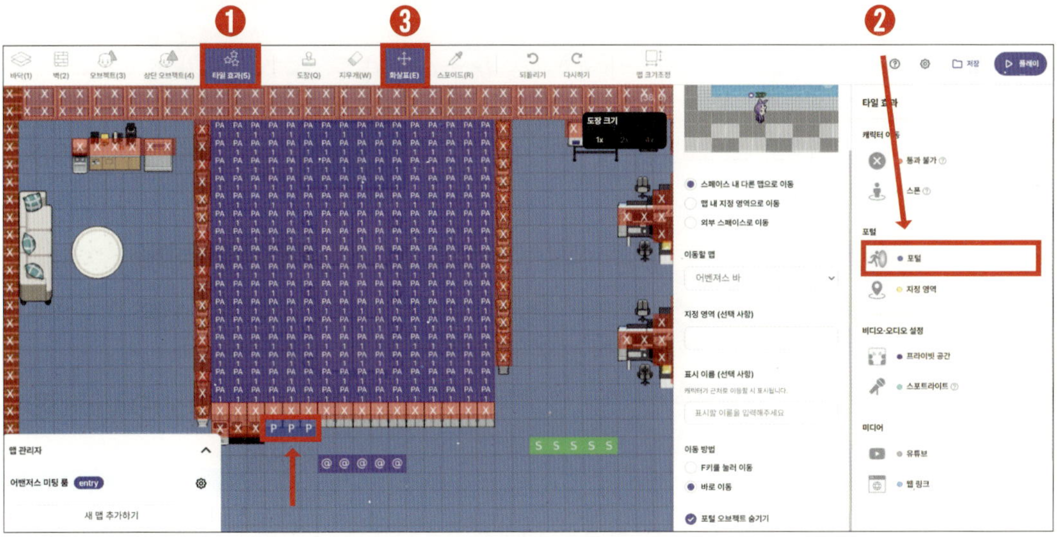

[그림53] 포탈 효과-방과 방을 연결해주는 기능

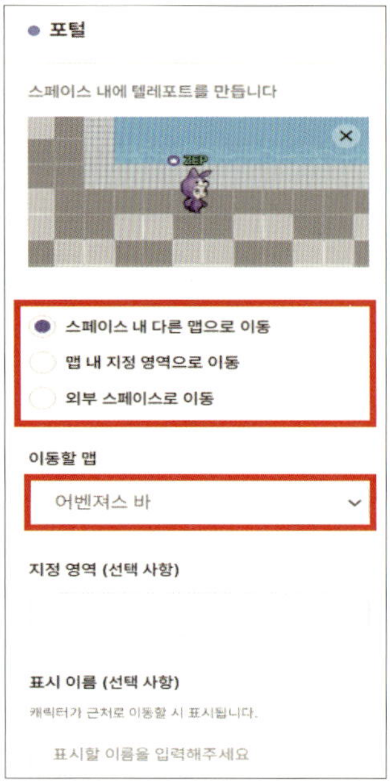

[그림54] 방에서 이동할 대상 맵 선택

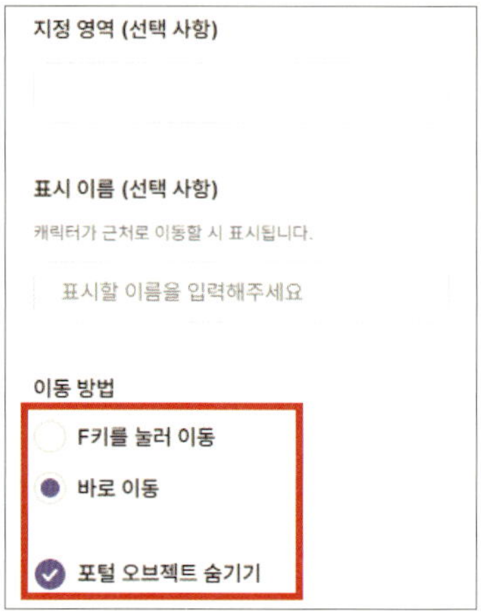

[그림55] 대상 맵 선택 후 바로 이동 등 선택

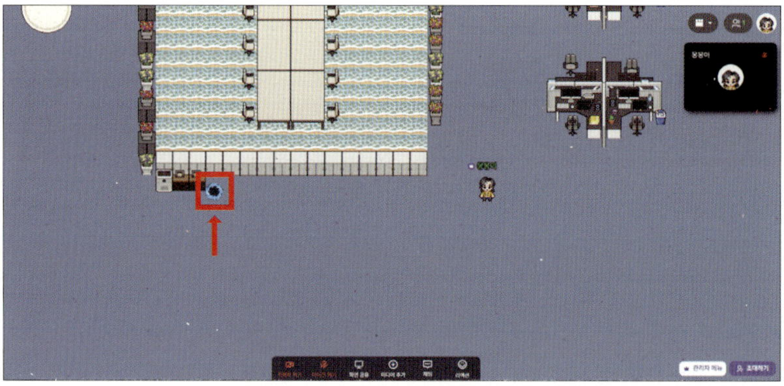

[그림56] 메인 화면에서의 포털 모습

다음은 포털을 이용해 룸에서 다른 룸으로 이동하기 위해서는 [그림57]처럼 아바타를 포털 가까이 움직여 보자. 아바타가 포털로 향하는 순간 [그림58]처럼 미리 설정한 룸으로 이동이 이뤄진다.

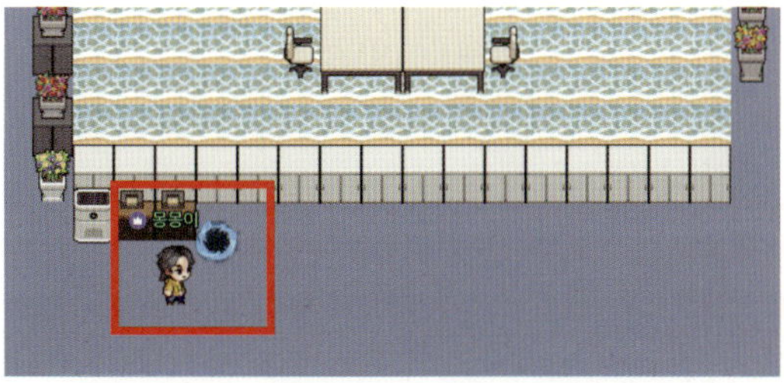

[그림57] 포털 가까이에 있는 모습

[그림58] 다른 룸으로 이동된 모습

현재의 룸에서 메인 화면으로 이동하기 위해서는 다시 '맵 에디터'를 누르고 '포털'을 설정해야 한다. [그림59]의 오른쪽 하단 '관리자 메뉴'를 누르면 [그림60]과 같은 창이 나타나고 가장 아래 '맵 에디터'를 누르고 설정화면으로 이동한다. 또는 왼쪽 상단 ① 망치 그림을 클릭하고 설정화면으로 이동한다.

[그림59] 관리자 메뉴 버튼 클릭

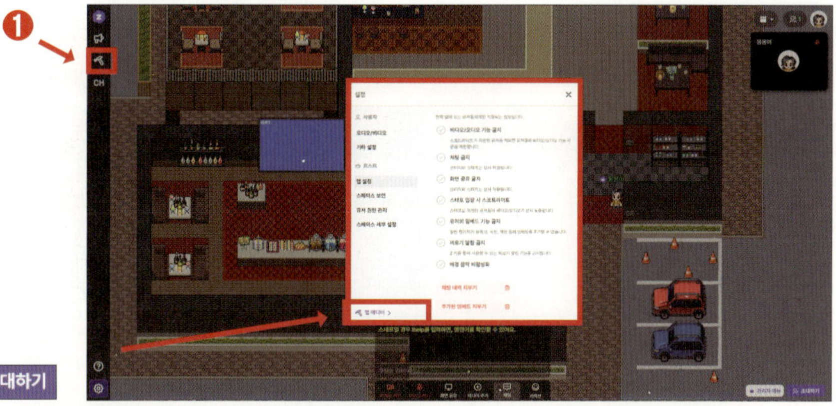

[그림60] 맵 에디터 버튼 클릭

앞에서 보았던 동일한 방법 ① 타일 효과를 누르고 오른쪽 타일 효과에서 ② 포털을 누른 후 ③ 상단 중앙의 도장을 누른다. 다른 장소로 이동할 때 입구로 사용할 지점을 포털로 클릭하면 [그림61]과 같이 '맵 선택' 창이 나타난다.

현재의 공간에서 어느 공간으로 이동할지 설정하고 [그림62]처럼 가장 아래 포털을 눈에 보이지 않게 숨기기로 할지, 아바타를 포털 앞에만 가면 바로 순간이동을 할지를 결정하고 확인을 누른다. 포털 설치를 확인하려면 우측 상단 플레이 버튼을 누르면 화면 [그림63]으로 이동한다.

[그림61] 포탈 효과-바로 이동 기능

[그림62] 포탈 효과-숨기기 기능

[그림63] 포털이 설치된 화면 모습

⑦ 상호작용 미디어 효과

'미디어' 효과란 공간 안에서 공유할 영상, 이미지 등을 넣어 주는 기능이다. 상호작용할 수 있는 오브젝트를 선택해 필요한 장소에 설치 후 효과를 주기 위해서는 상단 중앙에 있는 ① 타일 효과를 누르고 오른쪽 타일 효과에서 ② 상단 중앙의 도장을 누른 후 ③ 미디어(유튜브, 웹 링크) 중 유튜브를 클릭한다.

[그림64] ③ 미디어 유튜브를 클릭하면 동시에 바로 왼쪽으로 '유튜브' 팝업 창이 뜬다. [그림65] 연결한 유튜브 URL 주소를 넣고 실제 보일 화면 크기를 픽셀로 입력 후, 영상 재생 방법을 눌러서 재생할 것인지 아니면 바로 재생할 것이지 선택한다. 입력이 끝났다면 영상이 나올 장소를 확인하고 화면이 시작되는 왼쪽 상단에 클릭을 하면 TE가 생성된다. 영상 및 이미지 확인을 위해 우측 상단 플레이를 눌러 확인한다. 만약 보이는 화면이 작거나 크면 다시 맵 에디터를 눌러 사이즈를 조정하도록 한다.

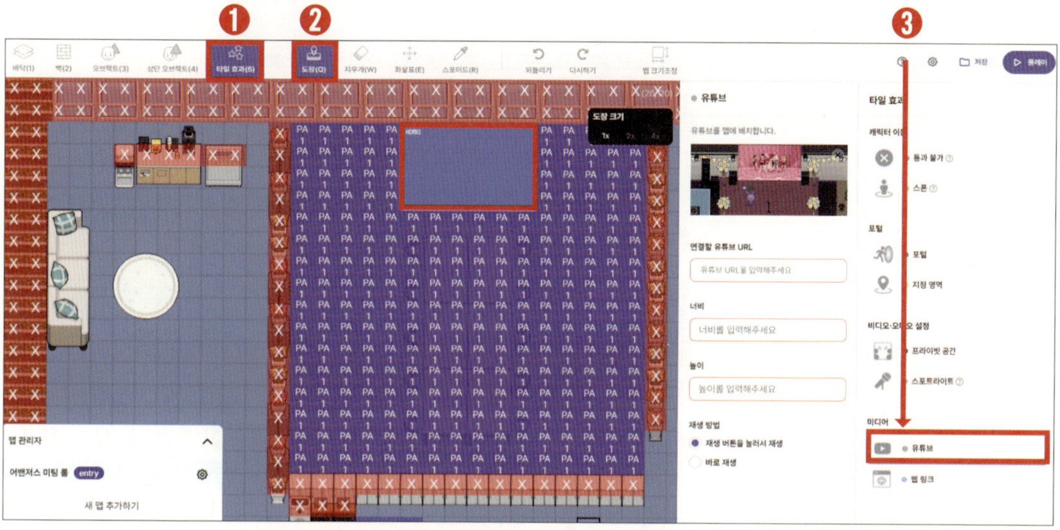

[그림64] 타일효과 미디어-상호작용

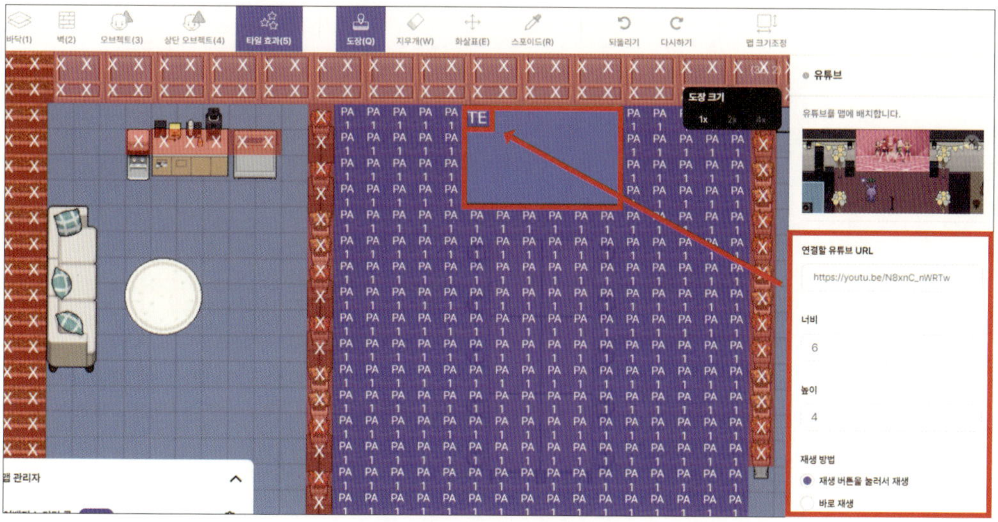

[그림65] 상호작용 선택

임베드에 상호작용으로 넣은 영상이 잘 보이는지 오른쪽 상단 '플레이' 버튼을 누르고 [그림66]의 메인 화면으로 들어가 확인해 본다.

[그림66] 미디어 유튜브 상호작용

다음은 이미지를 넣어보자. [그림67] 이미지 역시 같은 방식으로 상호작용을 할 수 있는 오브젝트를 선택해 필요한 장소에 설치 후 효과를 주기 위해 상단 중앙에 있는 ① 타일 효과를 누르고 오른쪽 타일 효과에서 ② 상단 중앙의 도장을 누른 후 ③ 미디어 '웹 링크'를 클릭한다.

③ 미디어 '웹 링크'를 클릭과 동시에 왼쪽에 팝업 창이 뜬다. [그림68]처럼 연결한 웹 URL 주소를 넣고 웹을 어떤 형태로 열지 선택한다. 만약 웹을 고정 영역에 배치한다면 화면 크기를 픽셀로 계산하여 숫자를 설정한다. 상호작용으로 넣은 이미지가 잘 보이는지 오른쪽 상단 '플레이' 버튼을 누르고 메인화면인 [그림68]로 들어가 확인한다.

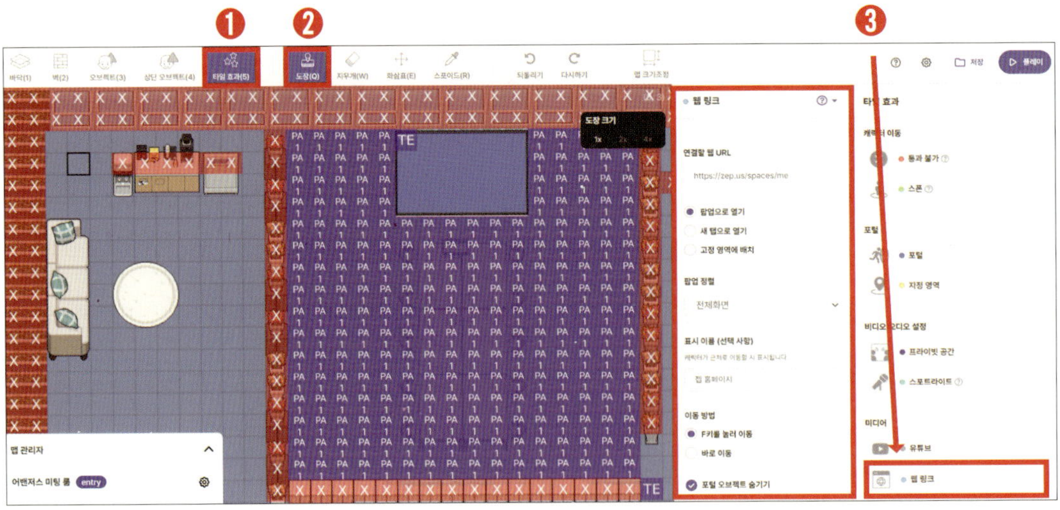

[그림67] 미디어 웹 링크 설정

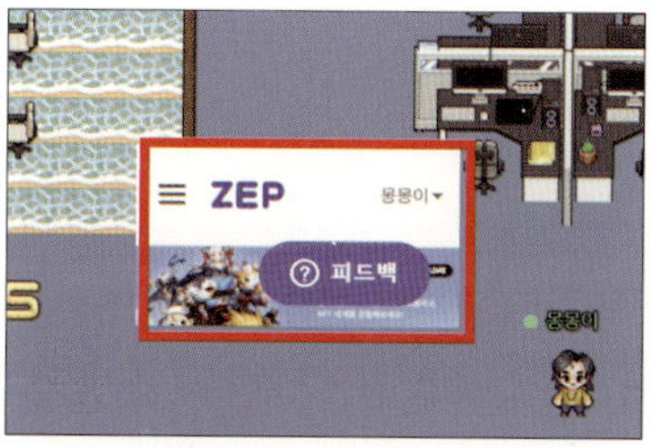

[그림68] 임베드 상호작용

⑧ 배경 음악 효과

젭이 게더타운과 크게 다른 점은 '배경 음악'이 있는 것이다. 공간의 분위기에 맞게 배경 음악을 선택해 연결할 수 있다. [그림69]처럼 맵 에디터에서 배경 음악은 '타일 효과'에서 할 수 있고, '맵 메인 화면'에서도 효과를 넣을 수 있다. 참고로 맵 에디터에서 넣는 배경 음악 효과는 특정 지정 장소에서만 음악이 흘러나오게 할 수 있다.

① 활성 거리를 입력해 아바타가 그 거리만큼 접근했을 때 음악을 들을 수 있는 반면, [그림70]과 같이 메인 화면에서의 음악이 활성 거리 지정 없이 그 맵에 들어가면 배경 음악으로 흘러나오도록 한 것이다. 원하는 배경 음악을 설정하기 위해서는 [그림71]과 같이 파일 선택을 눌러 내 PC 폴더에서 음악을 선택한다.

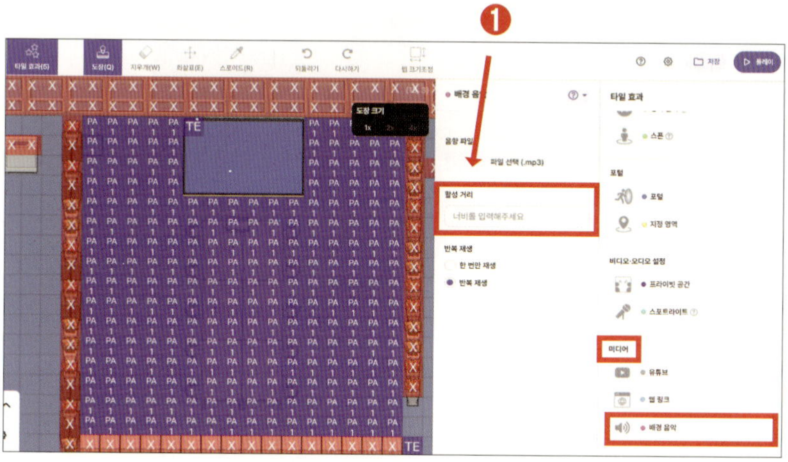

[그림69] 미디어 배경 음악 설정

[그림70] 메인화면 배경 음악 설정

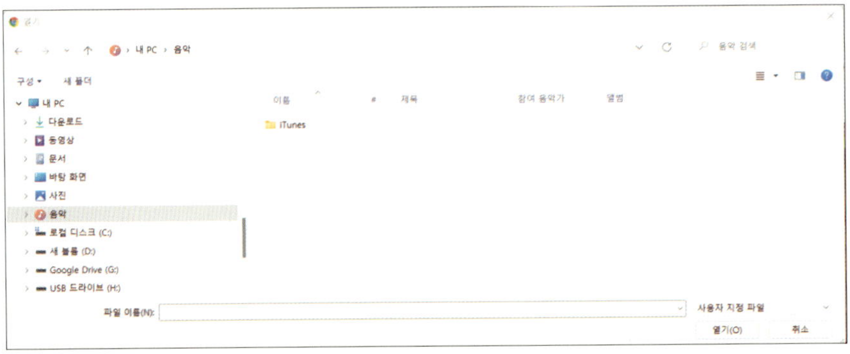

[그림71] 내 폴더에서 배경 음악 선택

(6) 활용 팁

① 특정 위치로 빨리 이동을 원할 때

내 아바타를 움직이게 하려면 방향키를 이용하거나 키보드에서 게임할 때 사용하는 영문(A, S, D, W)을 눌러 이동할 수 있다고 배웠다. 그러나 공간이 너무 넓어 방향키를 움직이기 귀찮을 때는 이동을 원하는 장소에 마우스를 대고 더블클릭하면 [그림72]처럼 내가 원하는 방향으로 내 아바타가 자동적으로 이동한다.

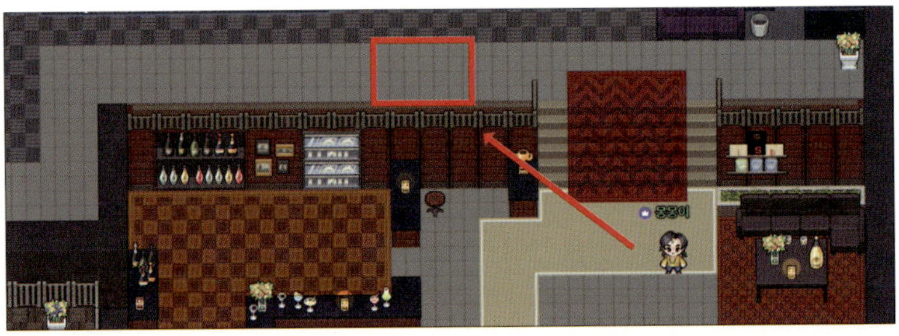

[그림72] 아바타 마우스 더블클릭으로 원하는 위치 이동

② ⊕ 버튼

젭에서의 큰 특징 중 하나는 [그림73]처럼 메인화면 하단 중앙 '⊕' 버튼에 다양한 기능이 숨겨져 있다는 점이다. 혹여 상호작용 임베드에서 영상 및 이미지, 파일 등 넣는 것을 깜박 잊었다면 [그림74]처럼 '⊕'버튼을 누르고 바로 공유도 할 수 있다.

또한 [그림75]처럼 함께한 팀원들과 간단한 '미니게임'을 즐길 수도 있다. [그림76]처럼 '똥 피하기' 게임을 누르면 하늘에서 똥이 떨어지게 된다. 만약 똥을 피하지 못하고 맞으면 내 아바타가 돌 십자가로 변한다.

[그림73] ⊕ 버튼

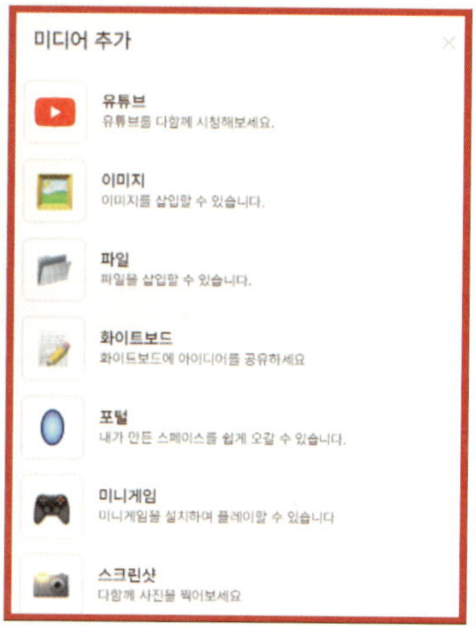

[그림74] ⊕ 주요 기능

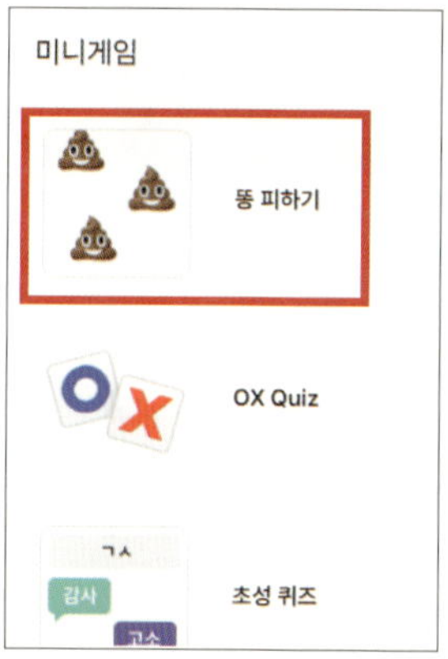

[그림75] 미니게임

[그림76] 똥 피하기 게임

③ 개설한 맵을 삭제하고 싶을 때

방을 만들다 보면 불필요한 방이 생겨 [그림77]처럼 메인 화면에 비슷한 방이 여러 개 보이게 된다. 이때 [그림78]처럼 삭제를 원하는 스페이스 오른쪽 아래 '점 3개'를 클릭하면 [그림79]와 같이 창이 나타나고 여기서 '스페이스 설정'을 누르면 화면이 이동한다.

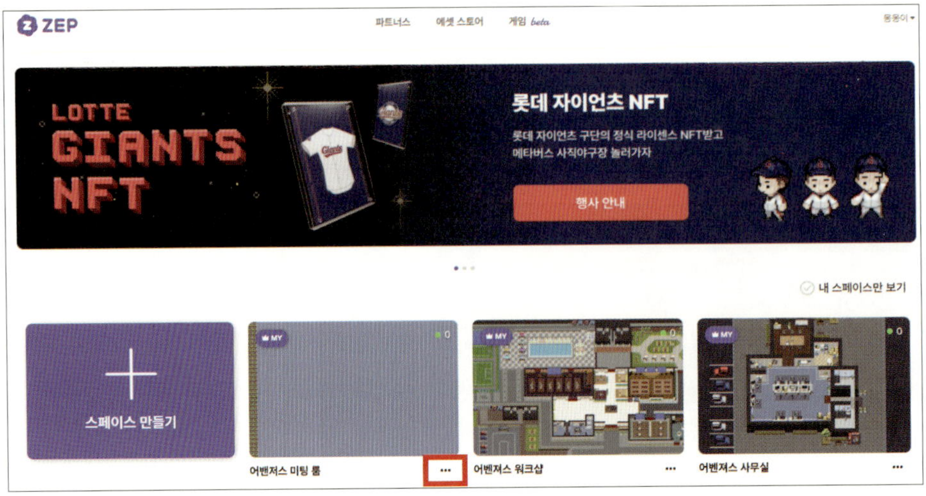

[그림77] 메인 화면

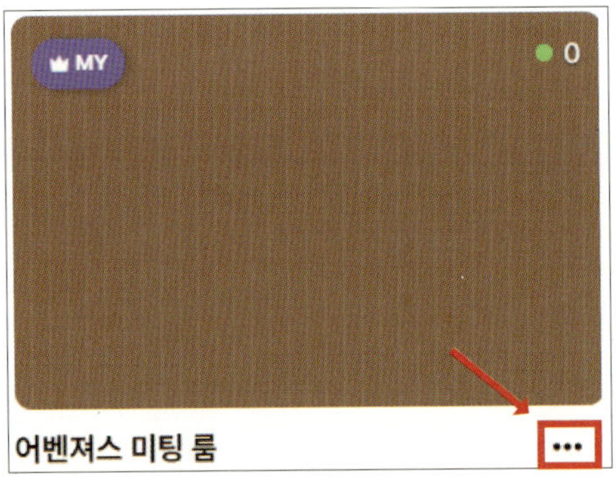

[그림78] 삭제를 원하는 스페이스

[그림79] 스페이스 설정

이동한 화면에서 마우스 스크롤을 이용해 [그림80]에서 맨 아래로 내려가면 왼쪽 하단에 붉은색으로 표기된 '스페이스 삭제하기' 버튼을 누른다. 그러면 [그림81]처럼 '정말로 삭제하시겠습니까?'(삭제를 원하시면 DELETE를 입력하세요)라는 창이 뜬다. 이때, 빈 공간에 영문 대문자로 'DELETE'를 입력하고 확인 버튼을 누른다.

[그림80] 스페이스 삭제하기

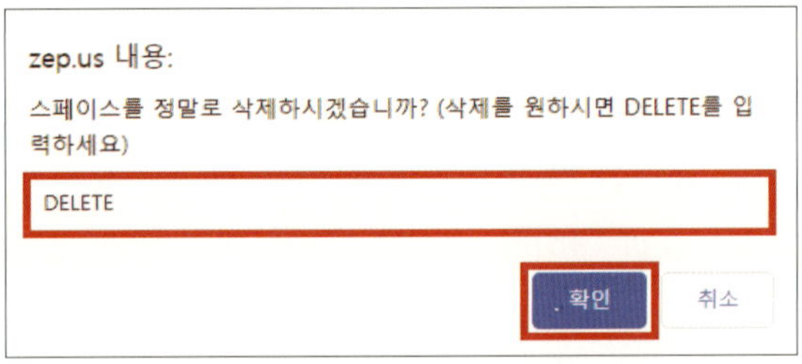

[그림81] 스페이스 삭제 DELETE 입력하기

DELETE를 누르고 확인 버튼을 누르면 삭제를 원했던 스페이스는 삭제되고 [그림82]와 같은 화면이 나타난다. 이때 오른쪽 상단 '나의 스페이스' 버튼을 누르면 다시 메인 스페이스 화면으로 이동한다.

[그림82] 스페이스 삭제 후 나타나는 화면

Epilogue

지금까지 젭의 기능을 확인하고 방을 만들고 구성하는 방법에 대해 알아보았다. 젭은 한국식 게더타운으로 불리면서 사용하기 쉽고 무료라는 큰 장점을 배경으로 빠르게 확산되고 있다. 우리는 2년 4개월의 비대면 시간을 뒤로하고 대면 시대를 살고 있지만 covid-19가 있기 전으로 돌아갈 수 없음을 우리는 알고 있다. 비대면의 장점과 편리함을 이미 경험했기 때문이다. 이제는 대면과 비대면이 공존하는 세상이다.

기업에서는 젭을 활용해 프라이빗 미팅, 화상대화, 단체 워크숍 등이 이미 진행되고 있으며, 더 나아가 그 영역이 확대돼 NFT, 직거래 장터, 미술관 전시, 공연, 상담 등을 포함한 우리가 원하는 것이 무엇이든 젭 공간 안에서 활동할 수 있다는 점이다.

그렇다면 젭 안에서 맵을 만들 때 가장 중요한 것이 무엇일까? 그것은 바로 기획력이라고 할 수 있다. 공간에 디자인적인 요소를 넣어 멋지게 꾸미는 것도 중요하겠지만, 이 공간을 어떻게 구성하고 운영하느냐가 더 중요한 것이다. 현재는 기업, 관공서 등에서 수백만 원 또는 수천만 원의 금액을 투자해 개인 또는 업체에 의뢰하지만, 시간이 흐르면서 가상공간의 맵도 소유가 아닌 공유의 시대로 더 확산할 것이다.

즉, 젭 템플릿 대여 서비스가 또 하나의 비즈니스 사업 아이템이 되는 것이다. 혼자 모든 것(디자인 감각, 기획력 등…)을 갖추지 못했다면 팀을 이뤄 도전해보자. 수익 창출의 또 하나의 비즈니스로 모델로 자리를 잡을 것이다.

Chapter

5

제페토 크리에이터

김선숙

Chapter

05

제페토 크리에이터

Prologue

메타버스 교육을 시작하면서 제페토 크리에이터로 활동을 시작했다. 제페토는 누구나 크리에이터가 될 수 있다. 나를 똑 닮은 아바타에 내가 만든 아이템을 만들어 아바타를 꾸미고 다양한 월드에서 소통할 수 있다. 소셜네트워크 서비스 SNS로 캐릭터의 외모, 의상, 아이템 등을 활용해 내가 만든 아이템으로 자신만의 아바타 꾸미기를 통해 제페토에서 크리에이터가 돼 수익창출도 하고 창업도 할 수 있다. 이 모든 게 가상세계 메타버스 안에서 이뤄진다. 여기서는 일상, 사회, 경제활동을 할 수 있다. 수익창출이 될 수 있는 메타버스 플랫폼 제페토에 대해 알아보자.

1. 제페토란?

제페토는 2018년 8월에 출시됐으며 전 세계 3억만 명 이상의 이용자 수를 보유하고 있는 네이버 제트(Z)가 운영하는 증강현실 아바타 서비스로 국내 대표적인 메타버스 플랫폼이다. 제페토 내에서 자신과 닮은 '3D 아바타'를 만들고 꾸밀 수 있다. 월드에서 가상 세계 활동을 즐길 수 있고, 게임 참가도 가능하다. 포토부스에서 찍은 사진을 SNS에 공유도 하고, 직접 만든 아이템은 판매도 할 수 있다. 이용자의 약 80%는 게임이나 스마트폰 등 디지털 환경에 익숙한 Z세대로 알려져 있다. 자 그럼 본격적으로 제페토를 이용해 보자.

2. 제페토 시작하기

1) 제페토 앱 설치 및 회원가입

[그림1]처럼 ① 구글 플레이스토어 또는 앱 스토어에서 제페토를 검색 후 ② 설치한다. ③ 열기를 실행한다. ④ 이용 약관 동의 화면이 나오면 이용 약관 필수 항목에 체크 한 다음 ⑤ '동의합니다'를 누른다.

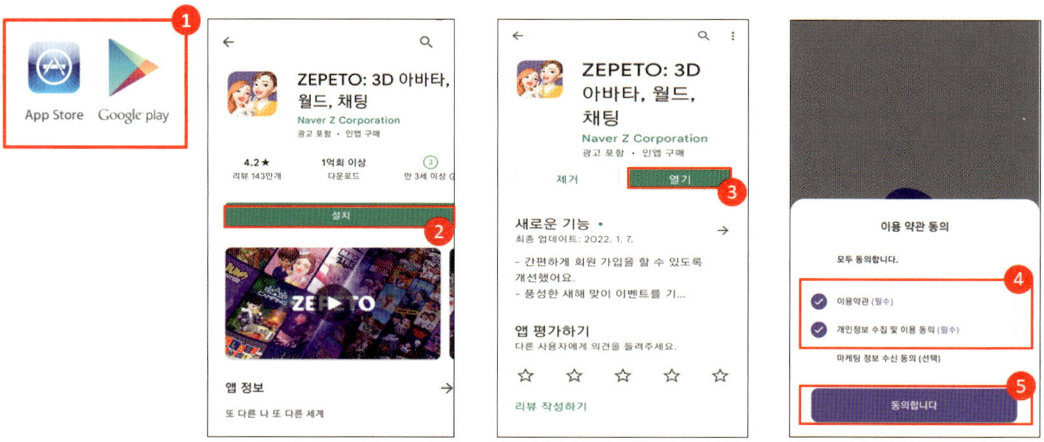

[그림1] 제페토 앱 설치 및 회원가입

기존에 사용한 경우에는 '이미 가입한 계정이 있어요', 신규 가입할 경우에는 '이미 계정이 있나요?' 로그인 문구가 나타난다. [그림2]에서 ①처럼 캐릭터를 선택하고 '다음'을 클릭한다. ② 자신의 '캐릭터의 이름'을 넣고 ③ '다음'을 클릭한다. ④ '생년월일'을 입력하고 ⑤ '다음'을 클릭한다.

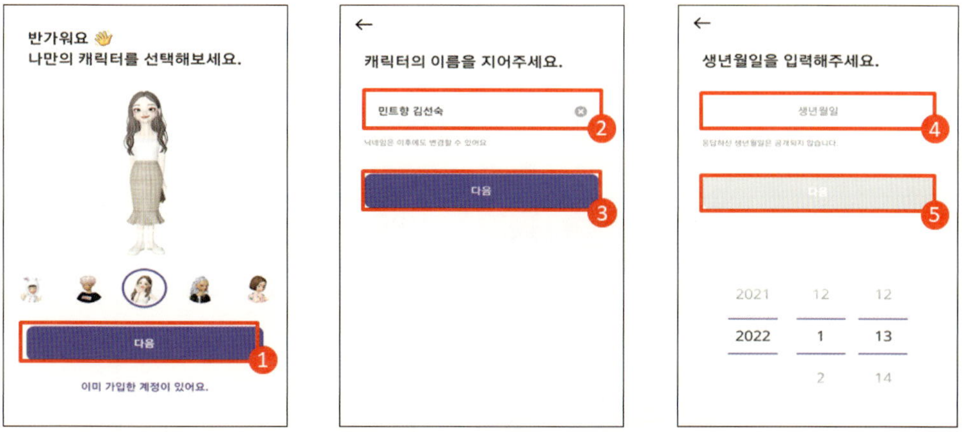

[그림2] 제페토 앱 설치 및 회원가입

[그림3]에서 ① 화면이 나타나면 자주 사용하는 계정을 하나 선택해 계속하기를 클릭한다. ② 회원가입이 완료되면 하단에 '홈 화면'이 나온다.

[그림3] 제페토 앱 설치 및 회원가입

2) 제페토 홈 화면 익히기

[그림4]에서 좌측 화면의 기능설명은 우측 화면을 참고하자.

[그림4] 제페토 홈 화면

3) 내 아바타(캐릭터) 꾸미기(기본 체형 및 얼굴 꾸미기)

[그림5]의 ① '홈 화면'에서 캐릭터 아바타 꾸미기 위해 ② '캐릭터' 클릭 ③ '아바타 꾸미기 도구'들을 클릭하면 [그림6]처럼 나오며 ④ 아바타 얼굴과 기본 체형을 선택한 후 저장한다.

[그림5] 내 아바타(캐릭터) 꾸미기

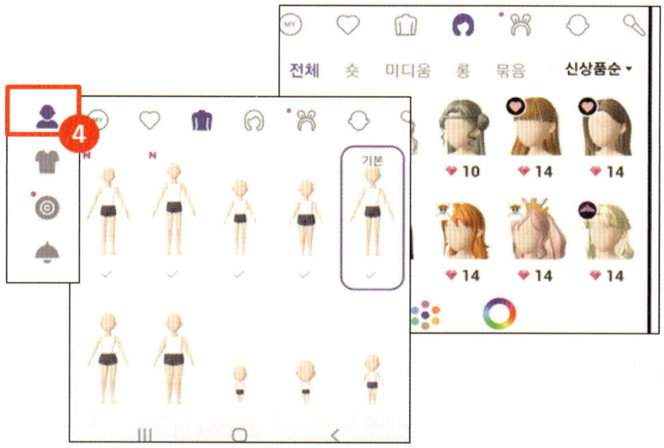

[그림6] 기본 체형 및 얼굴 꾸미기

(1) 내 아바타 꾸미기(의상 아이템)

[그림7]에서 ① 내 아바타의 옷을 구매해서 꾸미기 할 수 있다. ② 아바타 옷 아이템 선택 ③ '구매1'을 선택한 다음 ④ '구매'를 클릭하면 내 크레딧 확인 후 결제하면 된다(젬과 코인으로 구매 가능).

[그림7] 내 아바타 꾸미기

▶ 알고 가기

제페토에서 화폐는 젬과 코인이다. 모든 아이템은 구매를 해야 하고, 젬과 코인이 없을 경우에는 [그림8] ① 구글 계정에 결제 수단을 추가해 구매를 할 수 있다.

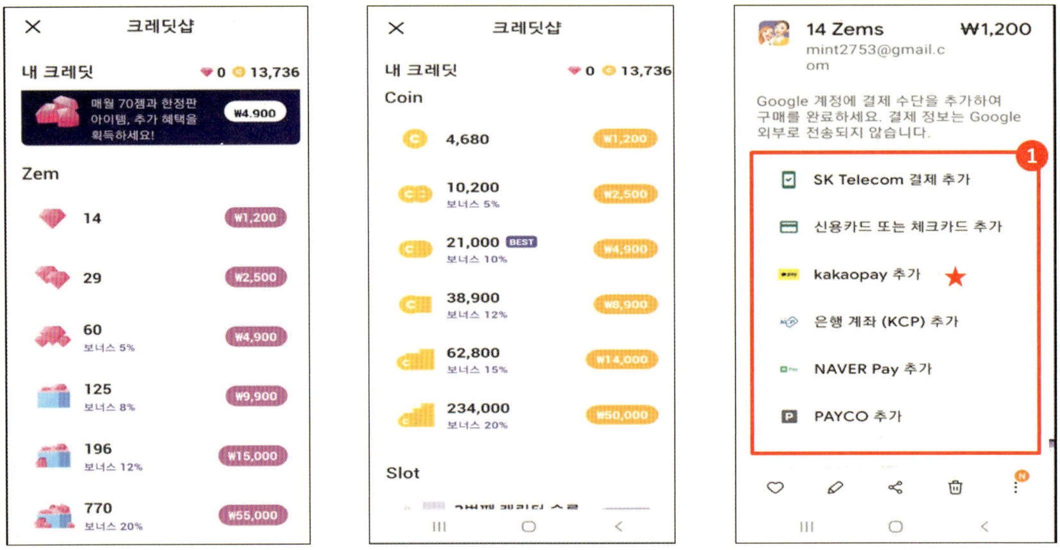

[그림8] 제페토 화폐

(2) 내 아바타 아이템 꾸미기(방 인테리어)

방을 꾸미는 방법도 의상 아이템 구매하는 것과 같은 방법이다. 먼저 [그림9]에서 ① '전등' 아이콘을 선택하면 방 꾸미기 아이템이 나온다. ② 방을 꾸밀 수 있는 아이템을 보고 유료(구매), 무료에서 선택한다. ③ 아이템 선택 한 후 '저장'하면 된다.

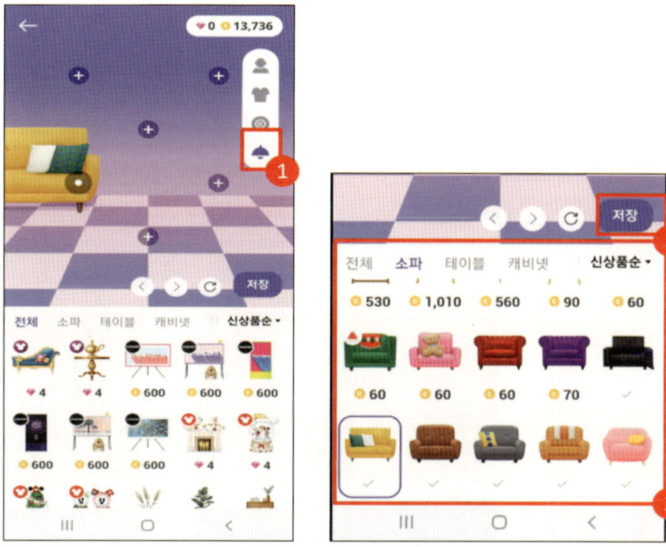

[그림9] 아이템 꾸미기-방

(3) 프로필 편집하기

프로필을 수정하기 위해서는 [그림10]에서 제페토 홈 화면 ① 우측 하단의 '사람 모양'을 클릭한다. ② '프로필 편집'을 클릭해 ③ '이름' 변경 ④ '아이디'(참고로 아이디는 30일마다 한 번씩 변경할 수 있다) 입력 ⑤ '직업, 국가' 입력 ⑥ '상태메시지' 입력 후 우측 상단 ⑦ '완료'하면 된다.

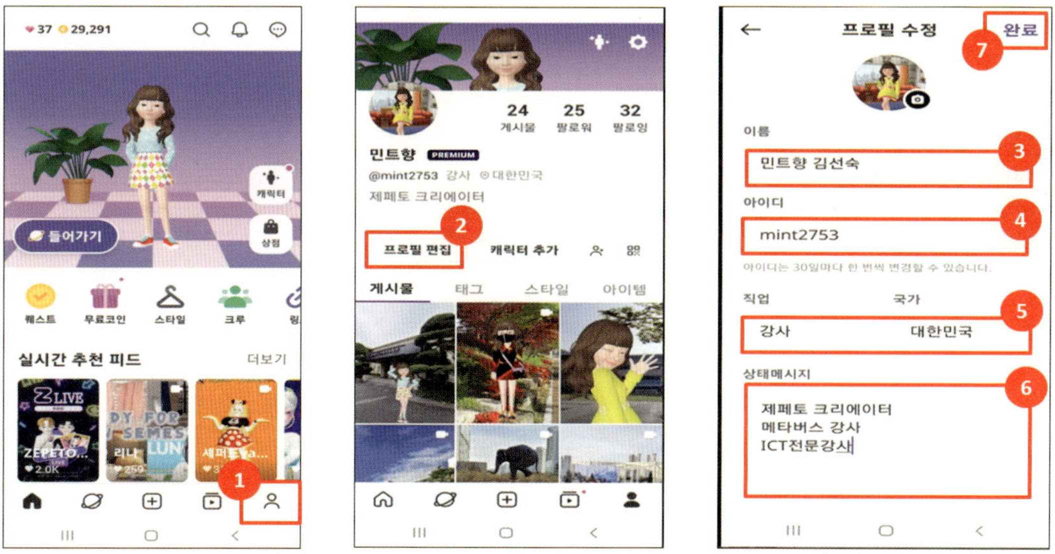

[그림10] 프로필 편집하기

(4) 캐릭터 추가

다음은 회원가입하면서 내 아바타 캐릭터 성별을 다르게 설정했을 경우, 또는 나랑 똑 닮은 아바타로 변경하는 방법이다. [그림11]의 제페토 프로필 홈에서 ① '캐릭터 추가'를 클릭한다. ② '관리' 클릭하면 ③ 초기화 메뉴와 남자(여자)로 바꾸기 창에서 성별만 변경 시 남자·여자 바꾸기 클릭하고, 나랑 똑 닮은 아바타로 변경 시 '초기화'를 선택한다.

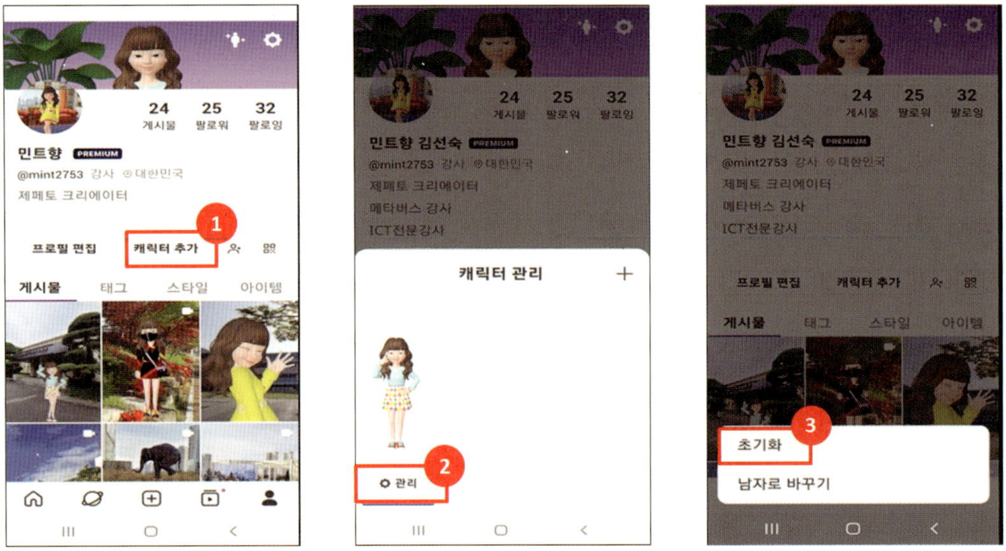

[그림11] 프로필 편집하기(캐릭터 추가)

[그림12]에서 좌측 이미지처럼 성별을 변경할 수 있다. ② 제페토에서 제공하는 아바타로 변경할 시 아바타를 선택하면 된다. ③ 셀카로 만들기는 내 얼굴을 셀카로 촬영해 나랑 똑 닮은 아바타로 설정한다. ④ 사진으로 만들기는 스마트폰 갤러리에 있는 내 사진으로 아바타 만들기를 설정할 수 있다.

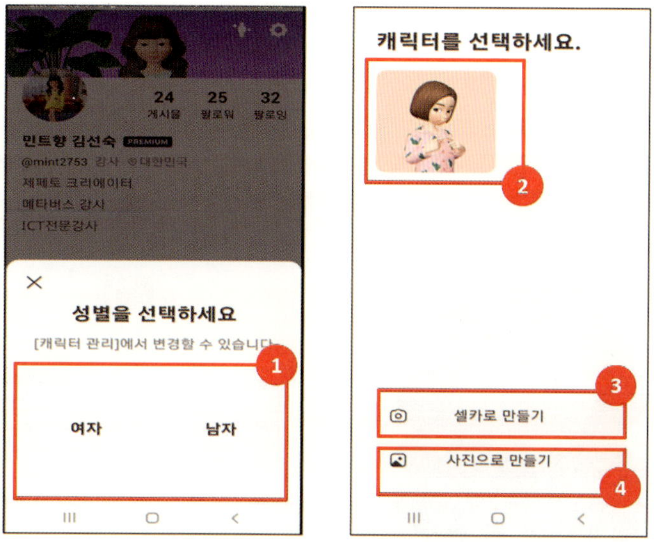

[그림12] 프로필 편집하기

[그림13]에서 ① '셀카로 만들기'를 클릭해 ② '내 얼굴'을 셀카로 촬영한 다음 ③ '피부 선택'을 하고 ④ '다음'을 클릭한다.

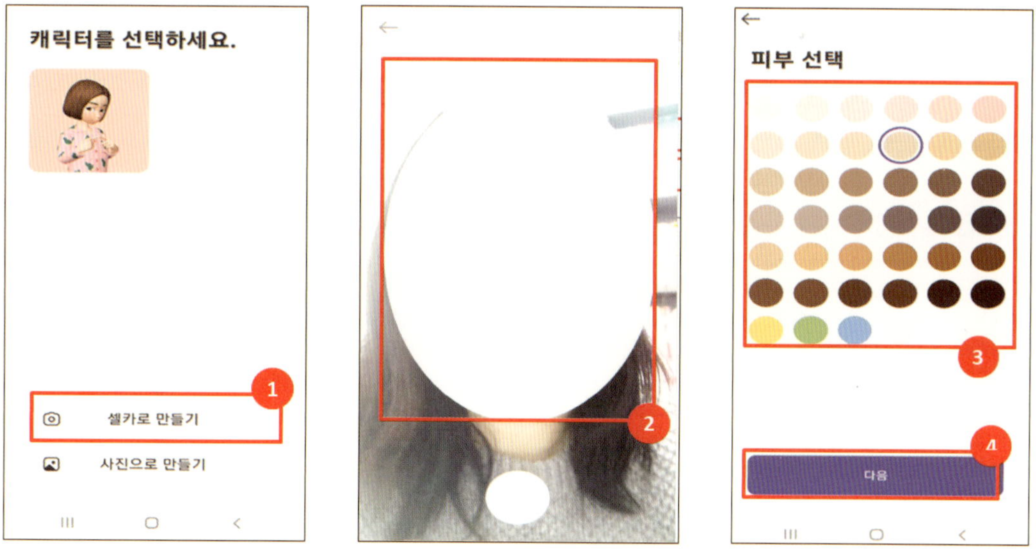

[그림13] 프로필 편집하기

[그림14]에서 ① '완료하기'를 누른 다음 ② '저장'하면 내 캐릭터가 나를 똑 닮은 아바타로 변경된다.

[그림14] 프로필 편집하기

(5) 친구 추가

[그림15]의 프로필 홈 화면에서 ①을 누르면 친구 추가 목록이 나타나고 ②에서 추가할 친구를 선택하고 팔로우 한다.

* 팔로우 : 내가 다른 사람 친구 추가 * 팔로워 : 다른 사람이 나를 친구 추가

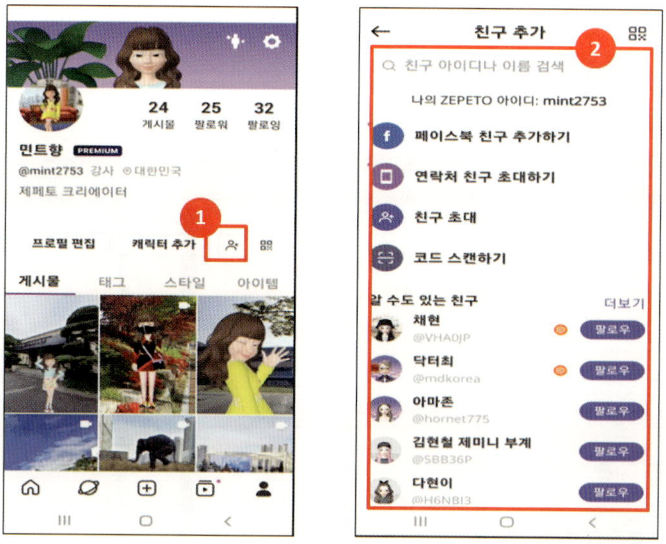

[그림15] 친구추가

3. 제페토 크리에이터

제페토 크리에이터 기능은 아이템을 직접 만들어 판매할 수 있는 코너이다. 제페토 계정을 가진 사용자라면 누구나 아이템을 제작하고 판매할 수 있다. 제페토가 제공하는 여러 가지 템플릿에 디자인을 입혀 쉽게 아이템을 제작할 수 있다. 3D 툴을 사용하는 분이라면 새로운 모델링을 만들어 아이템을 제작할 수도 있다.

제페토 크리에이터 시작하기 위한 준비로는 ① 스마트폰에 제페토 앱 설치 ② 스마트폰에서 제페토 크리에이터 가입 ③ 스마트폰-편집 프로그램이 설치돼 있어야 한다. 작업 시 주의 사항을 살펴보면 작업 시 이미지 사이즈는 256*256px을 권장하며 최대 512*512px 산출물은 반드시 PNG 포맷으로 지정해줘야 한다.

1) 제페토 크리에이터 회원가입 하기

[그림16]에서 우측 하단의 ① '사람모양' 아이콘을 누른 다음 ② 우측상단 톱니바퀴 모양의 '환경설정'을 누른다. ③ 중간 부분의 '크리에이터 되기'를 누르고 회원가입을 한다. 세 번째 이

미지처럼 환영합니다! 메시지 창에서 ④ '이름' 입력 ⑤ '국가와 지역' 입력 ⑥ 계정 타입에서 첫 번째 개인 '무료로 시작하기'를 누른다.

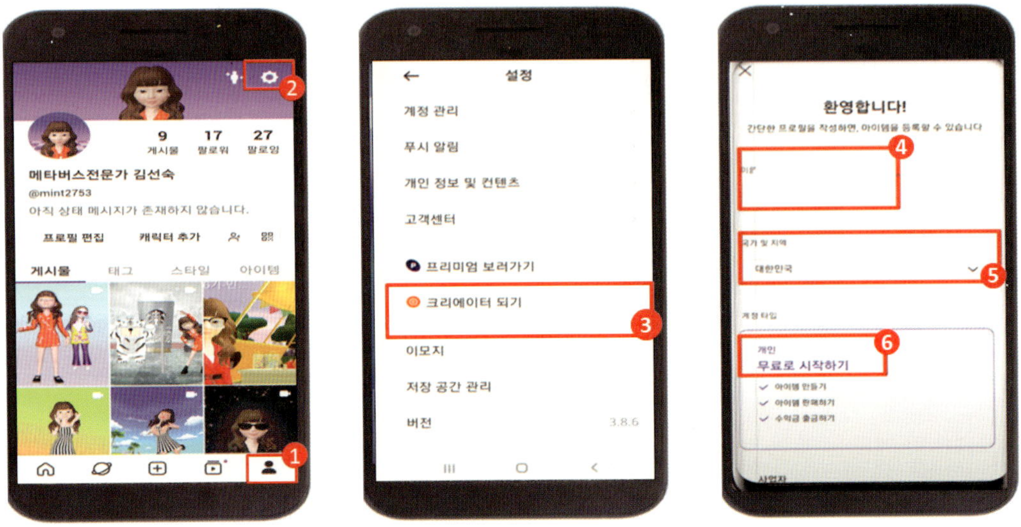

[그림16] 제페토 크리에이터 되기 위한 회원가입

[그림17]에서 ① '전화번호'를 입력한 다음 ② '다음'을 누르고 ③ 4자리 인증번호를 입력해 '전화번호를 인증' 한 다음 ④ '확인'을 누른다.

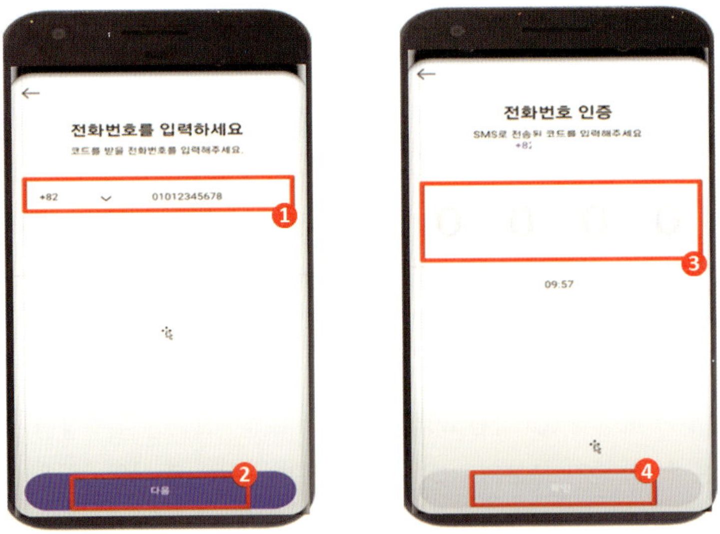

[그림17] 제페토 크리에이터 되기 회원가입

전화번호 인증이 완료되면 약관 동의를 하고 맨 하단에 있는 '프로필 생성'을 누른다.

2) 스마트폰 앱 활용해 아이템 만들기

[그림18]에서 ① 만들고 싶은 '아이템을 선택'한다. ② '편집'을 눌러서 ③ '템플릿 다운로드'를 한다. 다운로드한 템플릿은 스마트폰 갤러리에 저장된다.

[그림18] 아이템 만들기(스마트폰 앱 활용)

아이템 만들기 할 때 필요한 앱은 바로 '이비스 페인트X'이다. [그림18]까지 완료한 후에는 그대로 놔두고 스마트폰의 홈 버튼을 눌러 [그림19]처럼 구글플레이스토어에서 '이비스 페인트X' 앱을 설치해 열기를 실행한다. 그러면 가운데 이미지처럼 이비스 페인트X 첫 화면이 나온다. 여기서 ② '나의 갤러리'를 선택하고 ③ 화면 하단 왼쪽 '더하기(+)'를 누른다.

[그림19] 이비스 페인트X 앱 설치

[그림20]에서 ① 새 캔버스 화면에서 크기를 먼저 지정한다. 참고로 이미지 최소 사이즈는 '256*256px(픽셀)' ② 최대 사이즈는 '512*512px(픽셀)'이다. 이미지 사이즈를 최대 크기로 지정하고 ③ 'OK'를 누른다. ④ 좌측 상단의 '사진 가져오기'를 눌러서 스마트폰 갤러리에서 템플릿 이미지를 선택한다.

[그림20] 화면 크기 설정

[그림21]에서 ① '이비스 페인트X에서 미디어에 액세스 하도록 허용하시겠습니까?'라는 메시지 창이 뜨면 '허용'을 선택한다. ② '선 드로잉 추출 필터는 라인 드로잉 사진에 적합합니다. 해당 기능을 실행하시겠습니까?'라는 메시지창이 뜨면 OK 또는 취소 둘 중 하나를 터치한다. ③ '브러쉬 툴을 사용하면 손가락 한 번의 터치로 선을 그릴 수 있습니다'라는 메시지 창에서 'OK'를 터치한다.

[그림21] 이비스 페인트X 편집 시작

이비스 페인트X는 포토샵처럼 레이어를 이용할 수 있다. 아이템 만들기는 스마트폰 앱을 활용한다. [그림22]에서 ① 우측 화면 하단의 '숫자 1' 표시를 클릭하면 레이아웃 화면이 보인다. ② 좌측의 [+] 버튼을 누르면 ③처럼 빈 레이어가 생성된다.

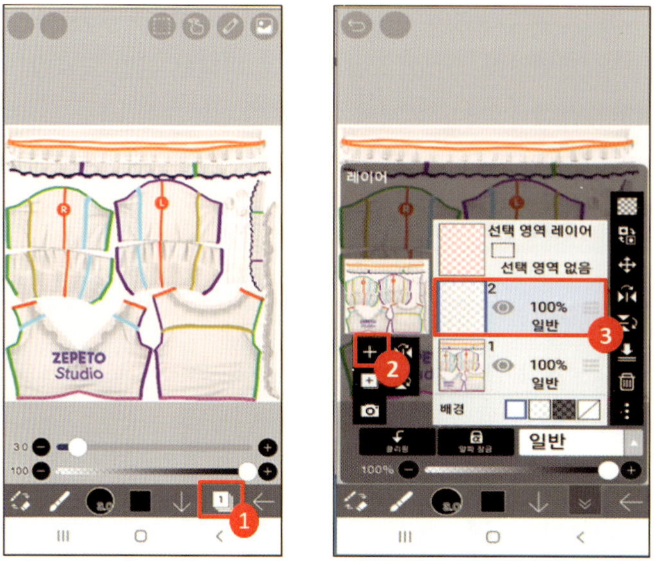

[그림22] 레이어 활용하기

[그림23]에서 ① 선택해 '브러쉬'로 색 채우기를 하거나 ② 우측 상단의 '사진 이미지'를 눌러 패턴을 가져올 수 있다. ③ 재료를 선택해 ④ 마음에 드는 이미지 패턴을 하나를 선택한다.

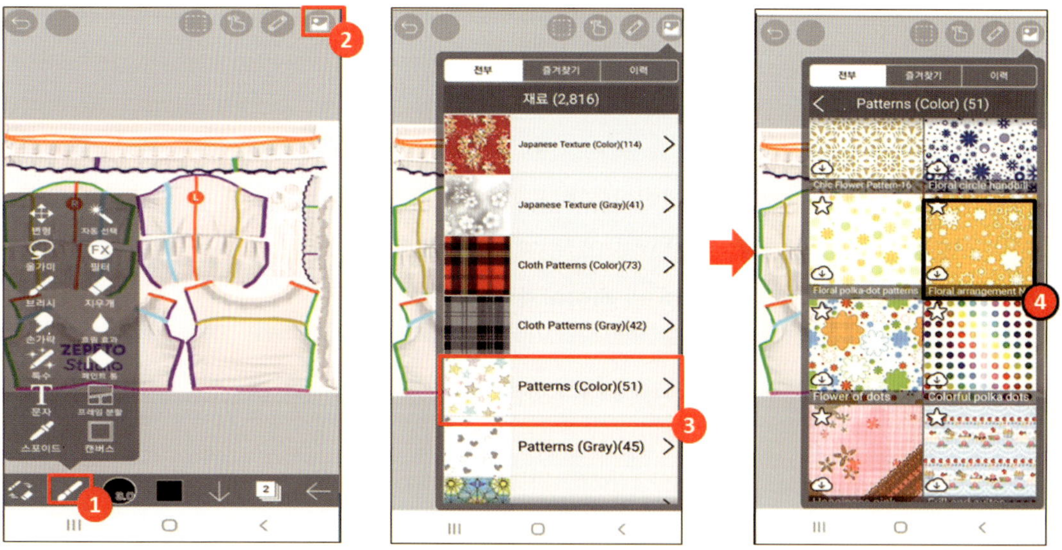

[그림23] 패턴 선택하기

[그림24]에서 ① 패턴 이미지에서 손가락을 드래그 해 움직이면서 패턴 크기를 조정한 후 ② 우측 하단의 '확인'을 체크 한 후 ③ 우측 하단 오른쪽 '화살표'를 선택하고 ④ 두 번째 'PNG로 저장하기'를 선택한다.

[그림24] 이비스 페인트X 편집

아이템 템플릿을 업로드하기 위해서는 다시 스마트폰의 홈 버튼을 누르고 [그림25]처럼 스마트폰에서 제페토 앱을 실행한다.

[그림25] 제페토 앱

[그림26]의 ① 제페토 크리에이터 화면에서 '업로드하기'를 눌러 ② '이미지'를 선택한다.

[그림26] 제페토 앱 아이템 업로드

[그림27]처럼 작업한 이미지를 가져오기 위해 ① 스마트폰의 '갤러리'를 선택하고 ② '항목 선택'에서 [그림24]에서 작업해 갤러리에 저장한 '이미지'를 선택하고 ③ '다음'을 누른다.

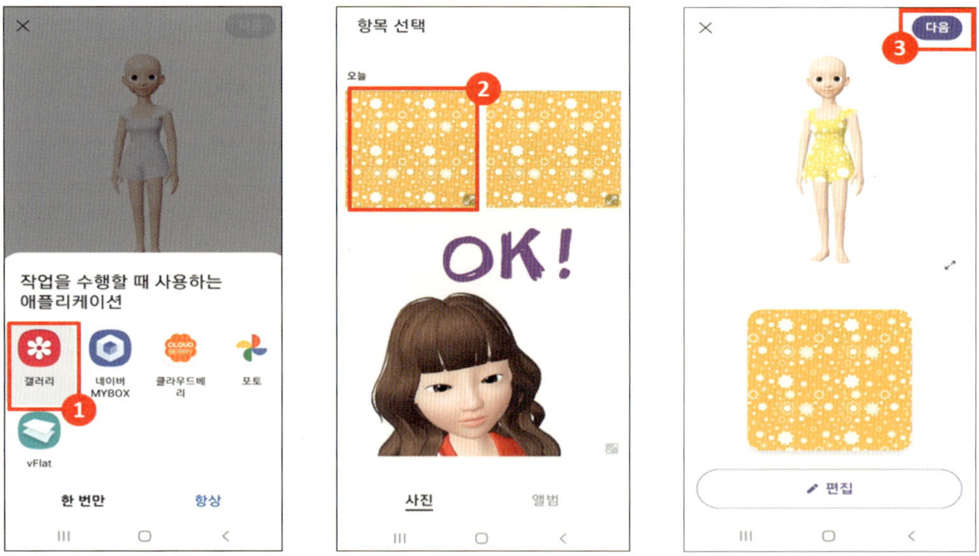

[그림27] 제페토 앱 아이템 업로드

[그림28]에서 ① 아이템 '이름'을 입력한다. ② '태그'를 입력한다. 태그는 탭 또는 엔터키를 눌러 최대 5개까지 입력이 가능하다. 제페토는 전 세계인들이 사용하기 때문에 영문도 함께 해둔다. ③ 내가 만든 아이템의 '가격'을 정한다. ④ '고급 설정'을 터치하고 일정에서 '승인되면 바로 배포'를 선택하고, 전 세계에 판매되도록 위치는 '모든 국가'를 선택한다.

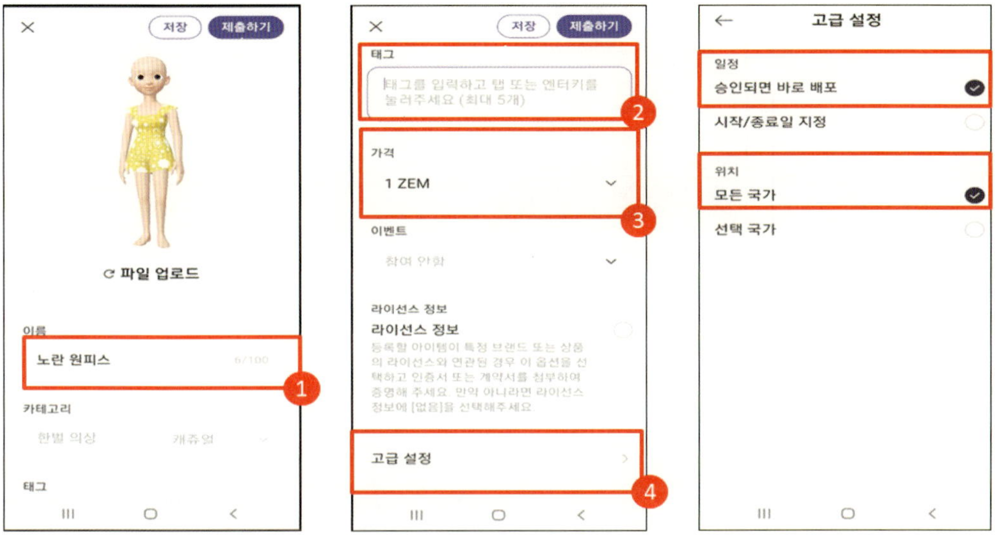

[그림28] 제페토 앱 아이템 업로드

내용을 모두 작성했으면 [그림29]의 ① '저장'을 누르고 제출하기 ② 심사가이드라인을 확인하였습니다. 체크 후 심사제출하기를 누른다. ③ 닫기를 누르면 제출된 아이템은 ④ '내 아이템'에서 확인이 가능하며, 임시저장이었던 아이템은 제출됨으로 바뀌고, 아이템은 동시에 최대 3개까지 심사 제출하기가 가능하다. 먼저 제출한 아이템의 승인이 완료될 때까지 조금만 기다리면 추가 아이템을 제출할 수 있다.

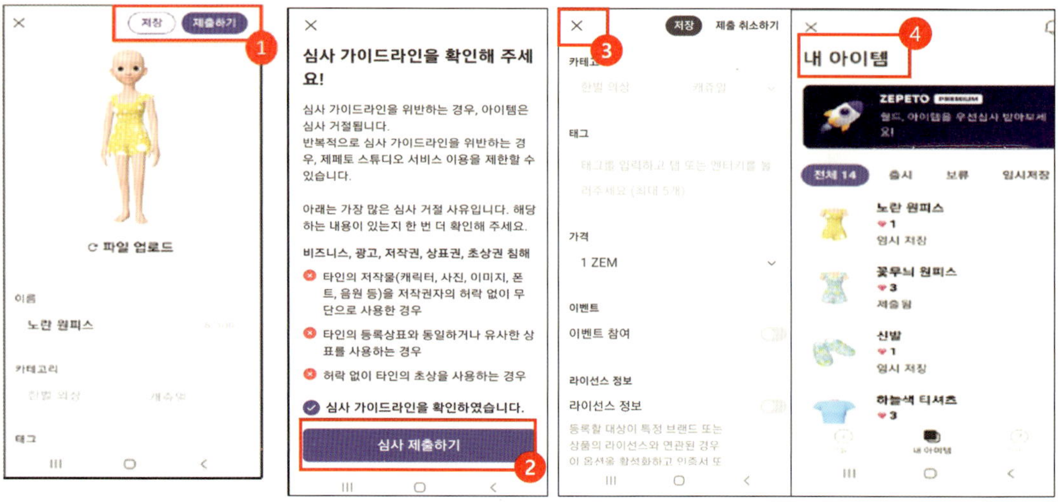

[그림29] 제페토 앱 아이템 심사 제출

제출하기가 끝나고 심사 결과 후 승인이 되면 판매가 가능하다. 참고로 심사는 10일에서 15일 소요되며, 프리미엄(유료)으로 한 달에 4,900원을 사용할 경우 우선 심사하며, 프리미엄 프로필 배지를 제공한다. 유료는 한 달에 4,900원, 제페토 70젬을 지급한다. 유료 결제 해지는 다음 갱신일 전에 하면 해지된다.

4. 제페토 스튜디오 시작하기

제페토 스튜디오 홈페이지(https://studio.zepeto.me/kr)에 접속한다. [그림30]에서 화면 중앙의 '시작하기'를 클릭한다.

[그림30] 제페토 스튜디오 시작하기

[그림31]처럼 '제페토 계정을 입력하세요' 메시지 창이 나타나면 ① 'QR코드' ② '전화번호·이메일' 로그인 방법과 ③ '소셜 계정'으로 로그인 하는 세 가지 방법이 있다. 여기서 ①번 방법으로 로그인 하려고 한다.

[그림31] 제페토 스튜디오 로그인

PC버전 제페토 스튜디오에 로그인하기 위해 [그림32]처럼 ① QR코드를 선택하고 ② 스마트폰 제페토에서 QR 그림 선택하고 ③ 스캔하기를 누른다.

[그림32] 제페토 스튜디오 로그인

[그림33]에서 ① 로그인을 누르고 ② 'ZEPETO 서비스에 로그인 됐습니다.'라는 창에서 '확인'을 누르면 PC버전 제페토 스튜디오에 로그인 된다.

[그림33] 제페토 스튜디오 로그인

제페토에서 제공하는 템플릿으로 아이템 만들기 위해 [그림34]의 왼쪽 상단 ① '+ 만들기'를 클릭한 다음 ② '아이템'을 선택한다.

[그림34] 제페토 스튜디오 아이템 만들기

제작할 아이템을 [그림35]에서 둘러보고 아이템 하나 '니트와 셔츠'를 선택한다.

[그림35] 아이템 선택하기

[그림36]과 같이 템플릿 에디터 화면이 나타나면 ① '템플릿 다운로드'를 클릭한다.

[그림36] 템플릿 다운로드

[그림37]과 같이 내 컴퓨터에 그림처럼 ① 압축파일이 저장되고, 압축을 풀면 ②와 같은 상태로 된다.

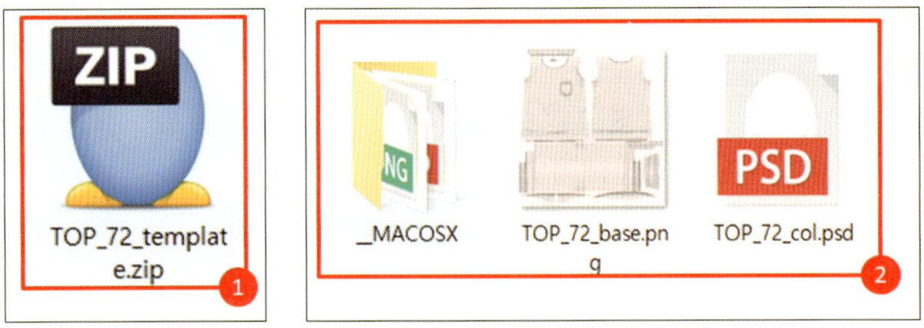

[그림37] 템플릿 압축풀기

5. PC에서 제페토 아이템 만들기(포토스케이프X 활용)

모바일 버전과 PC버전 사용 순서는 거의 비슷하다. 이번 PC에서는 아이템 작업은 포토스케이프X를 이용해 만들어 본다. 먼저 PC에 미리 설치한 포토스케이프X 설치 파일을 열기한다. 프로그램 설치는 무료로 다운로드 받을 수 있다. 인터넷 사이트 http://x.photoscape.org에 접속해 [그림38]과 같은 화면이 나타나면 본인 PC의 운영체제에 맞게 다운로드하면 된다.

[그림38] 포토스케이프X 설치

설치가 완료되면 바탕화면에서 [그림39]처럼 포토스케이프X를 클릭한다.

[그림39] 포토스케이프X 바로가기

포토스케이프X를 실행하면 [그림40] 화면처럼 나타난다. ① '사진편집' 메뉴를 클릭하면 ② '여기에 사진을 끌어 놓으세요. 열기 새로 만들기 기타' 메시지가 나오며 여기서 열기를 클릭 해 내 PC에 저장된 템플릿을 불러올 수 있다.

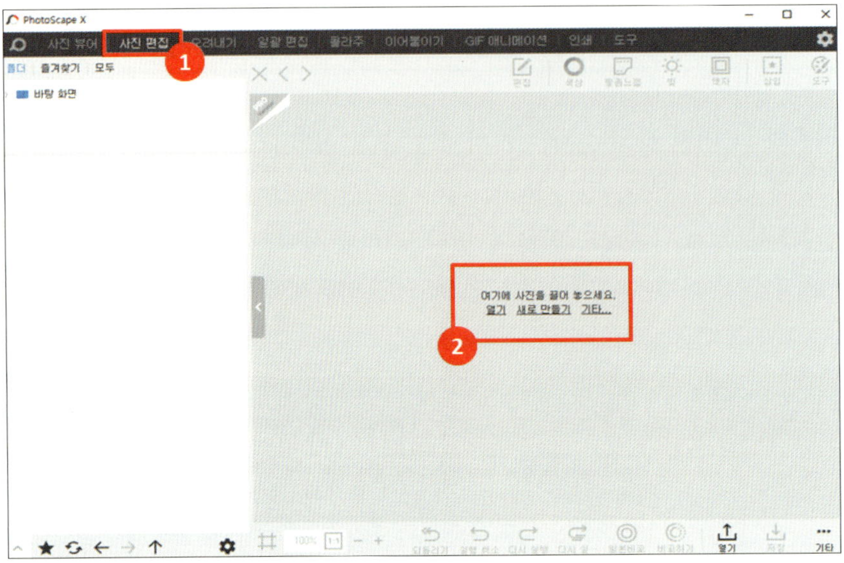

[그림40] 포토스케이프X 편집

[그림41]처럼 내 PC에 저장된 아이템을 열기 위해서 ① '다운로드' 클릭 ② '템플릿 선택'하고 ③ '열기'를 한다.

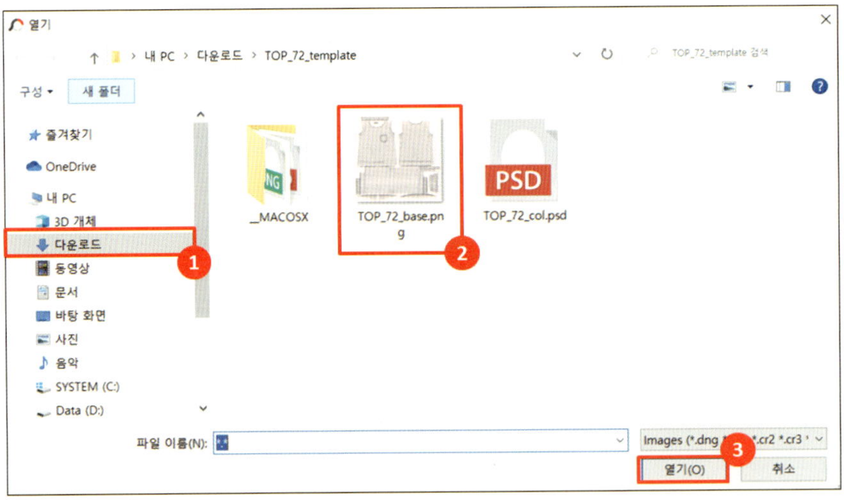

[그림41] 템플릿 불러오기

포토스케이프X 프로그램 [사진편집] 탭과 [그림42]에서 상단 우측 끝의 ① '도구'를 이용해서 디자인하면 된다. ② 도구 중에서 '페인트'를 클릭하면 ③ 단색, 패턴, 그라데이션 등 '색상'이 나타난다.

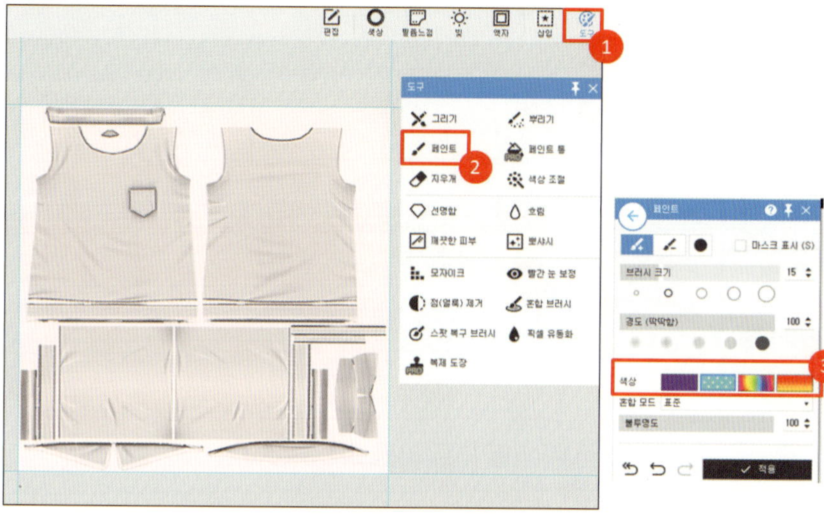

[그림42] 도구 활용하기

색상과 패턴을 이용해 디자인이 완성되면 [그림43] 우측 하단 ① '저장'을 클릭한다.

[그림43] 선택한 패턴 저장하기

[그림44] 화면에서 ① '다른 이름으로 저장' 클릭 ② 아이템 '파일 이름' 입력한 후 '파일 형식'이 PNG인지 확인한 다음 ③ '저장'을 클릭한다.

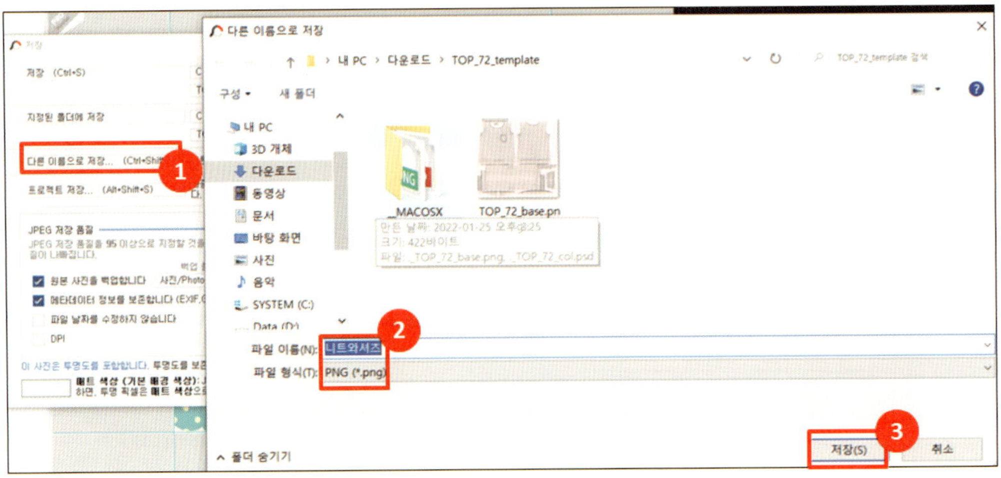

[그림44] 패턴 다른 이름으로 저장하기

1) 제페토 스튜디오(PC)에서 아이템 업로드 하기

[그림45]처럼 인터넷 제페토 스튜디오 화면에서 ① 하단의 '업로드하기' 클릭해 ② 내 PC에 저장된 '템플릿 이미지 선택'한 후 ③ '열기'를 클릭한다.

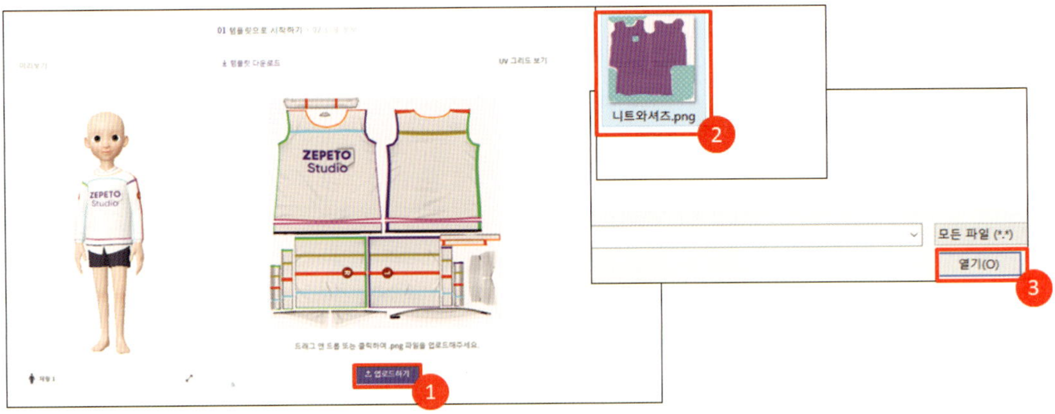

[그림45] 패턴 이미지 업로드하기

업로드가 끝나면 [그림46]의 화면 ①에서 캐릭터가 잘 맞는지 살펴보고 ② 확인을 클릭한다.

[그림46] 템플릿 업로드된 이미지 확인

아이템의 상세 정보 [그림47]에서 ① 아이템 '이름' ② '태그' 입력(태그는 최대 5개 입력 가능하고, 탭 엔터키를 눌러서 입력한다.) ③ '가격'을 정한 다음 ④ '저장'한다.

[그림47] 제페토스튜디오 상세 정보

제출한 아이템에 관한 심사 가이드라인 확인 창이 [그림48]과 같이 뜨면 해당 내용과 관련이 없다면 하단 중앙에 ① '심사 가이드라인을 확인했습니다.'를 체크 한 후 ② '심사 제출하기'를 클릭 한다.

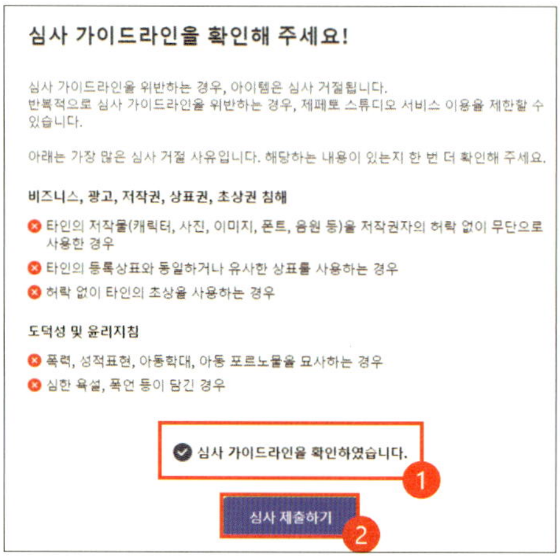

[그림48] 심사 가이드라인 확인

[그림49]의 화면을 참고해 심사 중인 아이템 상태를 확인해 용어를 이해해 보자.

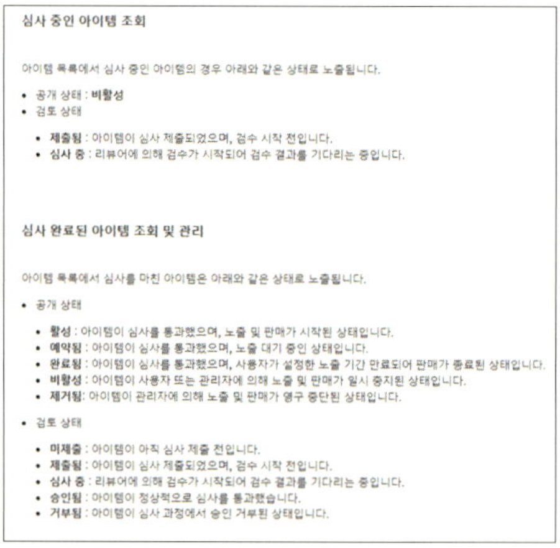

[그림49] 심사 중인 아이템 조회

2) 아이템 관리

[그림50]처럼 내 콘텐츠에서 내가 만든 작품이 잘 제출됐는지 확인한다. 아이템은 하루에 3개까지 심사제출 가능하며, 먼저 제출된 아이템이 심사완료 된 후 새로운 아이템 제출이 가능하다.

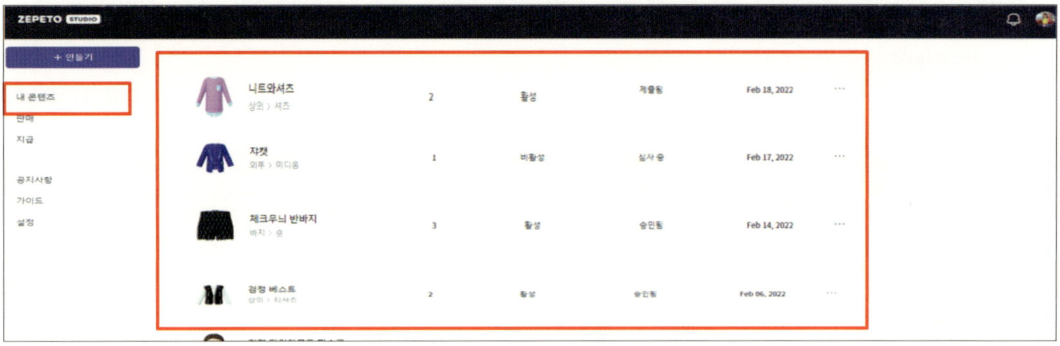

[그림50] 아이템 관리(내 콘텐츠)

[그림51]과 같이 아이템 판매현황도 확인 가능하며 일자별 판매현황도 확인할 수 있다.

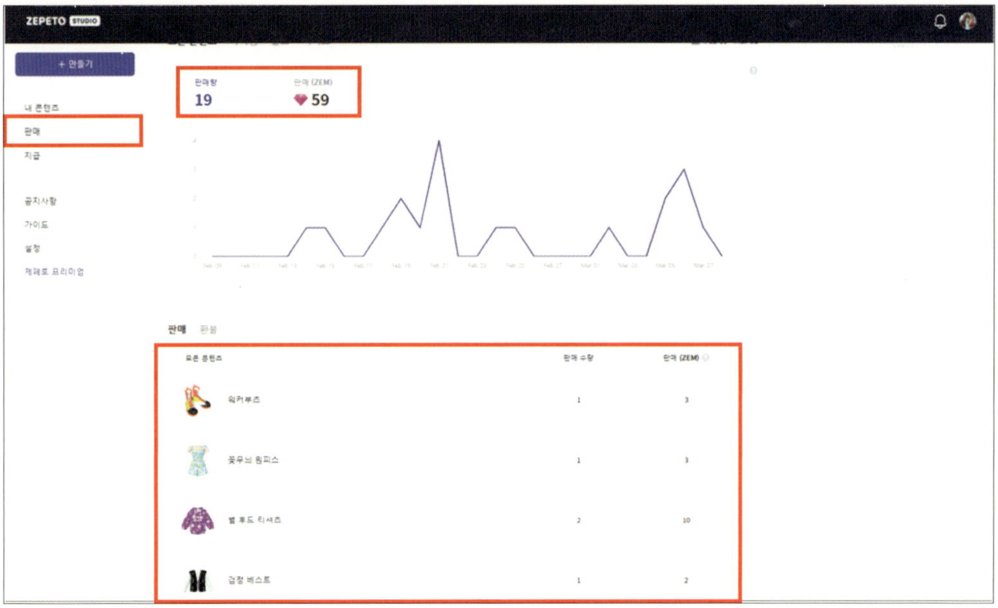

[그림51] 아이템 관리(판매내역)

[그림52]처럼 제페토 스튜디오의 아이템 판매지급내역을 알 수 있다. ① '지급'을 클릭하면 ② '총수익'과 '미확정 수익(아이템이 판매된 날로부터 최소 14일이 지나면 지급요청 가능 금액)'으로 변경된다. ③ '잔고'는 현재 아이템의 지급이 확정된 젬 금액이다. 최소지급요청액은 5,000 ZEM이 되면 현금화가 가능하다.

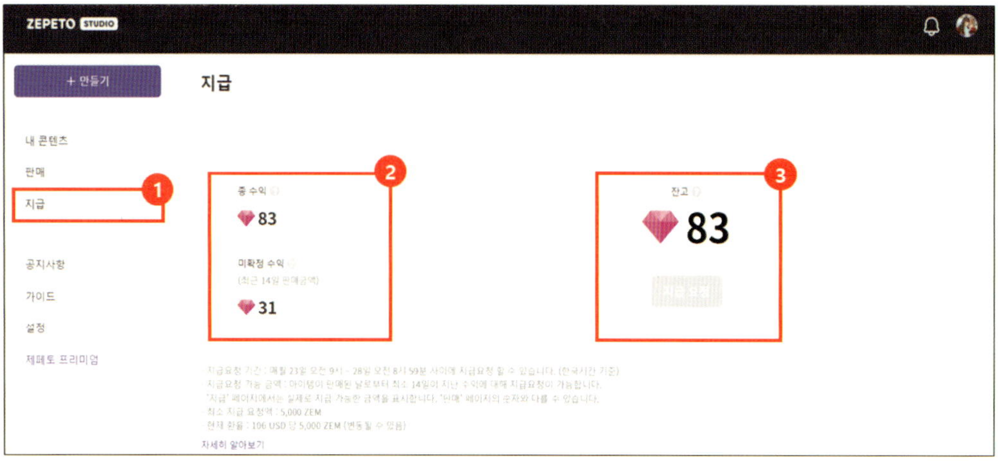

[그림52] 아이템 관리(지급)

6. 프리미엄 서비스 가입 및 혜택

제페토 프리미엄 회원가입은 제페토 내의 구독서비스를 말한다. 매월 4,900원을 결제하면 다양한 프리미엄 혜택을 받아볼 수 있다. 정기구독하면 매월 4,900원씩 자동결제 되기 때문에 매월 결제를 원하지 않을 경우에는 별도로 해지신청을 하면 된다.

프리미엄 혜택은 매월 70젬 즉시 지급과 프리미엄 프로필 배지를 제공(프로필 옆에 프리미엄이라고 표시됨)하고, 프리미엄 유저 전용 아이템 구매 가능, 제페토 스튜디어 콘텐츠 우선 심사로 구분 할 수 있다. 아이템 심사 제출은 10일~15일 걸리는데 우선 심사를 받을 경우 1~2일 내에로 우선 심사 혜택을 받아 볼 수 있다.

[그림53] 프리미엄 가입 시 혜택

1) 프리미엄 서비스 가입 방법

제페토 프리미엄 서비스 회원가입을 하기 위해서는 스마트폰에서 제페토 앱을 연다. [그림54]처럼 ① 제페토 홈 우측하단 '사람모양' 아이콘 선택한 후 ② 우측상단 '설정(톱니바퀴모양)'을 누른다. ③ '프리미엄 보러가기'를 터치해 ④ '프리미엄 가입하기'를 누른다.

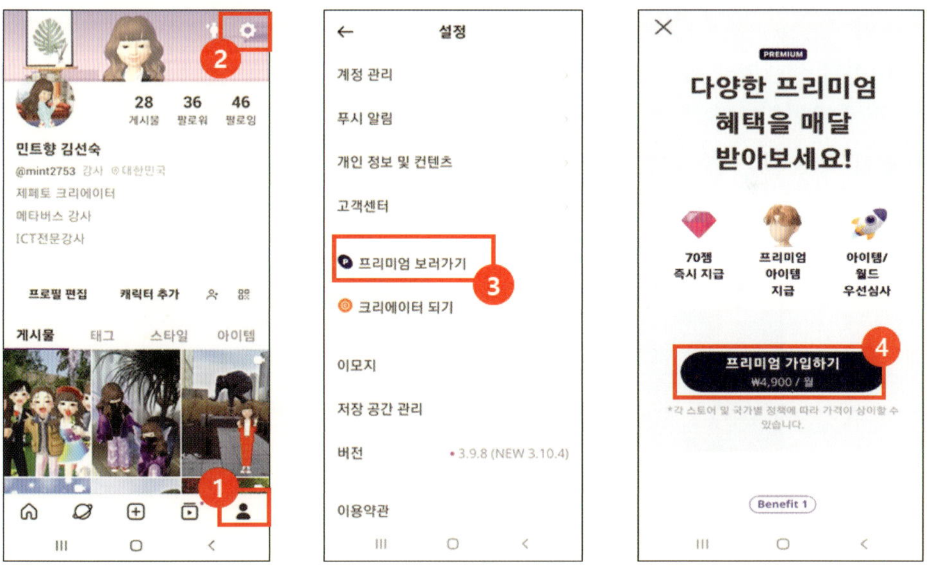

[그림54] 프리미엄 회원가입하기

프리미엄 회원가입하기를 누르면 [그림55]처럼 ① '정기결제'를 눌러 결제수단을 선택한다. 필자는 카카오페이를 선택해서 결제를 했다. ② '카카오페이'를 선택하고 ③ '백업 결제 설정을 관리하시겠습니까?'라는 창에서 '아니오'를 선택하면 바로 ④ 카카오페이 결제 주문내역이 카카오톡으로 알림 메시지가 온다.

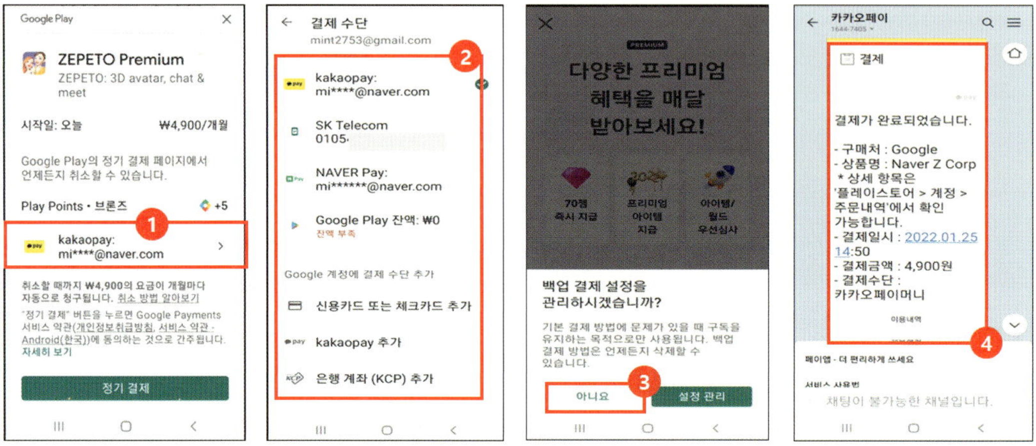

[그림55] 정기결제 방법

[그림56]처럼 제페토 스마트폰 앱에서 ① 좌측 하단의 '홈 화면'을 선택 하면 ② 왼쪽 상단 구입한 '70젬'이 확인되고 ③ 우측 하단의 '사람모양'을 터치해보면 ④ 닉네임 옆에 영문으로 '프리미엄 배지'가 적용 된 것을 확인할 수 있다.

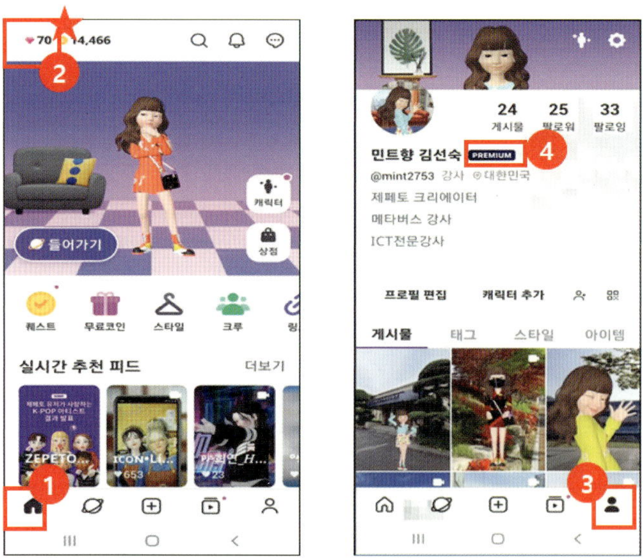

[그림56] 프리미엄 회원가입 완료

2) 프리미엄 회원가입 해지 방법

프리미업 회원가입을 하게 되면 매월 4,900원씩 자동결제가 된다. 두 번째 결제하는 날이 되면 자동으로 결제구매 내역을 카카오톡 알림 메시지로 알려준다. 만약 해지를 원할 경우 바로 해지하면 바로 결제가 취소돼 카카오페이로 환불된다.

해지하는 방법은 [그림57]의 순서대로 하면 된다. ① 제페토 앱 우측 하단의 '사람 모양' 아이콘을 선택하고 ② 우측상단 '설정'을 누른다. ③ '프리미엄 보러가기'를 터치하고 ④ 중앙하단의서 '관리하기'를 터치 한다.

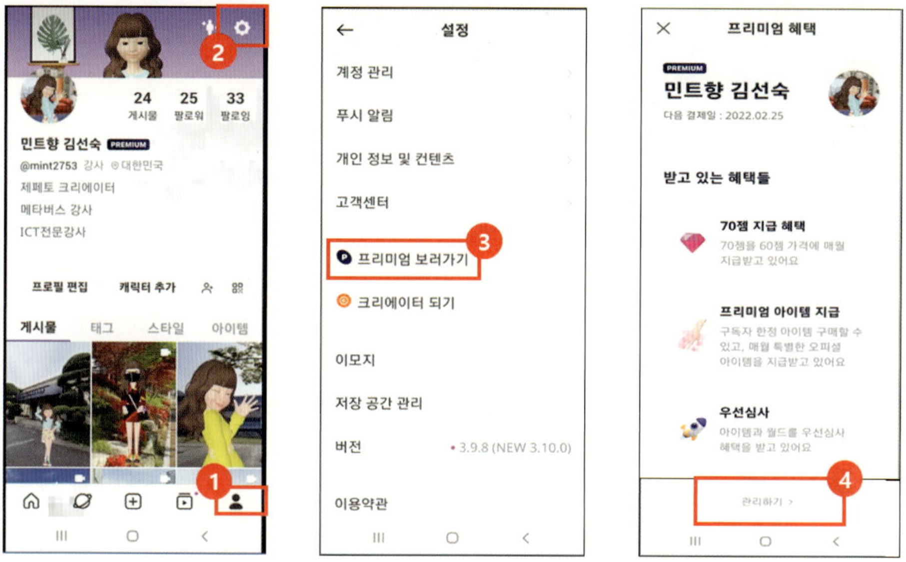

[그림57] 프리미엄 해지방법

[그림58]처럼 ① '관리하기'를 터치하고 고객센터 화면에서 ② '구독 결제비용 환불'을 터치하고 ③ 'Premium(정기구독) 해지 방법'을 누른다.

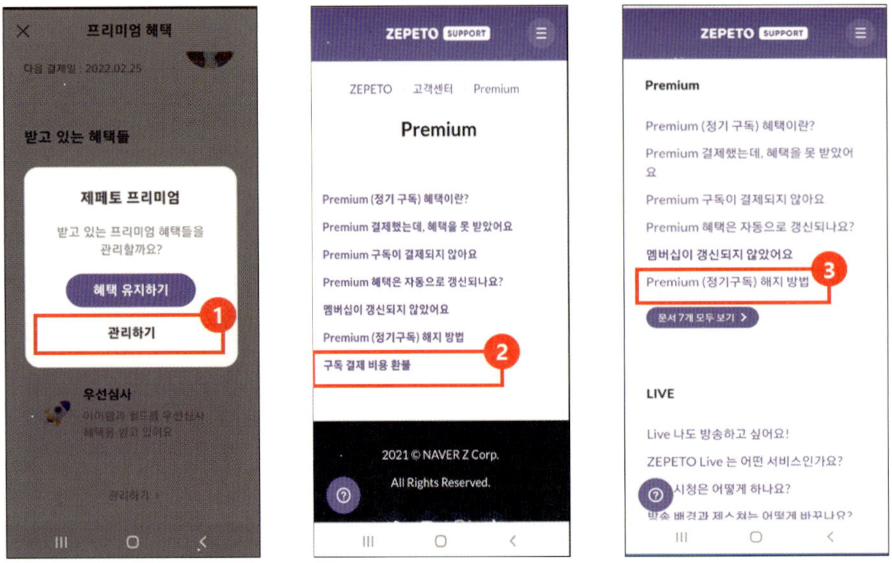

[그림58] 구독 결제 비용 환불

정기구독 해지하기 위해서 [그림59]처럼 ① 'Apple Appstore 구독 해지 바로 가기' 또는 ② 'Google Playstore 구독 해지 바로 가기'를 터치한다. 필자는 안드로이드폰이므로 구글플레이스토어를 터치했다. ③ 'Google Playstore 정기 결제 취소하기' 창이 나타난다.

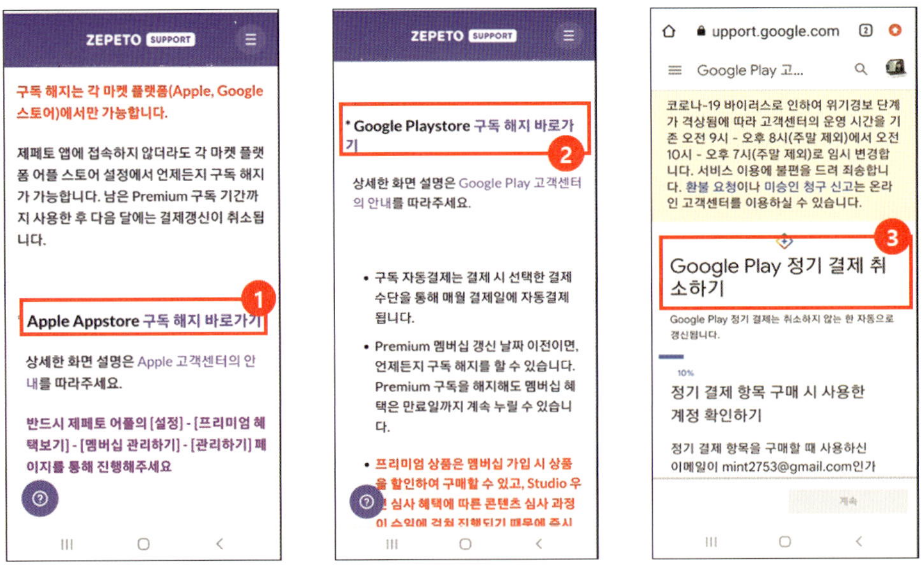

[그림59] 프리미엄 구독 해지 방법

[그림60]에서 ① Google Play 정기 결제 취소하기에서 정기 결제 항목 구매 시 사용한 이메일 확인하기 화면에서 이메일 주소가 맞으면 '예'를 선택한 다음 ② '계속'을 터치해 ③ 정기 결제 항목 선택하기 화면이 나타나면 취소할 항목을 선택하고 ④ '계속'을 누른다.

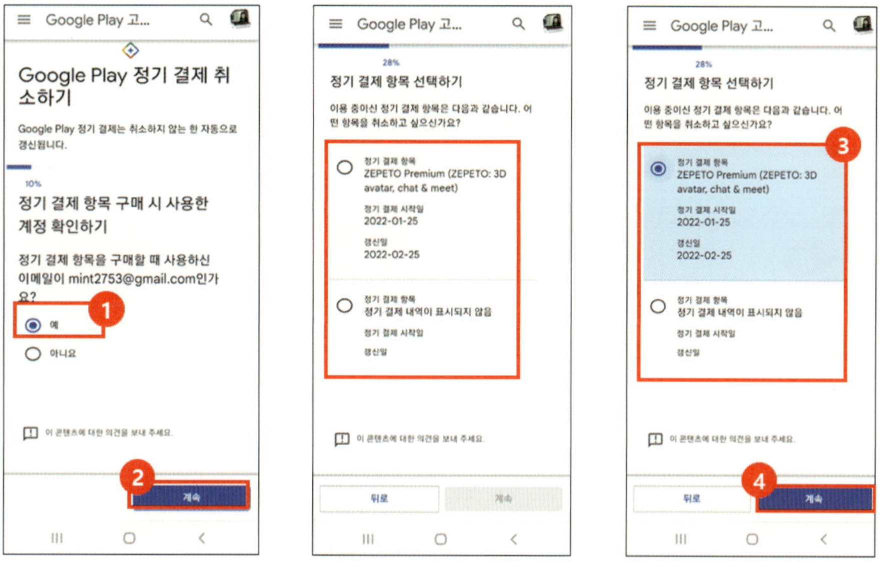

[그림60] 정기 결제 취소하기

[그림61]에서 ① '정기 결제 취소'를 누르면 바로 ② '정기 결제 취소됨'을 알 수 있고 ③ 카카오톡 알림 톡에서도 '취소가 완료되었습니다.'라는 메시지를 확인 할 수 있다.

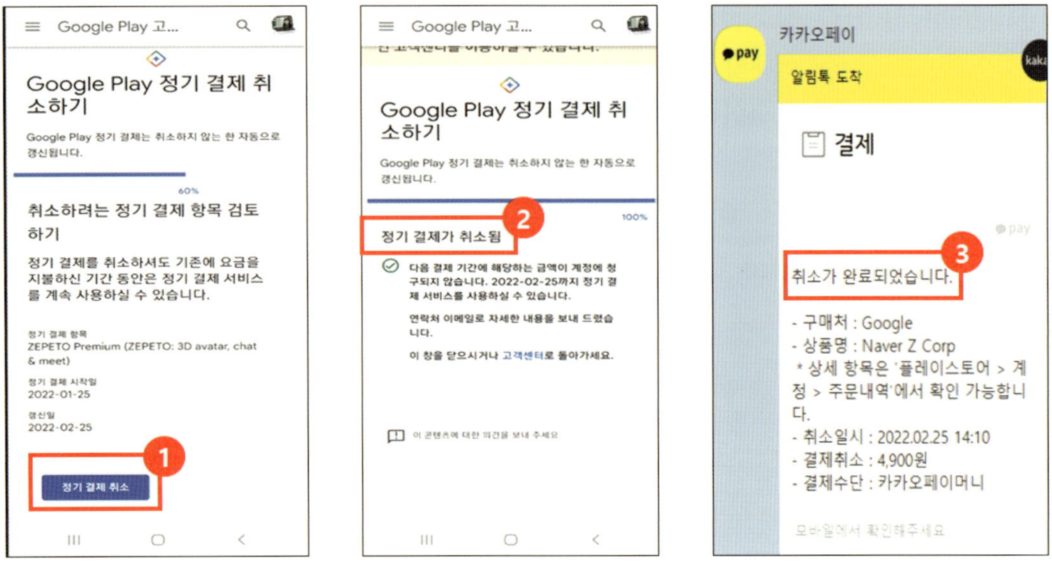

[그림61] 정기 결제 취소 완료

프리미엄 정기구독과 해지방법에 대해 알아보았다. 주의할 점은 정기결제를 선택하면 매월 선택한 비용이 결제된다는 점이다. 그러나 언제든지 구독해지도 가능하다. 정기구독 해지방법은 반드시 제페토 어플의 [설정]-[프리미엄혜택보기]-[멤버십 관리하기]-[관리하기]에서 해지를 진행하면 된다.

7. 제페토 피드에 게시물 올리기

제페토에 가입이 되고 캐릭터 꾸미기도 해보고, 아이템도 만들었다면 이제 [그림62]처럼 하단의 (+) 모양을 터치하여 ① 카메라 ② 포토부스(템플릿 및 포즈)등 ③ 업로드 기능을 이용하여 나만의 멋진 영상을 만들어 제페토 피드에 게시물을 올려보자.

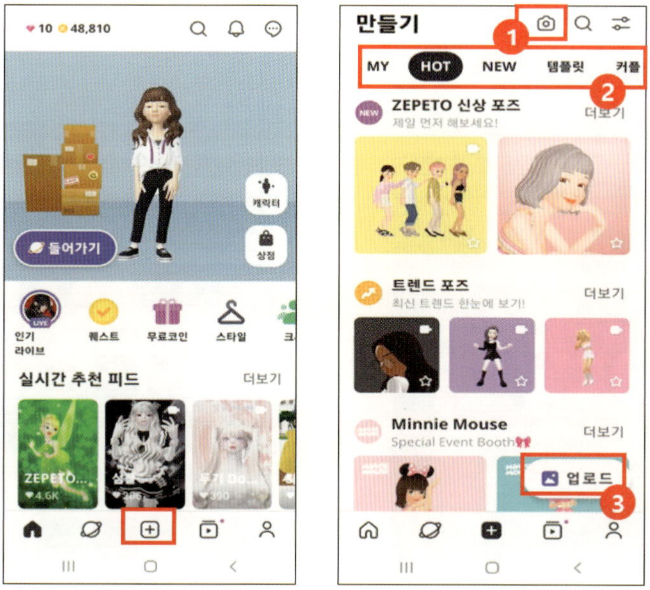

[그림62] 게시물 올리기

① 카메라 : 액션, 스튜디오, 카메라 등의 형식으로 사진과 영상을 촬영하여 업로드할 수 있다.

② 포토부스(템플릿 및 포즈) : 제페토에서 제공하는 템플릿과 포즈에 따라 사진이나 영상을 만들어 업로드하는 기능이다.

③ 업로드 : 스마트폰에 저장된 이미지나 동영상을 업로드 할 수 있다.

1) 제페토 카메라 기능 게시물 올리기

카메라 기능에는 [그림63] ① (스튜디오, 액션, 카메라) 3가지 기능이 있다. 액션 기능은 내 얼굴이 보이고, 표정을 그대로 따라서 하는 기능이다. ② 동영상을 누르고 말하면 아바타가 말을 하는 것처럼 녹화해서 게시할 수 있는 기능이다, ② 사진을 선택하고, ③ 제스처를 누르면 ③ 화면처럼 나오는 탬플릿이 나온다, ④ 배경을 선택할 수 있다. 제페토에서 제공하는 탬플릿과 내 스마트폰에 있는 사진을 적용할 수 있는 기능이다.

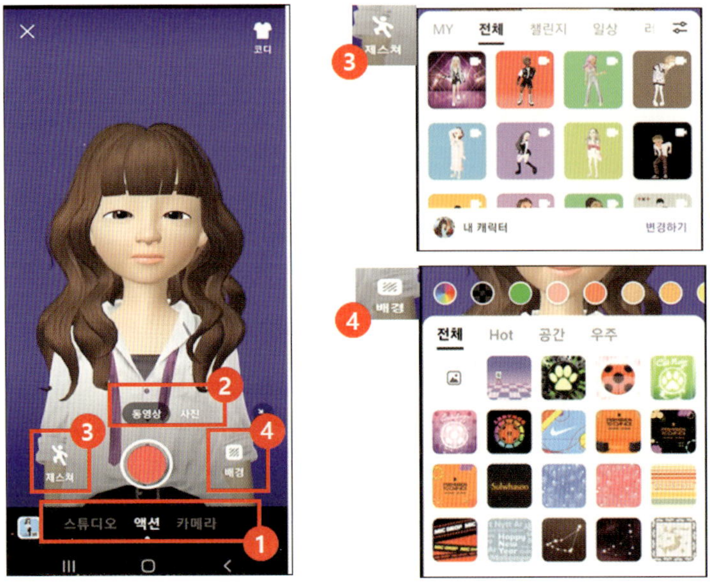

[그림63] 제페토 카메라 액션 창

카메라 기능을 이용하여 [그림64], [그림65]처럼 순서대로 선택한 다음 피드에 게시물을 올려 보자.

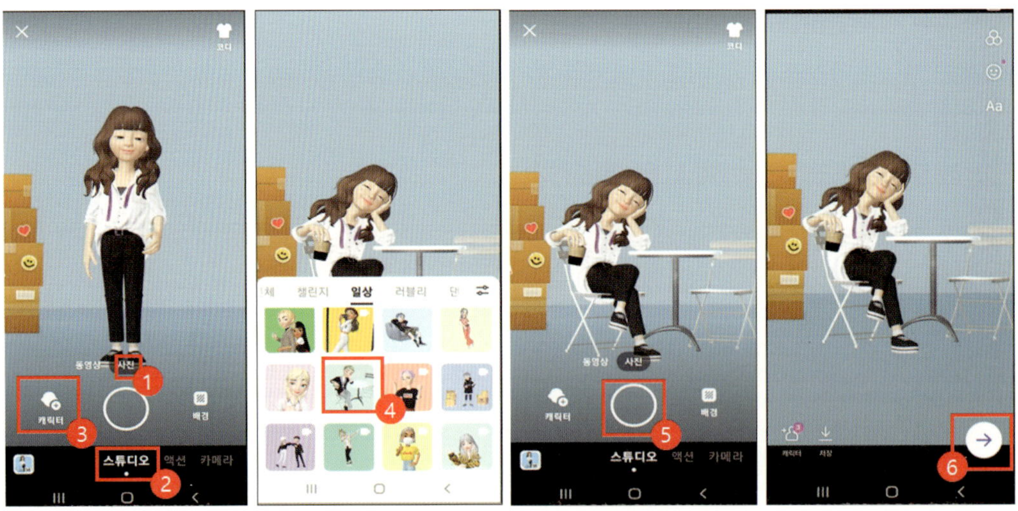

[그림64] 카메라 스튜디오 이용하여 게시물 올리기

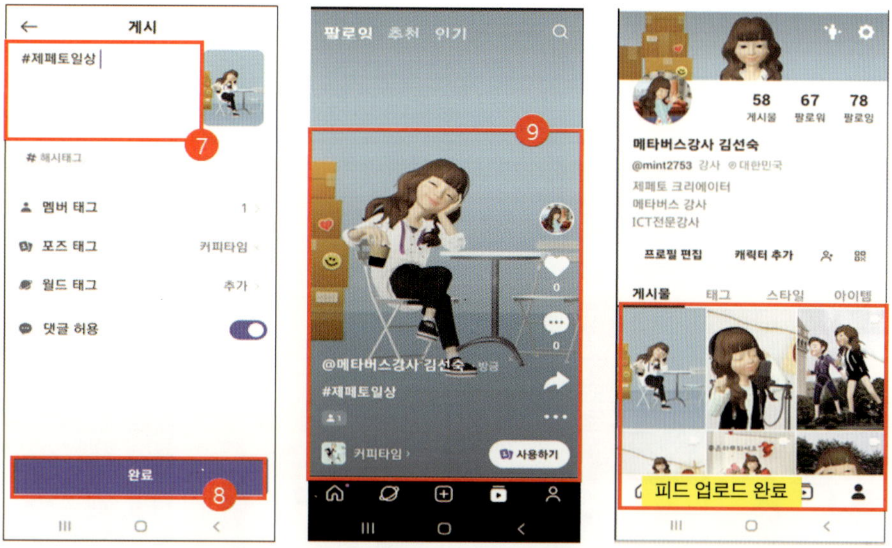

[그림65] 카메라 스튜디오 이용하여 게시물 올리기

2) 포토 부스(템플릿 및 포즈)

포토부스에서 제공하는 여러 가지 템플릿을 이용하여 제페토 피드에 게시물을 업로드 하거나, SNS에 공유할 수 있다. [그림66] 포토부스(템플릿 및 포즈)를 이용하기 위해서 ① [+] 누르고 여러 카테고리 중에서 ② "HOT"을 선택한 다음 제페토 신상포즈 ③을 선택한다.

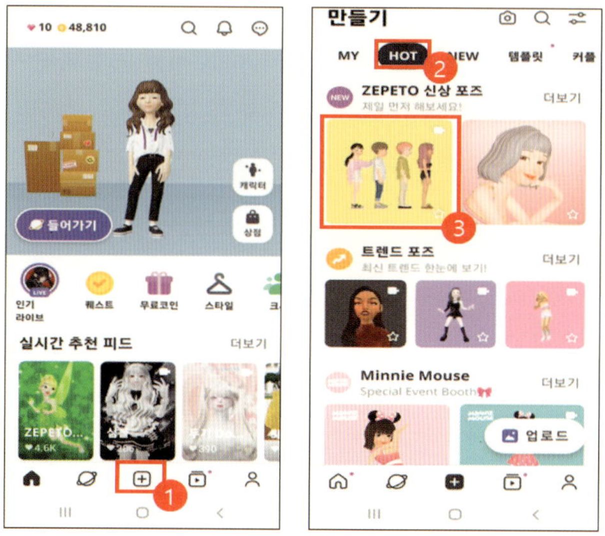

[그림66] 포토부스(템플릿 및 포즈)

마음에 드는 콘텐츠를 선택했다면 , 다양한 기능들을 살펴보고 적용해 보자. [그림67] 참조 ① "멤버"를 선택하면 나와 다른 멤버들(팔로잉) 리스트가 보여진다. 처음에 자동으로 지정돼 있어도 다른 멤버로 변경이 가능하다. ② "배경" 아이콘에서는 선택할 수 있는 배경들이 나온다, 제페토에서 제공하는 배경 또는 내 스마트폰 갤러리 사진으로 배경을 선택 할 수도 있다, ③ "음악"을 선택하고 ④ 확인한다.

[그림67] 포토부스(템플릿 및 포즈)

[그림68] ⑤ 저장을 누르면 내 폰에 저장이 되고, ⑥ SNS에 공유화면이 나오면 바로 공유할 수 있다. 공유를 하지 않고 닫기를 해도 된다. ⑦ 오른쪽 화살표를 누르면 제페토 피드에 ⑧ 게시 화면이 나타나면 스토리를 작성한 다음 ⑨ 완료를 누르면 ⑩ 피드에 게시물이 업로드 된다.

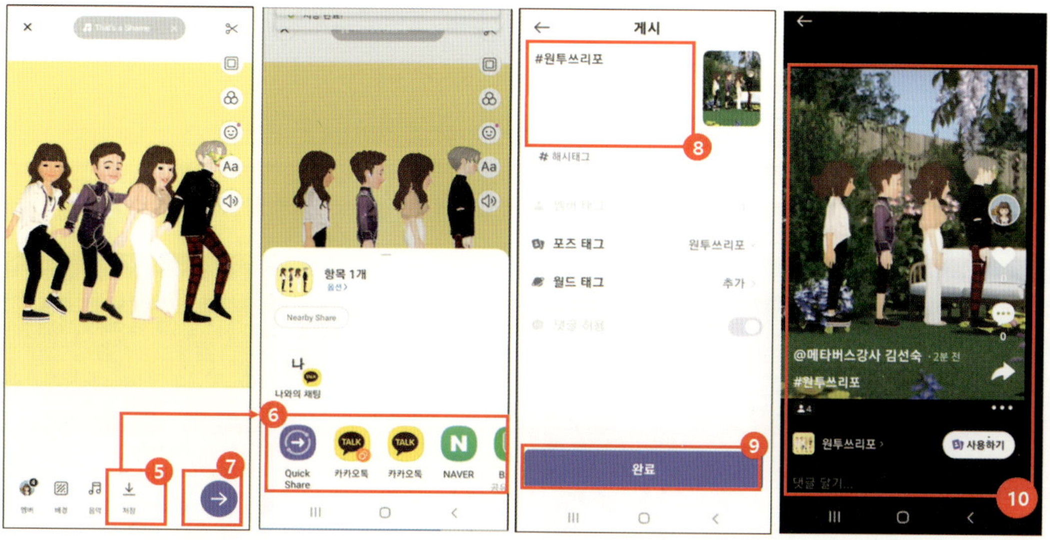

[그림68] 포토부스(템플릿 및 포즈)

3) 업로드(이미지, 동영상)

제페토 피드에 게시물 올리기 3번째 방법 업로드에 대해 알아보자. [그림69] 제페토 홈 ① [+] 누르면, ② 업로드를 선택하면 ③ 이미지와 동영상 메뉴가 나타난다. ③ 이미지를 선택하고 ④ 갤러리에서 내 폰에 있는 사진을 하나 선택한다. ⑤ 한 번만을 누르면 된다.

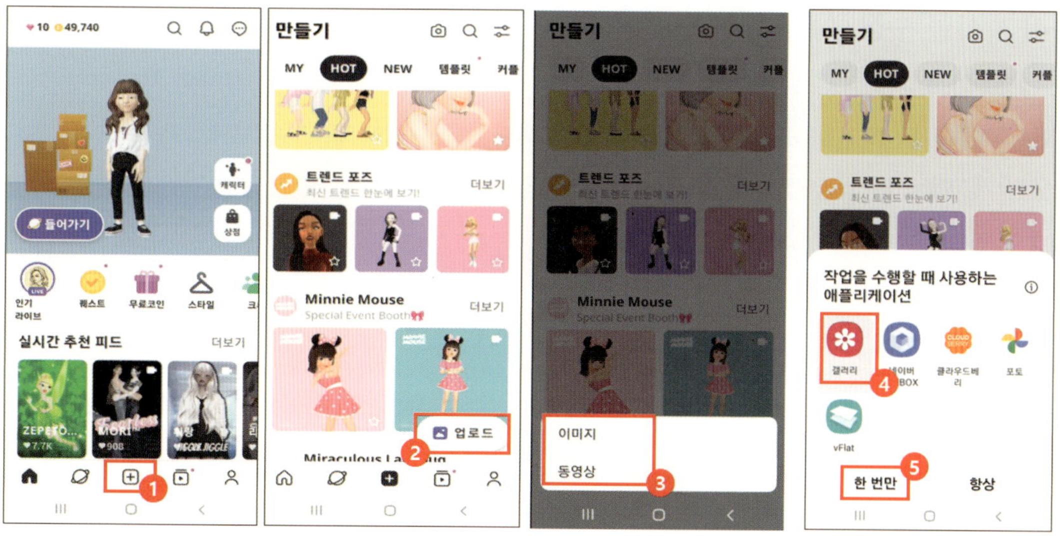

[그림69] 업로드(이미지, 동영상)

[그림70] ⑥ 내 폰에 있는 갤러리에서 선택한 사진이 보이면, ⑦ 카테코리 메뉴에서 다양한 포즈를 선택하고, ⑧ 사진에 내 캐릭터가 나온다. ⑧ 화살표를 누르면 ⑨ 제페토 피드에 게시할 수 있다. 이야기를 해시태그 등을 이용하여 완성하고, 멤버 태그를 통해 멤버를 선택할 수 있다. ⑨ 완료를 누르면 ⑩ 피드에 업로드 된다.

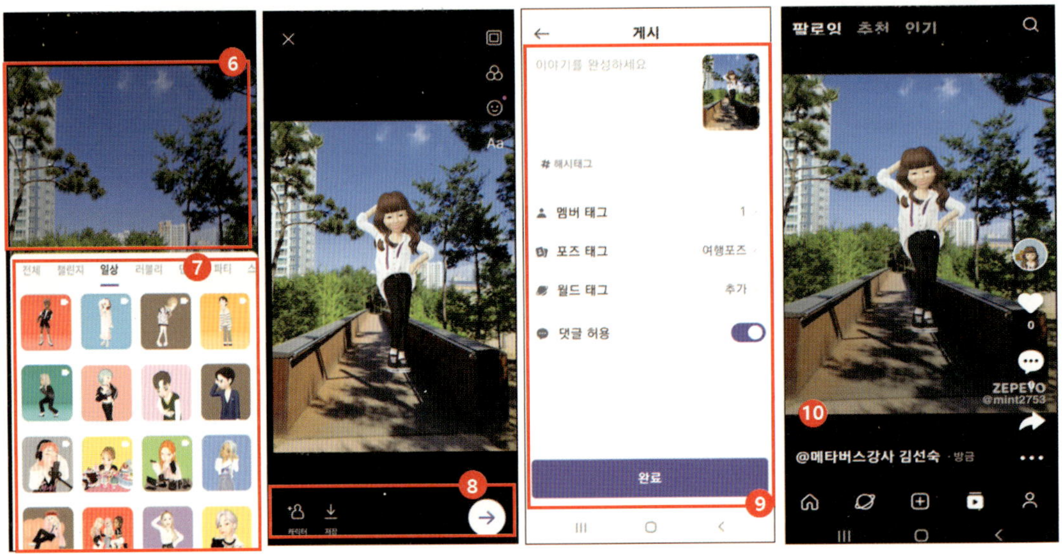

[그림70] 업로드(이미지, 동영상)

4) 게시물 수정/삭제

제페토 피드에 게시물을 수정하거나 삭제 하는 방법이다. [그림71] ① 하단의 사람모양을 누르면 게시물을 한 눈에 볼 수 있다. ② 수정할 게시물을 선택하고, ③ 점 3개를 누르면 ④ 게시물 삭제, 이 게시물 숨기기, 수정하기, 공유를 할 수 있다. ⑤ 게시물이 등록되면 댓글을 달 수 있고, ⑥ 좋아요, 공유 등을 하여 소통할 수 있다.

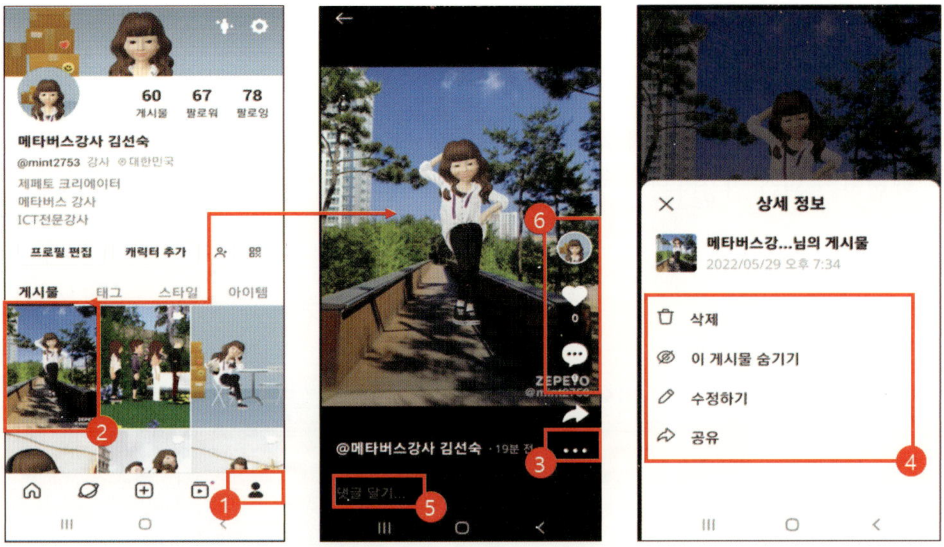

[그림71] 게시물 수정/삭제

5) 내 프로필 QR코드

[그림72] 내 QR 코드를 저장하여 SNS 등을 통해 활용할 수도 있다. ① QR 코드를 누르고, ② 이미지를 누르면 포즈와 배경색이 변경된다. 내 QR 코드를 ③ 저장하거나, 공유할 수 있다.

[그림72] 내 프로필 QR코드

8. 월드 체험하기

제페토 가상공간 아바타를 통해서 월드를 체험해 볼 수 있다. [그림73] 인기 공식 월드 한강공원을 체험하기 위한 입장하는 과정이다. 제페토 월드는 기업들이 홍보 및 브랜딩으로 참여하고 있다.

[그림73]처럼 순서대로 입장하여 체험해 보자.

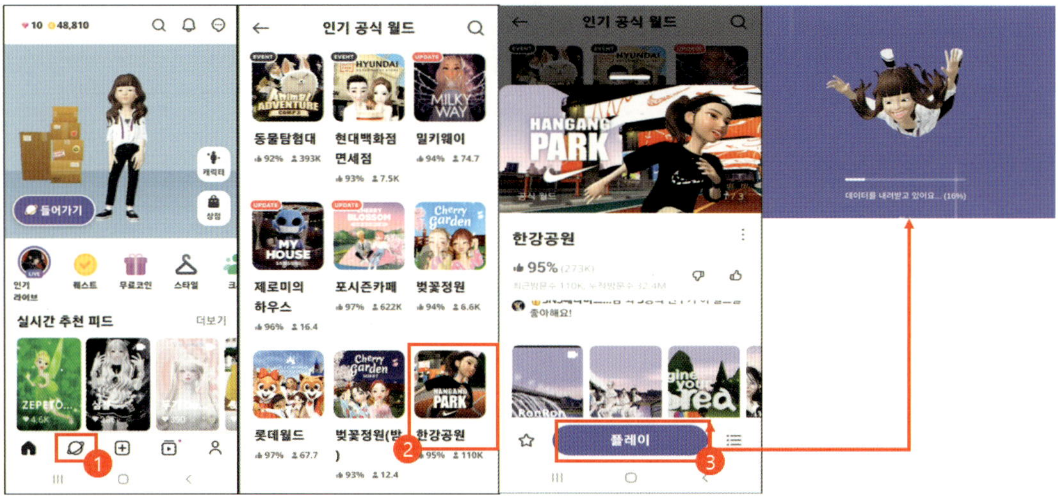

[그림73] 월드 체험하기

제페토 월드에 입장하면 월드에 있는 기능들을 살펴보고 이용해 보자. 월드에 입장하여 손으로 드래그 하거나 두 손가락을 오므렸다 폈다하여 좌우 앞뒤 확대/축소 등 다양하게 월드를 체험 할 수 있다. 월드에서 카메라를 누르면 캐릭터 활동을 사진과 동영상으로 담을 수 있다. [그림74] 월드 기능을 익혀 제페토 월드에서 제대로 즐겨보자.

[그림74] 월드 체험하기

Epilogue

필자의 제페토 크리에이터 장은 수업 교재 활용서로 사용하기 편리하게 제작을 했다. 국내 메타버스 플랫폼인 제페토는 가상 세계에서 경제활동을 할 수 있는 큰 장점이 있다. 제페토 이용자 수는 이미 3억 만 명을 넘어섰다. 국내뿐만 아니라 전 세계인이 제페토에 열광하고 있다.

제페토 크리에이터가 되어 나만의 아이템을 만들어 내 부케의 아이템뿐만 아니라 아이템 디자이너로 아이템을 판매도 해보고, 제페토 크리에이터가 되어 수익창출도 해보길 기대해 본다.

본문을 통해 화면구성부터 제페토 스튜디오, 아이템 만들기 등 누구나 쉽게 시작할 수 있도록 차근차근 쉽게 따라할 수 있도록 했다. 메타버스 세상 제페토 또 하나의 가상공간에서 언제라도 접속하고, 누구나 친구가 돼 소통하고 활용할 수 있기를 바란다.

Chapter

6

제페토 빌드잇

조소라

Chapter

06

제페토 빌드잇

Prologue

'제페토 빌드잇' 맵 만들기 도전!

제페토에서 빌드잇을 설치하고 제페토 안의 맵을 만들어보자. 제페토 빌드잇은 3차원으로 나타나서 다른 2차원으로 만드는 프로그램보다 정교하고 예쁘게 만들어진다. 그렇기 때문에 좀 더 많은 노력이 필요하기도 하다. 이제부터 빌드잇을 시작해서 나만의 맵을 만들어보자.

1. 빌드잇 설치하기

검색 창에서 '제페토 빌드잇'을 검색한다. 자신의 운영체제에 맞는 windows 또는 Mac OS를 선택한다.

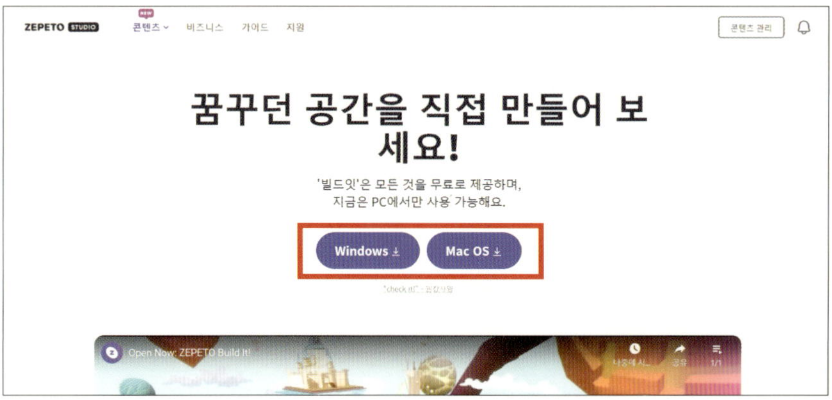

[그림1] 제페토 스튜디오 빌드잇

빌드잇을 사용하기 위한 컴퓨터 기본 사양이다. 운영체제는 윈도우 10 또는 맥 Mojave 이상, CPU는 intel i5 이상, 메모리는 8GB RAM 이상, 그래픽 Geforce GTX 660 이상, 해상도는 1280 720 이상, 여유 공간 500MB 이상이다.

"check it!" - 권장사양

운영체제	Windows 10 또는 Mac OS Mojave 이상
CPU	intel i5 이상
메모리	8GB RAM 이상
그래픽	Geforce GTX 660 이상
Direct X	10 버전 이상
해상도	1280x720 이상
여유 공간	500MB 이상

[그림2] 컴퓨터 권장사항

빌드잇 설치 창이 뜨는데 'ZEPETO build it에 오신 것을 환영합니다!'라고 뜨면 '다음'을 선택한다.

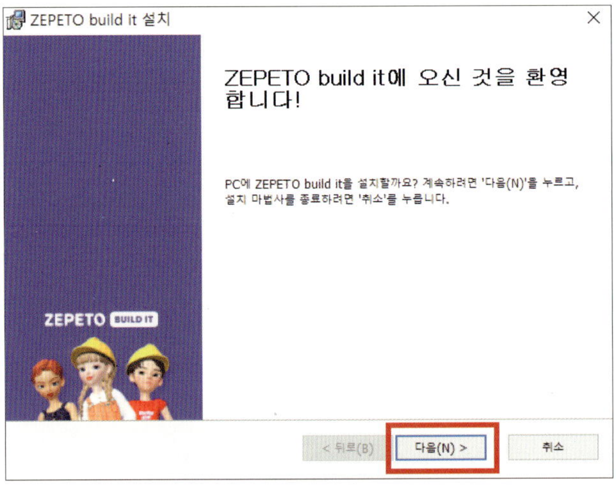

[그림3] 빌드잇 설치 시작

기본 폴더에 설치하려면 ① '다음'을 클릭하고 만약 다른 폴더에 설치하려면 ② '찾아보기'를 클릭하고 경로를 지정해 준 후 ① '다음'을 선택한다.

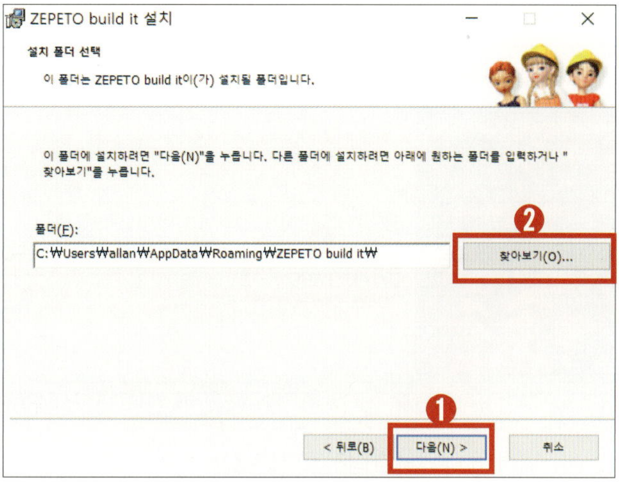

[그림4] 설치 폴더 선택

'설치 마법사가 ZEPETO build it 설치를 시작할 준비가 되었습니다.'라고 뜨면 '설치'를 선택한다.

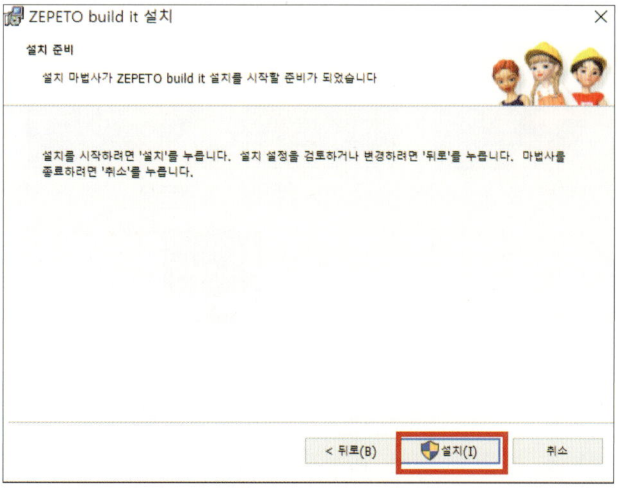

[그림5] 설 치

설치 완료가 되면 ① 'ZEPETO build it 시작'을 체크하고 ② '마침'을 선택한다.

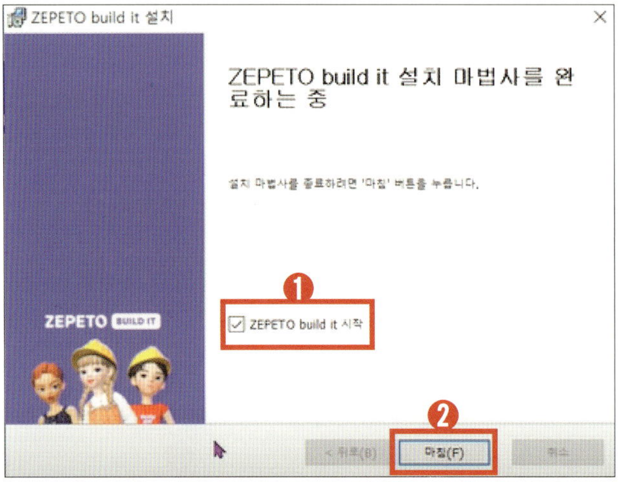

[그림6] 설치완료

계정 로그인을 하려면 [그림7]에서 전화번호나 이메일주소 또는 카카오톡이나 페이스북 등으로 로그인 할 수 있다. [그림8]에서는 핸드폰의 QR코드 인식기를 설치한 것으로 로그인 할 수 있다. 바탕화면에 [그림9]와 같은 아이콘이 생성된다.

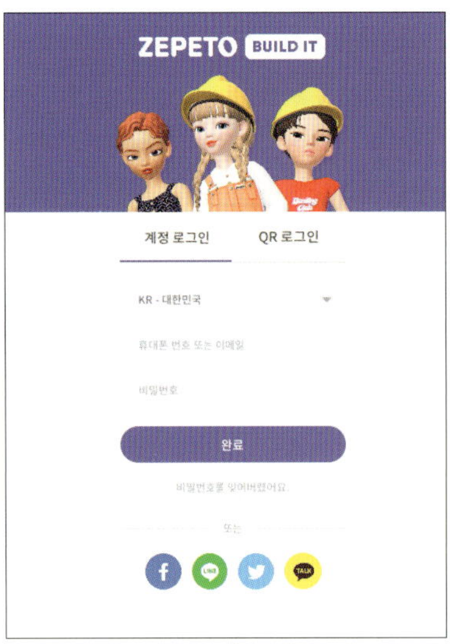

[그림7] 계정 로그인 화면

[그림8] QR 로그인 화면

[그림9] 빌드잇 아이콘

① '새로 만들기'를 선택하고 비어있는 공간 ② 'Plain'을 선택한다.

[그림10] 빌드잇 시작 화면

2. 기본 툴

1) 화면 확대와 축소

마우스 가운데 휠을 위로 올리면 화면 확대, 휠을 아래로 내리면 화면 축소가 된다.

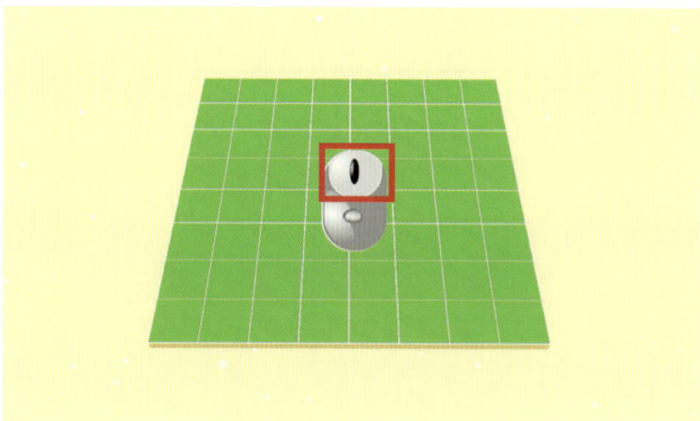

[그림11] 화면 축소, 확대

2) 화면 이동

'스패이스바 + 왼쪽 마우스'를 선택하면 마우스의 화살표 모양이 손바닥 모양으로 바뀐다. 이때 상, 하, 좌, 우로 Plain을 이동 할 수 있다. 마우스 가운데 스크롤을 꾹 눌러도 같은 기능이 있다.

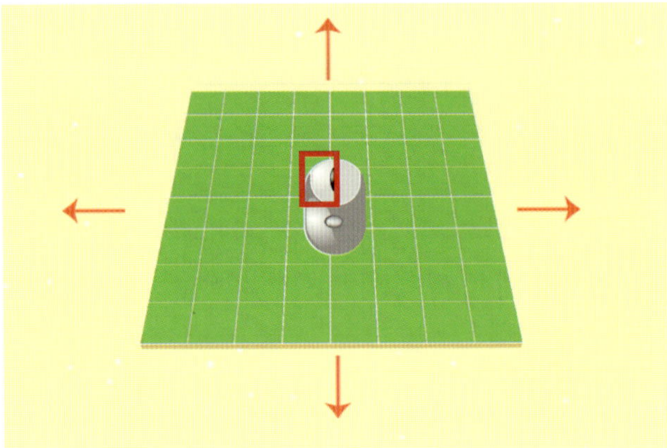

[그림12] 화면 이동

3) 여러 각도로 보는 방법

빌드잇은 3차원으로 여러 각도에서 모양을 보면서 맵을 만들어야 하는데 여기서 오른쪽 상단의 '정육각형모양'의 화살표, 꼭지점, 모서리, 면을 선택하면 여러 각도로 보기가 가능하다. 여러 번 해보아야 숙달된다. 처음에 잘 안되더라고 꾸준히 연습하자.

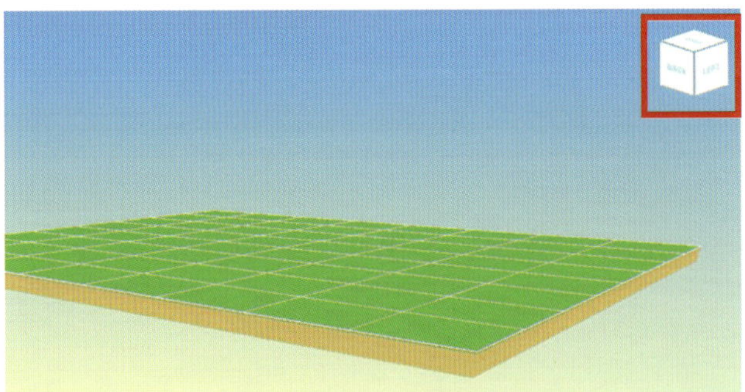

[그림13] 여러 각도로 보기

3. 오브젝트

왼쪽 상단의 ① '오브젝트'를 선택한다. ② 오브젝트들의 종류가 있다. ③ '②'번에서 선택한 오브젝트들이 표시된다.

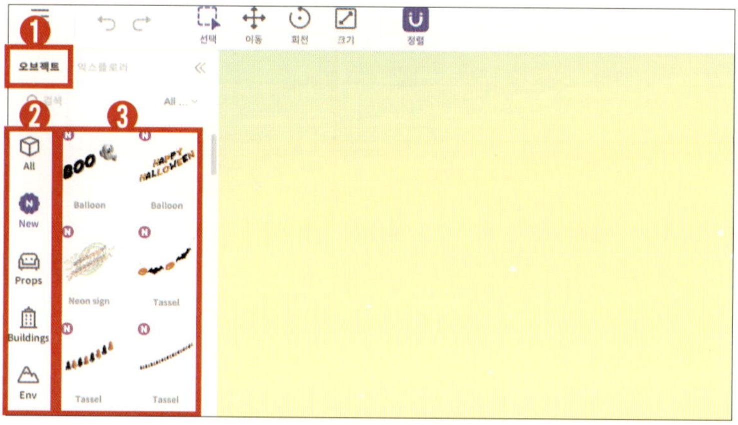

[그림14] 오브젝트

맵 위에 오브젝트를 설치해보자. 오브젝트를 선택하고 여기서는 오브젝트 종류 중 ① 'bulidings'을 선택하고 ② 'hanok pavillon'을 선택한다. 맵 화면으로 가서 설치할 곳에 왼쪽 마우스를 클릭한다. 오브젝트를 삭제하는 방법은 'Delete' 키 또는 백스페이스키 또는 Ctrl+z를 누르면 된다.

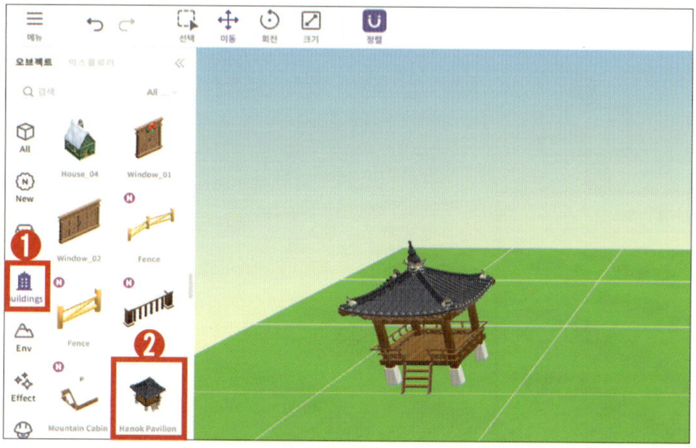

[그림15] 오브젝트 설치하기

맵 위의 오브젝트를 선택하면 오른쪽 화면에 속성이 나타난다. 이름, 위치, 회전, 크기, 물리, 색상이 나타난다. 기본적인 X, Y, Z 의 크기가 1로 돼 있어 아주 작게 보인다. 설치 전 맵을 크게 확대한 후 설치하는 것이 좋다.

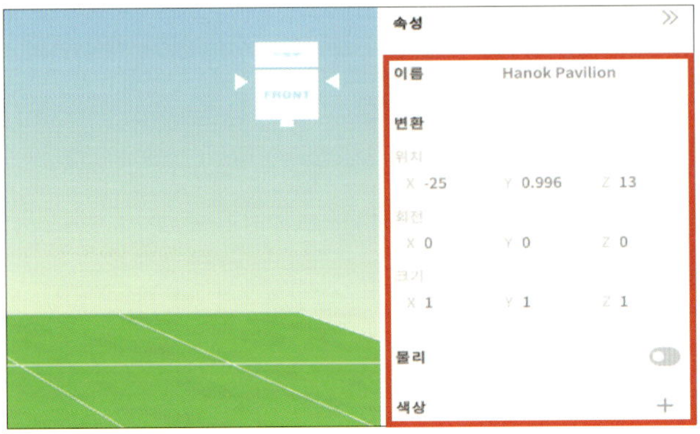

[그림16] 오브젝트의 속성

4. 익스플로러

1) 익스플로러의 월드

① '익스플로러'를 선택하면 ② '월드'와 ③ '오브젝트' 카테고리가 있다. 월드 안에는 지형, 하늘, 배경음악, 플레이어 기능이 있고 오브젝트에는 내가 맵 위에 설치한 모든 오브젝트들이 있다. 여기서 오브젝트들을 한 번에 관리 할 수 있다.

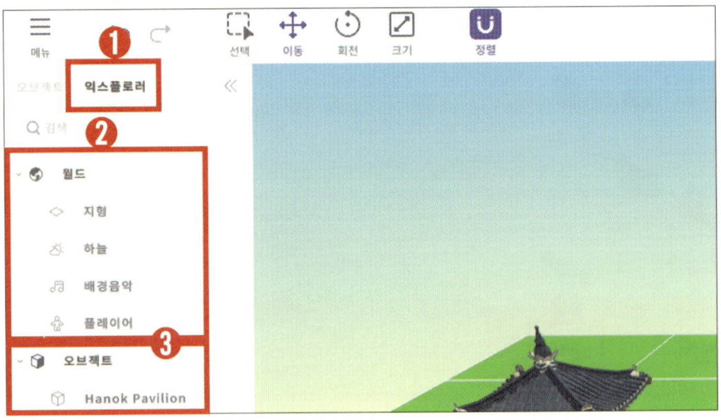

[그림17] 익스플로러

2) 익스플로러의 오브젝트

오브젝트를 그룹으로 묶어 함께 관리하고자 하는 오브젝트들을 Ctrl+왼쪽 마우스로 선택하거나 드래그해서 선택한 후 Ctrl+g를 클릭하면 오브젝트가 그룹화 되고 Ctrl+u를 하면 그룹화가 해제된다.

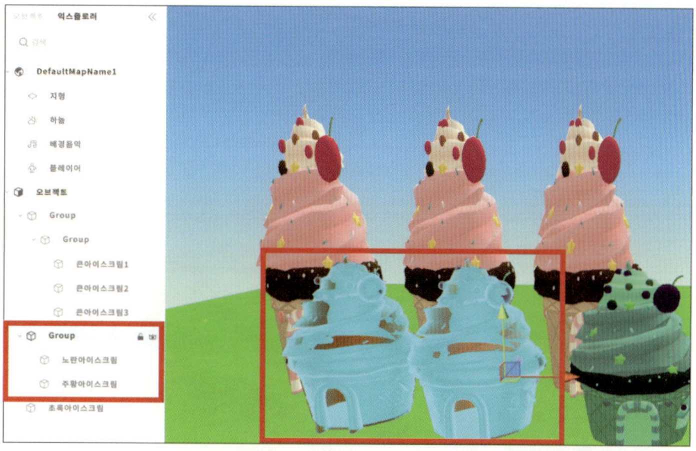

[그림18] 익스플로러의 오브젝트

3) 월 드

(1) 월드의 지형

월드에서는 바닥의 종류를 선택 할 수 있다.

① '지형'을 선택하면 오른쪽에 ② '속성'이 나온다. 속성에는 이름, 지형 크기조절, 지형 브러쉬가 있다.

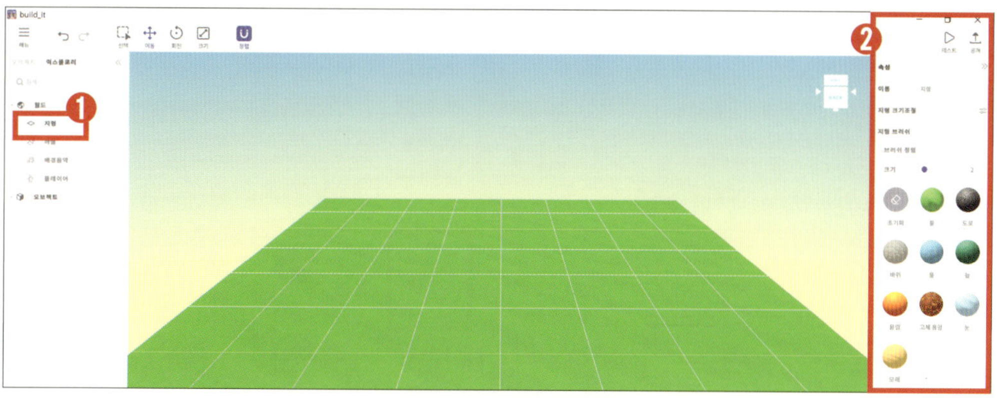

[그림19] 월드의 지형

지형 종류는 풀, 도로, 바위, 물, 늪, 용암, 눈, 모래가 있다. 풀이 기본적으로 깔려 있다. 브러쉬 크기를 조절해서 사용 할 수 있다. 도로, 바위, 풀, 고체용암, 모래에는 위로 눈이 배치되고 다시 눈 위에 도로, 바위 풀, 고체용암, 모래를 배치할 수 있다. 순서와 상관없이 늪, 물, 용암은 가장 위에 배치된다.

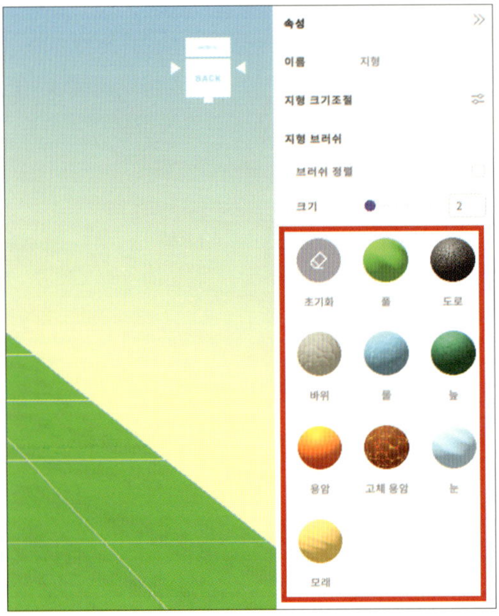

[그림20] 지형의 속성

속성의 '초기화'를 선택하고 왼쪽 마우스를 누른 상태에서 드래그하면 지형을 지울 수 있다.

[그림21] 지형의 초기화

속성에서 브러쉬 정렬을 선택하면 오른쪽 그림처럼 비교적 바르고 가지런하게 표현할 수 있다.

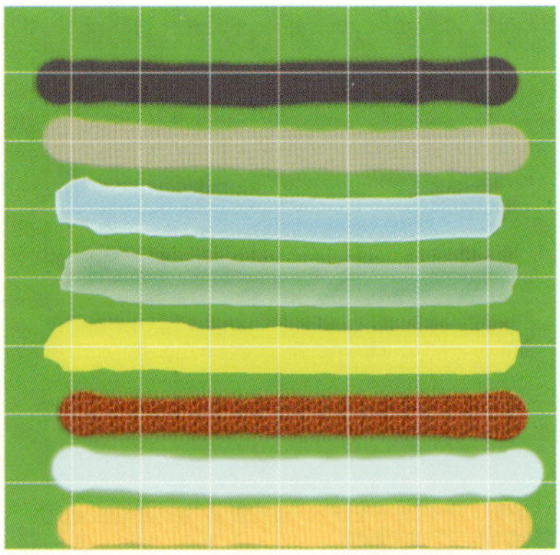

[그림22] 브러쉬 정렬을 선택하지 않은 경우

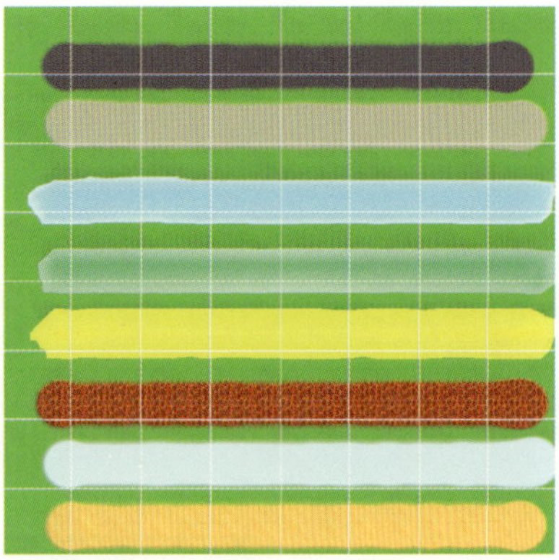

[그림23] 브러쉬 정렬을 선택한 경우

속성에서 지형의 크기조절을 선택하면 지형의 크기를 조절 할 수 있다. 플러스(+)를 선택하면 지형크기가 확대가 되고 마이너스(−)를 선택하면 크기를 축소 할 수 있다.

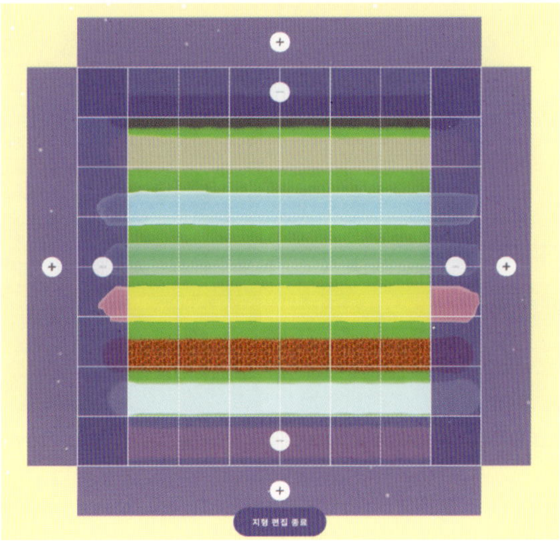

[그림24] 지형의 크기 조절

(2) 월드의 하늘

월드의 하늘에서는 하늘의 색을 변경 할 수 있다.

① '하늘'을 선택하면 오른쪽에 ② '속성'이 나온다. 속성에는 이름, 하늘 색상이 있다.

[그림25] 월드의 하늘

하늘의 속성에서 '하늘 색상'을 선택하면 밝은 색부터 어두운 색까지 밤과 낮을 표현 할 수 있다.

[그림26] 낮

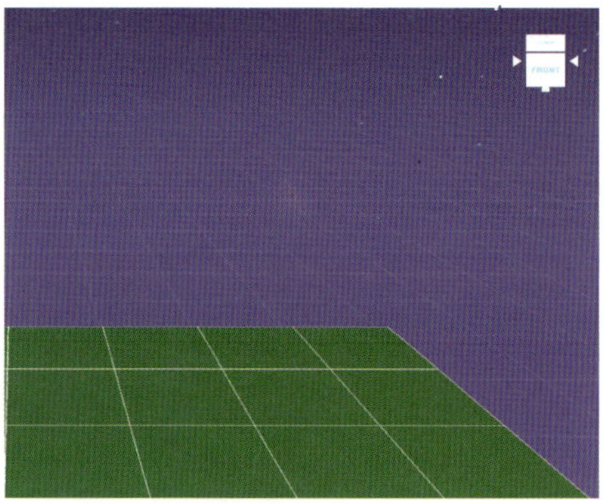

[그림27] 밤

(3) 월드의 배경음악

월드의 배경음악은 맵에 배경음악을 넣을 수 있다.

① '배경음악'을 선택하면 오른쪽에 ② '속성'이 나온다. 속성에는 이름, 음악, 소리가 있다. 현재 사용 가능한 음악은 'Battle Planet', 'Neutral Ground' 두 종류이다. '소리'는 켜고 끌 수 있다.

[그림28] 배경음악

(4) 월드의 플레이어

월드의 플레이어는 캐릭터에 움직임을 줄 수 있다.

① '플레이어'를 선택하면 오른쪽에 ② '속성'이 나온다. 속성에는 이름, 속도, 점프, 인벤토리가 있다. 캐릭터에 속도와 점프를 설정하고 숫자를 높이면 더 빨리 뛰고, 더 높게 점프 할 수 있다. 인벤토리를 켜고 끌 수 있다.

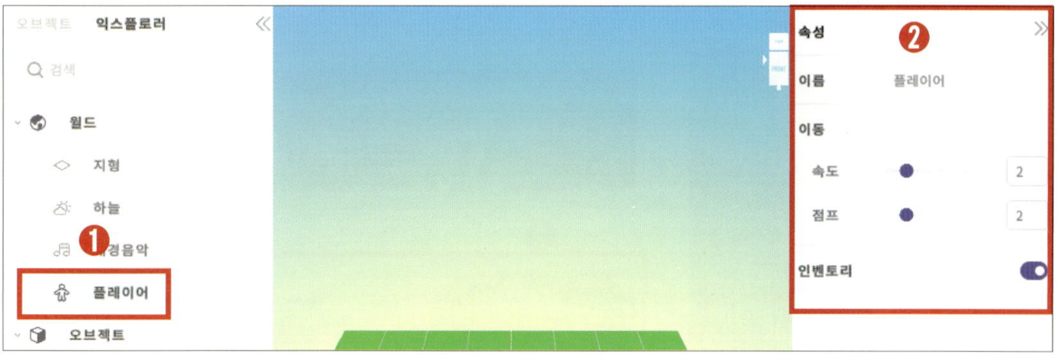

[그림29] 월드의 플레이어

5. 메 뉴

1) 메 뉴

왼쪽 상단의 메뉴를 선택하면 '홈, 저장, 새로 만들기, 내 정보, 설정, 종료'가 나온다.

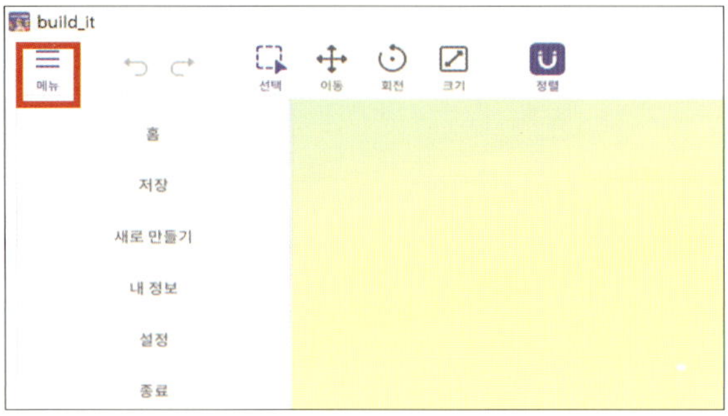

[그림30] 메 뉴

(1) 홈

메뉴에서 '홈'을 선택하면 빌드잇 홈 화면으로 간다.

① '내가 만든 월드'를 선택한 후 ② 내가 만든 맵을 더블클릭하면 맵이 열리면서 다시 오브젝트나 지형을 꾸밀 수 있는 화면이 나온다.

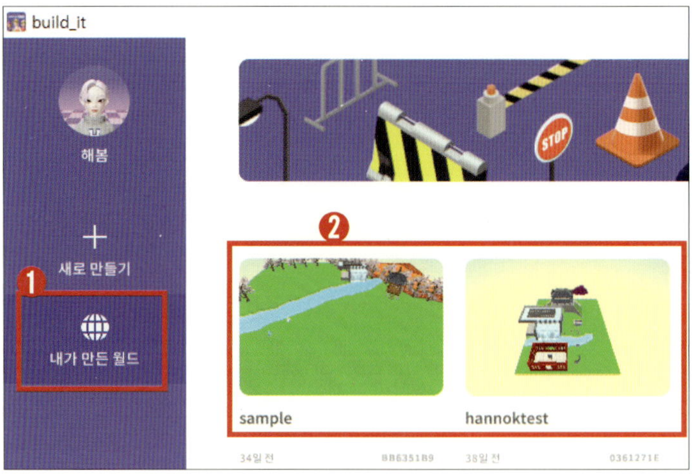

[그림31] 메뉴의 홈

(2) 저 장

메뉴에서 '저장'을 선택하면 '저장 할까요?' 라는 팝업 창이 뜬다.

① 월드 이름을 쓰고 ② 저장을 선택한다. 저장되면서 '저장 완료! 내가 만든 월드에서 확인할 수 있어요'라는 안내 메시지가 뜬다.

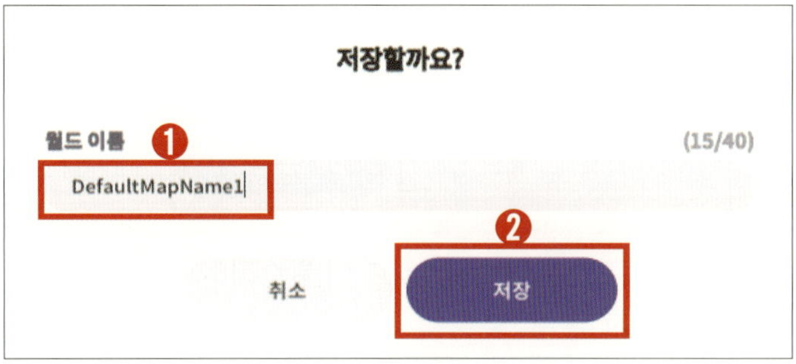

[그림32] 메뉴의 저장

(3) 월드 이름 수정하기

메뉴에서 '저장'을 하고 나면 메뉴에 '월드 이름 수정하기'가 생긴다.

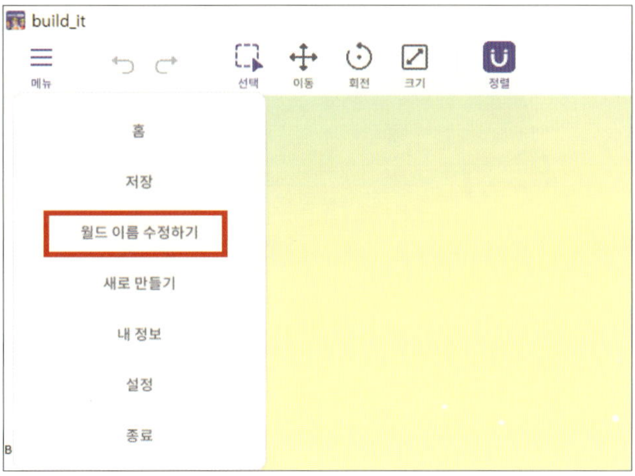

[그림33] 메뉴의 월드 이름 수정하기

'월드 이름 수정하기'를 선택하면 '월드 이름 수정하기' 팝업 창이 뜬다.
① 월드 이름을 쓰고 ② 저장을 선택하면 저장이 완료된다.

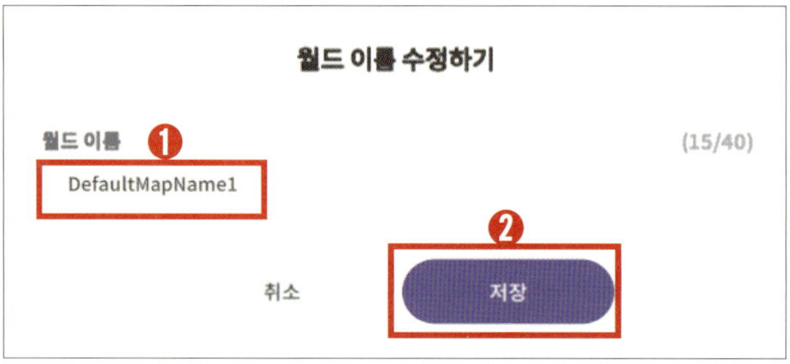

[그림34] 메뉴의 월드 이름 수정하기

(4) 새로 만들기

메뉴의 '새로 만들기'를 선택하면 새로운 Plain이 나와 새로운 맵을 만들 수 있다.

[그림35] 메뉴의 새로 만들기

(5) 내 정보

메뉴의 '내 정보'를 선택하면 'ZEPETO 아이디', '휴대폰번호', '등록된 이메일'을 확인 할 수 있다. 로그아웃도 할 수 있다.

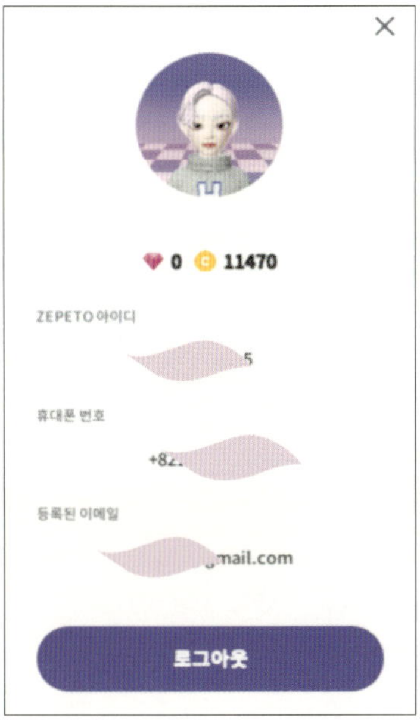

[그림36] 메뉴의 내 정보

(6) 설 정

메뉴의 '설정'을 선택하면 '언어', '효과음', '단축키'가 있다. '언어'를 선택하고 언어를 변경 할 수 있다. ① 가능한 언어는 영어, 한국어, 일본어, 중국어가 있다. ② 효과음을 켜고 끌 수 있다. ③ 단축키를 알려준다. 기본적인 단축키는 알아두는 것이 맵 만들 때 편하다.

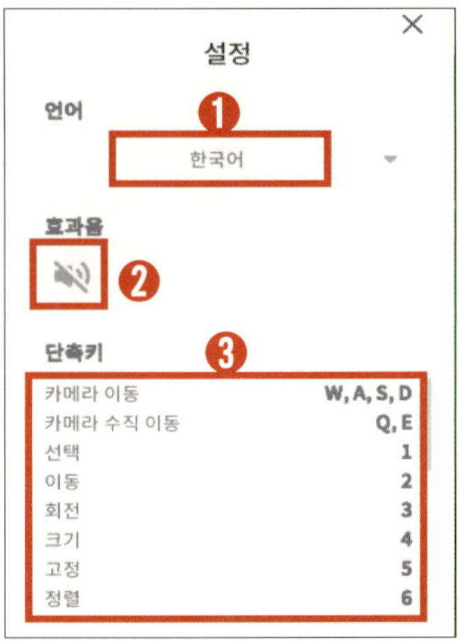

[그림37] 메뉴의 설정

(7) 종 료

메뉴의 '종료'를 선택하면 빌드잇이 종료된다. 내 컴퓨터 화면에서 종료된 것으로 로그아웃하지 않은 상태다. 다시 빌드잇을 선택하면 로그인 하지 않고 시작 할 수 있다.

[그림38] 메뉴의 종료

2) 상위 메뉴

맵 만드는 화면의 상위메뉴를 알아보자.

왼쪽부터 차례로 ① 메뉴 ② 되돌리기 ③ 다시하기 ④ 오브젝트 선택 ⑤ 이동 ⑥ 회전 ⑦ 크기 ⑧ 정렬이 있다(단축키 : 선택 1, 이동 2, 회전 3, 크기 4, 정렬 6).

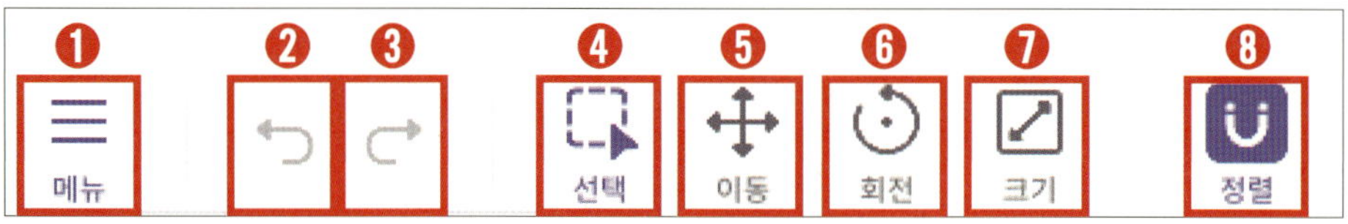

[그림39] 상위 메뉴

(1) 되돌리기와 다시하기

맵이 잘못 만들어진 경우 상위 메뉴 중 [그림39]에서 ②은 되돌리기 기능(Ctrl+z)으로 마지막에 했던 것을 취소 할 수 있다. ③은 다시하기 기능(Ctrl+y)으로 취소했던 것을 다시 실행할 수 있다.

[그림40] 오브젝트 두 개 설치

[그림41] 되돌리기

(2) 선 택

상위 메뉴 중 선택(단축키 1)을 클릭하고 오브젝트를 마우스로 선택한다. 선택된 오브젝트는 그림과 같이 파랗게 변한다.

[그림42] 선택(단축키 1)

(3) 이 동

상위 메뉴 중 이동(단축키 2)을 선택하고 오브젝트를 클릭하면 세 가지 색의 화살표가 나온다. 이 선들을 클릭하면 좌, 우, 상, 하, 앞, 뒤로 오브젝트를 움직일 수 있다.

[그림43] 이동(단축키 2)

(4) 회 전

상위 메뉴 중 회전(단축키 3)을 선택하고 오브젝트를 클릭하면 세 가지 색의 동그란 구가 나온다. 이 선들을 클릭하면 좌, 우, 상, 하, 앞, 뒤 로 오브젝트를 기울일 수 있다.

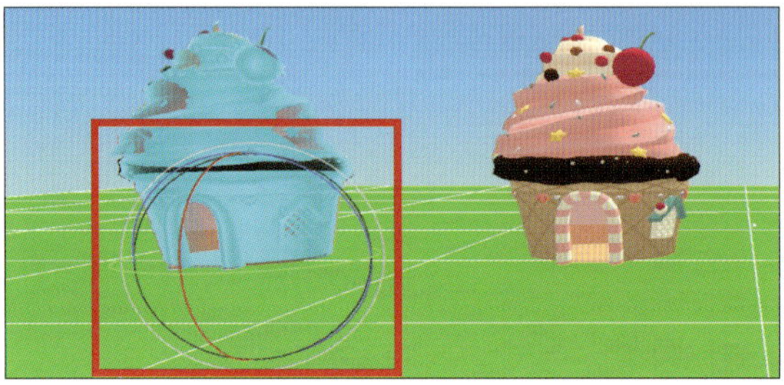

[그림44] 회전(단축키 3)

(5) 크 기

상위 메뉴 중 크기(단축키 4)를 선택하고 오브젝트를 클릭하면 ① 세 가지 색의 네모모양이 있는 선이 나온다. 이 선들을 클릭하면 양옆, 위아래, 앞뒤로 오브젝트의 크기를 조절 할 수 있다. 가운데 있는 ② 네모를 클릭하고 마우스 휠을 위, 아래로 움직이면 크기를 일률적으로 조절 할 수 있다.

[그림45] 크기(단축키 4)

(6) 정 렬

상위 메뉴 중 정렬(단축키 6)를 선택하면 수직 수평의 안내선이 나온다. 오브젝트의 이동이 부드럽지 않지만 오브젝트를 일정하게 배치 할 수 있다. 정렬을 비활성화 시키면 안내선이 사라지고 오브젝트를 부드럽게 움직이고 배치 할 수 있다. 정렬이 활성화 된 상태에서 오브젝트의 크기를 조절하면 1씩 증가, 감소하고 회전은 15도씩 변경 된다.

[그림46] 정렬 선택

[그림47] 정렬 해제

6. 속 성

맵의 오브젝트를 선택하면 오른쪽 화면에 속성이 나타난다. 속성에는 이름, 변환, 물리, 색상 4가지가 있다.

1) 이 름

맵을 만들려면 많은 오브젝트들을 사용하게 된다. 이때 오브젝트들을 헷갈리지 않기 위해서 오브젝트의 속성에서 이름을 내가 알아보기 쉬운 이름으로 변경한다.

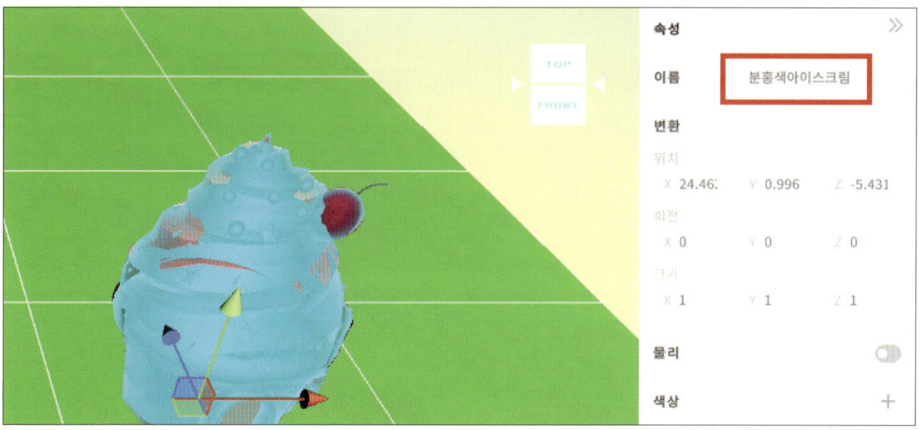

[그림48] 속성의 이름

2) 변 환

오브젝트의 위치, 회전, 크기를 미세하게 조절할 수 있다. ① 조절할 위치, 회전, 크기를 마우스를 클릭하면 수정 가능하다(여기서 ② y의 위치가 '0'이 아닌걸 알 수 있다. '0'으로 조정하면 땅속으로 들어가게 되니 주의해야 한다. 기본적으로 0.9 정도 줄 수 있다.).

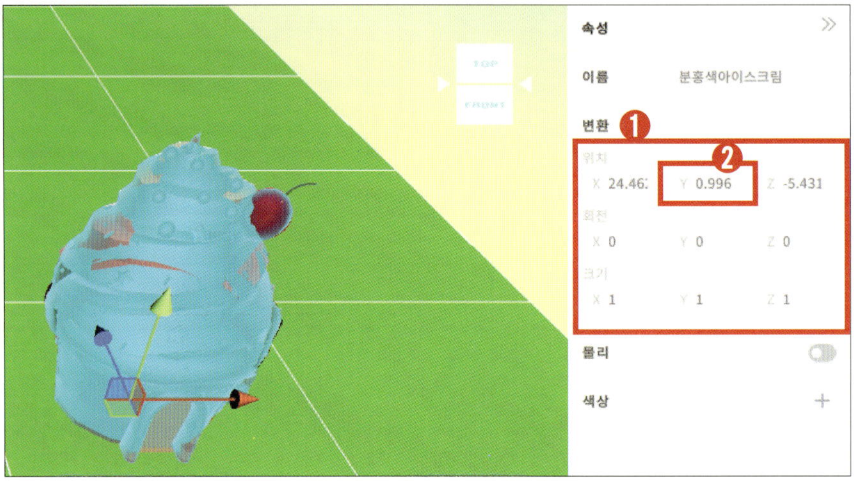

[그림49] 속성의 변환

3) 물 리

오브젝트를 움직이게 또는 고정 시킬 수 있다.

(1) 물리 효과 비활성

물리효과를 비활성화 시키면 오브젝트가 고정돼서 아바타와 충돌해도 움직이지 않는다. [그림50]과 같이 물체가 공중에 떠 있다.

[그림50] 물리 효과 비활성화

(2) 물리 효과 활성화

물리 효과를 활성화 시키면 공중에 설치한 오브젝트의 중력에 체크해주면 실행했을 때 바닥으로 떨어진다. ①은 물리효과 활성화 후 중력을 주지 않은 것 ②는 물리효과 활성화 후 중력을 준 것이다. 중력을 활성화 시킨 오브젝트에 아바타가 올라가면 밑으로 떨어졌다가 아바타가 내려가면 다시 원래 위치로 올라간다.

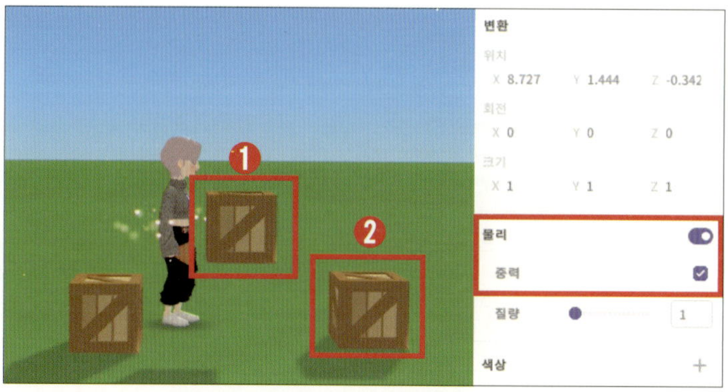

[그림51] 물리 효과 활성화 후 중력

질량을 많이 주면 아바타와 충돌 했을 때 조금 움직이지만, 질량을 조금 주면 아바타와 충돌 했을 때 많이 이동된다. ①은 질량을 10을 주었더니 열심히 밀어도 조금밖에 안 움직인다. ②는 질량을 3을 주었더니 조금만 밀어도 잘 움직인다.

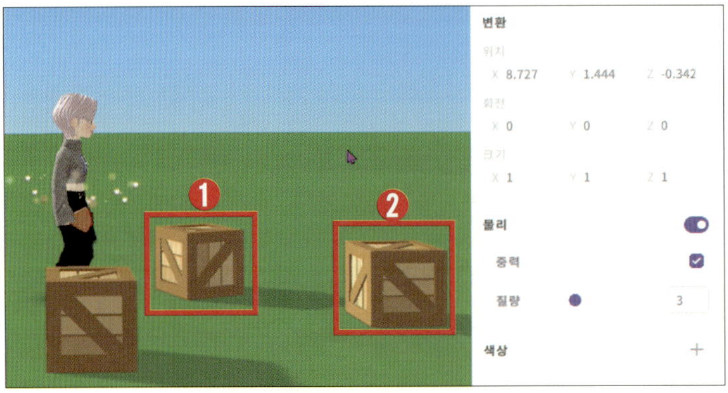

[그림52] 물리효과 활성화 후 질량

공이나 풍선 같은 오브젝트에 물리 효과를 활성화 시키고 질량을 조금 주면 재미있는 축구 경기도 할 수 있다. 이때 중력을 주지 않으면 축구공이 공중에 떠 있을 수도 있으니 주의해야 한다.

4) 색 상

색을 변경 할 오브젝트를 선택하고 색상에서 적용 할 색을 선택하면 자동으로 색이 바뀐다.

[그림53] 속성의 색상

7. 오브젝트 활용

1) 순간이동장치

'Portal(포털)' 오브젝트를 이용하면 순간이동을 할 수 있다. 이때 'Save Point(세이브포인트)' 오브젝트와 함께 사용해야 한다. 오브젝트를 검색할 때는 ① 'All'을 선택한 후 ② 검색 창에 'Portal'을 쓴 후 엔터키를 누른다. ③ 포털 오브젝트를 선택한 후 Plain에 설치한다. 이때 '[Save Point] 오브젝트와 함께 사용하세요!'라는 팝업 창이 뜬다.

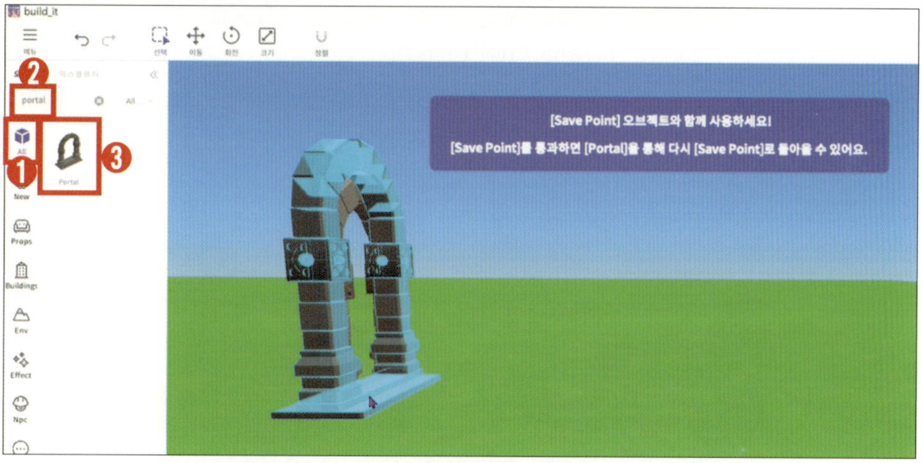

[그림54] 포털 설치

오브젝트를 검색할 때는 ① 'All'을 선택한 후 ② 검색 창에 'Save Point'을 쓴 후 엔터키를 누른다. ③ 세이브 포인트 오브젝트를 선택한 후 Plain에 설치한다. 이때 '[Portal] 오브젝트와 함께 사용하세요!'라는 팝업 창이 뜬다.

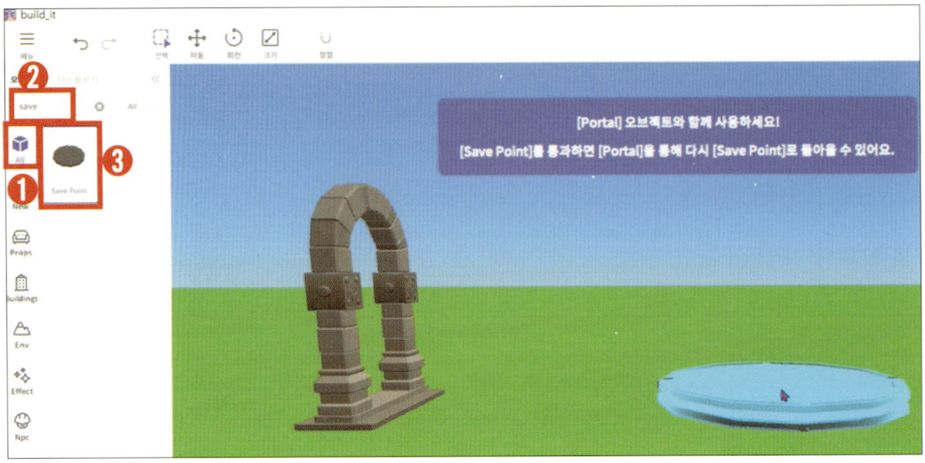

[그림55] 세이브 포인트 설치

순간이동을 하기 위해 세이브 포인트에 올라간다. 세이브 포인트 사용 후 포털에 문이 생긴 것을 볼 수 있다.

[그림56] 세이브 포인트에 올라가기

포털 앞으로 가서 문을 선택하기 위해 'Ctrl+왼쪽 마우스'를 클릭한다.

[그림57] 포털 상호 작용하기

'세이브 포인트로 이동하시겠어요?'라고 팝업 창이 뜨면 OK를 선택한다.

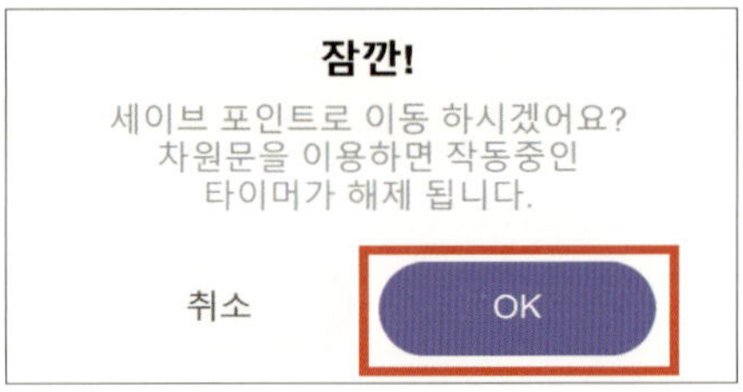

[그림58] 세이브 포인트로 이동 OK 선택

다시 아바타가 세이브 포인트로 순간 이동한 것을 볼 수 있다.

[그림59] 세이브 포인트로 순간 이동

2) 타이머

'Timer Start(타이머 스타트)' 오브젝트와 'Timer Finish(타이머 피니시)' 오브젝트를 사용해서 시간을 측정 할 수 있다.

오브젝트를 검색할 때는 ① 'All'을 선택한 후 ② 검색 창에 'Timer Start'을 쓴 후 엔터키를 누른다. ③ 타이머 스타트 오브젝트를 선택한 후 Plain에 설치한다.

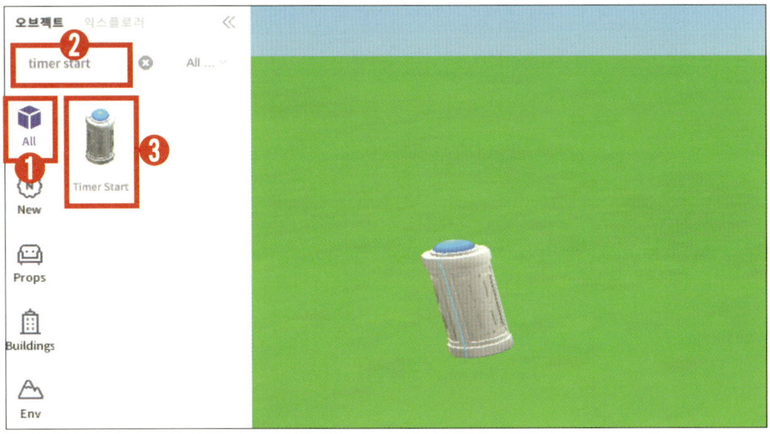

[그림60] 타이머 오브젝트 검색

타이머 스타트 오브젝트를 설치하면 '[Timer Finish] 오브젝트와 함께 사용하세요!'라고 팝업 창이 뜬다.

[그림61] 타이머 설치

오브젝트를 검색할 때는 ① 'All'을 선택한 후 ② 검색 창에 'Timer Finish'를 쓴 후 엔터키를 누른다. ③ 타이머 피니시 오브젝트를 선택한 후 Plain에 설치한다.

[그림62] 타이머 피니시 검색

타이머 피니시를 설치하면 '[Time Start] 오브젝트와 함께 사용하세요!'라고 뜬다. 우리는 이미 설치했다. '[TImer Start]를 터치하고 [Timer Finish]에 도착하면 내 기록을 볼 수 있어요'라고 팝업 창이 뜬다.

[그림63] 타이머 피니시 설치

타이머 스타트 앞에 가서 Ctrl+왼쪽 마우스를 선택한다.

[그림64] 타이머 스타트 상호작용

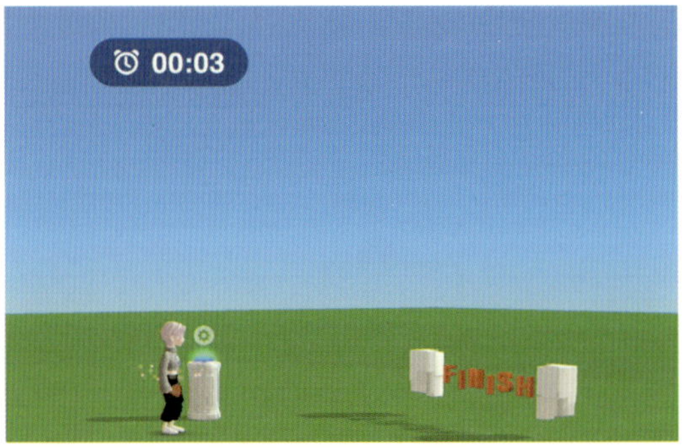

[그림65] 타이머 시작

타이머 피니시에 도착하면 축하 꽃가루가 날린다.

[그림66] 타이머 피니시 도착

3) 이미지 넣기

이미지 추가를 해보자. 오브젝트 중 custom에서만 가능하다.

① 오브젝트 중 ② 'Custom'을 선택하고 오브젝트를 선택한다. 여기서는 ③ 'Stand sign2'를 선택했다.

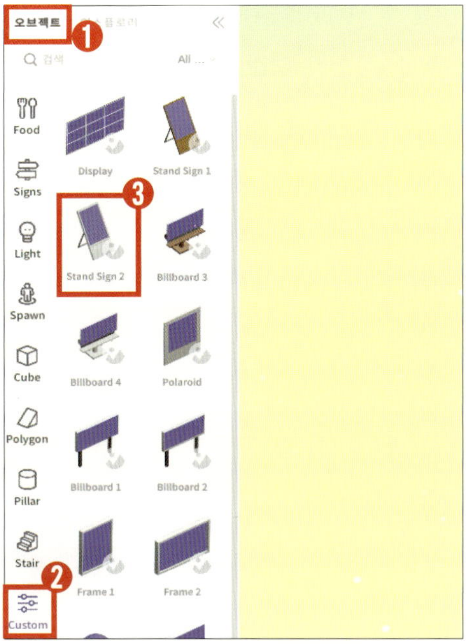

[그림67] 커스텀 검색

속성에 이미지의 +를 선택한다.

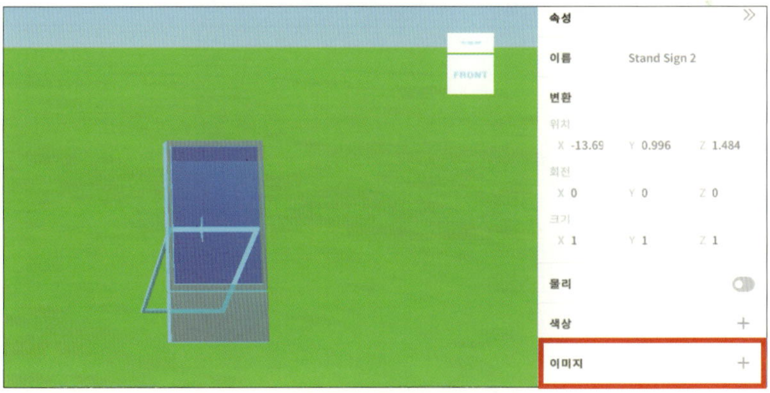

[그림68] 커스텀 설치

이미지 추가 팝업 창이 뜨면 +를 선택해서 내 컴퓨터에 있는 이미지를 추가한다. 하나의 맵에는 최대 20개의 이미지를 추가 할 수 있다. 추가 했으면 '확인'을 선택한다.

[그림69] 커스텀에 이미지 추가

오브젝트의 크기에 맞게 자동으로 이미지가 추가 된다.

[그림70] 커스텀 오브젝트에 이미지 추가된 모습

8. 맵 공개하기

맵이 완성된 후 오른쪽 상단의 테스트를 클릭한다. 내가 만든 월드로 들어가 오브젝트들이 제대로 위치해 있는지 확인한다. 수정 할 부분은 수정하고 저장한다.

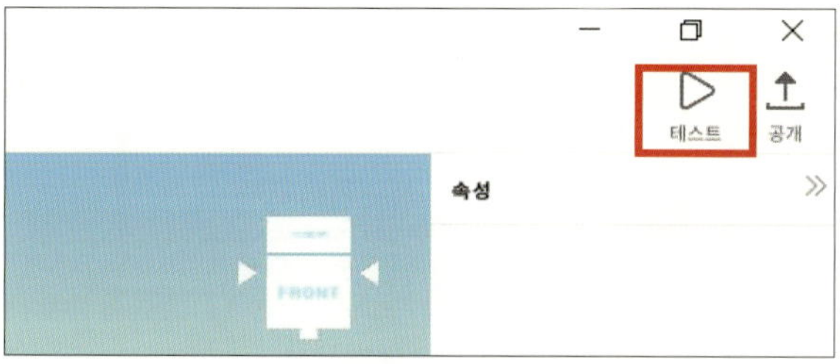

[그림71] 맵 테스트

완성된 월드를 오른쪽 상단의 공개를 클릭한다.

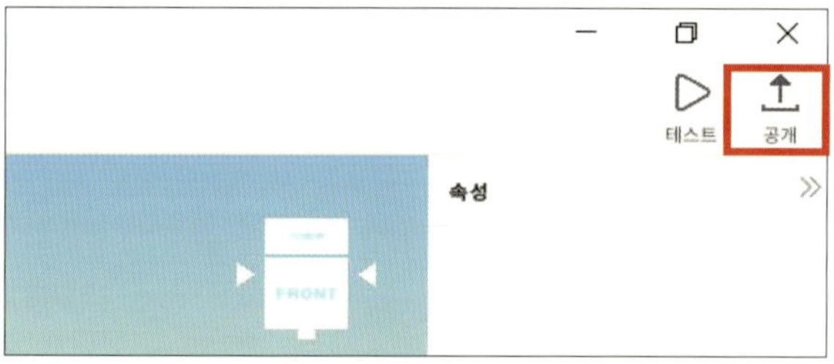

[그림72] 맵 공개

'월드를 저장하고 제페토 월드에 공개할까요?' 라는 팝업 창이 뜨면 '확인'을 클릭한다.

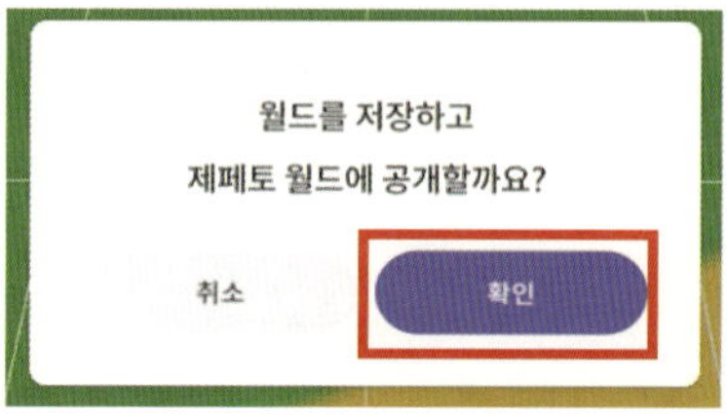

[그림73] 월드에 공개

월드 이름(최대 40자), 월드 소개(최대 90자), 월드 키워드(최대 4개)를 선택하고 확인을 선택한다.

[그림74] 월드 공개하기

비어 있는 ① 섬네일과 ② 스크린 샷을 선택하여 가지고 있는 이미지를 업로드하거나 맵 사진을 캡처해서 추가 할 수 있다. 비어 있는 섬네일과 스크린 샷를 선택하여 이미지를 추가하고 ③ '스크린 캡처 완료'를 선택한다.

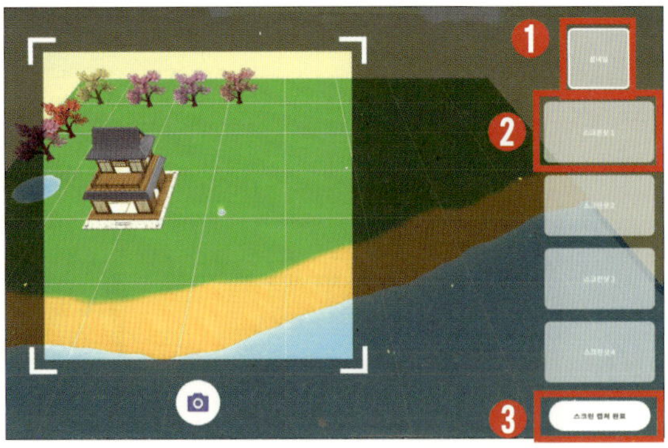

[그림75] 섬네일과 스크린 샷 추가

모든 내용을 작성하고 [그림74] 월드 공개하기의 '리뷰 신청하기'를 선택한다. '리뷰가 진행되는 동안 월드를 수정할 수 없어요.' 라고 팝업 창이 뜨면 '확인'을 선택한다.

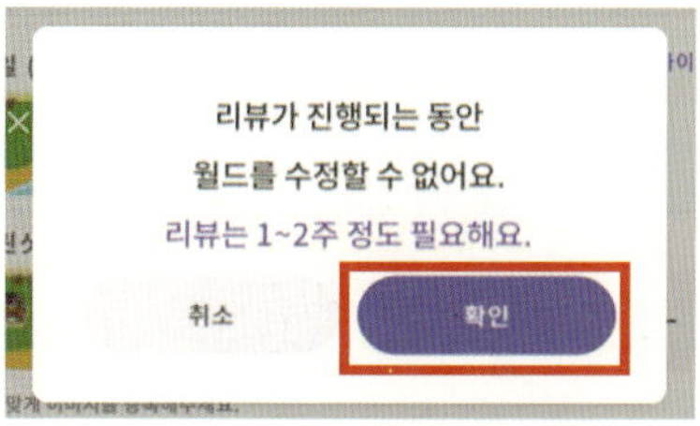

[그림76] 월드 수정 불가

홈 화면에서 '내가 만든 월드'를 선택하면 '리뷰 중' 이라고 나타난다.

[그림77] 리뷰 중

검토 기간은 1~2주 소요 된다. 가이드라인을 통과해야 제페토 맵이 공개 될 수 있다. 월드 작성시 무성의하거나 이미지 완성도가 부족하면 거절 될 수도 있으니 제출하기 전 심사 가이드라인을 꼼꼼히 확인해 보자(가이드는 제페토 스튜디오 상단에서 확인 할 수 있다).

Epilogue

지금까지 빌드잇 설치 방법과 기본적인 오브젝트, 익스플로러 그리고 많이 쓰이는 오브젝트에 대해서 알아보았다. 이제부터는 실전이다. 내가 평소에 꿈꿔왔던 공간을 제페토 빌드잇으로 만들어보자. 메타버스 세상에서는 내가 현실에서 꿈꿔왔던 나만의 공간을 만들 수 있다.

코로나19로 인해 많은 젊은 층들의 설 곳이 없어졌다. 취업은 물론이고 창업조차도 엄두를 낼 수 없는 환경이다. 그 가운데 메타버스 크리에이터, 메타버스 공간디자이너는 현재 젊은 층을 중심으로 각광 받고 있는 직업군이다.

제페토가 우리의 토종 브랜드임에도 전 세계적으로 3억 명 이상의 이용자를 확보하며 선전을 거듭하고 있다. 그 중에서도 제페토 빌드잇은 공간디자인에 해당하는 분야로써 젊은 층의 도전이 기대되는 분야이다.

특히 제페토 빌드잇은 기업이나 기관에서 선호도가 높아지고 있다. 이제 메타버스 공간디자이너 특히 제페토 빌드잇 디자인은 많은 젊은이들의 도전이 기대되는 분야이다. 본문을 통해 기본적인 사용방법과 기능들을 알아봤다.

여러 사람들이 제페토 아바타 꾸미기 등은 쉽고 재미있는 반면 빌드잇은 어려워한다. 쉽게 손에 익지도 않다. 그러나 자꾸 기능들을 눌러보고 만들어 보면서 숙련된 솜씨로 다져가 보자. 분명 이 시대 젊은이들의 수익창출의 창구로 큰 도움이 되기를 기대한다.

Chapter

7

문화생활 공간 이프랜드(ifland)를 누리다!

김 미 아

Chapter

07

문화생활 공간 이프랜드(ifland)를 누리다!

Prologue

그것이 메타버스였나? 밀레니엄 세대 자녀를 키울 때 컴퓨터 앞에 앉아 게임을 하면 화를 내고 혼을 내면서 못하게 하면서 키웠다. 학교공부에 지장이 되고 성적이 안 나온다는 이유였다. 그러나 그때도 '싸이월드'가 한창 붐을 이루고 있을 때였으므로 학교에서도 싸이월드를 안하는 아이는 대화에 끼어들지도 못할 정도였다. 그러다 언제부턴가 한동안 조용했다. 그리고 이제 싸이월드가 부활했다.

근데 아이들에게 싸이월드를 못하게 막았던 나는 지금 모바일에서 게임 같은 놀이를 즐기고 있다. 메타버스 플렛폼 '이프랜드'에서 말이다.

전 세계적으로 비즈니스와 교육, 일상까지 비대면이 당연한 듯 자리 잡고 있고 화상회의와 함께 사람들 간의 소통과 여가생활, 경제적 측면까지 중요한 수단으로 많은 관심을 받는 서비스가 '메타버스(Metaverse)' 플랫폼이다.

1992년 미국 SF 소설 작가 닐 스티븐슨의 '스노크래시'라는 소설을 통해 메타버스란 말이 처음 등장했다. 2003년 '세컨드 라이프' 3차원 가상현실기반 게임이 인기를 끌며 메타버스가 3차원 가상 세계와 우리 실생활에 밀접해지고 다양한 직업이 생겨났다.

일상에서 어느 곳을 가도 키워드로 메타버스라는 단어가 등장하니 '나 하고는 상관없어'라고 하는 시니어들도 조금씩 관심을 보이기 시작했다. 본문을 통해 이프랜드가 MZ 세대만 활용하는 플랫폼이 아니라는 것을 알게 하기 위해 시니어뿐만 아니라 그 이상도 쉽게 사용할 수 있도록 하나하나 쉽게 따라 할 수 있는 실용서를 만들어보고자 한다.

일상이 돼버린 비대면 생활에 한 동안 '부캐'가 인기예능 프로그램에 등장하면서 우리생활 속에 깊숙이 자리 잡고 있어 하나의 문화공간으로 받아들여지고 있다. '이프랜드'를 통해서 대화의 장, 소통의 장, 모임의 장, 문화공간의 장으로 활성화되는 플랫폼이 되기를 바란다. 그러기 위해서 이프랜드의 플랫폼 장을 열어보자.

1. 이프랜드(ifland)란?

이프랜드는 2021년 7월 14일 SK텔레콤이 출시한 메타버스 플랫폼이다. SK텔레콤의 '이프랜드'는 가상의 공간에서 사람들이 모임을 갖고 회의나 강의를 진행할 수 있게 해주는 서비스이다.

1) 이프랜드 특징

이프랜드에는 131명까지 참여가 가능하고 아바타는 30명으로 제한하며 무료이다. 31명부터는 아바타(부캐)로 입장은 못해도 '본캐'는 음성으로 참여가 가능하다. 브랜드 노출에 제한이 없으며 아바타로 소통하는 콘퍼런스, 동영상, PDF 홍보자료를 송출할 수 있다. 주변사람들과 동시 접속해 아바타와 음성채팅으로 소통이 가능하다. 유료로 공간제작이 가능하고 제작공간은 운영을 원할 때만 오픈하고 주제에 맞는 18가지 테마 공간을 활용해 배경을 설정할 수 있다.

2) 이프랜드 장단점

모임에 특화된 소셜 메타버스 서비스로 메타버스의 핵심요소인 공간 액티비티 룸의 원활한 모임을 위해 쾌적한 음성기반의 실시간 소통기능이 있다. 다양한 영상 및 자료를 공유할 수 있도록 대형 스크린을 적용한 것과 131명이 동시에 참여할 수 있어 큰 모임이 가능하다는 것이 장점이다.

장소에 구애받지 않고 스마트폰으로 입장하는 것과 입장해서 본캐를 보여 주지 않아도 되는 것은 장점이자 단점일 수 있다. 그에 반해 공간과 인원제한이 있고 아직 까지는 경제활동을 포함한 리얼 라이프의 모든 것을 그대로 담지 못하고 완벽한 공간이 아니라는 단점이 있다.

(*본캐-현실에 자기 자신을 말한다. *부캐-메타버스에 등장하는 아바타를 말한다.)

2. 이프랜드 사용하기

1) 이프랜드 앱 설치 및 회원가입

이프랜드에 회원가입 할 때 사양이 낮은 스마트폰은 설치가 안 되므로 자신의 폰이 최신버전인지 확인한다.

[그림1]처럼 스마트폰의 플레이스토어를 눌러 열고 [그림2]처럼 ifland를 찾아 설치하고 열기를 터치한다.

[그림1] 플레이 스토어

[그림2] 열기를 누름

이프랜드 어플 설치는 안드로이드폰과 아이폰이 약간의 차이가 난다. 아이폰은 앱 스토어에서 설치한다.

[그림3] 안드로이드 폰

[그림4] 아이폰

어플을 설치하고 열면 ifland 앱 접근 권한 안내 팝업 창이 뜨고 이때 하단의 확인을 누른다. 오디오 녹음기능의 허용은 [그림6]처럼 앱 사용 중에만 허용, 이번만 허용 중에서 선택할 수 있다. 필자는 앱 사용 중에만 허용을 선택했다.

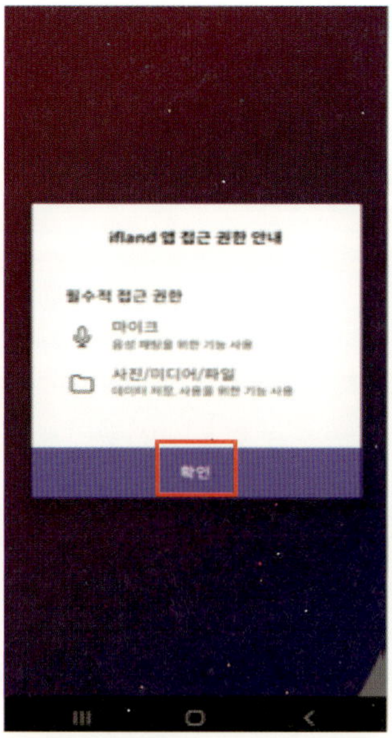

[그림5] 필수적 접근권한

[그림6] 오디오 녹음 허용

로그인을 세가지 타입으로 할 수 있다. 개인차는 있을 수 있지만 필자는 Google로 로그인을 선택해서 들어가는 예시를 보여준다. [그림8]과 같이 본인의 계정을 선택해준다.

[그림7] 로그인 필요

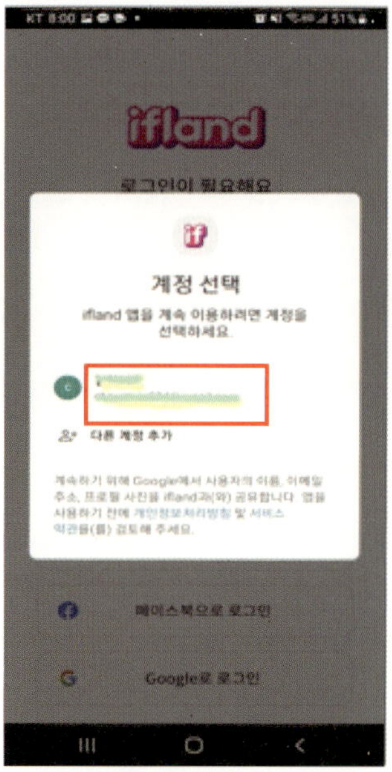

[그림8] 계정으로 로그인

서비스 이용 안내에 따라 ① 전체 동의하기를 선택하고 ② 하단의 '동의하고 시작하기'를 누른다.

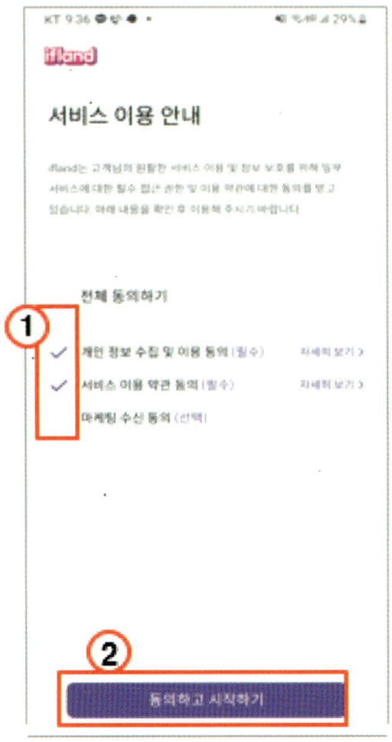

[그림9] 동의하고 시작하기

2) 이프랜드 시작하기

(1) 이프미(아바타) 만들기

로그인하고 메인 화면으로 들어가면 '안녕 만나서 반가워!'라는 화면이 잠깐 보이고 사라진다.

① '이프미(ifme) 꾸미기'를 누르고 ② 'ifland 시작하기'를 누른다. 단 스마트폰에 따라 약간의 차이가 날 수 있다는 점도 참고하자.

[그림10] 첫 화면

[그림11] 아바타 꾸미기

이어 'ifland에서 새로운 나를 만나요.'가 잠깐 뜨고 사라진다. ① 터치해서 아바타가 입을 옷의 형태를 정한다. ② 아바타가 입을 옷을 터치한다. ③ 저장을 터치한다.

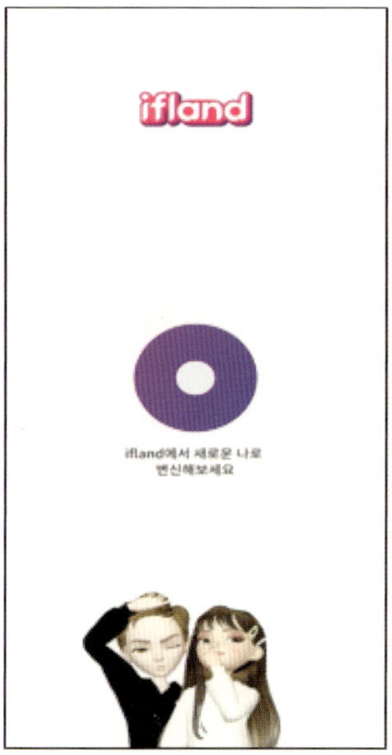

[그림12] 입장화면

[그림13] 아바타 옷 입히기

[그림14]에서 ①을 누르면 머리 스타일 모양이 나타난다. 선호하는 머리 스타일을 선택한 후 ② 저장을 누른다. [그림15]에서 ①을 누르면 안경 모양들이 나타난다. 이것저것 써보고 선택한다. ② 저장을 누른다.

[그림14] 머리꾸미기

[그림15] 안경 바꾸기

안에 있는 의상과 소품들을 살펴보고 취향대로 옷도 골라 입고, 신발도 신고, 모자도 쓰고, 안경도 써보며 눈썹모양, 수염 모양 등을 선택해 내가 원하는 아바타의 얼굴을 성형할 수 있다.

[그림16] 다양한 의상과 소품 선택하기

[그림17] 이미지 변신하기

(2) 프로필 설정

① 닉네임 정하기

아바타 꾸미기를 했다면 이번엔 프로필을 설정해보자. '닉네임을 입력해주세요' 밑 안에 '유니크한조약돌'이란 설정된 닉네임이 보일 것이다. 이것을 터치하면 [그림19]와 같이 나의 닉네임 '걸리버마야'라고 입력할 수 있다. 내가 사용할 닉네임을 입력하고 키보드의 완료를 누른다. 단 참고 할 점은 스마트폰의 사양에 따라 설정 방법에 차이가 날 수 있다.

[그림18] 닉네임 설정하기

[그림19] 변경한 이름적기

② 자기소개 등록하기

우측 하단의 사람모양을 누르면 [그림21]의 ① '자기소개를 등록하세요' ② '#관심 태그 추가' ③ '내 SNS링크를 등록하세요'를 볼 수 있다.

[그림20] 프로필 설정

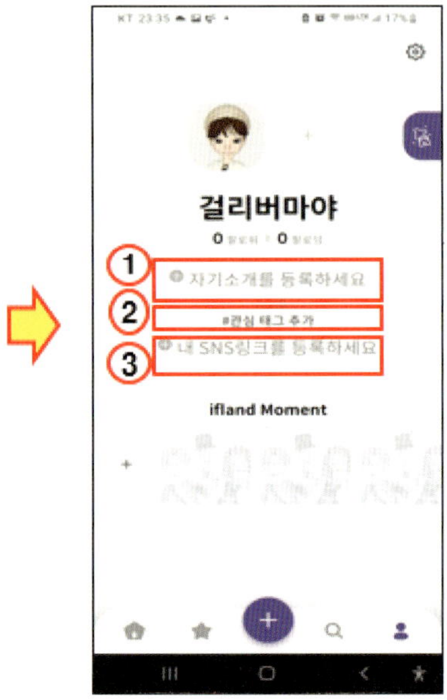

[그림21] 소개등록하기

[그림21]에서 ①을 눌러 [그림22]처럼 자신이 어떤 사람인지 알려줄 수 있는 소개문구를 등록하고 하단의 저장을 누른다. [그림21]에서 ②를 눌러 어떤 주제에 관심이 있는지 하단 예시의 태그 중에서 터치해 관심태그를 추가하고 하단의 확인을 누른다. 관심태그는 3개만 선택할 수 있다. [그림21]에서 ③을 눌러 내 SNS 주소를 등록하고 저장을 누른다. SNS는 2개까지 등록이 가능하다.

정리하면 [그림21]을 눌러서 실행하면 [그림22]처럼 ①②③ 차례대로 보이며 순서대로 진행하면 된다.

[그림22] 자기소개, 관심주제, SNS주소 등록하기

3. 이프랜드 land의 공간기능 및 활용

1) 랜드 입장 전 기능 알기

랜드에 입장해서도 여러 기능들이 있지만 랜드를 입장하기 전에 표시돼 있는 기능을 알아본다. ① 모임의 스케줄 달력이 나온다. ② 알림으로 팔로우와 팔로잉 된 친구들 모임의 알림을 받아볼 수 있다. ③ 팔로우와 팔로잉 된 친구들을 볼 수 있다. ④ 현재 개설된 land의 모임이나 탐색이 가능하고 링크를 클릭해 접속도 가능하다. ⑤ 내가 직접 만들거나 알림 등록한 랜드를 볼 수 있다. [그림24] 랜드 만들기에 들어가서 ① 제목을 입력한다. 제목을 입력해야 랜드를 선택할 수 있고 ② 저장을 누르면 랜드가 펼쳐진다.

[그림23] 랜드 입장 전 기능 알기

[그림24] 랜드 제목 만들기

2) 랜드 만들기

랜드 이름을 정하고 랜드 테마를 선택하려면 ① 화살표 방향으로 밀어보면 많은 종류의 랜드를 만날 수 있다. ② 바로 시작을 할 수도 있고 ③ 미리예약을 할 수도 있다. ④ 미리예약을 하면 ④번처럼 나타난다. ⑤ 저장을 누르면 [그림26] ①처럼 보이고 ② 입장할 수도 있고 ③ 공유할 수도 있다.

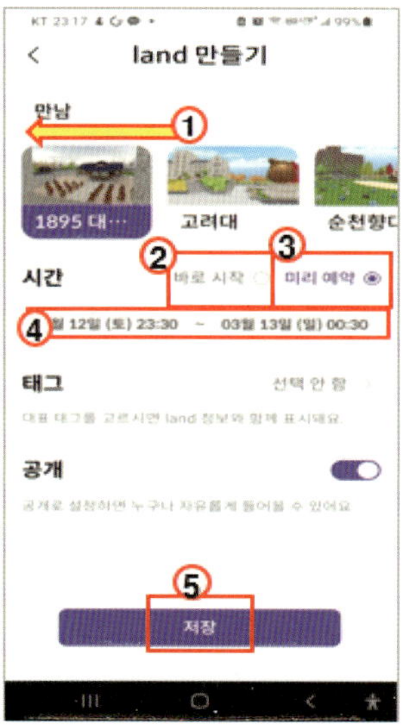

[그림25] 바로시작과 미리예약

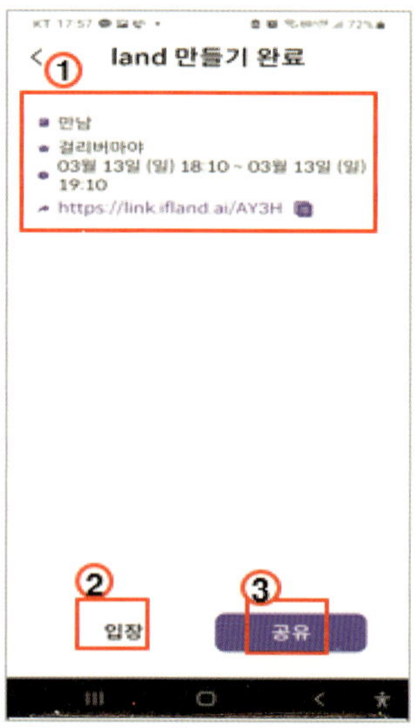

[그림26] 예약된 것 공유

[그림25]에서 ① 화살표 방향으로 밀어본 테마들이다.

[그림27] 테마 공원들

3) 랜드로 초대 및 입장하기

공유할 수 있는 창이 보인다. 주로 메시지나 카카오톡으로 보내는데 [그림29]는 카카오톡으로 초대장을 보낸 예시다.

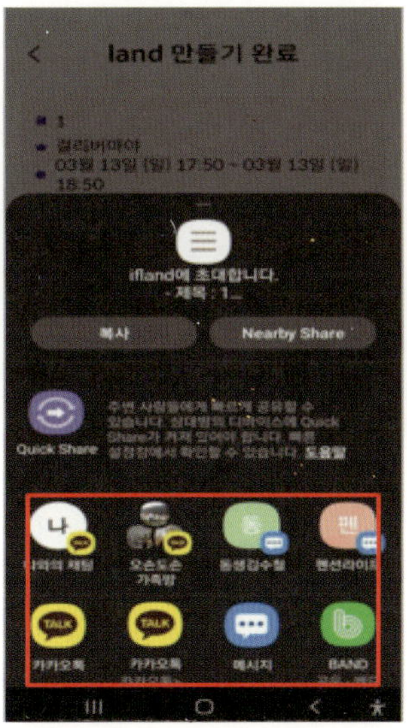

[그림28] 공유(초대)할 곳

[그림29] 카카오톡 초대 메시지

이프랜드로 초대를 누르면 랜드로 입장하기 첫 화면이 나온다. 입장할 때는 환경에 따라서 입장하는데 시간차이가 있다. ① '와이파이 연결을 권장합니다'에 예를 누른다. 때로는 ② 너무 오래 돌고 있어서 처음 입장 해보는 사람일 경우 중간에 삭제하는 경우도 있다. ②번이 뱅글뱅글 돌다가 ③번 i가 통통 튀면서 나타난다.

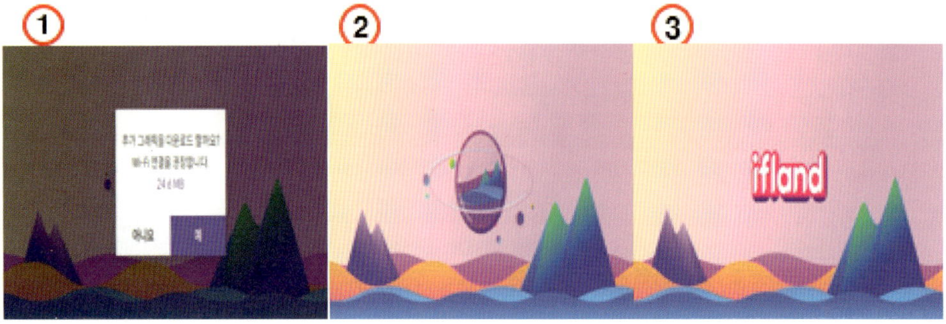

[그림30] 랜드 입장할 때 시작화면

이프랜드로 접속하면 내가 꾸민 아바타가 등장한다. '종이비행기' 모양을 누르면 메시지를 입력할 수 있다.

[그림31] 접속 첫 화면 메시지 창

메시지 적은 모습이 보인다. 입장해서 인사 나누기 또는 질문이나 소통 할 때 사용한다. ① 메시지를 입력하고 ② 완료를 누른다.

[그림32] 메시지 입력하기

4) 랜드 기능 알아보기

①을 누르면 메시지 창이 닫힌다. ②를 눌러서 보면 입장한 분들의 메시지를 모두 볼 수 있다. ③ '조그셔틀'을 움직여 이동 할 수 있다. ④를 누르면 '이모지'가 많이 보였다 적게 보였다한다.

[그림33] 메시지 보기와 이동하기, 이모지 보기

①을 누르면 ②와 같이 '참여자'들이 나타난다. 2/131은 131명이 입장할 수 있고 현재 2명이 입장해 있다는 것이다. ③은 호스트가 전체 '마이크'를 끌 수 있는 기능이다. ④는 입장한 사람이 마이크를 켜고 끄기를 했는지 알 수 있다.

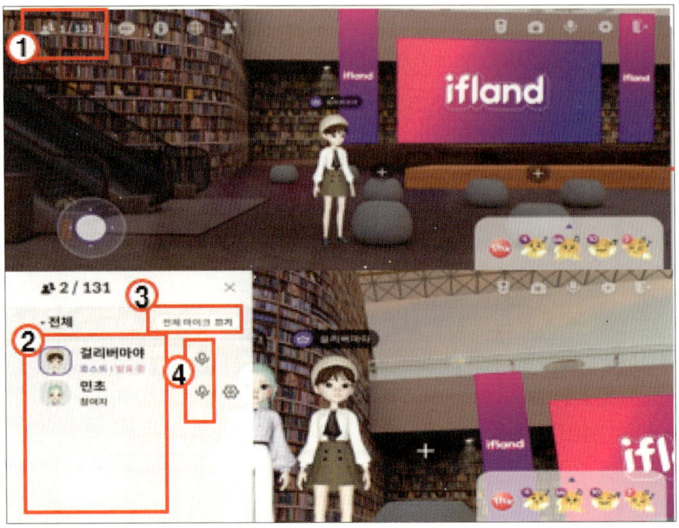

[그림34] 참가인원과 마이크 켜고 끄는 것 알아보기

①은 '메시지'를 보낼 수 있다. ②를 누르면 ③과 같은 'land 정보'가 나오고 여기서 '공유'를 누르면 초대 링크도 나온다.

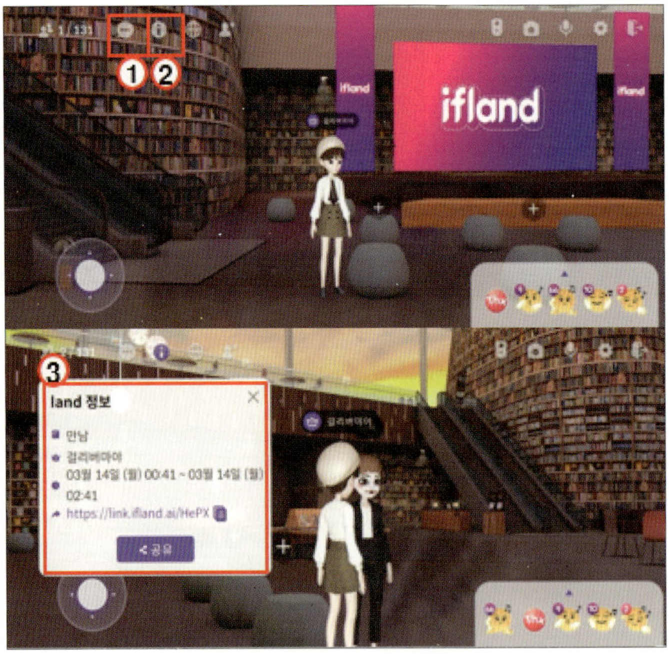

[그림35] land정보와 공유하기

①은 '다른 랜드에 탐색'해서 들어갈 수 있다. ② 초대하기 기능으로 초대링크를 복사해서 보낼 수 있다. ③ 탐색 할 수 있는 랜드에 현재입장해서 탐색해 볼 수 있다.

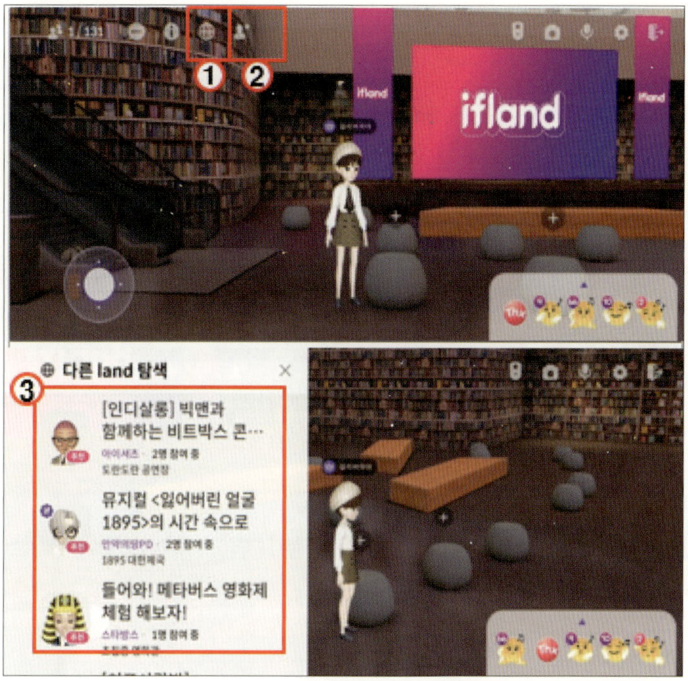

[그림36] 다른 land 탐색과 초대

[그림36]에서 ②를 눌러서 '링크를 복사'해서 초대할 수 있다.

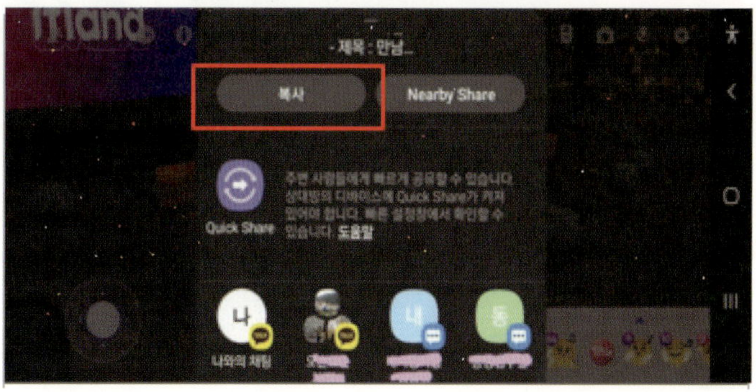

[그림37] 링크 복사하기

5) 호스트 기능 익히기

우측 상단의 첫 번째 네모 안의 '리모컨' 모양을 누른다.

[그림38] 리모컨 기능

① '자료'를 누르면 자료를 공유할 수 있다. ②를 누르면 '누구나 제어'할 수 있고 한 번 더 누르면 '내가제어'가 나타난다. 선택해서 제어할 수 있다.

[그림39] 자료 및 제어기능

[그림39]에서 ① 자료를 터치하고 나면 [그림40] '자료공유' ① PDF ② 영상 ③ 이미지가 나타난다.

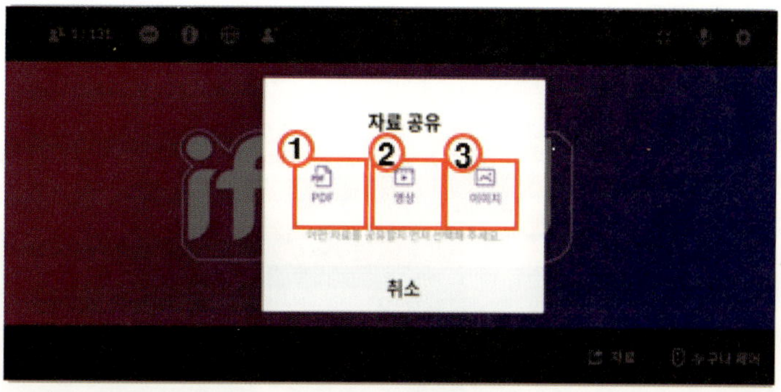

[그림40] 자료공유

[그림40]에서 ① PDF를 터치하고 나면 [그림41]과 같이 ① '자료공유'가 뜬다. 파일이미지를 클릭하면 ② 스마트폰에 저장돼 있는 파일이 보인다. 여기서 선택하고 터치한다. ③ 자료공유 할 제목이 보인다. 확인을 누르면 ④처럼 세이브 돼 있는 자료들이 보인다.

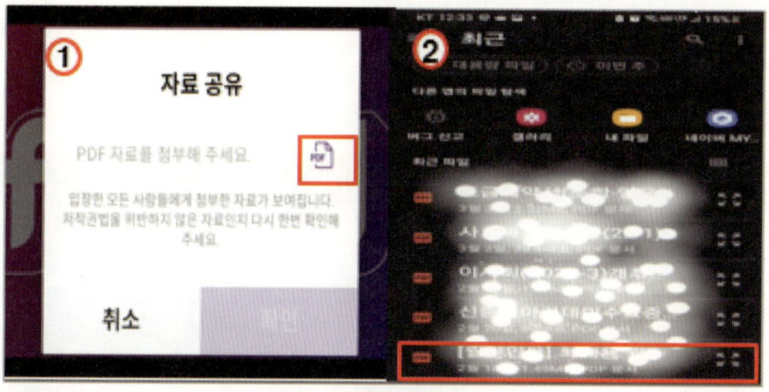

[그림41] PDF 파일공유

[그림42] 공유된 자료

[그림40] 자료공유에서 ② 영상을 터치 하고나면 [그림43]의 ① 자료공유 '영상자료를 첨부해 주세요'라는 창이 뜨고 옆에 영상 마크를 터치하고 ② 자료공유 확인을 터치하면 ③번의 동영상 중 하나를 선택하면 영상이 보인다.

[그림43] 영상화면 공유

[그림40] 자료공유에서 ③ 이미지를 터치하면 [그림44]의 ①번처럼 갤러리에 있는 이미지가 보인다. ②는 갤러리에 있는 이미지 1개를 선택한 화면이다.

[그림44] 이미지 공유

우측 상단의 '리모컨' 모양 옆 카메라 모양을 터치하면 찰칵하면서 현재 보고 있는 장면이 찍히고 스마트폰 갤러리에 저장된다. '왕관 모양'은 호스트를 의미한다.

[그림45] 카메라 기능

[그림46]은 '카메라'로 찍은 이미지다. Bye는 이모지를 눌러서 순간 포착한 것이다. 뒤 배경은 이미지를 띄워 놓은 것이다.

[그림46] 갤러리 저장된 사진

우측 상단의 '마이크' 모양을 터치한다. 터치에 따라 음소거와 음소거 해제를 할 수 있다.

[그림47] 마이크권한

우측 상단의 톱니바퀴 모양의 '설정'을 터치한다.

[그림48] 설정 메뉴

6) 설정 기능 알아보기

설정 메뉴목록에는 소리듣기, land 수정, 공지 등록, 마이크 권한 설정, 채팅 권한 설정, 참여 방식, 호스트 변경, 랜드 종료까지 메뉴가 나온다(설정 메뉴를 손가락으로 위로 밀어 올려야 보인다). 소리 듣기는 켜고 꺼짐을 할 수 있고 현재는 켜짐 상태다.

[그림49] 설정 메뉴

[그림49] 설정 메뉴들을 하나씩 터치해서 살펴보고자 한다. 먼저 'land 수정'을 할 수 있고 공개 할 것인지 비공개로 할 것인지도 정할 수 있다. 수정이 됐다면 저장을 누르면 된다.

[그림50] land 수정하기

'공지'도 등록할 수 있다. 안내사항이나 참고해야할 내용이 있다면 기록하고 저장하는데 40자까지 가능하다.

[그림51] 공지등록

'마이크 권한 설정'에서 호스트만 할 수도 있고 전체를 할 수도 있다. [그림52]는 호스트만 켜져 있는 화면이다. 대개는 시끄러워서 호스트 말이 전달되지 못할 때 사용한다. 이프랜드에서는 전체를 켜두고 이야기하고 즐기는 것이 좋다.

[그림52] 마이크 권한 설정

'채팅 권한 설정'도 할 수 있다. 권한은 '호스트만'을 선택할 수 있고 '전체'를 선택할 수도 있다. 회의나 모임의 사정에 따라서 켜고 끄기를 하면 된다.

[그림53] 채팅 권한 설정

'참여방식'은 이프미(ifme) 즉 아바타인 이프미의 모양으로 참여하는 것과 오디오만 참여하는 것을 선택할 수 있다. 오디오는 아바타인 이프미(ifme)는 보이지 않고 오디오와 채팅으로 참여자를 허용한다. 회의나 모임의 방식에서 켜고 끄기를 선택할 수 있다. 현재는 둘 다 켜짐 상태이다.

[그림54] 참여방식

'호스트 변경'도 할 수 있다. 참여자가 여러 명이 입장해 있을 때 호스트(진행자)를 바꿀 수 있다.

[그림55] 호스트변경

'나가기' 아이콘을 누르면 랜드가 종료된다.

[그림56] 나가기

'랜드를 종료할까요?'라는 팝업 창이 뜨는데 랜드를 종료하려면 '예'를 누르면 랜드를 종료할 수 있다.

[그림57] land 종료하기

4. 이프랜드 활용사례

통신사들이 포화상태에 빠진 기존 통신사업에서 벗어나 가상 세계를 통한 신산업 발굴에 나섰다. SK텔레콤은 메타버스 플렛폼 '이프랜드'를 통해서 중소기업들과 협업 콘텐츠를 선보일 계획이라고 한다.

[그림58] 중소기업들과 협업 콘텐츠를 선보임(출처 : 한국일보)

SK텔레콤은 3D 그래픽 플랫폼을 전문개발사 모터인터렉티브와 전략적 협력 및 지분투자 계약을 메타버스플랫폼 이프랜드에서 체결한다고 4월 13일 밝혔다.

[그림59] 모터인터랙티브와 전략적 협력(출처 :연합뉴스)

제20대 대선이 치러진 지난 3월 9일 이프랜드에서 메타버스 공간을 활용한 실시간 개표방송이 진행돼 눈길을 끌었다. KBS, MBC, JTBC, TV조선 등 주요 방송사들은 실시간 대선 개표방송을 이프랜드 미팅 룸에 구현한 것이다.

[그림60] 제20대 대선 개표방송(출처 : 한국일보)

제20대 대선 개표방송은 메타버스 플랫폼 이프랜드 공간에서 펼쳐졌다. 131명이 입장 할 수 있는데 130명이 입장했다. 30명까지는 +표시가 있어서 의자에 앉을 수 있었지만 나머지 사람들은 서 있었다.

[그림61] 제 20대 대선 개표방송 이프랜드 참여

Epilogue

누구나 쉽게 따라 할 수 있는 '이프랜드 실용서'를 정리하기 위해 이프랜드에 머무는 시간동안 잠깐이지만 재미있는 일들을 볼 수 있었다. 초대하지 않은 분이 랜드에 와서 간단한 이야기 소개를 하고 나가는 경우도 있었고, 새로운 분이 탐색하러 들어온 경우도 있었다. 이프랜드는 20~30대가 타깃이라고 하지만 초등생들의 방문이 잦았다.

이프랜드는 나의 취향을 그대로 반영한 아바타를 만들고, 내 아바타를 통해 다른 아바타와 인사하고, 실시간으로 만든 콘텐츠에 쏙 빠져든다. 가상인지 현실인지 가끔씩 착각을 하기도 한다. 랜드를 만들어 소규모 모임, 행사, 회의에 참석해서 소통하며 집중할 수 있다. 나의 감정을 그대로 노출 시킬 수 있는 다양한 감정표현은 모션 리스트에서 상황에 맞게 표현할 수 있어 생동감 있는 분위기를 만들 수 있다.

새로운 소통의 장이나 행사기획 문화생활 공간을 이프랜드 플랫폼에서 한다면 많은 이들의 참여를 이뤄 낼 수 있다. 특히 시니어 분들이 입장을 자유롭게 해 마음의 여유와 삶의 질이 높아지기를 바란다.

오프라인 활동이 재게 된다는 예고도 없고, 앞으로 언제 제재를 받는 상황이 올지 알 수가 없다. 메타버스 플랫폼이 활성화되면서 어쩌면 비대면은 일반화 되고 있는지 모르겠다. 모든 세대들이 시공간을 초월한 이프랜드 가상공간에서 마음의 휴식처이며, 심리적 안정감을 찾을 수 있고, 문화생활 공간으로 활용하게 될 것으로 본다.

[참고문헌]

- 한국일보
- 연합뉴스
- 네이버 BLOTER